民国名士剪影

肖伊绯 **作品**

团结出版社
UNITY PRESS

图书在版编目（CIP）数据

民国名士剪影 / 肖伊绯著 . -- 北京 : 团结出版社，
2023.4
ISBN 978-7-5126-9737-9

Ⅰ . ①民… Ⅱ . ①肖… Ⅲ . ①名人 – 生平事迹 – 中国
– 民国 Ⅳ . ① K820.6

中国版本图书馆 CIP 数据核字 (2022) 第 205052 号

出　版：团结出版社
　　　　（北京市东城区东皇城根南街 84 号　邮编：100006）
电　话：（010）65228880　65244790（出版社）
　　　　（010）65238766　85113874　65133603（发行部）
　　　　（010）65133603（邮购）
网　址：http://www.tjpress.com
E-mail：zb65244790@vip.163.com
　　　　tjcbsfxb@163.com（发行部邮购）
经　销：全国新华书店
印　装：三河市东方印刷有限公司

开　本：170mm×240mm　　16 开
印　张：32.75
字　数：407 千字
版　次：2023 年 4 月　第 1 版
印　次：2023 年 4 月　第 1 次印刷

书　号：978-7-5126-9737-9
定　价：88.00 元

前言：重涉那一段"静止的历史"

在中文词汇里，关于文明、文化、文艺、文学、文史，这五个带"文"字头的词汇及其概念，都予人一种既泛化又专业化的感受，仿佛人人都可以说上两句，但似乎又说不上特别明确。

笔者曾经以为，文明与文化，文艺与文学，是各自互通互动的一对概念——文明与文化，是高级概念，倾向于宏观、抽象、总体性的考察与表述；文艺与文学，是低级概念，更倾向于微观、具体、个体性的考察。文艺与文学，当然是文明与文化的重要组成部分，也是这二者呈现于世的重要指征之一。至于"文史"，则是专指"文化史"，也可以是"文明史"，与文艺与文学的历史当然也有所关联，但只是从中采摘案例，并不整体涵盖。

于是乎，笔者为这五个带"文"字头的词汇及其概念，推演出了五层金字塔式的序列图式：

塔尖：文明

塔尖之基：文化

塔身：文艺

塔身之基：文学

塔基：文史

在这样的序列图式里，一度自诩为"文史研究者"的笔者，深感研究序列的结构性失衡十分严重，已经严重到了只能在塔身上下来回转悠，根本触摸不到塔尖的区间里，甚至根本就不知道怎么才能步入这一区间了。关于"文史"的研究与考述，尤其是近现代"文史"这一领域之中，似乎只能在文艺与文学两个圈子里穿梭往返；文化与文明的区间，由于以具体而微的历史人物及事迹来加以拈提与考索，实在是很难步入。至于为什么会出现这种只是一直"转塔"，始终无法"登塔"的窘境，一切恐怕都还得从"文明"这个词汇及其概念说起。

"文明"一词最早出现在《易经》中，所谓"见龙在田，天下文明"，是为"文明"一词，在中文世界里的肇始。这句话的大意是说：阳刚之气在宇宙中蕴藉之时，天下开始呈现出欣欣向荣的文明气象。"文明"概念，在这里作为一种含蓄古代哲学解释，对于现代人而言，恐怕是不容易充分理解的。

那么，究竟什么是"文明"？"文明"作为一个概念，如何界定与解释？这是直到二十世纪初，才在西方人类学、社会学领域里达成基本共识，并在全球范围内形成了基本的理论认知。譬如，美国人类学家摩尔根在《古代社会》一书中，就把人类历史的发展分为蒙昧、野蛮、文明三个时代。于是乎，人们开始把"文明"看作国力发达、民族先进、文化开明的代名词，成为一种带有现代优越感的时髦名词。

然而，"文明"的真实涵义果真如此吗？是否只能如此这般，由现代社会的现代学者，来对之作出现代化的解释？那么，早就肇始于《易经》中的"文明"一词，又作何解释呢？难道，只能是西方世界的定义与解释，优先且独一，西方世界之外的禀赋与认知，就可以全然不顾？

诚如法国著名作家、哲学家、人类学家克洛德·列维·斯特劳斯（Claude Levi-Strauss，1908—2009）在《忧郁的热带》中所做的形象说明，他说，在美洲热带丛林中，真正的"野蛮人"是我们这些从西方来的"文明人"；因为在他们眼中，我们甚至连最基础的躲避野兽、寻找食物、语言交流等生存技能都没有。

简言之，因地理区域不同、民族种族差异、历史进程本身所形成的各种特定文明，其独有的价值体系恰恰是以"差异"为基础的，不存在也不可能有所谓"统一国际标准"的文明概念。即便现代意义上的"文明"概念，也不应当有统一的标准；即便已经形成了在全球范围内通行的，有着相当程度的以西方现代文明标准为准绳的所谓"现代文明"概念，也应当尽可能地限制那种倾向于以一种静态眼光看待与比较东西方文明的做法。在这样的倾向之下，似乎现代文明只是两百余年来西方工业文明基础之上的唯一成果，但凡不是在这一现代文明体系之中的，别的地理区域所在的种族民族，仿佛就从未参与过世界文明，从未有"现代化"一般。

应当说，列维·斯特劳斯的人类学观点，对如何看待与理解"文明"一词及其概念，非常富于启发性与前瞻性。其人在后来的经典著述《结构人类学》里，曾专门辟有关于"静止的历史和累积的历史"一个章节，其中还有更为鞭辟入里的解析与表述。这一表述，令如笔者这般在中国近现代"文史"领域里感到很难在文明史与文化史方面有所突破的研究者，感到豁然开朗的解脱与近乎救赎的慰藉。且看书中有这样的表述：

如果我们面对的是一种意欲发展本身价值的文明，而这些价值没有一种会使观察者所在的文明感兴趣，那么我们的立场是什么呢？观察者会不会把这种文明视为静止的？换句话说，两种历史的区分是否取决于它被应用的那个文化的内在本质？还是说，它出自我们在评价一种不同的文化时总会坚持的种族中心主义的视角？因此，我们把所有发展方向跟我们类似的文化都视为累积的，也就是说，它们的发展在我们看来是有意义的。别的文化因而显得是静止的，这倒不一定因为它们确实如此。而是因为它们的发展路线对我们来说毫无意义，无法依照我们所使用的参照系做出衡量。①

显然，列维·斯特劳斯的这段表述，较为透彻地呈现，也部分地解决了笔者所面临的一大难题。

中国的近现代文明史与文化史，乃至文史研究与表述，并不一定也无必要非得去参照二百余年来西方工业革命历程中所达至的所谓现代文明理念及标准，来加以衡量与考察，乃至评判与总结。因为如此一来，中国的近现代文明史与文化史，就极可能陷入一种"静止的历史"之假象，令研究者就此陷入一种无话可说、无事可做的境地，仿佛转瞬进入了文明史的真空地带一般。

在这样的因假象所造就的窘迫情势之下，仿佛非得返归在此之前的两千

---

① 注：此段译文引自《结构人类学》，[法]克洛德·列维·斯特劳斯著，张祖建译，中国人民大学出版社，2006年，第839页。

年帝制时代的中华古代文明与文化史之中，才能从中获取"累积的历史"之印象与信念，才能从中汲取有所谓现代意义（实为西方学术体系之下的现代意义）的，可在既定框架内加以考察与表述的文明指征。也正因为如此，研究者往往有意无意地驻足于此，翻来覆去地从"累积的历史"之中探究种种关涉所谓文明与进步的历史信息，也因之被动或主动地规避步入中国近现代文明与文化史领域的研究。久而久之，这一"静止的历史"假象，不免"假戏真做"，从惯性思维的角度而言，竟可能真的成了研究者再也难以涉足的禁区了。

通俗地讲，笔者一旦有意且着力于中国近现代文明与文化史领域的研究，就必将因参照二百余年来西方工业革命历程中所达到的所谓现代文明理念及标准，深感无力与无奈，终至无力书写。因为自鸦片战争以来，无论是洋务运动还是维新变法，无论是君主立宪还是共和革命，直至长达十四年的抗日战争，几乎因惨烈战争断绝了文明进程的特殊历史时期，中国一直是在全力或尽力向西方工业文明学习，一直是在向欧风美雨乞灵的过程中，力图振兴与复兴的。自然而然的，在此期间的这一段文明史，能令西方学者群体，或者说能以西方近现代文明史体系视之为"累积的历史"的部分，几乎并不存在，可以说完全是一段"静止的历史"。

那么，如果笔者追随并听从列维·斯特劳斯的人类学观点及其建议，不再参照二百余年来西方工业革命历程中所达到的所谓现代文明理念及标准，又将以何种方式来重新涉足这么一段"静止的历史"呢？

眼前的这部书稿，就正是笔者再度鼓起勇气，在暂时还没有任何"国际标准"与"学术规范"的前提下，尝试着重涉这么一段"静止的历史"之后的副产品。

以十位在中国近现代文明史领域有卓越贡献或莫大争议的历史人物为个案，将这些人物的突出事迹或特异观念作为考察与表述的中心，在此基础之上书写其生平简传并以之视为文明史之切片，纳入基本能从近现代中国学术与学科发展序列加以概括与研讨的框架之内，在既着力于"显微"又可大致"宏观"的层面上，力图为读者呈献这么一段曾经令笔者深感无力与无奈的"静止的历史"。

严格说来，书稿选取的这十位中国近现代著名历史人物，皆为主要生活于民国时代的"名士"，虽然确实都是在中国近现代各个领域里的知名人物，但并不一定都是读者大众所熟悉周知的历史名人。即便其中也选取了几位"大众明星"似的历史名人，可书稿中所截取的这些人物的"突出事迹"，也并不是坊间流传已久的那些趣闻逸事。因此，在名士光环之下，在知名度加持之下的这些历史人物，在这部书里或多或少的，还是会给读者植入几分陌生感。那么，为何会出现这种情形呢？

因为前边已经提到，本书主旨乃是试图以这些名士的生平事迹为切片，来为中国近现代文明史，以及文化史，做一番断片式呈献。所以，本书将着力突显与考述的，乃是这些名士在中国近现代文明史上的贡献与业绩，探索与发明，开创与影响，而非其他。

从周学熙、伍连德开始，至熊十力、吕澂终止，这四张中国近现代文明史的切片，"切"得究竟如何，准确不准确，深刻不深刻，笔者自然不敢自卖自夸，妄作断言。不过，从经济学（财政与工商）、医学（卫生与治疗）角度切入，乃是笔者久已有之的夙愿。属于国家内部治理第一要务的这两大领域之关键之重要，实在是再怎么强调，再怎么重视，都不过分的。亿万人口的泱泱大国，国民的衣食温饱与生命健康，是为国本，是为一切文明史的根基，没有这两大领域的有力支撑与突出贡献，谈何文明，有何文化，写甚文史？

至于哲学与美学，较之经济学与医学，似乎抽象了许多，也玄虚了许多。一般而言，人们大多以为这是务虚之谈，而非务实之举了。不过，文明是始终无法令这两大领域缺席的，即便原始社会也是有哲学与美学的，只不过在那一段看似"静止的历史"之中，少有生活在看似"累积的历史"的研究者，会对其，或者说能够对其予以合理的解说罢了。

中国近现代文明历程中，对哲学思想与哲学史予以探究的学者，当然是不胜枚举的，但试图独立开创哲学体系，力求确立中国哲学范式的学者，可以称之为"哲学家"的学者，却并不多见——选择熊十力作为切片，不但是适宜的，也可能是唯一的选择。至于从美学转而投身于佛学的吕澂，曾与熊十力有同门之谊，知名度虽逊于后者，但其前半生发力于"美术革命"，后半生致力"佛学革命"，初心始终未泯，矢志始终不渝，在美学与佛学领域里，都卓有建树。仅以时空区限而论，以吕氏为切片，实为笔者目前能够有所认知的中国近现代文明史个案之终点，因之将其作为本书终章。此举无形中却也恰恰将文明史的一般认知轨迹给拈提了出来，即从务实到务虚，从物质的到精神的文明互动历程。

在周、伍、熊、吕四张切片的中间，还选取了关涉哲学、美学、国学、文学、文艺等各个领域的六位名士之生平简传，来做另一组品类纷呈的个案。在这些切片与个案之中，不难感受到，笔者曾经以为的那一段"静止的历史"，非但不是"静止"的，还曾一度"激烈"异常，只不过因种种原因，在时间的长河中，复归于潜流深渊之中罢了。

诚如列维·斯特劳斯所言，"历史都是重构的，而任何历史重构都是重构历史的一个片段"，因此，切片式写作，成为笔者试图重构这一段"静止的历史"的基本策略。不过，笔者恰恰又选择了被划归到所谓"低级历史"范畴的，甚至连人物传记都算不上的生平简传来做切片——这样的选择与写作，由列维·斯特劳斯看来，应当还需耐心等待更高层级的历史，即"高级历史"来为之提供更为充分与概括性的解说。对此，他曾有过这样的评判与论述：

低级历史是一个信息量丰富的历史，但正因为它信息量丰富，所以它的解释价值较弱，因为它以叙事为主。轶事和传记史的解释力最低，但信息量最丰富，因为它细察个人的特性，对每个人的性格差异，动机变化，思谋进展的过程进行详细的描述。高级史包括低级史，正是高级史提供了对低级史的解说。高级史的信息量不够丰富，但却更有解释力。[①]

虽然，笔者还不能确定本书这样的"低级历史"，是否终有迎来归纳到"高级历史"中的那一天；或者说，对是否终会有那么一部采纳了本书主体内容的所谓"高级历史"诞临于世，并不抱有十分乐观的预期，但笔者仍然以为，在这部书中所有的这些呈现，都确实反映着中国近现代文明历程里的一些

---

① 注：此段译文转引自《论治史》，[法]雷蒙·阿隆著，冯学俊等译，生活·读书·新知三联出版社，2003年，第874—375页。

鲜为人知但又应为人知的史事点滴。

为此，在重涉那一段"静止的历史"之后，笔者还是竭尽全力，尝试着要为读者诸君，呈献出这么一部剪影式的近现代人物的生平简传。

肖伊绯

2022 年 5 月 28 日

目　录

周学熙："我被功名累一生"

◎ 小引·紫禁城中救火人

1891年1月16日，紫禁城外贞度门发生火灾，火势延伸至太和门。宫廷内外，纷纷传言这是天心示警，为人怨天怒的不祥之兆。御史谏臣们抓住时机，群起谏议，要求慈禧太后"居慈宁宫，节游观"；可惜这老太后一句话，所有刚刚还义正词严的官爷们统统革职，永不叙用。

皇宫里大火冲天，一帮食国家俸禄的大臣不去救火，不去思索长治久安，免于火灾的良方，却借题发挥要削减主子的消费，也难怪老太后不满意，窝一肚子火。这主子肚子里的"火"，也随着宫中的"火灾"，一并发了出来，那些闹腾着要限制主子权力却不去救"火"的大臣们，自然是于情于理都要被"治理"的了。老太后肚子里的"火"，他们是招架不住了。

这一次著名的火灾，在清宫档案中有明确的记载；因为这是一场发生于光绪皇帝大婚前不久的"天灾"，故而永载史册。据《清宫述闻》①记载：

---

① 《清宫述闻》，故宫博物院出版，1941年5月。

光绪十四年十二月，太和门火。明年正月二十六大婚，不及修建，乃以扎彩为之。

这次火灾发生在光绪十四年十二月十五日，先从贞度门起火，是两名值班太监使用灯火不慎引起的。贞度门在太和门之右，太和殿之前。起火后扑救不力，延烧到东西朝房、太和门和昭德门。此次大火烧了两天，虽经扑救，但东西朝房和太和门还是被完全烧毁。那些放在临时库房里，准备为光绪结婚大典用的各种服饰和礼仪用品，全部烧光。

为什么守卫森严的皇宫会发生如此大火呢？这主要原因还是看似守卫制度严格，实则平时一直就缺乏防范。紫禁城内值夜打更的，是两名六十岁开外的老太监，值班时偷懒睡觉，待被大火惊醒时，火已熊熊成势，再无法收拾。而且当时正是寒冬时节，内金水河的水冰冻三尺，凿冰取水救火，延误了救火时机。太和门是木结构建筑，着起火来燃速极快，且坡顶建筑扑救更为不易。深夜起火，又无照明设备，救火更难。在大火向四处扩大蔓延时，大臣们合计，派工匠先把尚未燃烧的近火之庑殿，在梁柱上拴上大绳，派众多士兵用力拉，把庑殿拉倒，然后在上面浇水，断绝火道，这才阻隔了火势蔓延。据文献记载，为了扑灭这场火灾，动用兵士、工匠等达七千余人。

这场大火之后，皇宫的消防救火问题开始提到议事日程。当然，已经烧掉的太和门，没办法赶在皇帝大婚前重修，只好派人把火场打扫干净，找来棚匠，支搭临时席棚，扎彩张灯，勉强办了婚事。这临时的棚架，不得不让人联想起祭扫时，烧掉的纸扎诸物，既不牢靠也不吉利；亲眼看到的和后来听说的

光绪三十一年（1905），慈禧万寿日，宫眷在园内万寿山盘（排）云殿排云门前所摄之影。图中自左至右为：崔总管、隆裕皇后、俊寿姑娘、庆亲王二格格、西太后（慈禧）、唐宝潮夫人、庆亲王四格格、元大奶奶（西太后侄媳）、裕庚孙女、裕庚夫人。此影即唐夫人所保存者，原载《国闻周报》1925年第2卷第31期。

光绪三十一年（1905），慈禧万寿日，宫眷在园内万寿山盘（排）云殿排云门前所摄之影。图中自左至右为：隆裕皇后、俊寿姑娘、庆亲王二格格、西太后、崔总管、庆亲王四格格、元大奶奶（西太后侄媳）、裕庚孙女、裕庚夫人、唐宝潮夫人。此影为当日合影存照之一，因西太后（慈禧）尚在梳妆准备中，未公开发表。

人，心里都会觉得不自在。毕竟皇家婚礼这么一件关乎国家体统、皇家颜面的大事，就这么草草了事，谁也不会觉得心里舒服。大臣们在这个时候给老佛爷添堵，当然只能自取其辱。

◎ 从"大清铜币"到"袁大头"

绝不给老佛爷添堵添乱，只会拼命给老佛爷办事邀宠的袁世凯（1859—1916）后来为皇宫消防献计献策，推荐出一位得力能干的年轻人。这位年轻人后来成为"北洋实业之导师，民国财政之权威"，此人名唤周学熙（1866—1947）。

周学熙，两江总督周馥（1837—1921）的第四个儿子；光绪大婚前那场大火时，他刚满二十五岁。十六岁就考中秀才的他，还在寒窗苦读，争取金榜题名，光耀门楣。

1894年，甲午海战那一年，北洋海军全军覆没；他却终于考中举人，最初在浙江为官。1898年，戊戌变法那一年，一百天的维新，死掉六个君子；他已开始接触国家能源开发与管理，派为开平矿务局会办，次年升总办。受其父周馥的教诲与影响，在这位协助李鸿章（1823—1901）办理洋务三十年的"老洋务"引导下，周学熙从一开始就走上了与一般热衷仕途，钟情诗书的文人迥然不同的道路。实实在在的实业探索之路，注定了他的实干与实际，这种实心实意的人物，也注定要在历史舞台上崭露头角，干出一番实绩来。

1900年，义和团装神弄鬼，刀枪不入跳大神那会儿；八国联军铁枪钢炮洗劫北京，逼得老佛爷、光绪皇帝逃跑的时刻，周学熙正在山东候补道员，入袁世凯幕下，后随袁世凯到天津，开始主持北洋实业。他不相信念咒语能扶清灭洋，也不认可崇洋媚外，他还是洋务派的一贯作风——中学为体，洋为中用。这个传统他恪守一生，分得很清楚，走得很坚决。或许，当时的守旧派认为他是"洋二代"，而后来的革命派又认为他是"旧二代"。总之，他就是那种始终有点逆潮流而动，但又总能鼓捣点名堂出来的年轻人。

正因为逆潮流而动，才不会随波逐流，才可能成为弄潮儿。越是在危急时刻，像周学熙这样的"老实人"，这样一根筋只想把差事办好的人，才有可能脱颖而出，才会顶风而上之后逆风飞扬。他第一次出场的背景就很简单，只不过是为了皇宫救火——预防火灾，办好消防。可如今这茬儿却不那么简单了，不是预防灾害，而是已经糟糕透了，要立马即刻见效，比那"救火"还急，比那消防还十万火急。

原来，大清帝国的皇宫经过1900年那一场"庚子国变"，彻底没钱可用了，那时并没有什么御用经济学家做个曲线图、饼状图啥的分析一大堆，更不可能有什么资深金融顾问来搞个货币决策模型、信贷调控指数；铸多少钱，怎么铸，怎么用，都需要有人站出来拍胸脯，一个人承办。

这个时候，谁能站出来？袁世凯。这人为什么能站出来？因为在他站到慈禧太后跟前拍胸脯之前两个多月，时年三十六岁的周学熙，就已经站出来立了军令状，这会儿正甩开膀子在钱炉子边上等着一炉一炉的铜钱出炉咧。

众所周知，鸦片战争是因为中英贸易逆差太大，禁烟令让特别想靠鸦片捞银子，拉近差距的英帝国恼羞成怒，才最终交火开战的。第二次鸦片战争也是如此，后来的"庚子国变"更是如此，除了英帝国之外，法、德、俄、意、美、日、奥等，哪一家都想来中国捞银子，捞不够了，捞不着了，就扯下"公平贸易、文明竞争"的遮羞布，从坑蒙拐骗改作了强夺明抢。

真刀真枪干起来时，高估了帝国实力的洋务派打了败仗，主张议和苟存的守旧派也并不能因此荣光。出卖过维新派的袁世凯啥派也不是，只管帮着慈禧太后堵各种各样的窟窿，解各种各样的疙瘩。那会儿的帝国朝廷之上，一个人的地位如何，取决于这个人的有用程度，而不是党派阵营。一方面，老太后离不开这位精明强干的袁大人，自然还是因其人可用且能用。另一方面，除了老佛爷，袁世凯在哪一派都不受欢迎；可对他而言，人生中只有这么一个老佛爷，比佛还灵，比爷还强，比亲娘都亲。

袁世凯没有什么稀奇古怪的政见，惊世赅俗的手眼，擅于救场就是他救自己的法宝。比救皇宫的大火更急，刚班师回宫的大清帝国，眼瞅着国库被劫掠一空，闹起了银荒，这会儿需要有人出来支招儿，解这个没银子可支，没钱可用的燃眉之急。

1901年，帝国栋梁李鸿章积劳成疾，寿终正寝而去。眼看沧海横流，深恐覆水难收的老佛爷，紧急招来"中流砥柱"袁世凯，从山东调至直隶，署理直隶总督兼北洋大臣。离开山东之前，由于八国联军的疯狂掠夺，天津的经济也遭受了巨大的损失，大批的银钱都被抢走，所以当时最迫切的问题就是制造货币，整顿金融。这不仅与整个经济界有关，也关系到能否巩固袁氏的政治地位。

袁大人走之前，给周学熙撂下一句话，我出去这一趟，个把月之后就回来，到时要能看到新钱铸出来。至于铸多少，怎么铸，并没有过多的交代。周氏心领神会，眼明手快，把经济学家、金融学家、货币政策专家、国家银行行长、造币厂厂长、冶金局局长、工艺局局长、图案设计专家、车间主任等职位的活儿一肩挑，迅即组织人马，即刻开工铸钱。

周学熙四处勘察，利用一座寺庙的废墟，修建厂房，招募工匠，改造机器，亲自设计铜圆的式样，仅仅用了两个多月，就建成了造币厂。等到新钱出炉时，大家又发现了一桩奇事，这中国人用了两千年的圆形方孔铜钱，在周学熙炉子里出来时，却全都没有了方孔，圆乎乎的铜板一块，这是咋回事儿？难道是机器出了问题？

等到袁世凯回来验收工程进度时，这样的铜板已经铸出了一百五十万枚。袁大人把铜板拿到手里左瞧右看，啧啧赞叹。铜板正中分为双圈图案，里圈内印着"大清铜币"四个上下左右撑足面子的端正大楷；外圈里上方印"造币总厂"，下方印"当制钱十文"。

原来，这一枚铜板就能当方孔铜钱十枚的价值使用，这一百五十万枚铜板就相当于铸出了一千五百万枚铜钱。这一项新发明，不但缓解了市面上货币流通的"钱荒"，更重要的是，帮助政府解决了国库无银根的狼狈局面，相当于多开了一种变相"国债"的途径。袁世凯拍板定案，就这样继续弄，不但要搞"当十文"的铜板，"当二十文"的也要弄，弄得好了，以后直接开铸银圆。

很快，这样的铜板开始风行于世。铜钱一文两文数着购物消费的古老流通法则，一方面因通货膨胀、物价飞涨早已变得十分困难；一方面又因周学熙新铸的铜板救市，变得更加不合时宜。从"当十文"铜币铸出来开始，到人们习惯于使用铜板，再到铜钱彻底退出中国货币流通领域的整个历程，前后也不过就用了四五年时间。后来，"当二十文"的铜板也铸了出来，"当十文"的铜板又逐渐退出流通。等到家喻户晓的《卖报歌》①唱起来，歌声里"七个铜板就买

①《卖报歌》为聂耳于1933年在上海为卖报女童创作，1934年歌剧《扬子江暴风雨》公演时，首次公开演唱。

两份报"——那个时候的铜板已经是一枚当百文制钱流通使用了。

等到号称白银铸造重库平七钱二分作"壹元"使用，也就是当制钱一千文的银圆铸出来时，大清帝国开始摆脱银两、铜钱的传统货币计量单位所带来的国库空虚，交易烦琐的双重束缚，这一来二去的倒腾之后，以国家强制名义，用缺斤少两的不对等货币兑换法则，又从大清子民的钱袋里赚回来不少银子，终于可以稍微喘一口气，舒坦一阵子了。

显然，这袁世凯拍的胸脯，再一次拍到了老佛爷的心坎上，周学熙的名字也像铸钱模子一样，就此刻铸在了中国货币史之上。到1907年3月，天津银圆局各造币厂共铸银圆五百七十一万多元。由于银圆式样新颖，便于携带，人们都乐于使用，因此北洋银圆的流通区域不断扩大。既满足了市场流通的需要，也获得了巨大的利润，同时也在一定程度上遏制了外国金融势力扩张，缓解了国内银根一直紧张的窘迫状况。

也就在周学熙铸出铜板的那一年，1902年，为了维持银根奇紧的天津金融，袁世凯在天津建立了一个官办金融机构——天津官银号（初为平市官银号），发行铸币，管制金融市场，并且准备以此为基础，联合绅商合股开设天津银行。筹措资本时，这位直隶总督袁大人竟然试图官方不出一分钱，只用商人们的钱开办银行，自己只想从中渔利，结果绅商们都借故退出。袁大人转而求助外国银行，也遭到拒绝。

这时，又是周学熙站出来，提出天津官银号添设储蓄业务和商务柜，经营官民的存款业务，吸收社会游资，扩充官银号的资本，同时商务柜开办经营工商业的贷款、贴现和汇兑业务，并且发行银钱票。看来，袁世凯在前边救场——救了老佛爷的场，救了大清帝国的场，周学熙则在后边实实在在地给袁大人撑足了场面，保住了脸面。

袁、周两人携手的"二人转"，迅即玩转全国。即将崩溃的大清帝国，在行将就木的最后几年时间里，货币政策与财政管理初见起色，也正是因为周学熙的勇于承担，锐意变革，帝国经济才有了回光返照的喘息之机。

话说周学熙被任命为官银号督办之后，首先在人事制度方面进行了大胆的改革：定人员，明职责，待遇与资格挂钩，形成了一个自下而上层层负责的责任网，大大提高了办事效率。整个帝国的官僚体系，因为有了这样一个"事业单位"的模板做榜样，在工作效率方面也颇有引导之力。

周氏亲自编订了官银号各项规则八十条，这些"天条"似的行为准则，给原本人浮于事，却又根本干不成事的所谓"事业单位"，开始有了现代化的效率评估机制；这在老佛爷的时代，无异于"理想国"。

八十条规定，例如在办公时，以公事为主，不准闲谈。即使休息时，也不许高谈阔论，干扰他人行事。为了确保金融业务的正常进行，改组后的官银号还规定每年"官本所得息银，除准允督宪提用外，其余一切官本、护本、公债及各项存款，无论何次公用，永不能提支"。另外，无论是公司、局、所还是商号前来借款，必须先查明有无偿还能力，如果没有确切的偿还保障，概不出借。这条规定十分重要，它禁止了军政各方的硬性摊派和人情贷款，使银号避免了大量的呆账。

经过周学熙的改组，官银号扩大了营业范围，增加了营业项目，活跃了市面金融的周转流通，积累了大量的资金，促进了直隶工商业的发展，成为直隶全省重要的金融枢纽。袁世凯对周学熙格外嘉许，后来把北洋政府的行钞、铸币、财政、金融大权统统交给他掌管；还把自己的侧面玉照交给他，后来铸成

北洋银圆局天津铸币厂（原为北洋机器制造局，后又称度支部造币津厂）大门、
塔楼及周边景象，清末旧影。

大清铜币当二十文币，光绪年造。

光绪元宝银币，造币总厂样币。

民国三年铸造袁世凯像银圆，民间俗称为"袁大头"，
为中国银圆流通史上最常见银圆。

了国内货币市场上的硬通货"袁大头"，其银币的工艺与成色，多样的版本与暗记，令收藏者们趋之若鹜，孜孜以求。

周学熙成了真正的"财神爷"，在大清帝国最后几年和中华民国最初几年都是如此，那些琳琅满目的铜板、铜圆、银圆，就铭记着这一段历史，俨然可以据此编撰一部"中国近代（北洋）铸币史"，或者戏说为一部"中国近代财神传"。

◎ 天津"自来风"与北京"自来水"

俗话说，救急不救穷。周学熙不但救了袁世凯的急，还救了他的穷。他的救场能力之强，效果之好，也间接地续了大清帝国的几年老命。袁大人念着他的好，老佛爷也听说了他的名儿，可国运衰微，自顾不暇，想提拔暂时还有心无力。

光绪三十三年（1907）秋的一天，慈禧太后在颐和园召见不久前由直隶总督兼北洋大臣调升进京，任军机大臣兼外务尚书的袁世凯。袁大人进殿叩见老佛爷不久，就有一小太监匆匆来报，说宫廷某处失火。联想到光绪皇帝大婚前的那一场大火，老佛爷心头火起，蹭蹭地往上冒，一脸不痛快。

一大帮拖家带口，祖孙三代吃皇粮的京官，一大堆满口先帝遗训，世代受皇恩的近臣，已经十六年过去了，竟没有一个能拿得出替帝国分忧的消防方案。眼看着大火不知哪一天又要窜进皇宫烧烤一把，火灾的隐患如同各地的乱党一样，让帝国的实际掌舵者——老太后有点不知所措，力不从心了。

回看在此两年之前，时为1905年8月20日，同盟会在日本东京成立。胡汉民、张继、陶成章、章炳麟、汪精卫、陈天华、朱执信、宋教仁等，这一群喝了不少洋墨水的"后浪"，这一群绝大多数当时都很年轻的新生代群体，借着同盟会的机关刊物《民报》，开始在中国的政治舞台上"兴风作浪"，一浪高过一浪。

孙中山在《民报》发刊词中，更首次揭示与解说三民主义，公开明确的反对帝制，要求民主。1907年，徐锡麟趁巡警学堂学生毕业典礼之机，拔枪击杀安徽巡抚恩铭，随后慷慨就义。这一年，光复会起义失败，秋瑾从容就义。这一年，四川同盟会原定在慈禧寿辰之时的起义计划流产。这一年，孙中山筹划的黄冈起义、惠州七女湖起义相继失败，但在年底，又发起镇南关起义，并亲自向清兵发炮。这一年，南北各地的炮火，比这眼前的火灾还要厉害，朝野上下早已乱成一锅粥了。

这一年，该改的都改了，能革的也革了，只剩下没把皇帝拖下金銮殿，只差没把老佛爷直接送上西天。面对前来报告火情的太监，老太后连摔杯子的力气都没有了，只管坐在原地，自顾自地叹气。望着刚升任的新官袁世凯，她也只是例行公事地随口一问："防火有何良策？"没想到，袁世凯精神抖擞，立即回答："以自来水对。"

老太后一脸诧异地望着袁世凯问，就是那"洋胰子水"？袁大人满脸真诚，连忙点头称是，答道正是正是，那铁管铺设，阀门管制，是水说来就来，说闭就闭，扑火灭火很是方便。其实，老太后是早就知道这洋玩意儿的，谭嗣同一伙还在闹腾时，就向光绪皇帝提议过，要在皇宫里设铁管水塔，搞这个破坏龙脉风水的自来水。当时，就被她呵斥了一番，这会儿袁世凯又来提这档子事，究竟是中了什么邪？

实际上，早在1879年，大连就修建了自来水管道。随后，一些受西洋现代化风气影响的沿海沿江城市，如上海、青岛、天津、广州、武昌、汕头等，也相继兴建了自来水设施。天津是在1903年就有了自来水，袁世凯深知自来水的种种便利，加之又亲见其架设建造之快，因而胸有成竹；这一次看到老太后如此烦恼，遂斗胆又建了一言。

老太后未置可否，只是说，谁可担此大任？万一洋人要通过这根铁管子下毒，怎么办？袁世凯当即向她推荐了周学熙，拍胸脯保证此人来办，万无一失；甭管中国人还是洋人，他都搞得定。老太后又问，就是那个铸铜板、银圆的秀才吧？袁氏连连称是。看着正在里里外外挪置物件的太监宫女，袁大人又突然指着一个铁物件说，瞧，这电风扇还是他给送过来的咧。

袁世凯说的那物件，极可能就是中国历史上第一把电风扇，由天津劝业铁工厂生产制造的国货。于1906年才筹建的天津劝业铁工厂，在周学熙的创办和运营下不到一年工夫，就已经生产出许多民生日用机械，包括织布机、石印机、起重机和电风扇。

当然，这天津劝业铁工厂生产的国货，还并不是中国国内第一把使用的电风扇。在此约十年之前，天津的利顺德饭店，早在1897年，就从欧洲进口了一台大马力发电机，开始自己发电驱动国外进口的电扇，成为中国最早能"自来风"的高档饭店。那时候，中国市场行销的电扇主要就是美国通用电气公司生产的奇异牌，"奇异"二字是取自它的英文商标GE[①]的谐音。后来，又出现了德国西门子、美国三角、日本KDK等国外品牌，洋人的"自来风"迅即吹遍清帝国的豪门大宅。

老太后虽然早已听闻有些大臣商人家里，流行用这些"洋玩意儿"，可她

---

① GE，即美国通用电气公司简称，奇异，即GE的谐音。GE的商标，制作于电风扇风罩中央。电风扇通体为铜制，有4片铜叶，可90度摇头，风速有强、中、弱三档。

自己还真没去试过。毕竟，和自来水一样，这"自来风"的铁片子会不会破坏龙脉风水，她心里总还是没底儿的。直到袁世凯送来一把国产的"自来风"，让她好好地凉快了一个夏天，对这件东西，还是印象颇佳的。此刻，袁大人凑巧提起这事儿，刚才还一脸烦恼的老佛爷，神情也难得地舒缓了一点，连连说，好东西，挺管用。

时至光绪三十四年（1908）前后，京城又接连发生了几起火灾，由于运水扑救不及，和皇帝大婚前那次火灾相仿，基本烧得精光。当年4月18日，农工商部熙彦、杨士琦等上书慈禧皇太后、光绪帝"京师自来水一事，于消防、卫生关系最要，叠经商民在臣部申请承办"；并奏请由农工商部议员周学熙主持自来水事务。

慈禧下旨，准依"官督商办'通例筹办'京师自来水股份有限公司"。农工商部的大臣接到了圣旨，立刻再次上奏折，请示筹办的"大概办法"，建议成立"京师自来水股份有限公司"，性质为"官督民办"，并建议任命周学熙为公司总理（相当于如今的"董事长"）。

当年四十二岁的周学熙，就这样，在一纸任命下，在众多大臣们的追捧下，从天津赶赴北京上任。他并不精通供水工程，但凭借对国外近代工业文明的了解及多年创办实业积累的经验，奉旨进京后很快拟就了《创设京师自来水公司大概办法》。

公司"定名为京师自来水有限公司，一切按照公司商律办理，以符名实"，并确定公司为"官督商办"，以股份制募集建设资金，拟定募集三百万银圆，分三十万股。又规定"专招华股"，以保护民族企业权益。当时京城的各大报纸均刊登有白话文广告一篇，以便令民众周知。广告原文如下：

> 我们公司办这个自来水，是奉皇上旨意办的，全集的是中国股，全用的是中国人，不是净为图利啊。只因水这个东西，是人人不可离的，一个不干净，就要闹病，天气暑热，更是要紧。所以开市以后，凡是明白人，没有不喜欢这个水的。

可惜，享受过"自来风"的慈禧太后，没能最终享用自来水。光绪三十四年十月二十一日（1908年11月14日），光绪皇帝与慈禧相隔不足二十小时相继"驾崩"。还正在铺设管道的自来水公司人员，接到命令立即停工。内城巡警总厅要求自来水公司将出殡线路地安门、西四牌楼、阜成门沿线立即修理平坦。公司调动人力突击埋管，来不及埋管的将土回填，垫平夯实。直至宣统元年（1909）二月底，出殡后才复工重新挖沟，又耽误了好几个月。即便如此，不到两年的时间，周学熙总理督办的自来水公司

自来水救火验效，图文介绍以自来水仅用一小时即扑灭北京前门火灾的清末事迹，原载《神州画报》，1910年3月。

京师自来水水塔旧影

京师自来水公司旧址

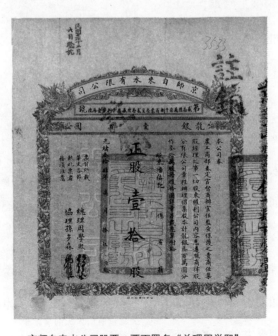

京师自来水公司股票，票面署名"总理周学熙"。

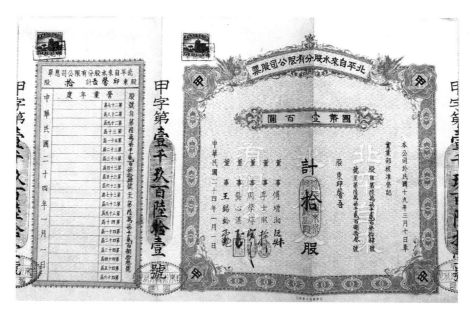

北平自来水股份有限公司股票，票面署名董事为傅增湘等，周学熙已退出公司。

还是于1910年3月，正式向北京城区供水。

不到一年时间，制成"自来风"；不到两年时间，达成自来水，这就是周学熙的能耐。不管周家的"风水"究竟如何，能不能如"自来风"、自来水这样，这么快，这么猛；但周学熙的实业力量已经开始展现，在清末民初的特殊历史机遇中，无疑已经具备了翻云覆雨的实力。

◎ 退隐山海，三十余年 "诗生活"

民国四年，1915年的冬天，周学熙突然生了一场大病。时年五十初度的周氏，已经第二次辞去了中华民国财政总长的职位，一个人静静地在北海公园一处小宅院里养病。

这一年冬天，在北海公园一处叫"濠濮间"的地方，周学熙写了一首诗，由此拉开了此后长达三十余年的"诗生活"序幕。从这一年开始，周氏每年都有一定数量的诗作被保存了下来，在其死后辑为一部诗集，称之为《止庵诗存》。

作为"诗生活"开篇的第一首诗，1915年冬写成的这首诗，题目很简明直白，题为《养疴北海晚饭后散步》。这首诗的文句，就真像一位在公园黄昏里散步的老人，偶遇故友之后的絮絮叨叨，无可无不可。读这首诗，和当年的"自来风"与自来水已无瓜葛，与两任财政总长的显赫或失意似更无关涉。且看诗云：

历朝临幸地（所居在北海之东岸，小山巅三楹曰崇椒；又山半三楹曰云岫；又池边三楹曰濠濮间，皆乾隆时额），

容我短藤拖。

池小桥添曲（山北有小池不盈亩，石桥界其中凡九曲），

廊回路失坡（山上下回廊相属，凡十数折，无登陟之苦）。

晴皋残雪少（今春极暖，雪极少），

高树夕阳多（山居太液池岸东，故得夕阳之多）。

何处清笳起，

苍茫发浩歌（苑内驻拱卫军后路各营，因川滇有事，操练极勤）。

全诗几乎每句加一注解，五十年来忙于各类实业实务的周学熙，似乎此刻才开始认认真真地观赏起人生旅途中的种种风景。每至一处，皆细心体会与品味那些曾经司空见惯，甚至一直熟视无睹的景致。

北海公园，是"老北京"再熟悉不过的去处，养病于此的周学熙，此刻看

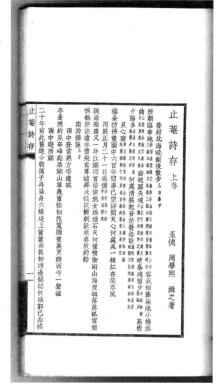

周学熙纪年诗总集《止庵诗存》　　　　　　　《止庵诗存》正文首页

到的公园诸般景致，却又是熟悉中透着一股陌生的。最后一句的注解，还是可以看到曾两任财务总长的他，对政务、军事的熟悉，以及对时局动荡的忧虑。诗注中提到的"拱卫军"，实则是宣统三年（1911）秋，清廷成立的一支守卫京师的新军。初驻河南，随即调驻北京。辛亥革命后，隶属袁世凯，并有扩充。此刻的操练，显然是针对蔡锷在滇军中发起的反袁运动，史称护国运动。

当然，已经辞官且抱病在家的周学熙，频见狼烟滚滚，你争我夺，早已心灰意懒，无心奔走了。虽然在位期间，民国最初的财政规制和法规法章，大多为其一手操办，论个人成就、威望及地位，已不亚于革命元勋与开国元首，可年过半百之后，心态上似乎已然"归零"，对实业实务不再有昔日的激情了。

譬如，中央政府实行的国家税与地方税的划分，中央银行与商业银行的不同性能作用，公债发行税制整改等内容，周学熙当年都曾设想过，有的早年更实施过。无论是从理论角度还是实践角度，都堪称现代中国财政第一人的周学熙，因为眼瞅着袁大总统即将复辟称帝，自知这"中华帝国"的国运并不长久，遂袖手而去，不再过问政事。真病也罢，假病也罢，终归是一块心病，须得摒除干扰，静心休养之后再做打算罢。

1915年这一年，仅就笔者所见所知，这一首《养疴北海晚饭后散步》，乃是周氏于1915年这一年所写诗篇里唯一保存下来的诗作。这一首诗，在其死后被辑入《止庵诗存》，弁为诗集开篇之作，位列诸诗之首。这一首诗，标志着周氏决意开启后半生三十余年的另一种生活方式，一种试图退出人山人海，归隐于山间海边，并努力追寻生命本身诗意所在的"诗生活"。

1916年，周氏从北海搬至香山养病，从北海的濠濮间挪到了香山的见心斋。从观鱼知江湖之乐，到明心见性的了悟——单单从其休养生息的居所名目来看，其间的意味转换，无不充溢着传统文人的自我解脱之诉求。

当然，也正是因为周氏是国内首屈一指的实业家，乃是曾两任财政总长的政界要人，才能在北海和香山之间来回疗养，反复写诗；无须多言，这样一段养病写诗的经历，绝不是普通人可以企及的。现实即是如此——诗意诗境的营造本身，也是需要和社会地位相对应的。这样的"诗生活"，也只有周氏可以步入。

1916年，周氏在北京写下两首诗，一为《见心斋》，二为《丙辰正月二十一日感怀》之后，即南下游玩而去，去的地方有常熟、庐山、西湖等地。江南风物宜人，风景宜游，风土宜居，隐退之后的周氏，一旦从北地南下而来，大有乐不思归之意。写下《南游杂咏》五首组诗之后不久，希望把江南情调也携归北地，一回到北京就即刻赴北海、香山勘察，筹划着要修筑一所养老自娱的私家园林。终于在北戴河东联峰山西麓、河东寨村东北一块左右有溪沟的高地，相中一块"宝地"。这里迎面向海，背靠群山，颇有点沧海桑田的大气魄——他为自己的这所园林命名为"趣园"。

从1918年到1924年，六年间，在周氏的"诗生活"中，出现了一个关键词"趣园"。从《趣园偶题》《花坞小筑落成》《喜七弟过访北戴河趣园见赋二律奉和原韵》《趣园吟》《趣园即事》《海滨观月》等这些诗作题目来看，这样的"诗生活"，已然常驻于山海之间，成为这一段人生历程的常态。

时为1924年7月27日，一首《趣园下山作》，又标志着周氏"诗生活"的一大转折点。因为从这一刻起，他又结束了六年的山海闲适岁月，似乎终于耐不住寂寞，要去做下山的"鬼谷子"了，将要下山重新谈谈"兵法"了。

其实，即便身在山海间，周氏也并非全然做了"闲人"。诚然，他再不必忙中偷闲，这一次则是闲中偷忙，却仍然成就颇高。原来，1917年，徐世昌任总统期间，周学熙又被任命为全国棉业督办，为中国棉业的现代化发展献计献策；在这样的官方背景之下，1918年到1921年间，周氏得以分别在唐山、天津、青岛、卫辉四地，开创了华新纱厂及兴华棉业公司等，此四厂成为当时华北纺织业龙头；还于1919年创办中国实业银行，出任总经理，这一切都可谓重操旧业，重展身手。1922年，更在秦皇岛开创中外合资企业——耀华玻璃厂。诸此种种迹象表明，周氏已然"出山"。

可是，令人难以预料的是，就在周氏从"趣园"出来，回到京城不到一年时间，又去了在香山已筑好的新别墅——松云别墅，再度隐居了起来，此后并没有参与过多的投资与商业活动。1925年，周氏再度南下出游，到过普陀山、宁波等地，复又北上旅顺、大连。一番南北周游之后，诗作巨量涌现，情景融洽的笔触也越发顺畅。应当说，1915—1925年这十年间，周氏的"退隐"生活，确已开启。那些时有闪现的，曾一度参与过的官方或商业活动，恐怕不过是为了贴补家用，为"诗生活"添砖加瓦罢了。无论是居于那一座建在海边的园林中，还是居于另一所建在山上的别墅里——山海之间进退张弛的周氏，以自己的方式，营造且维持着隐士般的生活方式。

当然，如果仅仅据此一部诗集，试图来确定周氏"退隐"的具体时间，不免有些为难。无论以1915年北海养病去职为始，还是1916年、1920年在北戴河、香山相继修建私家园林、别墅为阶段性概括，似乎都无法一笔抹杀在此期间，周氏直接或间接参与的种种实业实务。如前所述，即便是在"隐居"期间，其实业成就在当时也是独步国内，无人能及的。

同时，也应当看到，所有这些周氏"退隐"期间所参与的实业实务，与其日趋浓厚的隐士心态并不矛盾，甚至还是相辅相成，互为促进的。隐士心态之下，令其凡事作"退一步想"，更关注生活常态之下的人生历程，因而无事不入诗，无诗不入世；即便时有投身实业实务之举，仍一如既往将这些人生事迹逐一付诸诗篇，为其后半生的"诗生活"之常态载录增色不少，反倒成就另一番同时代隐士无法企及的"诗史"。

五十岁之后的周学熙，开始写诗，并开始习惯写诗的周学熙，已不再是当年那个风风火火、轰轰烈烈、赤手空拳闯天下的激昂"后浪"。虽然此刻的个人实力、经验、威望、谋略，早已百倍于当年，可热衷于"诗生活"的周氏，终归还是逐渐放慢节奏，从一位生活的创造与竞争者，向一位生活的体验与记录者转变。

从六十岁开始，周学熙每年生日都为自己写一首诗，至于别人来朝贺又回应的诗作则数不胜数，一部诗集之中，这样类似个人生活大事记的诗作比比皆是。时至1935年，七十初度的周学熙，已经犯头晕病症三年了，腿脚也开始有些不利索了。除了写诗将这些病症的痛苦描述出来，以及种种自我解嘲之外，几乎连书报也不看了，书法也不练了，只是一个人独坐念佛，默然祈祷往生西方极乐世界而已。那一年，他写成了一首很长的诗，题为《今岁七十，头眩废书，专持佛号，默坐养心作歌述怀》。

除了在北戴河、香山的别墅里安养余生，周学熙在京城里还构筑有小型的私家园林。在其七十岁这一年，首次出现于诗作中的，就有一所叫"止园"的静好寓所。这是一所北平城西屯绢胡同里的小宅院，为先父周馥在后院设有"先公纪念堂"；前院则陈列有其多年的藏书，以及周氏家塾"师古堂"自印书籍的刻版等等。在这一所可谓书香门第的小宅院中，周氏仍以诗抒怀，为之咏叹道：

小园遁迹市城间，车马无声镇日闲。

池引清泉如绝涧，墙围高树似深山。

心安始觉乾坤大，身退方知道路艰。

抱瓮灌蔬吾事了，柴门虽设却常关。

总之，无论是山海大隐还是京城小园，年老多病的周学熙，在操劳半生之后，特别希望过一种平淡宁静的生活。虽然儿孙满堂，不时地添丁进口；虽然

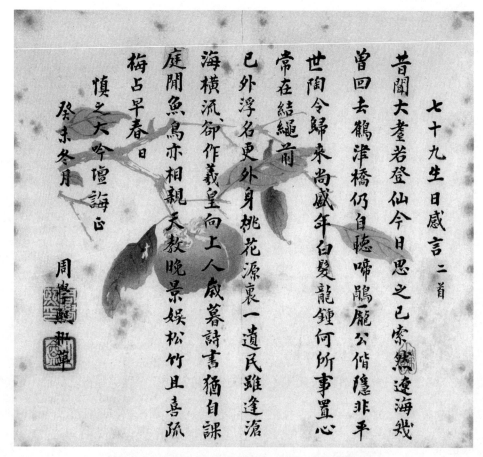

周学熙七十九岁生日，自书感言诗，原文收入《止庵诗存》。

后辈努力，不停地捷报频传，可在他的"诗生活"里，求心静求心安的笔触，却始终占据主要篇幅，对外界的各式讯息并不特别关注。

周氏晚年的"诗生活"，对于普通人而言，可能也会感到枯燥乏味。毕竟，那些生活成本不菲，需得"堆金砌玉"的人家才过得上的"诗生活"，并不是人们想象的那样，并不皆是诗情画意，并不全是名门风雅。

孤寂平淡的隐居生活，时至人生暮年，周氏曾一度记录每天念了多少遍佛号，还要去计算一年总共念了多少遍佛号，以此祈望平安，聊以自慰。1939

年5月20日，他写了一首题为《五月二十日佛号满千万声》的诗，题目后加注曰："余称佛号初无定课，自丙寅年每日定二千声，计程十有三年矣。"

原来，从1926年到1939年，周氏每天念佛号二千声，念了整整十三年，共计一千万声。如果日日念佛能求得岁岁平安，如果岁岁念佛能祈得年年静好，或许，周氏就打算这样在一千万声、两千万声"阿弥陀佛"的念诵声中安度余生罢。

可惜的是，即使这样平淡无奇的隐居生活，也没能安稳得太久。1942年，不知道具体什么原因，周氏突然变卖北平所有房地产，举家迁往天津孟庄。诗集中有一首弃产感言记录当年情状，诗云：

萍踪卅载似浮槎，垂老翻惊四面笳。

洗甲回天宁有日，连烽遍地等无家。

未能松菊留三径，已是图书散五车。

白传田园尚寥落，吾庐何恨寄天涯。

（买宅燕京已卅年，今有事变弃之南下，而故乡值不能归之苦。从此飘零，不知何日得安居矣。）

读诗思往，想那遍地狼烟的中华大地，日寇占据的半壁河山之中，已经大隐山海半辈子的周老先生，突然间已不知何去何从。居京并不安稳，北平已不太平。当时，日伪军政要人屡次光顾其"止园"，或明或暗，要迫其"出山"献力。在京归隐已难，归乡也无乡可归，安徽全境早已沦陷敌手，故宅旧室烧得片瓦无存。无计可施之际，只得赴天津暂避。

周学熙夫妇金婚纪念留影，摄于 1944 年。

　　山影海涛间的念佛声声，大城小园里的诗行历历，眼睁睁就在自家手里掷弃，周学熙这一段并不算特别诗意的"诗生活"，在其七十六岁时将近尾声。直至抗战胜利，七十九岁的周老先生才从天津迁回北平。

　　1945年这一年的重阳节，七十九岁的周学熙和往年一样，邀约故旧亲友，登高游赏。这一次仍然即兴赋诗一首，不过诗的题目有点特别，题为《重九登电梯升中原五楼茶聚》。原来，这是他第一次坐电梯。诗云：

　　不须拾级上高楼，足底生云冉冉浮。放尽胸前千里目，扫空眉上百年忧。

　　一杯清茗供凭眺，几首新诗许唱酬。落帽龙山虽爽约，题糕九老喜同游。

　　坐上电梯的周老先生，心情格外舒畅。当时正值抗战胜利，周家人再度返回北平，整理旧居，其乐融融。即将迎来八十大寿的周氏，其妻刚经一场大病

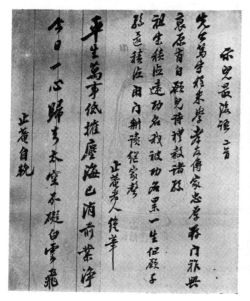

周学熙遗诗绝笔及自挽联

周学熙（1866—1947）

又转危为安，且家中又添长孙之喜，此刻在电梯上作诗一首，也算是一番独特的个人际遇罢。

两年之后，1947年，周氏撒手人寰，溘然长逝，其后半生长达三十余年的"诗生活"也随之画上了句号。

◎余音

1947年9月26日，八十一岁的周学熙溘然长逝。除了沈尹默题签的《止庵诗存》与胡适题签的《周止庵先生别传》之外，关于其生平记述与个人专集

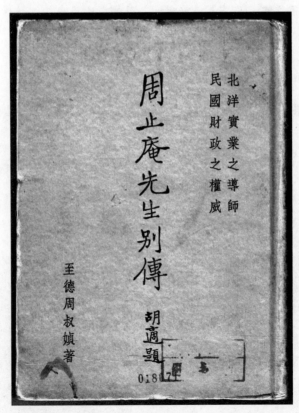

《周止庵先生别传》，由其女周叔娛编著，胡适题写书名。此著述曾作为周叔娛燕京大学硕士论文。

再无其他，仅此而已。

《止庵诗存》收录的最后一首诗，平白得如同遗嘱，题为《示儿最后语》，诗云：

> 先公笃守程朱学，孝友传家忠厚存。门祚兴衰原有自，愿儿诗礼教诸孙。
>
> 祖宗积德远功名，我被功名累一生。但愿子孙还积德，闭门耕读继家声。

周学熙的五个儿子，基本也都恪守了这一首遗诗中的嘱托，大多做到了"闭门耕读继家声"。除了长子周明泰还有继续料理家业之外，其余子孙皆静好一生，不再投身于实业领域之操劳，都没有再"被功名累一生"。

如今回首往事，搜寻文献，探讨周学熙的时代，莫不为之感慨万分。周氏以一己之力，投身历史机遇之中，的确为黯然无光的近代中国，平添了一抹亮色。在近代中国的多次历史转折点上，周氏在实业与财政领域首创之多，救场之多，实在是令人叹为观止。

和当年的"自来风"与自来水一样，曾经的时尚惊奇，终有一天会平淡得如同家常便饭，让人忘了从前的滋味——后来者往往不复初心，不明初心之良苦。如果初心终可寻，初心应当为后世铭记，那么"周学熙"这个名字，是理应值得世人铭记与追忆的。

伍连德：东北抗疫与上海防疫

——以《时事新报》《东方杂志》等相关报道为线索

◎ 民国元年，吕思勉等公开披露上海疫情

1912年，辛亥革命推翻清政府之后成立的中华民国，迎来了民国元年。这一年，按农历为壬子年，即民间习称的鼠年。也正是在这一年，上海接连出现了鼠疫。

所谓鼠疫（plague），是由鼠疫耶尔森菌（Yersinia pestis）感染引起的烈性传染病，属国际检疫传染病，也是中国法定传染病中的甲类传染病。鼠疫为自然疫源性传染病，主要在啮齿类动物间流行，鼠、旱獭等为鼠疫耶尔森菌的自然宿主，鼠蚤为传播媒介。鼠蚤叮咬是主要的传播途径，由此可将动物身上的病原体（鼠疫耶尔森菌）传播给人，形成"啮齿动物→蚤→人"并在人际间相互感染的快速传播网络。临床表现为高热、淋巴结肿大疼痛、咳嗽、咳痰、呼吸困难、出血，以及其他严重毒血症状，且传染性强，病死率高。因染疫身亡者全身皮肤呈黑紫色，故又有"黑死病"之称。鼠疫在世界历史上曾有多次大流行，每一次都让人类付出惨重代价。

那么，1912年的上海鼠疫情形又究竟如何呢？这一切，不妨先从一篇著名学者吕思勉（1884—1957）等所撰发的公开信谈起。原来，1912年11月23日，上海《时事新报》刊发了一篇《中等商业学校来函》，原文如下[①]：

中等商业学校来函

敬启者：近闻报载上海有鼠疫发现，鄙人等十五日往访丁仲祜医士。据云，确有一住北福建路之人曾至彼处医治，当时断定其为鼠疫，即属其往公立医院。其人未往，至次日家中即有一人复患鼠疫，始赴公立医院求治，公立医院当派人至其家查察，始已有一人先患鼠疫，而此先患鼠疫之人刻即毙命云。据此，则上海确已有鼠疫发现。查鼠疫传染之烈，杀人之多，实为诸种病毒中所罕见。前年东三省流行时，死亡之惨，迄今思之犹不寒而栗。上海为通商大埠，居民异常稠密，

吕思勉，青年时期存照。

<hr />

① 报载原文无标点，笔者酌加整理，并施以通行标点。

且与内地及各口岸交通极为便利，若不设法防维，为患何堪设想？想此事似宜由公立医院会同工部局逐户调查，于未发现之处则先事预防，于已发现之处则及早扑灭，庶足以防疫疠而重民命。除函告公立医院外，合亟函请贵报登入来函一门，以使阅者注意，实绥公谊。

中等商业学校教员　汪企由　吕思勉谨启

中等商业学校来函，吕思勉等所撰公开信，刊于《时事新报》，1912年11月23日。

上述三百余字的公开信，即是吕思勉等所撰发的关于上海发现鼠疫，敬告上海市民的公开信。时年二十八岁的吕氏，在上海私立中等商业学校任教，教授应用文字、商业地理、商业经济等，教学领域相当广博。正是在这样的广博学识之下，令其敏锐地意识到当时上海出现的鼠疫病例，极可能引发更大范围的、后果不堪设想的重大疫情。为此，与同事汪企由一道，特别撰发了一通公开信，分别函告公立医院与公共媒体，期望提请当局及民众高度重视，防患于未然。

此信开首即提到的丁仲祜医士，即著名医学家、实业家、学者丁福保（1874—1952，字仲祜）。丁氏精研中西医学，曾创办医院、医学书局，编译出版过数十种中外医学书籍，合称《丁氏医学丛书》。不仅如此，在医学实践领域，曾赴日本考察现代医学，率先引进X光医学检验原理，采用X光检查发现肺结核患者。

早在1908年，在那个鲁迅还在为父亲抓蟋蟀治肺病的时代，在那个鲁迅笔下吃人血馒头治肺结核的年代，丁氏即以娴熟的日文功底，译介了日人竹中成宽所著《肺痨病预防法》一书，1911年又自撰《肺痨病一夕谈》，对国人常患的所谓"肺痨"（即肺结核）这样的传染性疾病，有着精准且独到的医学见解与诊疗方法。

不仅如此，丁氏还是中国早期对鼠疫有所研究且提出治疗方法的，为数不多的中西医学知识兼备的医士之一。早在1910年，丁著《鼠疫病因疗法论》即在上海《广益丛报》上发表（第222、223期连载），对民间俗称"核子瘟"的以淋巴腺肿胀为主要症状的腺鼠疫，以现代医学原理加以解说，有着明确翔实的病理说明与治疗方法之建议。其文末提出的"鼠疫患者十死八九，无特效之疗法"，以及"果能奖励育猫，或用法剿灭鼠族即鼠疫之病因疗法也"，是那个时代人们对鼠疫危害及应对鼠疫的既符合国情，又符合科学的通俗表述。

应当说，在一个世纪之前的上海医学界（尤其是传统医学界）中，丁氏的确是较早论述鼠疫成因、病理与治疗方法的先行者。因其在社会各界的影响力，在普及上海民众对鼠疫的认知，以及用捕鼠来预防鼠疫方面，有着一定程度的推动之功。

因此，由丁氏确诊的上海鼠疫病例，应当无误（极可能就是腺鼠疫染疫病例）。这样的状况，自然而然地引起了吕思勉等人的注意，大家都开始意识到上海确实出现了疫情。

丁福保，刊于上海《良友》画报第48期，1930年6月。

丁福保编著《鼠疫病因疗法论》，刊于1910年上海《广益丛报》。

　　值得一提的是，吕氏等所撰公开信中明确使用了"病毒"一词（丁氏称"菌毒"），可能是中国公共媒体（尤其是都市报刊）中首次使用这一词汇者。由此可见，在一个世纪之前的旧中国，即便在公共卫生及医疗条件均极简陋，现代医学常识及设施均极其匮乏的历史背景之下，也还是有相当一部分有识之士，已经了解并知晓疫情传播的根源所在，已经在向广大民众告知及普及关于疫情的医学常识了。这一点，实在是难能可贵的。

　　当然，严格说来，引发鼠疫的并不是病毒，而是一种特殊的杆菌（相较而言，丁氏所称"菌毒"更为准确）。鼠疫杆菌（Yersinia pestis）就是一种杆菌，是腺鼠疫（Bubonic Plague）、肺鼠疫（Pneumonic plague）和败血型鼠疫

（septicemic plague，一般而言是前两种鼠疫的继发症，亦有原发类型）的病媒总称。

鼠疫杆菌的发现，源于1894年在中国广东爆发的鼠疫。当时，鼠疫传至香港，出生于瑞士的耶尔森（Alexandre Yersin）拿到巴黎巴斯德研究所的授权，奔赴香港调查与研究疫情。通过解剖染疫身亡者尸体的肿胀异常的淋巴腺，首次发现鼠疫杆菌，并确定此次疫情的病源乃是腺鼠疫。在此基础之上，次年（1895）即制成治疗鼠疫的血清，疫情也因之得以控制。如今医学界为了纪念耶尔森的功绩，将此病原体称为耶尔森属鼠疫菌（Yersinia pestis）。

不过，十余年后，鼠疫再度卷土重来。据考，1910年11月前后，中国东北地区再次发生鼠疫。此即吕思勉等公开信中所言“前年东三省流行时，死亡之惨，迄今思之犹不寒而栗”者。当时，疫情不仅横扫东北平原，而且波及河北、山东等地。患病较重者，往往全家毙命，感染者数以万计。疫情暴发初期，当地并无专业防疫机构与人员，无法有效控制疫情，统一实施的防疫手段只是将患者所居住的房屋就地焚烧，去执行任务的兵警也难免染病身亡。

虽然后期终于艰难扑灭疫情，但染疫者早期自东北地区向关内各大城市传播疫菌，客观上仍存在较大可能性。向南一线的疫情传播路线之上，作为中国最大乃至远东第一的商贸前沿城市——上海自然很难幸免。

◎ 清末上海画报中的防疫宣传

事实上，在以丁氏为代表的传统医士开始对鼠疫有所研究之际，上海当局也在借鉴疫区防疫的经验与教训，早已部署了一定的预防措施，主要是推广用捕鼠来预防鼠疫的办法。这从当时上海风行一时的各类画报图文内容中，可见一斑。

譬如，1908年《时事报·图画杂俎》（第153期）中即印有一帧《鼠疫》，画面上乃是一位女士拎着一只死鼠，推开门来，向门口一位收购死鼠的男子示意。画面上方印有文字如下：

鼠 疫

自甲午后，疫症流行，年年不绝。故各省多有设卫生局以管理之者。而营口等埠，捕鼠防疫之举尤力。特定价值，购买老鼠。因是每有贫民沿街呼叫，收买死鼠，冀从中获利。所买之鼠，大者半角，小者铜子二三枚，该贫民日收大小鼠十余头，即可赚洋三四毫，日用饮食之费，绰然有余，亦谋生一道也。[①]

《鼠疫》，刊于1908年《时事报·图画杂俎》（第153期）。

据此图文可知，所谓"自甲午后，疫症流行，年年不绝"，即指1894年在中国广东爆发鼠疫以来，疫情也曾蔓延至国内各省市，每年都时有发生。至迟在1908年，辽宁营口一带，当地卫生局为鼓励捕鼠，采取了"特定价值，购买老鼠"的创举。贫民为谋生计，则挨家挨户以略低于当局定价"收买死鼠"，"该贫民日收大小鼠十余头，即可赚洋三四毫，日用饮食之

---

① 报载原文仅施句点，笔者酌加整理，并施以通行标点。

费，绰然有余"。另据1906年《中华报》（第551期）报道，奉天（今辽宁沈阳）一带也是以官方收购死鼠的方式，来宣传与推动防疫工作的普及。而清末上海画报上所表现的，正是这一中国防疫史上的特殊现象。

次年，1909年《时事报·图画杂俎》（第384期）中印有一帧《严防鼠疫》，体现的则是上海当局采取捕鼠防疫的内容。画面上方印有文字如下：

严防鼠疫

本埠工部局，以鼠疫最易流行，殊为卫生之害。因制铁丝捕鼠笼多数，派人按户分送。①

据此图文则又可知，针对广东疫情之蔓延，至迟在1909年，上海工部局即以派发捕鼠笼的方式，要求民众参与到捕鼠防疫的工作中。这样的举措，在当时虽不如"悬赏购鼠"之举那么轰动一时，可确也是实实在在的基础工作，已见当局重视之意了。

即便如此，由于公共卫生的理念之普及，乃至公共卫生的体系之完备，并非一日之功。且时值清末，上海各国租界林立，华洋杂居，商业往来频繁，公共卫生难免存在"死角"，鼠疫之来袭亦难

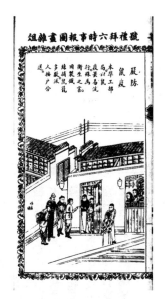

《严防鼠疫》，刊于1909年《时事报·图画杂俎》（第384期）。

---

① 报载原文仅施句点，笔者酌加整理，并施以通行标点。

免有猝不及防之时。

早在1911年5月26日，辛亥革命尚未成功，中华民国还未创建之时，《时事新报》即在"本地时事"版面头条，刊发简讯《租界中鼠疫又现》，称"美租界海宁路嵩庆里有粤人翁姓侨居该处，家有幼孩二人先后病殁，有一孩系头项发肿，病发仅一日即毙"，"报知中国公立医院遣派医生往诊，确系鼠疫"，又称"去年本埠鼠疫即在该处发见，今不幸又有此事"云云，可知至迟在1910年末，上海即已发现鼠疫，且发现地点竟都在同一处。从染疫者症状来看，正是丁福保著述中早已述及过的腺鼠疫类型。

然而，关涉1910年末的上海发现鼠疫之报道，在《时事新报》上是找不到的，因为那会儿《时事新报》还并未创刊。须知，《时事新报》前身为1907年12月5日在上海创刊的《时事报》（前述《时事报·图画杂俎》即为该报周末增刊）和1908年2月29日创刊的《舆论日报》。两报于1909年合并，定名为《舆论时事报》，至1911年5月18日，方才改名《时事新报》。此"新报"开张方才一周时间，即以版面头条报道上海发现鼠疫的情况，足见这一新闻对

《租界中鼠疫又现》，刊于《时事新报》，1911年5月26日。

于上海民众的重要性。

◎ 周大镛亲力亲为公开披露东北疫区实况

暂且搁置对1910年末上海发现鼠疫相关报道的追寻，不妨先从几乎与之同步发生的那一场震惊中外的东北鼠疫大爆发去考察，并从中剖析东北疫区与上海疫情之间的关联究竟如何。

且看1911年5月28日至6月5日，《时事新报》又在"调查录"栏目中，连载刊发《吉省荒地情形》一文，其中曾有提及1910年东北鼠疫的疫区实况。尤为特别的是，此文并不一味渲染疫区的病亡惨状，而是着力刻画了东北地区在疫情大爆发之后，在检疫防疫层面的乱象种种。文章内容一方面着实令读者触目惊心，莫不忧叹；另一方面也有警示上海方面做好防疫工作之意。文中这样写道：

东三省经此民穷财尽之时，去年至今，又有一种飞殃横祸之鼠疫，几欲将我残遗之民，一网打尽。试将所闻所见，历数一二，以告当世闹鼠疫者。仆自二月二十五日由沪抵营口，在客店中遇有北来之客，谈奉天疫事。据云，初警信传来，官场既不详究真假，惟派防疫队各处梭巡。火车往来，亦不设验疫处。不过，坐车者无论何人，非头等票不准行。而一般苦力，至冬急欲入关，只得尽买头等票坐三等车入关，于是京奉车真利市三倍矣。

既而日人出为干涉，谓不设检疫隔离所，不准搭客。至此京奉车只得勉强敷衍，草率创办。人入其中，即有冻馁之忧，且乡愚素未梦见此种景象，处处留难，处处恐慌，即壮实者犹不免委顿致疾。故去岁有苦力四百余人，乘京奉车入关，既路受隔离之留难，至关不幸适有一人病毙，关中不准余人入关，将乘客尽行退还，而东省又不肯收受。惟有另圈一空旷之地而囚之。饥寒交迫，人不堪其苦，逃亡小半，余均无一生存者。从此疫魔涨力之大，竟可人人置之死地矣。

日领更要求奉省城里城外，设交通之阻隔，官长惟命自从。后经商会毅力不允，再三交涉，始定以苦力劳动之流，城里外各分疆界，不准通行。而苦力衣食尽矣，当此严寒之季，（住）饥不得食，出寒不得衣，去住无门，于是死亡枕藉。鼠疫之风更炽。上官更严令，如有被警察指为有疫者，则此人即失去自由，一任疫务中人如法炮制。有二醉汉行道倾斜，经警察指为有疫，拖去用药水一灌而绝。

尚南北满铁路一带，因疫而全家不免者，不可胜计。全村灰土者亦不少，考疫气炽盛之由，据云，官长命令，如查得一家有一人病疫，必全家齐拘入隔离所，而住宅尽行封闭，不准人出入。如有一人病毙，则尸身房屋器具等，凡屋内所贮之物，尽行焚去。而合家既全拘于隔离所，身不自由，既痛所亲之死，复伤家产一朝灰烬，更忧自身及阖家所亲所爱之人，均成朝不保暮之势。人非铁石，处境如是，有不阖家尽绝者几希矣。如是一家既殁，必更验合村，而一村危矣。故铁道之村庄，偶有小疾，必合村互相隐瞒，若偶有死亡，亦不敢声张，偷将尸身掩去。若一不慎或经觉察，或经告发，定将合村拘去，难免合村之祸。吁，此三省劫数耶。

因遍访鼠疫之所自起，均莫知其来处。惟云沿铁道传染而来。有人云，去岁满洲里地方，有买得貂皮一张。中见有无数细虫，后制冠而戴，偶有不适，而人戏之曰，此必貂鼠之传染乎？于是因一言之戏，鼠疫之声，传遍哈尔滨、长春、吉林、奉天一带。反而求之满洲里出处，竟似杳然无闻，岂不大可异乎？即离铁道稍远，或官兵虽设局防疫，而实则吾民来往一无阻碍者，则绝不闻疫事。伤哉，良民无辜而倾家荡产，为官场能为屠伯者，成就富贵之物，天道尚可问耶。

遍经日俄铁道，观其防疫宗旨，日人外观似极认真，内容则敷衍而已。俄人则一见即可知其腐败情形，与吾华人相伯仲。日人上下车均须听医生检疫，然检时不过点名，一握手，一看颜色而已。俄人则并此而无之。车抵埠，客方欲下车，忽传验疫医生至，于是下车者亦只得上车听候检验，俄焉知闻履声橐橐，见三四人口鼻俱戴龟壳形之白套，上车忽忽走一节火车，即下，方始准客人下车，验疫情形如此。

车已停站，尚不卖票。非临车开时不售，以至不及买票之人甚多。车上验票，俄人只要得钱，即可迁就。行李稍多，亦必需索。沿铁路一带，五里设一兵房。建筑极为巩固，然除紧要之地设兵数十人，余均不过数人守屋。间有空虚者，哈埠兵房其大，贮兵亦多。九站亦有数百人，因此地为火车最险要之区也。

余自哈埠买穆稜九站票，至半途一面坡，车停，驱乘客下车，意谓将验疫乎？孰知不问不验，驱入隔离所，停五天放行。余将车票呈验，示此地既不能过，何得彼处售此站之票，俄人亦似怪哈站之不当。惜我不通俄语，不能与之辩论，亦随众入隔离所，藉此尝试隔离所之味。

所地离市约二里余，一片隙地。四面有山，有两间一处之房屋，四五处。两处为华人所住之隔离所，我等入所，共有十四五人，住屋一间，宽阔约有丈二三尽，纵横陈铺，其间几无隙地。人自炊食，有兵一队看守，不准人行动。

壁中有大火炉，听人烧火取暖。同居之人均是北方苦力，恣意焚烧，在屋中时许，已觉肌肤灼痛，而又不许将门开放。日中唯有时时至门前散步，吸取空气，入夜则火烧更热，余视诸人已睡，偷将门放开少许，盖余铺特拣门旁也。偶被人知觉，为阖上硬柴数段，不得已，止能以出门小便为由。至外间伫一二刻，将门仍放稍许，使屋中稍添空气，以利余人。而彼等他事与我甚为亲热，惟此事有大半恨我者。虽告以此种焚烧，最伤生命，间或亦疑信参半，大多数均顽固不听。[①]

上述一千八百余字的记述，将清末东北地方官员的治国无能，管理无方与防疫无策的"三无"状况，非常形象地勾勒了出来。不但未能有效地控制疫情，救治患者，反倒将防疫治患的责任与权力，拱手相让于日俄外邦势力，要

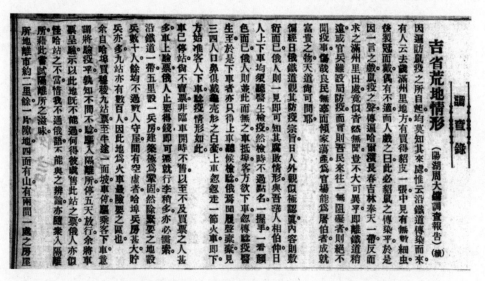

《吉省荒地情形》（续），刊于《时事新报》，1911年6月3日。

---

① 报载原文仅施句点，笔者酌加整理，并施以通行标点。

沿途检疫: 俄人向华人口中塞入体温计, 刊于法国《画刊》(L'ILLUSTRATION), 1911 年 3 月 18 日刊, 编号 3551。

么"惟命自从", 依日人要求划分隔离区, 任俄人勒索与拘押铁路乘客；要么简单粗暴, 出动警察侵犯疑似患者。这样的治理方式, 既丧权辱国, 更令其所辖区域内的民众毫无人身财产安全可言, 弄得恐慌与民愤皆巨, 搞得经济凋敝, 生灵涂炭。

此外, 极富戏剧性的是, 因当时坊间传言一张出自满洲里的貂皮中可能有虫噬人引发不适, 当局遂将此传言视作此次鼠疫的源头——将传言当作真相, 简直形同儿戏。可想而知, 在治理水平如此这般的清政府地方官员的统辖之下, 且东北地区的日俄势力皆有插手甚至主导防疫事务的情势之下, 是很难集中高效的推进与落实疫情管控与防治的。

《吉省荒地情形》一文, 以作者亲身经历, 极其生动地记述了身处俄军控制的铁道站旁隔离所的所见所感, 对这样简单粗暴的拘押形式, 并无实质检验诊治手段的所谓"隔离",实在是令人匪夷所思。诸此种种乱象之下,此次疫情向东北之外蔓延,也实属必然趋势了。

◎ 周大镛在东北被捕入狱仍不改爱国赤诚

《吉省荒地情形》一文,作者署名"阳湖周大镛",其人生平无考,生卒年也无从确知。不过,据其自署"阳湖"可知,其人应为江苏省常州府所辖阳湖县人氏。其事迹见诸《时事新报》者,尚有1913年4月4日刊发的一纸任命通告,可知清政府覆灭之后,北洋政府执政之初,周氏曾因奉天都督兼民政长张锡銮(1843—1922)举荐,一度出任总务处科长。

时至1921年2月16日,《时事新报》所刊发的一篇报道,题为《黑省官吏残民沪闻》,为该报关涉周氏事迹的最后一篇报道。报道原文如下:

黑省官吏残民沪闻

▲绥东当道催征苛捐

▲突捕致远公司经理入狱

黑省绥东县地方自南人赴垦后,有致远、近思、东井等数公司不避艰险,垦出熟地两万余亩,边民稍稍生聚,非前次洪荒未辟之比,黑省大吏因设局置官,乃有绥东县名目发现于地图之上。连年水旱为灾,胡匪肆扰,所缴地方捐,为数不赀,有警捐学捐等,所办之事,仅该局设警自卫,境内匪扰,置之不问,已成惯例。自新局长程姓莅任后,日夜催迫升科,该公司等一再求缓,官长大怒,突于阴历上年除夕,将致远公司经理周大镛捕入狱中,经旁人致电致远股东孟莼荪,请速设法。嗣孟君即行电复,电文分志于下:

▲致孟莼荪电

上海孟莼荪鉴：绥东设治局除夕捕大镛入狱，不准人见，危甚，望速设法提省。盼复，富顺致远叩。

▲孟莼荪复电

富锦富顺号转，致远为国实边，自问无罪，官长不容，何必勉强。如何售变抛弃脱身，听自酌。①

据上述报道可知，在写出《吉省荒地情形》一文之后近十年间，周大镛可能都在东北地区活动，曾与一些江沪商户（所谓"南人"）一道，从事垦荒经营，出任致远公司经理。因在当地官吏催征苛捐中"一再求缓"，未能及时缴纳，竟被捕入狱。经请示公司股东，致远公司可能最终还是设法营救出了周氏，却也不得不因此撤资退出了东北地区。这一事迹，足见清末政治之腐败，地方政局之混乱。

另据上海《立报》1937年9月21日的"小茶馆"栏目，所刊载的一通周大镛致该栏目主编萨空了（1907—1988）的公开信，可知此时周氏尚在上海居留。此信发表时题为《建议为战士注射防霍乱针》，与萨氏所撰《谈救护医师的遴选》一文有所默契，皆是为"八一三"事变之后的中国抗战前线卫生护理献言之作。

周信中所言切切，皆为"过来人"的经验之谈，这一番建言之中，应当也包蕴着当年在东北亲历鼠疫，复又反观上海疫情之经验种种。无怪乎，栏目主

---

① 报载原文仅施句点，笔者酌加整理，并施以通行标点。

编萨空了特意将此信与其所撰头条文章接续列置，还在文中专门提及，称"救护需才孔殷，由今日下方另一位读者提出的为兵士注射防霍乱针一事就可以证明，在处处需才的时候，我们自必须速谋给'真材自献'的机会"。周信末尾，更有附言称，"移酬助办军需品"，乃是明言要以稿酬捐助前线，足见其赤子之心，二十余年来并未因垦荒东北却入冤狱的旧事而寒凉，依旧热切关注着国计民生，依旧倾尽一己之力共赴国难。

遗憾的是，在此之后，周氏的人生历程，杳无痕迹，再难查考。仅凭笔者有限阅历，再无更进一步的线索可循了。周氏是否还有为国助力，是否还有"真材自献"之举，再也无从考索了。

◎ 历史的另一面：伍连德两个月扭转东北疫情

伍连德，任陆军军医协参领时存照。

诚然，历史除了阴暗的一面，亦总会有光明的一面。就如今通行的关于1910年东北鼠疫的历史"共识"而言，更多的则是记述与宣扬伍连德（1879—1960，字星联）两个月扭转东北疫情的事迹。①

据考，1910年11月9日，鼠疫由中东铁路经满洲里传入哈尔滨，首发于傅家甸（今道外区）。当天，在秦家岗（南岗）马家沟中东铁路工人居住的房屋内，有一名中国工人

---

①　详参：《鼠疫斗士：伍连德自述》，湖南教育出版社，2011年；附注：此书译自 *Plague Fighter: The Autobiography of a Modern Chinese Physician*，1959年。

因患鼠疫而死亡，此人三天前由满洲里至哈市务工。

为此，华俄当局开会从速制定防治办法，并拨款先设验疫所。对此，参加会议的医生进行了长时间的讨论，决定聘用医生两人，助理医生八人，华人通译（翻译）一人。对于所聘用的医生，要求每天都要到卫生环境不好的家庭防疫消毒，并会同中国商会附设之同仁医院，派医生随时指导华人打扫自家卫生，以防传染。同时印刷大量的防疫传单分发给各家各户。

1910年11月初，傅家甸每天还只是一二例染疫之人的报道，至12月中旬每天四至十名，到了12月下旬则猛增至数百人。显然，疫情并没有得到有效的控制，呈逐渐爆发趋势。

当时，由于传染人数猛增，专业检疫人员无法亲自检查每一个病例。在得到病患家人的通报后，只有依靠临时雇来且没有防疫经验之人前往甄别，然后将被认为染疫者移送至隔离营。与传染人数猛增相伴而来的，还有染疫者死亡人数的剧增。为了逃避警察检查与强制性消毒，有些病患家庭在夜间将患者尸体甚至垂死患者，直接抛弃在街道之上。次日，巡警把这些尸体匆匆收集，草草掩埋。临时征集来的护士、看护妇、消毒工和埋葬工，虽都被要求穿戴防护服和佩戴口罩，但大多防护意识不强或使用方法不当，仅在收葬尸体这一环节，又有不少人也被传染。

如此一来，疫情愈演愈烈，蔓延极为迅速，哈尔滨市内每天平均死亡五十余人，最多一天死亡一百八十三人，危及东北全境。疫情发生以后，医护人员人手有限，防疫物资相当短缺，加之当地地方行政长官对现代检疫、防疫知识，几乎一无所知，根本无从管控疫情。

据统计，一个月之后，1910年12月末，吉林、黑龙江两省因鼠疫死亡的人数已逾四万人，疫情已呈失控状态，一发不可收拾。当时清政府尚无专设的防疫机构，沙俄、日本均以保护侨民为由，要求独揽防疫工作，甚至以派兵相要挟。迫于形势，经外务部施肇基特别推荐，清政府紧急委派伍连德为全权总医官，到东北领导与主持防疫工作。

伍连德，祖籍广东新宁（今台山县），出生于马来亚北部的槟榔屿。1896年，考取英国女皇奖学金，留学英国剑桥大学意曼纽学院学医。1899年，获得剑桥大学文学学士学位，并考取圣玛丽医院奖学金，入该院听课和实习三年，成为该院的第一个中国实习生。1902年，取得剑桥大学医学士学位，先后在英国利物浦热带病学院、德国哈勒大学卫生学院及法国巴斯德研究所进修与研究，曾得到英国生理学家兼医史学家福斯特、脑神经生理学家谢林顿、生理学家阿勒布特和戴尔、法国巴斯德研究所俄国动物学家兼细菌学家麦奇尼诃夫等著名学者的指导。1903年，以有关破伤风菌的学术论文，通过剑桥大学博士考试后，被授予医学博士学位。此后，接受意曼纽学院所颁给的研究生奖学金，到新成立的吉隆坡医学研究院从事了一年的疟疾和脚气病的研究工作。1907年，接受了清政府直隶总督袁世凯的邀聘，归国赴任天津陆军军医学堂副监督（副校长职），不久被派赴伦敦、柏林考察军事医学。

可以说，时年仅三十一岁的伍连德，乃是清政府麾下少有的熟谙细菌学、流行病学与公共卫生学的专业精英，是当时在管控东北疫情方面唯一可用的专业人才，也是最值得信赖的，唯一可予托付的检疫防疫之领军人物。事实证明，正是伍连德的出现，方才彻底扭转了东北疫情，周大镛笔下的东北疫情初期的种种乱象，方才得以一一廓清与整肃。

1911年1月，伍连德在哈尔滨建立了第一个鼠疫研究所，并出任所长。由于疫情初期，染疫者早期症状主要表现为肺部不适，呼吸不畅等，很容易让普通民众误认为是肺痨，并不知其病源乃是鼠疫，导致诊疗延误，传染扩大。一些声称擅制疫症的中医郎中，不但在诊治染疫者过程中无能为力，自身也被感染，大多不治身亡。

甚至还有被视作"鼠疫权威"的法籍名医、北洋医学堂首席教授梅尼（Mesny，？—1911），抵达疫区后数日即染疫身亡。因为曾于1908年成功控制了河北唐山的鼠疫流行，梅尼错误地凭借经验认定此次鼠疫爆发的病源乃腺鼠疫。因为通常情况下，腺鼠疫不会通过人际传染，所以梅尼在诊治染疫者过程中没有戴口罩及采取其他防护措施，不幸感染，发病仅三天后竟不治身亡。由于染疫者死亡率极高，中西医诊疗均毫无办法，甚至"鼠疫权威"也在此染疫身亡，在病源未知的情况下，当地及外地传闻径以不知名的瘟疫视之，恐怖气氛日甚一日。

伍氏顶住各方压力，突破国人当时的伦理禁忌，坚持通过解剖染疫死亡者尸体，通过人体组织切片查寻病源所在，最终确认此次疫情的病源，并不是已知的腺鼠疫，而是前所未见的肺鼠疫。虽然确有呈淋巴结肿大症状的腺鼠疫染疫者存在，但占此次疫情绝对多数份额的染疫者实为肺鼠疫。这样的情况，与十余年前在香港及印度爆发的腺鼠疫疫情，有着很大的差异。带有肺鼠疫病菌的宿主，也并不是普通的家鼠与田鼠，而是作为一代宿主的旱獭与作为二代宿主的叮咬过旱獭的虱类。

在确认病源之后，伍氏更不避艰险，深入疫区调查研究，追索疫情流行路线——由于当地有捕捉旱獭食用的习惯，伍氏带领检疫人员，甚至搜查到藏匿于当地民居地窖中旱獭捕猎者的临时居所，并从中采集与提取疫菌样本。另一方面，在伍氏的调配与组织之下，迅速给当地居民接种霍夫金疫苗和注射耶尔森血清，尽最大可能先期预防疫菌传染。

与此同时，伍氏还采取了加强铁路检疫，阻断交通，严格限行，隔离疫区，火化染疫死亡者尸体等一系列非常时期的措施；组建临时消毒所、养病院等专业机构各自从事防疫、隔离与诊治工作，采取病房分划不同区域，按轻重症与疑似染疫者分别收治等多种防治措施，逐渐控制了疫情。

在这一系列防疫举措中，尤其是对春节客运线路的阻断，尽最大可能地切断了关外民工向关内返归的人流高峰，最大限度地阻止了疫情向关内蔓延。他还专门为防疫人员设计了简易加厚口罩，开创了中国最早使用医用口罩的先例，有效预防了医患之间的交叉感染（即便如此，仍有不少防疫医务人员不幸染疫身亡）。此外，临时租用大量公用设施，经过专业人员简单布置之后充作

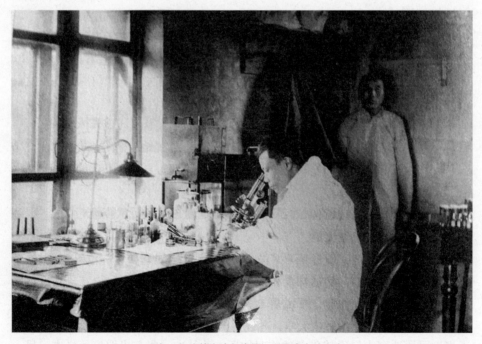

1911 年，伍连德在哈尔滨第一所鼠疫实验室中。

1911 年，哈尔滨客栈与学校均被临时租用为消毒所或病房，大批身着自制防护服与佩戴口罩的检疫防疫人员驻守于此。

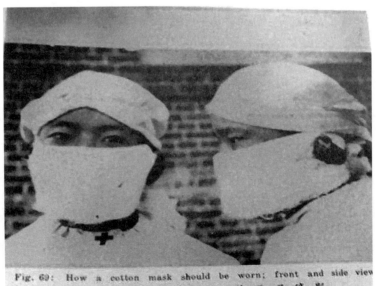

伍连德创制的防疫口罩，刊于伍连德编著《鼠疫概论》。

消毒站与病房；更租用上百节火车车厢，改建为临时隔离场所，缓解了当地医疗基础设施不足的状况。这些开创性的举措，对有效扼制疫情的向外输出与内部扩展都起到了十分关键的作用。

1911年3月1日，傅家甸的染疫者死亡人数在持续下降之后，在这一天终于定格为零。已经有四分之一人口死于鼠疫的傅家甸，在这一天终于重现生机。随后，长春、奉天、铁岭等东北各个大城市，纷纷传来染疫者死亡人数为零的通报。至此，这一场肇始于1910年11月，为期四个月的东北鼠疫大流行，终于被成功扼止。虽然付出了传染数万人，死亡六万余人的惨痛代价，但因伍连德的出现，确实迅速扭转了局面，控制住了疫情进一步爆发与蔓延，挽救了更多千千万万即将陷于绝境的生命。

◎万国鼠疫研究会与伍连德肺鼠疫研究成就

在东北防疫事务中，伍连德以其丰富的学识，科学的精神与卓越的组织才能，受到中国政府的推崇和国际医学界的赞赏。伍氏临危受命，在疫情处于大爆发的严重态势之下，仅用短短两个月时间就扑灭了这一场震惊中外的东北鼠疫。清政府为表彰其功绩，授予陆军蓝翎军衔及医科进士。伍氏也因此疫"一战成名"，被国内外誉为防疫科学的权威。

1911年4月，在奉天（今沈阳）召开了有日本、英国、美国、俄国、德国、法国、意大利、荷兰、奥地利、墨西哥和中国等十一个国家医学专家参加的万国鼠疫研究会议，伍连德当选为会议主席。会上，伍氏系统介绍了中国这次防治鼠疫的经验，与会的各国专家也交流了各国的研究成果。会后，伍氏被清政府委任为外交部医官，同时仍保留天津陆军军医学堂副监督职位。

此次大会，引起了国内南北各地社会各界的广泛关注。著名学者、史学家陈垣（1880—1971），早年曾矢志医学救国，曾于1910年从光华医学专门学校毕业并留校任教。这一时期，因其对近代医学和医学史的研究具有开创性，被视为中国医学史研究的奠基人。也正是在这一时期，陈垣收藏有《奉天万国鼠疫研究会始末》一书与大会合影照片一张，他在大会合影照片上端亲笔题记称"中国史上空前未有之大会"，又在照片背面题记称"世界现在有名之医学大家，略具于是"云云。一代史学大家对此次大会如此关注，其历史意义与社会价值之重大，由此也可见一斑。

《奉天万国鼠疫研究会始末》一册；大会合影照片一张；著名学者陈垣旧藏并题记。

会议期间，清政府还为此次大会特别铸造纪念币，此币正面中圈主图竟然是鼠疫病菌的显微图像，背面主图才是惯常使用的代表皇权的龙纹图样。应当说，将病菌图像铸于币面之上，在中国近代铸币史上乃是绝无仅有的一例，即使在同时代的世界铸币史上，也难得一见。此外，还特制同图案镀金纪念徽章，专门颁授给出席会议的各国代表，及在东北防疫工作中有突出贡献者，更见郑重其事。由此也足见清政府在行将覆灭之际，仍对东北鼠疫大爆发及其最终扑灭这一事件深感影响重大。

基于对东北鼠疫的亲历实践与持续研究，伍连德于1926年著成《肺鼠疫

奉天万国鼠疫研究会纪念币（清宣统三年，1911 年制，正、背面）

奉天万国鼠疫研究会纪念徽章（清宣统三年，
1911 年制，镀金）

论述》（英文版）一书，由日内瓦国际联盟卫生组织印行（今WHO前身），正式提出和确立了肺鼠疫学说。依据科学的流行病田野考查，确认了野生啮齿类动物如蒙古旱獭为疫菌宿主；通过临床实践及病理解剖、微生物学实验，发现和确认了此疫呼吸和飞沫的传播方式，并对自然疫源地追踪调查，提出了独到见解。可以说，伍氏于肺鼠疫方面的实践和研究，创造性地丰富和发展了人类流行病科学理论，为公共卫生学、检疫学、防疫学、疾病社会学等诸多相关学科提供了理论基础。

实际上，伍氏后来多次忆述东北疫情，均未将此次疫情的病源统称为鼠疫，而是将其称之为"肺疫"或"肺病"，并多次在公共媒体中予以发表，足见其对新型鼠疫——肺鼠疫研究的专注及对这一命名的推重之意。

1931年6月，正在上海出席防疫联会议的伍氏，应上海《良友》画报之邀，于该刊第58期发表《医学家伍连德自述》，文中首先提到"一九一〇年十二月间，东省肺病流行猖獗"，又及"一九一七年杪，肺疫又侵入吾国"，再及"一九一九年又在东省御防霍乱之大流行，次年于同省又发见第二次肺疫流行"云云。

1935年4月，上海《良友》画报第104期之上，又推出题为《三十年来和疫菌抗战》的伍氏回忆录，忆述内容与四年前发表的《医学家伍连德自述》大同小异。文中仍是首先提到"一九一〇年十二月，东三省发见肺疫流行"，又及"民国六年，肺疫又流行了，这次是发源于内蒙侵入绥陕"，再及"第二次的东北肺疫流行，是在民国九年的冬天"云云。文中还特别提到，"远在第一次东北肺疫流行的时候，我就打算完成一种论肺疫的专籍"，此即前述于1926年著成的《肺鼠疫论述》（英文版）一书。

不难发现，伍氏两次忆述文章的发表，一方面频繁使用"肺疫"或"肺病"之名，令读者较为直观地联想到肺鼠疫染疫者的症状主要突显于肺部；另一方面，也说明东北肺鼠疫之顽固，难以彻底扑灭，竟于1910至1911年、1917年、1920年有过三次大爆发。不过，在伍氏出色的防控体系与举措之下，每一次大爆发的染疫身亡者人数均有所下降。

伍氏因其在科学抗疫实践和对肺鼠疫的研究所做出的卓越贡献，于1927年获得日内瓦国际联盟卫生组织授予"鼠疫专家"称号。1935年又成为诺贝尔生理学或医学奖候选人，是华人世界的第一位诺贝尔奖候选人。著名学者梁启超当年曾发出这样的感慨与赞叹："科学输入垂五十年，国中能以学者资格

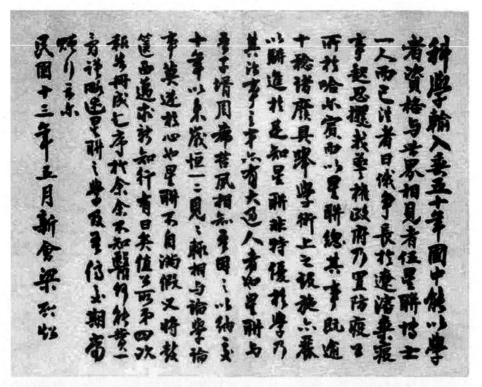

梁启超题词："科学输入垂五十年，国中能以学者资格与世界相见者，伍星联博士一人而已！"

与世界相见者，伍星联博士一人而已！"①

◎ 《东方杂志》率先报道东北疫情

话说清政府急召伍连德，"天降神兵"于哈尔滨之前，当地行政长官对疫情几乎束手无策，一个月之间已造成近四万人染疫身亡的恶果。前述周大镛笔下的东北疫区之惨状，可能正是对1911年11月至12月，这一个月间疫情肆虐失控的写照。

---

① 此语出自梁氏于1924年5月，为伍连德编纂《东三省防疫事务总处报告大全书》第四册所撰序言。

当地行政长官对疫情的无知，以及基于这种无知的"无畏"，给当时紧急赴任的伍连德曾留下深刻印象。伍氏后来在自传中回忆称：他抵达哈市后次日晨急赴当地县衙门，居然还在客厅等候了半个多小时，地方长官方才驾临。与之交谈后的印象是："正是这种无知导致了形势的复杂化，并使疫病向更远的南方蔓延。"

伍氏忆述中所称"疫病向更远的南方蔓延"，确属事实。仅以本文前述《时事新报》的相关报道，不难发现，从东北疫情爆发到在上海发现染疫者，两者在时间上的间隔非常短，不过月余甚至更短的时间。虽然不能明确断言，上海所发现的染疫者，正是经由东北疫区传染而来，但1910年的东北与上海，在时间上几乎是接续发现了鼠疫，这是无疑的。只不过，前者是源发地，乃爆发性质的疫情；后者则是传染地，属局部性质的疫情。

虽无从确认却也难免揣测，上海出现染疫者，极可能与东北疫情有关。此次鼠疫传播之迅猛，极可能正是"自南人赴垦后"，经铁路沿线，传入江沪地区的。无须赘言，"阳湖周大镛"，是疫情亲历者，且亲撰《吉省荒地情形》一文，留下了极其宝贵的史料；而与周氏同赴东北垦荒的"南人"，则极可能又是此疫的"亲为者"之一，极可能其中就有感染者与传播者。

那么，在吕思勉等撰发公开信之前，上海疫情究竟怎样，究竟达到了什么样的程度呢？对于当时的上海疫情，政府部门与社会各界对此又有何反应呢？

事实上，在东北疫情尚未完全得到管控之前，在伍连德赴任东北疫区之前，上海各界对此已经非常关注，尤其是公共媒体已经行动起来，已经有报刊开始对此予以详略不一，各抒己见的报道了。

在上海的公共媒体之中，商务印书馆于1904年创刊的《东方杂志》，无论从办刊资历、产业规模、专业程度还是社会影响力而言，在当时的上海报刊中允称巨擘，是实至名归的殿堂级名刊。《东方杂志》以"启导国民，联络东亚"（创刊号发刊词）为宗旨，是二十世纪初国内影响最大的百科全景式期刊，在中国近代期刊中被誉为"创刊最早而又养积最久之刊物"（王云五语）。在介绍与报道东北疫情方面，普及防疫知识方面，《东方杂志》可称上海报刊中最早也是最充分、最持续者。

1910年12月26日，《东方杂志》第七年第十一期，刊发《满洲里哈尔滨防疫记》，实为该刊报道东北鼠疫大爆发之首篇，其新闻意识之敏锐，反应行动之迅速，在国内各大报刊中（尤其是杂志）也堪称"先声夺人"。

值得注意的是，《满洲里哈尔滨防疫记》一文所报道的东北疫情早期情形

1910年12月26日，《东方杂志》第七年第十一期，刊发《满洲里哈尔滨防疫记》。

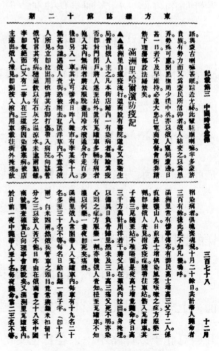

《满洲里哈尔滨防疫记》首页

及相关数据，乃是伍连德等尚未赴任统领防疫事务之前的珍贵记录，可称第一手资料。其中一些细节之记述，与伍氏后来忆述者有不少差异，也因之独具研究价值。

譬如，俄人在哈尔滨发现鼠疫之后，实为防疫统领与主导力量，并率先发现了病源，明确声称"此项疫病，即为鼠疫，系由打猎旱獭之人带来"。俄人迅即组建检疫防疫体系，对铁道沿线及车站严加管制，并在沿线各站"均设卫生检查局"，"如有华人到站，即须检查"。

尤其重要的是，与伍氏忆述及如今通行的说法不同，与惯常认定的1910年11月初在哈尔滨发现首例鼠疫染疫者或初现疫情的时间不同，此文称"满洲里瘟疫，自九月十五日发现"。将这一时间，按农历换算为公历，实为1910年10月17日，也比通行说法早了近一个月的时间。

还有用火车车厢暂作隔离室的做法，按照此文的说法，也并非伍氏首创。文中称"满洲里疫症发见时，经胪滨府张鹤岩太守及交涉局锡专办，商之俄员，就车站瓦罐车（即空车）暂作医室"。足见此应急之法，当地官员早已商定并投入使用了。

因疫情严重，不得不阻断交通，变先前各站设卡检疫为直接停售车票，停开列车的做法，俄人也早已议定，文中称"定本月初十日为始，停售华人车票"。联系上下文，可知文中的"本月"，实指农历十一月，即自1910年的农历十一月初十始，满洲里的火车站即不再对华人开放了。按农历换算为公历，这一时间实为1910年12月11日，也即是说，阻断交通的防疫措施，应当是在伍氏主导防疫工作之前即实施了的。

文中还提到了，"十月初八晚，哈尔滨租界华俄公共议事会，提议严防疫症传染办法"。这一天，恰恰是1910年11月9日，即前述在哈尔滨傅家甸秦家岗（南岗）首次发现中国工人染疫身亡的那一天。当晚的会议上，确曾布告称"今早哈埠秦家岗南隅之马家沟铁路工人所居之草房，毙华人一名，经医生检验，确系染疫毙命"。这一记述表明，在首现华工染疫身亡当晚，哈尔滨租界华俄当局即已召开议事会讨论防疫工作，反应速度还是相当迅速的。

此文还通报了当时统计的满洲里染疫身亡总人数，"华人二百五十六名，俄人五名"，共计二百六十一人。由于文中没有明确交代统计时间，只能根据文意，推测大概是1910年11月间的统计数据。

一个月之后，1911年新年伊始，1911年1月25日，《东方杂志》第七年第十二期，继续刊发《满洲里哈尔滨防疫记》，实为跟踪报道。在这一期报道中，则主要披露了俄人防疫工作中的粗暴蛮横，与华人多受迫害的惨痛事实。

譬如，对疑似染疫者一经发现，即"封门闭户，将人逐至站外"，"置有瓦罐车多辆，有病者报告入其内"。而"无病者将衣服脱尽，用冷水泼通全身，令走百步后，即另入一车"。也即是说，无论疑似还是未有染疫者，当时统统施以粗暴的检疫方法，都用火车车厢加以隔离了。

除此之外，竟还有将躲避检疫者迫害致死的案例。文中提到：

其尤可惨者，日昨八杂市，有李某某年十八，无甚知识，遇俄人查街，恐被圈去，私匿洋车内，不意为俄人所见。立即拉出用枪将其右脚打伤。带入病院，向该管俄官言其有病，随逼饮以有石灰之温凉水。未逾两点钟，李即气绝而亡。

更有甚者，甚至直接将疑似染疫者活埋的案例。文中提到，"又有二华人，在三道街，因染伤寒病，被店主逐出，俄人撞见，即刻按入棺内，用车载往街外掩埋。故稍染病者，俱魄丧魂飞"。所有这些惨案及惨状，与前述《时事新报》所载《吉省荒地情形》一文，都可互为印证，实在令人惨不忍睹。

文中再次统计了染疫身亡者数据，称"十月二十余日，共计华人毙命者三百有余，后此更不知凡几"。据此可知，至1910年11月末，12月初，满洲里染疫身亡者至少已达三百余人。随后，文中又称"华俄人之死者，旬日之间，约达五百名，故俄人极为惊怖"，可知至1911年1月间，满洲里染疫身亡者，至少已达五百余人。

当时的俄方官员，颇感疫情严重，对此有两派意见。一派认为，"中国人不知疫之危险，傅家甸逼近租界，华官既不能力任此事，俄人宜乘机干涉傅家甸查疫，且宜以兵力压制，使华人从命"；另一派则认为，"宜用重兵守住要道，杜绝傅家甸与租界交通"。显然，无论是干涉华界检疫，还是阻隔华界与租界交通，这两派意见都是从保障俄人利益出发的，并无真正救助华人之意。所以，因粗暴统领华人检疫与单方面阻隔交通之事，引发了华人普遍抗议，并酿成多次冲突，文中也俱有记述与反映。

在俄方粗暴严苛的检疫防疫之下，华人生计与生命俱受极大威胁，有不少并未染疫或疑似染疫者，皆因此丧命。忍辱偷生，侥幸苟活下来的华人，也皆有朝不保夕之忧惧。因伍连德的紧急赴任，情形似有好转，只是报道中尚未提及伍氏及其业绩，可见当时环境限险，尚无好转迹象。当然，俄方种种举动对国家主权的损害，已有足够警惕，报道中先是提及"奉省大吏，现已到哈"，又称"华街系属内地，应设法消防，无烦俄人越俎"，"闻已迅速设法筹防，以免外人干涉矣"云云。文中还告诫国人称：

吾国人以不洁闻于世界，今染疫死者亦独多，若不因此急自振濯，则诚国家之大耻矣。

◎ 《东方杂志》连续五期报道东北疫情

1911年2月23日，《东方杂志》第八年第一期以一个页面四张图片的形式，率先向上海读者展示了东北疫区实景。这一页图文报道，题为《东三省防疫之景况》，包括《火葬》《消毒》《病车》《病床》四张实景照片，呈田字形排列，向人们展示了东北疫区的紧张景况。

其中，"病车"一图，画面背景为哈尔滨滨江防疫会临时消毒所。照片中摄有头戴口罩，身着防护服，将全身包裹得严严实实，只露出一双眼睛的检疫防疫人员。在这群工作人员的左侧，尚有一辆坐着染疫者的"病车"，正待运

《病车》照片，刊于《东方杂志》第八年第一期，1911年2月23日。

往病院。

可以揣想，这样的画面，应当令首次看到的上海读者，印象深刻，颇感奇特。毋庸置疑，这样的画面，应当正是出自当年东北疫区的检疫防疫工作实景，也应当是在上海报刊上最早出现者。不难发现，在此二十余年后，伍连德等编著的《鼠疫概论》（1937年初版）一书中，即有类似于此图的实景照片。由此可见，杂志社方面要么是派出了记者亲临现场拍摄，要么是联系了东北疫区工作者拍摄，总之是尽最大可能，让上海读者能尽快看到疫区实景照片，以期图文并茂，引起注意。

紧接着，一个月之后，东北鼠疫刚刚平息的1911年3月25日，《东方杂志》第八年第二期中，又刊发了一篇《鼠疫之豫防及看护法》，应当是上海期刊中较早、较为专业提及预防鼠疫的科普文章。

此文并非国人原创，而是译自日本《卫生新报》第一百十五号，译者乃是商务印书馆元老杜亚泉（1873—1933）。此文发表后的次年（1912），杜氏即成为《东方杂志》主编，任职达八年之久。杜氏为中国近代著名科普出版家、翻译家，从东北鼠疫爆发这一事件中，已然意识到中国各大城市实施科学防疫之重要，相关知识普及之重要，故而在东北鼠疫刚刚平息之际，及时向国人译介了这一篇《鼠疫之豫防及看护法》。

复又过了一个月之后，1911年4月23日，《东方杂志》于第八年第三期上，刊发"万国鼠疫研究会开会摄影"一幅，照片下方逐一标注了出席会议代表国籍、职衔与姓名，便于大众读识。同时，本期杂志还刊发了《万国防疫会记》一文，进一步向上海社会各界乃至全国读者，较为翔实地披露了东北疫情及防治状况。

《万国鼠疫研究会开会摄影》，刊于《东方杂志》第八年第三期，1911 年 4 月 23 日。

此文作者乃是杜亚泉的业师杜山佳，作为一位本治训诂学的旧派学者，也投入到关注东北疫情的行列中，可见此次疫情牵动人心之巨，也因为万国鼠疫研究会的召开，而更为国人所知。文章开篇首段即语：

东三省疫势蔓延，侵入于直隶、山东两省，先后传染，疫毙者四万余人，且以交通被隔而营业受其阻，防检需费而财政受其损。甚至因防疫而邻有责言，列影响于国际，有不独生命损失已者。

这样的简要概评，可谓一语中的，也让上海民众更为直接地了解了此次疫情之严重。杜文所谓"万国防疫会"，即"万国鼠疫研究会"之另称，此文详述会场情形及议程，且配以人物及会场相关照片，图文并茂，可读性较佳，这些图文本身也颇具史料价值。文末，杜氏还表达了另一番忧思，这样写道：

> 吾恐二十二省之民生，愁苦太息，日夕被无形之疫，而溯其由来，必有谓受东三省防疫之结果者。

这样的忧思，一方面固然有因东北防疫所动用财政款项至巨，进而影响全国经济民生的担忧；另一方面，恐怕也预计到了，此后包括上海在内的各大省市一旦出现疫情，难免也会溯源乃至归咎于此次东北鼠疫大爆发。这样的忧思，颇有远见，不无道理。

至此，从1910年12月26日至1911年4月23日，《东方杂志》以连续五期刊发相关报道及介绍的方式，率先并持续关注了东北鼠疫大爆发这一国内重大事件。这对于一个世纪之前的中国公共媒体而言，是颇为难得的。在国内通讯、地区交通、传媒技术均相当有限的历史背景之下，《东方杂志》以一己之力，及时披露并发布东北疫情报告，为上海读者乃至全国民众，提供了较为充分了解东北疫情的渠道，为上海防疫提供了参考资讯，营造了民意基础。

继《东方杂志》连续五期报道之后不久，一个多月之后，本文前边提到的《时事新报》所连载的《吉省荒地情形》一文，更以出自亲历者的生动记述，将疫区民生之艰险与防疫历程中丧失主权之悲凉，淋漓尽致地表达了出来，与《东方杂志》所披露的内容又互为印证，再一次激发起读者的普遍关注与真切同情。

一年之后，吕思勉等撰发公开信中，将上海发现染疫者与东北疫情相提并论的情形，或许正是从《东方杂志》与《时事新报》的交迭报道中，获得的某种默契与回应罢。

◎上海《少年杂志》率先区分腺鼠疫与肺鼠疫

除此之外，在《东方杂志》第八年第一、二期先后印行的间隙，1911年3月，《少年杂志》创刊于上海，这本以青年读者为主要受众的新型杂志，创刊号上就刊发《鼠疫预防法》一文，以此来吸引关注上海日常生活的青年读者之注意。

此文明确提到了东北疫区状况，以及上海民众在这一域外疫情之下的应对之策。仅据笔者所见，此文乃是发表较早，表述也较为确切，内容简明扼要，通俗易懂；在疫情尚未扑灭，并无总结报告类相关资料可为参考的情况下，殊为难得。而且，文中已然有腺鼠疫与肺鼠疫之区分的见识，这在同时期同类报刊中殊不多见。即便比之略早印行的《东方杂志》第八年第一期，也仅有图片展示，并无东北疫区的文字介绍；比之稍晚印行的《东方杂志》第八年第二期，也是自日本杂志中转译而来，与东北疫情及上海防疫实际状况，并没有直接关系。

也正因为此文的出现如此特殊，不妨细读一番。原文摘录如下：

……此病初起，必然头痛身热，身上会长起核子来，所以又谓之核子瘟，或译英国字之音，谓之百斯笃，患者多死。广东福建常有之，去年上海，亦有此疫。幸不久即灭。现在东三省所起者，又是鼠疫中最险之一种，其毒入肺，初起病时，嘴唇色黑，口吐红血，此为肺百斯笃，致死尤速。

北方鼠疫，自发现至今，不过两月，单据报纸所载，中外人民死者，已有数万。盖一人有疫，则害及一家，一家有疫，则害及一村。虽有名医，亦坐视无策。因恐传染到别省，遂至火车因此而不行，轮船因此而不开。有疫之房屋，不洁之器具，轻则用药薰洗，重则概行烧毁。官吏为救病消毒，而糜费公款；工商为交易停止，而暗中受损，本来上下交困，今又添此无数之损失，其何以堪。至于遭疫之家，骨肉不保，吊死伤亡，悲凉可怜之景，又不待言矣。故此事实为无声之兵灾，暗中之大乱，思之岂不可怕？

祸无大小，一发即不可收。故曰智者防患于未萌。当地方无鼠疫之时，预防之法，只在灭鼠。灭鼠之法，只须常使屋内通风受光，扫洒整洁。灶间柴房以及堆积器物，非常常有人走动之处，鼠所最易藏身者。尤当时常翻检，动加扫除。此外，复蓄猫以捕之，设机以伺之，则鼠自然消灭，而鼠疫永不复作矣。

现在交通日便，南省所未有之病，亦能自北省传来；中国所未有之病，亦能自外国传来。疫病一起，互相传染，平日之讲个人卫生者，亦不能免。故处今之世，尤以共谋公众卫生为第一急事。

此寥寥五百余字之记述，将"广东福建常有之"的腺鼠疫，与"现在东三省所起者，又是鼠疫中最险之一种"的肺鼠疫，二者的联系与区分，表达得十分清楚。在此基础之上，复于文末强调"现在交通日便，南省所未有之病，亦能自北省传来；中国所未有之病，亦能自外国传来"，已然突显此文之历史意义与社会价值。

其历史意义在于，此文在上海清末通俗刊物中，较早向民众指出了当时东北所爆发的鼠疫乃是肺鼠疫，其发病症状及传播方式均与之前上海民众已然知悉的广东腺鼠疫有所不同，且更为猛烈。须知，此文刊发之时，伍连德尚在东北全力投入防疫工作，其肺鼠疫研究成果及相关结论，还均未向外界披露与发布。此文信息源自何处，虽不可确考，但其历史意义独具，是毋庸置疑的。因其在重大疫情发生之时，早于专业研究成果之发表而率先向社会公众发布通俗论述，有着提前"预警"之贡献的独特意义。

耐人寻味的是，此文刊发四个月之后，1911年7月，伍连德编著的《鼠疫及消毒法》一书，才由上海商务印书馆代印，正式对外发售。由于伍氏早年旅居国外，惯于用英文交流与写作，并不熟谙中文，故此书乃是先有英文底稿，复由专员译为中文，再由商务印书馆编译所校订而成的。此书乃是伍氏在"万国鼠疫研究会"召开之后正式出版的第一部中文著述，内容兼顾了专业与通俗相结合，非常便于包括上海民众在内的国内读者研习。应当说，此书的面市，已经非常及时，可毕竟仍比这一期《少年杂志》还晚了四个月，足见专业研究成果之效率，与公共媒体的时效性原则相比较，还是有相当差异的。

另一方面，《少年杂志》及时刊发《鼠疫预防法》一文的社会价值，还在于明确告诫了上海民众，虽然"去年（1910）上海，亦有此疫"，"幸不久即灭"，可这1911年的上海，如果再次发现鼠疫，则既有可能是腺鼠疫，也有可能是肺鼠疫，或者两者兼而又之的混合传播，情况既更为复杂也更为险恶，应当比以往更为重视才行。因为此时不同往日，"疫病一起，互相传染，平日之讲个人卫生者，亦不能免"，"故处今之世，尤以共谋公众卫生为第一急事"。

值得注意的是，文中配有一幅展现东北防疫工作现场的速写图，画面背景为哈尔滨滨江防疫会临时消毒所。此图与《东方杂志》第八年第一期上所刊印的《病车》照片，完全一致，此图应当正是摹绘《病车》照片而来。那么，这样一幅从《东方杂志》已刊照片摹绘而来的插图，会不会有什么版权问题呢？毕竟，两本杂志的印行时间如此接近，很容易被发现插图与照片之间的"如出一辙"。

经查，《少年杂志》是由早年入上海商务印书馆编译所，后出任涵芬楼负责人的孙毓修（1871—1922）担任编辑，亦由上海商务印书馆负责印刷并发行。看来，《少年杂志》与《东方杂志》，这两本杂志皆由商务印书馆操办，二者是有某种"亲缘"关系的，共用共享一些资源，也完全是有可能的。

《病车》速写图，刊于《少年杂志》创刊号，1911年3月。

◎ 《东方杂志》译介关涉东北疫情的海外报道

1911年9月17日，《东方杂志》于第八年第八期上，刊发了一篇《扑灭中国北方之瘟疫》的文章，译自同年6月美国《世界大势报》。文章开篇即语：

> 去冬今春，中国北方，有肺百斯笃之症。其传染迅速，灾祸过地，几成不可收拾之局。当肺百斯笃最剧烈时，死亡日以千计。假令当时中国政府不思竭力设法扑灭，而无教会中诸医士之热心帮助，以及本国习西医者之奋勇奏功，其势殆将普及于东方诸国，其关系甚大，可不惧哉？

开篇表明东北鼠疫之病源乃"肺百斯笃之症"，即肺鼠疫，说明当时欧美各国对肺鼠疫之说，已普遍接受并达成共识。当然，这一共识，由于乃是基于伍连德之创见，获悉这一创见最早也不过是通过"万国鼠疫研究会"之召开，所以这一美国报道中所表达的这一共识，也比中国国内报道（如《少年杂志》）晚了三个月之久。

不过，对于东北鼠疫大爆发中"肺鼠疫"菌第一代宿主——旱獭的来源，又给出了一个当时中国国内公众尚不十分清楚的讯息。文中称：

> 俄医发生开Dr.Fasenke当万国防疫会全体医士之前布告，谓是疫发生，在俄国之西比利亚地方。彼处素产旱獭。旱獭身上，向有习见传染之病。猎人捕獭，食肉寝皮，不虞獭身之微菌，已深入人之腠理，归而传诸同人，遂成疫症。此肺百斯笃之所由来也。而住居满洲之中国人，同往北方猎旱獭，亦染是症而归，加以满洲各地，防疫不周，而斯疫遂传遍东三省。

原来，据俄人自己的调查，染疫菌之旱獭，原始栖息地乃俄国西伯利亚境内，因中国东北猎人入境捕獭，方才染疫传播至东三省。

关于染疫身亡者人数，文中亦有新说，称"据哈尔滨某报馆确实调查之报告，谓该地人民，计染是疫而死者，其数达六万五千左右"，又称"若据别家报馆之调查，谓死亡尚不止此数焉"。据此可知，亡者六万五千余人之数，还只是统计数据中最少者。

对于疫情初期防治不力的情形及原因，文中亦有披露。称"方肺百斯笃初传染至满洲时，中国政府，度外视之，置诸不理"，继而"外人屡以为言，而中国政府，始知畏惧，乃设防疫医局"，可是却"委救疫诸要事于中国无智识之旧医家"。虽然有不少外国医生和精通西医的中国人，自告奋勇参与防治工作，无奈当局始终"觉西医治疫，若在可有可无之间"，没有充分采纳现代医学意见。如此一来，"中国旧医家，仅持古书中所传打针诸法治之，初则十人九死，后竟无一人生出医院者，良可叹也"。

文中对疫情初期这一段中西医之争，感叹称"夫中国旧医救疫之法，失败如此，以致疫势日增，死亡山积"。不久，"华医相对无策，自觉汗颜，遂有相率告退之举"，而"疫势流行，日以酷虐，殆哉岌岌乎"。这时，"适北京摄政王，俯采欧美留学生上书之言，谕满洲诸官吏，广征良医，扑灭疫症"，并将治疫之事上升到国家主权与国际外交的政治高度，告诫称"不如是实力奉行，恐日俄两国，因疫症而妄施干涉，侵犯满洲之利权，为害有不可胜言者"。

在这样的政治高压之下，"满洲官吏，奉此严谕，始恍然于西医之热心，与中医之不可恃"，"于是乃不惜重资，聘请西医，及中国人之习西医者，使之治疫，并予以全权"。之后，"特派伍连德君为防疫会之首领"，"未几而肺百斯笃竟销声灭迹矣"。

文中还通报了东北疫情中染疫身亡的各国医护人员，一一写明国籍与姓名，足见郑重之意，称其"皆为人类扫除疫症，而牺牲一己之性命者也"。当时，行将覆灭的清政府，仍从并不宽裕的国库中拨出专款，对这些人员予以抚恤。文中披露称，"中国政府闻而德之，悯惜殊深，特赏给已故外国医士之家属银一万，中国医士之家属银一千，作为抚恤，聊表谢忱"。

文中特别介绍了俄国医士发明的一种"治疫车"，类似于如今的救护车。此车"形似柜式，轻而且便，专载疫人"，"使满洲及哈尔滨各处街道，皆可往来"，"凡染疫之人，可载往医院医治，即疑似疫症者，亦可居留车中施诊，以防传染"，"即此疫车之事，活人甚多，于除疫上大有效果"。文中盛赞这项发明，称此车"足征俄人力助中国扑灭疫症之一端也"。

对于中国政府最终扑灭疫情，文中更有大加赞赏之辞。对中国政府防疫举措，更是逐一评述，皆予褒扬。原文摘录一二如下：

至于中国政府，于平日政策，多未尽适当，独于北方救疫事宜，其布置之完备，与对付之敏捷，一扫本来敷衍因循之积习，实出人意料之外。……若毁烧鼠染疫人之房屋而偿其价值。无论军民人等，均须受验疫西医检视，以防诸症之传染。凡未经西医验视，因他病而身故者亦得遽行埋葬，须医生检验给凭，始得入土。如疫毙之人，气绝未久，即须火葬，不能稍停片刻。有疫症区域，派兵四面围守，严禁出入往来。诸如此类，皆防疫中之要务。

文中还披露，"万国鼠疫研究会"的设立，乃是中国政府为彻底防治鼠疫，以求长治久安的重要国策。这是"当东三省痛定思痛之后，使首善之区，不至

《东方杂志》第八年第八期，1911年9月17日。

《扑灭中国北方之瘟疫》，刊于《东方杂志》第
八年第八期，译自1911年6月美国《世界大势报》。

再蹈东三省之覆辙者"，认为疫情已得到有效控制，不至于蔓延至首都北京。
文末，更有"因祸得福，转败为功"之寄望，认为中国政府从此将焕然一新，
中国人民亦将重归安乐。

◎ 《东方杂志》译者质疑海外报道

不过，文末附有译者的"跋文"，表达了对此文推重西医，赞美政府的不
同意见。原文如下：

按本年奉天设立万国鼠疫研究会，其大致已记于本志八卷三号。今复译此
篇，以见外人对于此事评论之一斑。篇中述西医学术之精，救世之切，诚非溢

美之词。然必谓此次疫症之扑灭，尽出于西医之力，则予犹未敢深信。盖肺百斯笃一症，不特华医毫无见地，即西医亦未有十分经验，不过依通常防疫之手段施之。东三省疫症之骤歇，尚必有其他之原因。至谓中国政府，于防疫事宜，布置完备，此固非目击情形者，不能臆断。若夫予等之所传闻，则悠悠之口，殊未满意。当时避疫南来者，谓经过船埠或车站，须入检疫所检视后，方得放行。往往入所二三日，始得释放。而所中居处，系一芦棚，下铺竹簟，簟下积雪未融，朔风凛冽。男妇老幼，杂卧簟上，所携被包衣箱，悉携去消毒，无复御寒之具，不病死亦几冻死。至医生检疫匆忙，草草了事。华人之习西医者，意气尤为粗豪。某报中谓病疫之人，乃有破棺而出者，询之当地之人，亦谓曾有此事，此种苦况，殆非身受者不知。我国官长与办事之西医，或未能知之也。外国各报，评论此事，不过出于当时西医之口。盖我国此次防疫，不惜巨资，延聘西医，事事听其指挥，而外来之药物，又复利市三倍，故外人之业医药者，无不满意耳。前事不忘，后事之师，目下疫疠流行，防范之法，不可不严，而于下民之疾苦，亦不可不深加体察。勿徒谓无知小民，不明卫生，而动多疑谤也。

　　显然，译者对其所译的这篇美国报刊文章，并不完全认同；且有耳闻目见的切身感受，对文中一些观点予以否定。这些意见主要可归结为三点，一是外界称扑灭东北疫情"尽出于西医之力"，译者"犹未敢深信"。至于译者有什么确切证据或权威解释，使其"未敢深信"的这一结论能够成立，跋文中并没有给出明确说法。只是，其认为"西医亦未有十分经验，不过依通常防疫之手段施之"，事实确乎如此。

当时，无论西医与中医，都是首次面对肺鼠疫，皆无临床经验，更无确验有效的诊治方法；事实上，直至东北疫情最终平息，也并没有研制出特效药。查阅二十年后伍连德本人所编著的《鼠疫概论》（1937年初版）一书，即可知译者的这一怀疑，确非臆测；虽译者本人可能并非专业人士，当时拿不出确切证据，但终可证实。

再论第二点，译者不满于当局因检疫而隔离外来者做法之粗暴，措施之简陋，被检疫者身处"系一芦棚"的隔离所中，"不病死亦几冻死"的情形，应当是可信的。这样的情形，从三个月之前，于上海《时事新报》（1911年5月28日至6月5日连载）刊发的《吉省荒地情形》一文中，早已有所印证，甚至还有过之而无不及之处。

至于"病疫之人，乃有破棺而出者"这一怪怖之事，应当是染疫重症者未亡将亡之际，被匆忙收殓之故而引发的。这样的事件，后世虽无从确证，不过仅就前述仍为《东方杂志》所发表的《满洲里哈尔滨防疫记》一文来考察，疑似染疫且并未亡故者被俄人强按入棺并草草掩埋之事，也如出一辙。就目前已知的诸种文献来揣测，当时出现"未亡先殓"的情形，确有可能。总之，检疫之粗暴，隔离之简陋，防疫之恐慌，皆当时乱象罢。

最后，译者还提出"我国此次防疫，不惜巨资，延聘西医，事事听其指挥，而外来之药物，又复利市三倍，故外人之业医药者，无不满意耳"的批评，恐怕也确乎如此。这一情形，虽尚未搜求到可靠史料可资佐证，可仅从清政府对染疫身亡的外国医士之抚恤金，十倍于同样因之身亡的中国医士之抚恤金，即可见"内外有别"的差异何其巨大。所以，"外来之药物，又复利市三倍"，可能也不是什么夸张之辞罢。

总之，这篇摘译自美国报纸的文章，在《东方杂志》上刊发出来，不但再一次回顾与梳理了东北鼠疫的来龙去脉，更披露了从病源原发地到检疫防疫工作多个层面的"内幕"，令上海乃至整个中国读者，对清政府迅速扑灭疫情这一事件有了更进一步的了解，更充分的认识。

尤为特别的是，译者所附跋文，也间接表达了中国知识分子在这一重大历史事件中的所见所闻，所感所思，有着并不完全赞同国外报道的另一种认识。这一认识，比之那些未能亲临现场，只是整理现成材料的外国媒体，更具现场感与说服力。

遗憾的是，译者李广诚的生平不可确考，只是通过查索旧报刊，可知其直到二十世纪四十年代仍致力于慈善事业，对社会公益活动有所参与。

约三年之后，及至1914年4月1日，《东方杂志》第十年第十期还刊发了《追记满洲防疫》一文，译自美国《世界杂志》。此文内容大致也是回顾与梳理了东北鼠疫的来龙去脉，但更主要的是体现美国医士在此次疫情防控中所起到的作用与贡献。因此时距东北鼠疫平息已整整三年，故此文刊发出来的影响力，应当已经不及《扑灭中国北方之瘟疫》一文了。

此文译者汪德伟，生平仍难以确考，仍只能通过查索旧报刊，可知其后来可能供职于保险公司，从事中国早期人寿保险事业的宣传与推广工作。

◎ 上海检疫公告与"神药"广告

与《东方杂志》《少年杂志》上的专业性与系统性相比，作为每天都与读者见面的《时事新报》，自然比半月刊、月刊的杂志更强调现场感与及时性，更着力展现报纸每日更新的信息快捷性，以及随之而来的更为高频的社会互动性。

　　且看《吉省荒地情形》一文连载完毕次日，1911年6月6日，《时事新报》就迅即刊发出了一份可防鼠疫、包治百病的所谓"清醒丸"的广告。这份广告的图样与文字内容，几乎占据了半个版面，煞是醒目。广告词称其为"家家案上必备之金丹，人人囊中应有之珍品"，将其誉为"治瘟避疫之奇兵，急救祛痧之上将"，并煞有介事地标示"南京陆军军医官、慈惠医院院长、医学博士张修爵鉴定"。在"清醒丸二十大功效"一栏中，更明确提到"鼠疫症现时，此丸可日服一次，每次五六丸，疫气自不能传染，因此丸善杀菌毒"。

清醒丸广告，刊于《时事新报》，1911年6月6日。

此后数日，"清醒丸"广告常现报端，甚至跨年度宣传，至1912年仍在发布广告。姑且不论其疗效究竟如何，这样大张旗鼓的宣传，从医药商家迎合大众需求的层面上间接反映了，上海社会各界对疫情开始有所关注，民众已然有开始寻求预防的恐慌心理。

除了《吉省荒地情形》一文与"神药"广告，上海社会各界对政府当局公告，自然也备加关注。1911年6月8日，《时事新报》的"本地时事"版面，头条报道题为《检查鼠疫之文告》，向上海民众及时通告了近期防疫与检疫情况。原文如下：

检查鼠疫之文告

上海巡警总局姚局长昨日颁发检查鼠疫告示，到一路分局德区长立饬长警分贴各局区门前其文如下：

照得本月初一日，准苏松太道刘照会开照得上海防疫事宜，上年冬月先经本道禀准，拨银一万两，筹集商捐在宝山县境天通庵左近设立中国公立医院，公举前署山西冀宁道沈为总理，选派男女医生在疫气发生地面逐日挨户检查，其在公共租界及闸北华界染疫华人均可送由公立医院施治，以便民情而重生命。本年春间，由北方鼠疫渐次流行，又经本道详蒙督抚宪奏，拨巨款在福开森路余村园西门外西园分设医院两所，以防法界南市及城厢内外之疫。一面将已设立公立医院补款竭力扩充，并将关于闸北卫生事项拟款赶紧兴办，在案兹准。中国公立医院沈总理来函，以原住华界天保里四十号之潮州人翁姓，先有一子患瘟症而死，并于床下获有死鼠两头；随即迁至海宁路松庆里，又有一子患核症而死。日前，其妇亦患热症，潜避至法界嘉善旅馆，经医访悉往验，针取该妇身上血点，更经西医化验，查系鼠疫无疑。立备病车，送入医院调治。此次发现先在华界，继在英界，已于四月念八日起派华医王培元等在公共租界海宁路一带，挨户检查，请移知警局，酌派巡官于五月初一日偕同医院华医侯光迪惠敦至天保里一带挨户会查，并示谕居民一体知悉等，因到道准此除即出示晓谕，并函复外合函备文照会。为此照会，贵局长请烦查照刻即酌派巡员会同公立医院所派华医在华界认真检查，以销疫疬而杜藉口等，因准此查。鼠疫一事为患甚烈，先则以鼠传鼠，继则以鼠传人，若不实行清洁，设法捕鼠，一经传染，虽有良药亦恐医治不及，有害公安，莫此为甚。自本月初一日起，本局派有巡官长警，带同地保会同公立医院医士，挨户检查，此系恐疫疬发生，先事设法销除起见，于尔铺户居民有百益而无一损，为此示仰各铺户居民人等，一体知悉，如遇检查人等到家查验之时，其各踊跃从事，勿得惊扰。

据此上海巡警总局公告可知，早在1910年末，即成立"中国公立医院"，专事检疫、防疫与诊治工作。当时即"选派男女医生在疫气发生地面逐日挨户检查"，收治"公共租界及闸北华界染疫华人"。只是，当时是否检得，在何处检得疫情，公告中未曾透露。

不过，时至1911年春，"由北方鼠疫渐次流行"，上海当局再次开展检疫防疫工作，工作力度也进一步增强。检得"华界天保里四十号之潮州人翁姓"家中疫情，因翁家"其妇亦患热症，潜避至法界嘉善旅馆"，可知染疫者已由华界传播至法租界。又称"此次发现先在华界，继在英界"云云，可知华界、法租界、英租界，当时俱已出现疫情。且当局"已于四月念八日起派华医王培

《检查鼠疫之文告》，刊于《时事新报》，1911年6月8日。

元等在公共租界海宁路一带，挨户检查"，可能怀疑公共租界也难免出现疫情，只是公告中尚未明确公布，只是希望"各铺户居民人等"配合检疫工作，谆谆告诫称"于尔铺户居民有百益而无一损"。

虽然公告中明确告诫称"鼠疫一事为患甚烈"，"虽有良药亦恐医治不及"，可在此公告刊发前后一直频频刊登的"清醒丸"广告，似乎还是在不遗余力地迎合上海民众的恐慌心理，始终要以给予精神慰藉的方式来获取这一特殊时期的商机。与此同时，一些"洋药"也开始抢滩上海，要与"国药"一争高下了。

1911年6月10日，日本药商制造的"藤井灵宝丹"开始在《时事新报》上刊登广告，称"藤井灵宝丹为治鼠疫虿毒之良剂"，以此招徕顾客。广告语中明确声称：

鼠疫一症，其害最烈，朝发夕死，无药可援。去岁沪上受害者甚夥，现虽沪上肃清，而东三省蔓延未净，夫欲除怪疾，必藉良方，日本藤井仙鹿翁秘制之灵宝丹。

"国药"与"洋药"，皆在上海疫情中应时而动，频频登场，以高频度与大幅度的广告鼓吹自身疗效，不遗余力。除了"清醒丸"与"灵宝丹"，各类避疫药水、药片、药丸、药剂，层出不穷，纷纷面市，皆以"神药"自居，夸夸其谈。其疗效究竟如何，虽至今无从确证，可从鼠疫血清与疫苗研制的医学史来考察，确知事实上这些"神药"中的任意一种都无法载入鼠疫诊疗史。这些"神药"，无论是国货还是舶来品，在当时中国国内的医疗现状之下，都只可充作精神上的"安慰剂"罢了。

藤井灵宝丹广告，刊于《时事新报》，1911 年 6 月 10 日。

更有甚者，甚至于本就危害健康的香烟厂商，也打起了"避疫"的广告，堂而皇之地借着疫情"热点"来大肆宣传推销了。譬如，当时生产规模与市场份额在中国首屈一指的中国南洋兄弟烟草公司，就请来了京剧名票、资深评论家刘豁公来写了这样一篇广告词：

避　疫

豁公

　　世间害人的东西，不外乎水火盗贼毒蛇猛兽和瘟疫，但是比较起来，却要算瘟疫第一可怕。因为水火盗贼毒蛇猛兽，都是有声有形的，人家只要看见或是听着了，就可以设法躲避，惟有瘟疫这样东西，无声无形，避无可避，大有"杀人如草不闻声"之概。利害是利害极了，可也有个简易抵制的法子，这法子就是多吸香烟。原来香烟的气味，可以驱逐疫虫，这是物理学中，天然的一种功效，比用旁的药物，还要靠得住。现有南洋兄弟烟草公司的"美女""大喜""长城""和平""飞艇""飞马""喜雀""鸳鸯""爱国""双喜"各种上品国货香烟，诸君不妨随意购吸。一来可以避疫，二来可以替国家挽回利权，这岂不是一举两得的事么？

香烟"避疫"的广告，广告词由京剧名票、评论家豁公撰写。

略观这近三百字的广告词，利用民众避疫心切的心理，竟宣称多吸香烟就可避疫，明目张胆地趁机借势推销香烟。且还打着"国货"的幌子，给消费者灌输所谓吸烟"爱国"与"避疫"的一举两得之法，实在是荒唐无稽，肆无忌惮了。百年后的今天，面对这样的香烟广告，观之自然颇感不可思议，复又不禁哑然，付诸一笑罢了。

不过，由此亦可见当年疫情之严重，民众之恐慌，以至于无良商家尽可以趁机借势推销各类似是而非的避疫用品，除了前述并无确实疗效可证的各类中西药品之外，香烟竟也"跨界"而来，实在是令人触目惊心。

◎ 上海华界自建中国公立医院，编印《鼠疫良方汇编》

据《检查鼠疫之文告》可知，1910年冬月间，上海当局"拨银一万两"，又"筹集商捐"，在官方拨款与社会各界募捐的情况下，为上海的华人居民专门建成了一座中国公立医院。这样的官民联防体系之建成，为上海华界的检疫防疫工作顺利开展铺垫了良好基础。

中国公立医院的领导者，乃是"公举前署山西冀宁道沈为总理"，即曾任山西大学堂督办的沈敦和（1866—1920）。沈氏字仲礼，浙江宁波人，中国近代著名社会活动家、慈善家。早年留学英国剑桥大学，专攻政法。回国后曾任金陵同文馆教习、江南水师学堂提调、吴淞自强军营机处总办、上海四明公所董事、上海总商会理事等职，署记名海关道。

在出任中国公立学院总理（即院长）之前，在社会公益活动方面，沈氏的另一创举，乃是于清光绪三十年（1904）正月，发起成立中、英、美、德、法五国合办的上海万国红十字会，被推举为中方办事总董，为中国红十字会的缔

沈敦和（1866—1920）

造者，被誉为"中国红十字会之父"。

清光绪三十三年（1907）后，沈氏历任大清红十字会、中国红十字会副会长，常驻上海。先后创办中国红十字会时疫医院、红十字会总医院及医学堂、天津路分医院、中国公立医院等，兼任上述各院院长。这些医院，主要是为上海华界居民服务的，在上海出现疫情之后，自然也应发挥检疫防疫与诊治染疫者的职能。

据上述履历可知，1910年因上海租界发现鼠疫而在华界应急自建中国公立医院，官方与绅商各界公举沈氏出任院长，一方面确因沈氏个人业绩突出而实至名归，另一方面也因沈氏出任而有利

中国红十字会总医院，上海。

于整合华界商业、公益与医疗资源，更好地推进防疫工作。

仅据笔者所见，中国公立医院早在1910年开办之初，即于当年年末编印了一种名为《治疫新法》的宣传单。此单主要是分送上海各大报馆，要么请报刊转载，要么随报附赠，总之，是竭尽全力要让上海民众周知的。

此单内容乃是转录香港民政司1908年所印公告，是当年香港鼠疫流行之际，当地官方用于"安抚华民"的公告。中国公立医院方面在文末明确称"今本埠恐有传染，故特重印分送及登诸各报"，显然，这是应对1910年上海出现的零星疫情之举。这样的应急宣传之法，突显出沈敦和主持之下的上海华界防疫工作之紧张有序。

几乎与此同时，中国公立医院迅即编印出版了《鼠疫良方汇编》一书；又于1911年5、6月间，再版重印。此书版权页上标明"非卖品"，开本小巧，便于携览，显系赠予上海医学界及公共卫生领域相关人士的防疫参考读物。

此书采辑传世各类中医良方，以中药预防疫症感染、中医调理染疫者临床症状为编印主旨，期望社会各界克服恐慌心理，提高防疫意识，科学防治结合。初版与再版序言，对上海出现疫情的来龙去脉，以及对运用中医防治疫症的说明，均有简明扼要的记述，且篇幅俱不长，不妨细读。

为此，笔者不揣谫陋，酌加整理，转录两篇序言原文如下：

序

鼠疫一症，为沪上从来所未有。近者租界地面，忽有死鼠发现，工部卫生局依法化验，以为含有疫气。于是，鼠疫鼠疫，喧腾于众口。推厥原因，实由外海轮舶，附带疫鼠而来。乃以鼠染鼠，骎至传染及人耳。工部局因此症极为危险，特订租界检疫新章，取缔甚严。殊于华人风俗习惯，诸多未便，一时人心皇皇，震骇异常，咸思迁地为良之计。敦和恫焉忧之。爰联合各商界与工部局竭力磋商，当承体察舆情，允归华人自设公立医院，妥慎查验，所以重生命，安人心也。考斯症发端于粤闽等埠，春令最盛。不发则已，发则伤人以千万计，传染迅速，至险极危。当其先，死鼠必多，死鼠愈多，疫气愈盛，乃及人身。兹者防患之法，敦和业集中西诸医几经考核，刊单分送，登报广告矣。然求所以治之方，自古及今，尽无成法可师。敦和广搜博采，得获南海梁达樵君《辨症求真》一书，见其辨论精审，经验确凿，洵为嵩治鼠疫之无上宝筏。而闽峤友人，亦以该埠所刊《鼠疫约编》邮示，方药宏富，历著成效，尤足补梁君所未备。因倩郁闻尧、丁仲祜、杨心梅三医士，悉心编次，删繁就简，都为一卷，名之曰《鼠疫良方汇编》。凡所传要方，一一具备。此症传染既速，变幻尤多，更不得不详细研究，期无遗憾。爰重就李君平书有道鉴定之。编辑既竣，亟付手民，以供吾华医界研求之一助尔。

宣统二年岁次庚戌长至日四明沈敦和仲礼甫谨序

再版鼠疫良方汇编序

鼠疫之害，发于无形，传染至速，其酷烈较水火刀兵为尤甚。上年秋季，沪上虹口一带，忽现斯疾，西人实行查检，人心震骇，几酿风潮。幸绅商各界协力维持，创设中国公立医院，自行调查，所以挽回主权。慎重生命，洵善举也。沈仲礼观察主任其事，研究鼠疫之所由来，实始于闽粤，渐致蔓延四达。爰函询福建香港诸名医经验所得，广集方书，汇为一编，名之曰《鼠疫良方》，以为医治是症之标准。嘉惠来兹，诚非浅鲜。鄙人不敏，未窥医学门径，惟寓沪四十年，遇有医药济人之事，未尝不竭诚赞助，以求我心之安。年来地气变迁，药性随之而异，仅仅依据古方，按图索骥，必不能如响斯应。查治鼠疫各方，不外以解毒活血为主治法门，其惟一要药，则西藏红花尚已。求诸坊肆，真品斯难。鄙人设存德堂有年矣（堂设在上海英租界河南路宁波路转角），不敢以济世之具，为牟利之方。爰遣友人赴藏广行采办，以备不时之需。考藏红花品性纯良，主治极广，取效尤神。世有病者需此，鄙人当从廉出售，以为涓埃之助。兹沈观察以汇编之成，时间匆促，所载方药，间有重复，特倩徐相宸医士悉心订正，重付手民，以期推行尽利，为识数语，以弁诸简端。

宣统三年岁次辛亥仲春之月鄞县苏德镰葆笙甫拜序

　　上述两序，各约五百字，共计约一千余字；皆简要清楚地说明了1910年上海确实出现疫情，社会各界对此特别关注的情形。仅据两序所述，可知1910年秋，上海租界确实发现鼠疫，且"西人实行查检，人心震骇，几酿风潮"。

　　这一"风潮"，实际上是华洋风俗的冲突，是上海租界外国居民与华界居民之间，因公共卫生观念不同所发生的冲突。沈序中明言，"工部局因此症极为危险，特订租界检疫新章，取缔甚严。殊于华人风俗习惯，诸多未便，一时人心皇皇，震骇异常，咸思迁地为良之计"，

上海中国公立医院编印《鼠疫良方汇编》，
1910年初版（非卖品）。

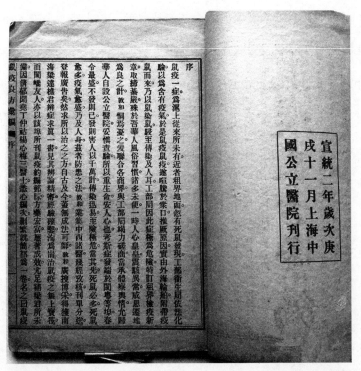

上海中国公立医院编印《鼠疫良方汇编》，1910年初版（版权页及序言）。

可见当年"风潮"不小，冲突颇大，甚至因检疫防疫之事，使华界居民有了搬迁之议。华洋冲突到了这种程度，于公共安全与市场经济都会有极大影响，于是上海当局与商绅各界紧急磋商，官民联办自建了"中国公立医院"，专门从事华界居民的检疫防疫与诊治工作，事态才有所平息。

这一"风潮"，后世学者不乏相关研究成果及论文，在此不赘。通览两序，皆未言及东北疫情，可知当时上海各界对此或并不知晓。而沈序明言"斯症发端于粤闽等埠"，苏序也袭用沈说，称"鼠疫之所由来，实始于闽粤"，加之之前翻印的《治疫新法》宣传单，更是直接源自香港民政司1908年所印公告，可知当时上海各界俱将上海疫情认定乃是由香港舶来。

《鼠疫良方汇编》的主要内容，更是直接借鉴闽粤地区及香港华人防治鼠疫经验，沈序中称先是"得获南海梁达樵君《辨症求真》一书"，后有"闽峤友人，亦以该埠所刊《鼠疫约编》邮示"，基本就是整合这两种医书而成。至于上海疫情的病源究竟是腺鼠疫还是肺鼠疫，书中并无这样的现代医学概念，在专业检疫防疫规范方面，也未置一词，仍是乞灵于传统中医药，"依据古方，按图索骥"，"删繁就简，都为一卷"而已。看来，未有"天降神兵"伍连德之前，虽举国皆知"鼠疫"之烈，也还只能是"自古及今，尽无成法可师"。

至于苏序中一再强调西藏红花之效用，视其为"解毒活血"的"惟一要药"，俨然是中医治疫古方中"主治极广，取效尤神"的"神药"。现代医学表明，西藏红花在提高人体免疫力和抵抗力，增强体质方面，确有一定效果，但是否能防治鼠疫，至今尚无明证。朱氏特意在序言中提到此药，又因其自身即为常年采办此药者，恐难免予人以自卖自夸，预作广告之嫌。

其实，再版序言作者苏德镳，乃是宁波帮洋布买办巨商，检疫"风潮"起后，即率先提出华界应自行集资设立防疫医院，早年上海华界也多有帮扶民众、争取主权的善举与义举，确实是热心公益的爱国商绅。但苏氏毕竟不是专业医师，对现代医学与传统中医药，恐怕并无深入研究。当然，这又是题外话了。即便如此，《鼠疫良方汇编》作为一部民间常备的防疫用药手册，直至二十世纪四十年代，仍在南北各地有大量翻印与传阅。

且看从最初翻印的《治疫新法》宣传单，至初版再版《鼠疫良方汇编》，以中国公立医院为代表的上海华人医学界，以及当时上海社会各界（尤其是华界民众），尚无运用现代医学防控疫情的基础，但已然意识到："年来地气变迁，药性随之而异，仅仅依据古方，按图索骥，必不能如响斯应。"

事实证明，单单依靠传统中医药古方来防控，已无法适应既可能由海路近途的香港舶来，也可能自东北关外遥传而来两种鼠疫。上海虽不是疫区，可当年作为海陆两股疫情传播路线上的最具规模的中心城市，疫情一旦触发，若得不到及时管控，后果真不堪设想。

之后不久，上海当局与中国公立医院方面迅即引进现代医学理念与设施，来应对已经出现或可能出现的疫情，《时事新报》等报刊对此虽无专门报道，却可以从后续相关防疫检疫事务的报道中，略微管窥一二。

◎ "检疫风潮"催生中国公立医院

据考，清宣统二年九月（1910年10月3日—11月1日），上海公共租界工部局发布了"检疫章程"，例行查验鼠疫。此举引发商民罢市，租界居民恐慌，酿成所谓"检疫大风潮"。

此时，租界各华人团体的领袖集会商议，联名致函工部局，提出"自设医院帮同（胞）检查"的办法，工部局接纳此意见，请商务总会出面邀集各业董事与工部局洋董代表会商，议定由华人自设医院，派精通中西医学的华人医士在华人中自行检疫。确定查疫范围南至苏州河，北至海宁路，东至铁马路（今河南北路），西至北西藏路（今西藏北路），其余均不在检疫的范围，期限为一个月。要求工部局出具安民告示，将检疫详情公布于众。

会商还决定由商务总会议董沈仲礼、苏葆笙、邵琴涛分别为设立华人医院而加紧办理筹款、订立章程、聘请医生之事项。商定后，商务总会向江苏巡抚发出筹款函电，立即得到答复，准拨江海关税银一万两，作为开办基金，并致电要求迅速开办，请商务总会邀集各业领袖劝捐，请沈仲礼总理一切。十月十二日（11月13日），医院董事会成立，择宝山县界内天通庵蜀商公所西首补罗居花园（原主人张子标）为院址，十月二十三日（11月24日）正式宣告成立，定名为上海公立医院，外界通称"中国公立医院"。商务总会议董沈仲礼、周金箴、邵琴涛、苏葆笙、陈炳谦、劳敬修、虞洽卿、贝润生、丁价侯、杨信之担任公立医院办事董事。

清宣统三年二月十八日（1911年3月18日），公立医院在天津路80号设立分院，六月（6月26日—7月25日）迁址北京路浙江路口。四月二十二日（5月20日），由官拨"上海防疫费"作基金，商务总会又在法租界开办中国防疫医院，仍请沈仲礼总理一切，择址在徐家汇福开森路（今武康路）202号余村园。民国元年（1912），商务总会改组为总商会后，公立医院独立于外，后改称上海市传染病医院。[1]

中国公立医院之大门，上海。

---

[1]　详参：《上海工商社团志》，上海市工商业联合会编，上海社会科学院出版社，2001年。

◎ 辛亥革命期间的上海防疫未曾松懈

应当说，1911年前后，上海当局与社会各界在检疫防疫方面所建立起来的官民、华洋联防体系，虽最初乃是因租界疫情触发"风潮"而催生，但渐为各方重视与理解，在强有力的经济保障之下，借鉴与整合多方经验（尤其是较快引进了现代医学理念与设施），形成了规模与规范。这一初具规模与规范的防治体系与经验，在当时的中国国内，已呈首屈一指之地位，已经具备了向其他省市输出防疫经验的实力与资格。

为此，当后来东北地区再次出现疫情之时，上海派出医疗救助队伍，亦属情理中事。1911年6月28日，《时事新报》刊发报道，题为《拨派医生赴东》，即称"日前沪道刘观察接江督张制军电，谓上海已有专治鼠疫医院，成立后不乏中西医士治理，请再拨派华医四人至该省施治"云云。

1911年8月间，《时事新报》接连以《上海鼠疫发现志》为题，连续六次发布官方检疫进展及诊治患者结果。8月11日，带有阶段性总结意味的《上海鼠疫发现六志》刊发，表明自天保里华人发现鼠疫并及时送诊之后，再无传染病例出现，疫情基本得以控制。

文中特意披露了一桩非常特别的案例：一位在上海染病，但又潜逃至镇江，终至病发身亡者，其隐秘踪迹还是被当局想方设法探得，还将这一身亡患者已经下葬的棺木掘出，施以严密消毒防疫措施。这一案例，一方面显示出上海当局加强疫情管控，彻底杜绝传染方面的坚决有力。另一方面，也显示出伍连德在治理东北疫情方面的一些经验，或者说现代医学管控疫情方面的国际经验，正在上海形成行之有效的防疫模式。

此文之后，同日同一版面的报道还有《续志闸北防疫办法》《公立医院医痉鼠疫重症之报告》等，无不显示出上海当局在防疫救治方面的现代化与规范化。

8月19日，《时事新报》刊登《关于检查鼠疫之示谕》，通知天保、松成、均济里的华人居民，全部暂时搬迁至当局修筑的棚屋之中，以便对这些区域中的民居进行全面的消毒与清洁工作。之所以要进行这样大规模的民居消毒工作，文中详细陈述了理由，称"惟天保、松成、均济等里各沿马路房屋，现经发现疫气，深恐藏匿鼠类，非将该处居民暂行迁移，将所住房屋设法薰洗，不足以保公安而杜传染"。为减轻居民生活负担，打消民众疑虑，当局决定迁居暂住期间"饮食起居由公家供给，不取分文"，"一面由本总局会同防疫所派人将各该屋如法薰洗，搜捕鼠类，多则十日，少则一星期，该居民人等，即可各回旧处"。不仅如此，当局还特别考虑到"凡我居民，在此十日内或一星期内因此旷业，进款骤减，不无可悯"，"除由本总局各津贴半月房金外，无论男女，大口给洋二元，小口给洋一元，以示体恤"。

诸此种种强有力且人性化的防疫措施之下，上海疫情在当年9月，基本得以控制，告一段落。然而，两个月之后，疫情又现。《时事新报》于1911年11月30日刊发了一条《鼠疫近又发现》的简讯，称"本月初八有李荣奎一名二十四岁通州人，向在小东门城内画锦牌楼计宅作厨司，因病至仁济医院就诊，由西医验系鼠疫"。报道中特别提到，"现虽四方多事，而防疫一层，未敢稍懈"，"逐日仍派医查访，如同胞患病有疑似鼠疫者可迅至天津路分医院验视，慎勿延误，致伤生命也"。

所谓"四方多事"，乃是指时值辛亥革命爆发，清政府土崩瓦解，南北各地战火正炽，政局动荡至极。须知，1911年11月，上海起义已经成功，上海独立已成定局。刚刚脱离清政府的上海当局，迅即成立军政府，但临时中央政府尚未组建，江浙各地尚处在各自为政，军政独立的状态之下。应江浙两省之请，沪军都督府发出通电，呼吁各省派代表来沪商议组织临时中央政府；湖北军政府都督黎元洪则也发出了相同的通电，意在由湖北军政府作为临时中央政府。湖北作为首义之区，上海方面无力抗衡，便同意将代表会议迁到武昌。与此同时，宣布独立之后江浙沪组成联军，开始进攻南京，并于12月2日，攻克南京。

正是在江浙沪地区业已独立，并组织联军进攻南京之际，在此极其艰险莫测的特殊情势之下，上海当局仍坚持"防疫一层，未敢稍懈"，实属难能可贵。

《上海鼠疫发现六志》及其他相关报道，刊于《时事新报》，1911年8月14日。

《关于检查鼠疫之示谕》，刊于《时事新报》，1911年8月19日。

《鼠疫近又发现》，刊于《时事新报》，1911 年 11 月 30 日。

◎ 民国元年，鼠年的上海发现但控制住了鼠疫

1912 年 5 月 22 日，上海防疫中西董事会，在德国领事馆开会，通告香港发现鼠疫，并研讨上海防疫对策。会议代表一致认为，"上海与香港相离甚近，最易传染，虽经各国轮船公司竭力反对，然为郑重人命起见，不能不严加防范，兹由众公议香港来沪船只必须预防，以免传染"。

具体的防疫措施，也在会上议定，要求"船抵吴淞或上海，用驳船将货卸空，然后在空船用硫薰法杀鼠，如系船不能卸空，即用炭气薰法杀鼠"，"即日出示实行，并请卫生处及公立医院在租界严密防疫"。①虽然对香港来沪船只消毒的举措，是为保障租界公共安全而设立的，但从客观上对整个上海的防疫工作也是有着相当贡献的。而且这样的举措，后来也形成了制度与规范，与二十世纪三十年代伍连德出任上海海港检疫管理处处长时所出台的各种检疫规范，

---

① 详参：1912 年 5 月 24 日《时事新报》。

已然如出一辙。

与上海租界的防疫行动几乎同步，政局初定，进入中华民国时代的上海当局，很快也开展了持续有序的检疫防疫工作。应当说，由于商贸繁荣，华洋杂居，加之公共卫生条件与设施都还相对薄弱，一个世纪之前的上海地区，每年发现疫情的概率都是有的，但基本都在较短时间内得以管控。之所以能达到这样良好的防疫成效，一方面与清末民初的上海当局始终重视检防综合治理，始终视疫情管控为商贸经济繁荣，百姓安居乐业的基础有关；另一方面，上海租界居民始终强调防疫自保并力促当局重视，相关检疫防疫经验也为当局所借鉴；正是这两股内外互动的力量，合力营造了虽时有疫情但又时时可控的局面。

实际上，在本文开篇所提到的吕思勉等所撰发的公开信前后，上海地区确实已经出现了个别的、零星的鼠疫感染者，但这些病例很快即在日趋完善的防控体系中被逐一甄别与诊治了。遍览《时事新报》1912年全年的版面内容，预防检疫工作通告时有出现，但终未暴发大面积的、一系列的重大疫情，足见管控得力。

特别值得一提的是，1913年12月，"鼠疫"一词及鼠疫预防常识，被写入国文教科书，由上海商务印书馆出版印行。当时三、四年级的小学生，都会在课堂上诵读这样简明扼要的医学常识：

鼠疫之由来甚古。五百年前，尝盛行于欧洲，死人无算。近则闽、广、奉天等处，已见发生矣。

疫之发生也，鼠先染之。鼠染疫，则血液中含有毒菌。鼠虱吸之，转而袭人。人感其素养，遂发大热，数日即死。医治得活者，十无一二。

鼠疫预防之法，以杀鼠为最要。封窟穴，谨盖藏，则鼠类无所容身。畜猫以捕之，设笼以诱之，或置毒于食品以毙之，则鼠类不能生存。如是，疫病自无从而生矣。

辟窗户，除尘秽，使居室清洁，亦足以防疫。不幸疫病已生，则所用器具，皆宜涤以沸水。病者之衣服，宜以火薰之，或以消毒药水洗濯之，所以免传染也。

遥想那一个世纪之前的上海，在大清王朝与民国肇始的革故鼎新之际，在由香港（以及广东一带）舶来的与源自东北地区的两股鼠疫夹击之中，在内陆与海上交通并未全面阻隔的情况之下，极其有效地管控住了疫情，尽最大可能

《单级国文教科书》，上海商务印书馆编印，首次将鼠疫概念写入教材，1913 年初版。

伍连德编著《鼠疫及消毒法》，正文
首页。

伍连德编著《鼠疫及消毒法》，内附插图：
伍连德身着防护服在哈尔滨抗疫期间存照。

伍连德编著《鼠疫概论》，1937年初版。

隔离与诊治了部分感染者，并且对于因受疫情影响而蒙受经济损失的当地居民予以了相当力度的抚恤与补偿，真可谓那个时代的中国都市防疫典范。

据查，1919年北洋政府在北京设中央防疫处，当年力控东北疫情的伍连德出任处长。至此，一向被忽略的防疫工作，才被作为国家事业而予以常设常办，渐具规模与规范。那么，早于中央防疫处之设立，并没有中央政府统一部署与施策的，

伍连德编著《鼠疫及消毒法》，
1911年初版。

伍连德编著《鼠疫及消毒法》，
扉页。

1912年前后接续与香港、东北鼠疫大爆发相关联的上海疫情之防疫工作，所展现的正是上海远远高于国内其他地区的施政水平与文明程度。

经过近十年的防疫检疫工作经验积累，1920年前后，上海当局出台《鼠疫预防法》《上海吴淞两处防护染疫章程》，载入增订版《上海指南》卷二“地方行政”卷中，非常明确地对当地居民及来沪船舶人员，指示鼠疫及其他传染疾病防疫检疫办法——这样的“地方行政”之法，在当时的中国城市中，也是首屈一指的。

当然，针对鼠疫本身，尤其是肺鼠疫，始终没有研制出特效药或特效治疗法，也是不可否认的事实。在二十世纪前半叶的国内防疫实践中，始终只能是防控为主，治愈率并不算高。不难发现，1910—1920年十年间，在东北地区接连三次鼠疫大爆发的疫情中，皆是防控愈见成效，而染疫致死率仍居高不下。对于这一点，伍氏及其同仁们皆心知肚明，耿耿于怀。

1935年4月，上海《良友》画报第一百〇四期，刊发题为《三十年来和疫菌的抗战》的伍氏回忆录（局部）。

　　1930年出任海港检疫管理处处长，兼任上海海港检疫所所长的伍连德，与同仁们共同编著的《鼠疫概论》（1937年初版）一书，序言中就明确提到，"鼠疫虽为一剧烈之传染病，而可以以预防方法，使其不致发生，惟在现时尚不能尽行扑灭，将来公共卫生设施及预防医学日益进步，必可有达此目的之一日"。事实上，直至二十世纪五十年代，鼠疫在国内各地区及城市仍时有发生，疫情时轻时重，并未完全遏止。包括上海在内的国内各大城市，虽非疫源地，但输入性质的疫情也时有发现，防疫工作也主要是以预防与管控为主，并没有能彻底根除鼠疫本身。

　　直至二十一世纪的今天，鼠疫仍在鼠类中隐密流传，只要人类不能灭除鼠类，鼠疫就不会被彻底根除。除了随着公共卫生意识的加强与现代化设施的普遍运用，城市居民均已远离鼠类纠扰与鼠疫威胁，鼠疫大爆发的威胁基本不复存在。只是，需要特别加以注意的乃是，事实上并无什么绝对能克疫除患的特效药或特效治疗法（即便如今研制的疫苗仍不能对腺鼠疫或肺鼠疫产生长久的免疫保护，因此，若身处疫区者一般每年接种一次，必要时六个月后再接种一次）。而对于已经染疫者，除了及早发现送诊并使用大剂量抗菌药物（链霉素可与磺胺类或四环素等联合应用）治疗之外，也别无他法。目前，鼠疫病死率已降至10%左右，但若不及时送诊，重症者病死率仍高达50%以上。

周叔弢：首译康德养生学

◎ 小引

大约一个世纪之前，1925年2月15日，美国哈佛大学图书馆中，一位年仅二十四岁的中国青年写下了这样一段文字：

康德在西洋思想史上位置之重要，尽人知之，可以不必再说。但他在教育思想上的重要，还不曾有普遍的认识，尤其是在我们中国。因此译者不揣冒昧，翻译这本名著。

写下这段文字的男子乃是瞿世英（1901—1976），他是后来成为中共早期领导人之一的著名诗人瞿秋白的叔父。1922年与徐志摩一道接待泰戈尔访华时，瞿世英还是刚刚二十岁的翩翩少年。1926年，中国第一位哈佛大学哲学博士——瞿世英学成归国，旅行箱里还揣着一部翻译完稿的《康德教育论》。

1930年4月，商务印书馆出版了瞿世英的译著《康德教育论》，这是一部同样可以荣获中国"第一"的译著，很多后来从事教育思想史的学者及康德哲学研究者都认为，这即是中国第一部康德学说译著；虽然其内容只是康德专论教育思想，而不是其名著"三大理性批判"系列。

1931年，商务印书馆又出版了曾任北京大学校长，著名学者胡仁源（1883—1942）所译的康德的哲学名著《纯粹理性批判》。有研究者指出，这一译著直接参照了德文原著，而瞿世英的译著是通过英译本转译的，所以中国第一个翻译康德著作的桂冠，应该加冕于胡而非瞿。不过，也有研究者表示，虽然瞿是通过英译本转译，译本内容可能会有讹误，但从翻译完稿时间和出版时间来看，又都确实要略早于胡；称瞿、胡二人同为康德学说中国译介先行者，比较妥当。

事实上，若论康德学说中国译介先行者，比整书中译者瞿、胡二人更早者，也不乏其人。其中，最为著名者，莫过于曾经的维新健将、新民导师，著名学者、政治活动家、启蒙思想家、教育家梁启超。

早在1916年，商务印书馆就出版了一套梁氏著述丛书——《饮冰室丛著》，其中辑有一册《西哲学说一脔》，里边收录有梁氏流亡日本期间，在报纸上刊发的各类评论西洋哲学文章若干。书中有一篇题为《近世第一大哲康德之学说》的文章，算是为中国读者率先引荐了康德这个人物，普及了康德哲学基本原理。梁氏接触到的康德著述，时为戊戌变法之后不久；梁氏所接触者，无论是否为英文转译本抑或其他非德语之版本，能在向中国国内译介时间上比之更早者，恐怕已很难再找寻出第二人来。

除了梁启超之外，国内稍早接触到康德学说，并对之亦有所研究者，还有著名学者王国维（1877—1927）。早在1903年春，在日本留学的王氏就阅读过英译、日译本的康德哲学著述。在其《三十自序》一文中，就曾忆述当年苦读康德著述时的情景。文曰：

次年始读汗德《纯理批评》。至《先天分析论》几全不可解，更辍不读，而读叔本华之《意志及表象之世界》一书。尤以其《意志及表象之世界》中《汗德哲学之批评》一篇，为通汗德哲学关键。至二十九岁，更返而读汗德之书，则非复前日之窒碍矣。嗣是于汗德之《纯理批评》外，兼及其伦理学及美学。至今年从事第四次之研究，则窒碍更少，而觉其窒碍之处大抵其说之不可持处而已。

文中的汗德，即康德；《纯理批评》即康德名著《纯粹理性批判》，这些名目都是王国维自己根据日译本转译过来的。根据1905年王氏所撰《静安文集自序》所言"癸卯春，始读汗德之《纯理批评》"，这里提到的"癸卯春"即1903年春，可知王氏最早读到康德著述为1903年春，而直到1907年仍在从事"第四次之研究"。这长达四年的反复研究中，因王氏本人后来对西方哲学的彻底摒弃及学术转向，未能最终产生康德著述之中译本。或许，在早期研读康德著述的中国学者群体中，仅就研读时间之早而言，王国维与梁启超，不相上下；可王氏毕竟没有撰发过译介康德著述或学说的相关论文，故还不能算是康德学说中国译介先行者。

可世事往往出人预料，史实常常很难预料——最早读到康德德文原著并为之译介者，既不是瞿世英，也不是胡仁源；且接触到康德学说的时间，可能比梁启超还早的，只有一人而已，此人名为周叔弢（1891—1984）。

实际上，周氏不但是中国第一位康德德文原
著的读者，还是中国第一位参与翻译者，其译著
《康德人心能力论》也是由商务印书馆出版发行
的，出版时间为1914年9月。那一年，周氏年方
二十三岁，虽还是不谙世事的翩翩少年，却已为
初出茅庐即出手不凡的青年才俊。

周叔弢，少年寓居青岛期间留影。

◎ 康德养生学首现中国

话说1914年春，刚从崂山访道归来不久的
张士珩（1857—1917），看到一部即将出版的"奇书"。看罢几页之后，拍案称
奇复又拍案叫绝，即刻为这部奇书作序，表达了惊喜之意。序文开篇即语：

余维汉儒董仲舒之言曰，养生之大者，乃在爱气。气从神而成，神从意而
出。心之所之谓意，意劳者神扰，神扰者气少。君子咸欲止恶以平意，平意以
静神，静神以养气。气多而治，则养身之大者得矣。

看到这样的开篇语，难免会令人心生揣想：这位时年六十七岁的前清高
官，曾主办过江南制造局的张士珩，当时看到的那部奇书，难道是有关调息练
气，道家养生的著述？

其实不然。这部奇书，就是即将出版的《康德人心能力论》；作为书稿的
第一个读者，张氏明确地记录下了自己的读书心得，他认为康德强调的人心意
志力可以克服病痛之论，正合乎其多年的儒学修养与养生领悟。眼前的这部译

著，简直就是一部来自西方的儒家养生学原理之翻版。

且看张氏的序言中，除了拈提康德学说的只言片语与一大堆中国儒家理论之外，在上述一大段汉儒董仲舒的养生学论点之前，还明确提到了三个人，乃是：

德人尉牧师礼贤，取是论重译之；建德周叔弢笔述之；桐乡劳玉初先生审定之，而属序于余。

可见，这样一部译著在二十世纪初的中国诞生之流程，与林纾当年译介国外小说何其相似——外国牧师带进来，国内文人写出来，社会名流再三言两语作个序推介出来。

序言写毕，一纸墨宝，送到了当时青岛的另一位名流案头，即此译著的审定者，亦是时人视作一代宿儒名士的劳玉初（即劳乃宣，1843—1921）。

1913年初，只当了三个月北大校长的劳氏，这位钱玄同、陈独秀一致认定为"很顽固"的前清遗老，愤而辞职，甩辫而去。之后，一路奔赴青岛，在崂山脚下筑室隐居。按照他本人的说法，崂山古名"劳山"，在这里算是找着自己祖宗家门了。时年七十一岁的劳老先生，是译稿工作组中的老前辈，为这部译稿写了一篇跋语。跋语劈头即是一句：

治心，儒家之学也。治病，医家之学也。

随后的一大堆论述，皆是治心、治病、治心病的种种儒学领悟，将西方哲学的那一套思辨体系，给彻底中国化了。末了，还有一句盖棺定论语：

康氏之学，与吾孔孟之道，什九相合。此书其一斑耳。

名流们前序后跋，洋洋洒洒，挥洒自如。可真正的译述者，牧师尉礼贤、青年周叔弢却未落一语。这究竟是怎样一部著作，两位老名流都认为与"养生"有关，德国哲学家康德真有这样的学术著作吗？

九十年后，2005年5月，这部著作的中译本再次出版①，真相揭晓。这一部国人始于1913年开始翻译的著作，确为康德著作之一。原来，最早于1798年出版于柯尼斯堡，冠名为《系科之争》的康德著作中，汇编了三篇独立的论文，《康德人心能力论》只是其中之一。这篇论文原题为《论心灵通过单纯的决心而克服其病感的力量》，是康德给医学家胡斐兰（今译作胡夫兰德）的一封信，当年直接发表于后者主编的《实用药物学及疗伤药物学》杂志上，之后编入《系科之争》。

遗憾的是，即使这九十年后的中译本，仍然是根据剑桥版的英译本转译而来；那么，当年牧师尉礼贤、青年周叔弢译述时，使用的底本是什么样子的？如果不是1798年的《系科之争》德文原版，又会是什么样的版本呢？

据考，这一底本，乃是1824年胡斐兰主持印制的单行本，是在德国柏林出版的德文原版本。这可能是后世研究康德哲学的诸多学者，至今都未能看到的一个版本——康德这封信件曾经公开印行过的唯一的德文单行本。有意思的

---

① 《论教育学》，[德]康德著，赵鹏、何兆武译，上海人民出版社，2005年5月。

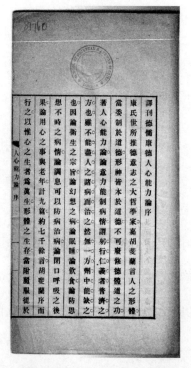

《康德人心能力论》劳玉初序（首页）　　　《康德人心能力论》劳玉初序（末页）

是，九十年前，青年周叔弢成为这一稀世版本的第一位中国读者，并且将其翻译成了中文。

◎ "洋和尚"与"中国经"

尉礼贤（1873—1930），原名理查德·威廉，德国人。1899年，尉礼贤到青岛传教，为基督教同善会牧师。在中国期间，改名卫希圣，字礼贤，亦作尉礼贤。

正是这样一位"洋和尚"，原本是带着基督福音、西方文明来教化友邦的，一到了中国山东这片儒学发祥地，忽然不念洋经，不摆洋谱，一门心思地热爱儒学圣义，自己也就此成为二十世纪初中西文化交流史上的一朵"奇葩"。

正是这朵"奇葩"的异香，令当时在北大如坐针毡的劳（乃宣）校长，闻香识知音；于是乎，三个月任期之后，毅然奔赴青岛。尉礼贤已开办十余年的礼贤书院，成了礼遇同时代落魄遗老、失意文士的世外桃源，劳校长在这里与这个"洋和尚"如切如磋，共同译述了《老子》《论语》《易经》等一大批最早的中国经典德文版。

1913年，礼贤书院又迎来了一位异乡人——时年二十二岁的青年周叔弢。周氏原名明扬，后改为暹，字叔弢，以字行。其祖父周馥是李鸿章的得力助手，操办洋务多年；其父周学海体弱喜静，性情淡泊，不事名利。一家人原本书香世家，世居扬州；此刻远徙青岛，乃是时局动荡所致。

与其父体性相似，周叔弢自幼体弱多病，但颇爱读书，在家塾勤习经典之余，还博览群书，乐此不疲。后来曾入过新式学校，并考上了上海圣约翰大学，但因肺病没有去报到。这样一位世家子弟，本也可以如其父一般，虽不事名利，亦可闲适过活一生。

遗憾的是，1906年，其父周学海病逝。1910年，母亲徐太夫人又故去。不过，家里经营的"泰合成"盐号，在江北有一定的名望，凭着龙票运盐，还养着兵丁，若是接掌这份祖传的家业，闲适安定的富绅生活应不成问题。

然而，时至1911年，辛亥革命爆发之后，周馥一家避居青岛，周叔弢也随之迁居。不久，又入赘济南萧家，做了萧应椿的女婿。萧氏原籍昆明，曾任职山东农工商务局，此时也弃职隐居于济南。其女萧琬与周叔弢成婚之后，似乎一切将有新的开始，静好有序的家庭生活或可从此开启。可惜的是，1913年产育之后不久，妻子萧琬染疾亡故。扬州、青岛、济南，三处流徙的青年周叔弢；父亲、母亲、妻子皆丧的伤心人，此时又何去何从呢？

尉（卫）礼贤画像

尉（卫）礼贤译《老子道德经》

辗转来到青岛，或许本意并不是去什么"洋和尚"的书院，并不是还想去重温那些少年时代早已熟读的中国经典。人生际遇的种种不幸，生活本身的种种窘迫，都迫使其在这座承载着太多近代沧桑的海岛之上，认真思索将来的计划与未来的规划。

其时，周叔弢的叔父周学熙正准备筹建华新纺织有限公司，拟在天津、青岛、通州、郑州、石家庄建立五个纱厂，但因时局动荡，久未决定，遂使建厂之事暂时搁置了起来。在此期间，周叔弢顺便也在礼贤书院进修德语。德国哲学家的"养生"学说，其意志力能克服病痛的核心观念，瞬间即与这位中国青年达成共鸣。篇章不长，即使作为学习德文的试译习作，亦是可以胜任的。于是，他开始着手一试。

◎ 德国大哲与中国儒生的隔空致意

体弱好静的周叔弢，在尉礼贤的逐字逐句表述之中，读到了那一篇著名的德医胡斐兰为康德信札撰写的出版序言。这篇序言，因种种原因，或因其并非康德本人的文字，后世研读康德者对此往往忽略，至今没有看到过更新的中译本。

百余年前，在礼贤书院中铺展稿纸，拈管徐书的周叔弢，可能也并不知晓，他写下的这篇序言之译文，正是国人译介康德著述的开篇之作。译为中文的开篇语，这样写道：

天下之生者惟心，惟心之生为真生。故形体之生存当附丽服从于心神。勿使心神为形体所役，然后可以葆此真生。人心所具一切之善，若道德仁义皆根源于此，而人生之真乐亦在其中。

以文言文方式译解出来的这一篇序言，完全没有了欧洲古典哲学的风味。据说，康德著述中多以长句著称，有时一页纸也写不完一个句子。西方哲学体系的溯源性思维方式，从客体、本体到经验、先验的整个表述范式，长句之应用当然是普遍的。像康德这样的大哲，使用超长句式，显然更符合其思维方式与思辨能力。只是周氏中译的这篇序言中，还看不到这样的句式，或许只是因为这乃是胡斐兰医生的口吻，还不能完全归结于中国文言文的翻译风格。

接下来的中译文字中，除了依然故我的文言文表达方式之外，竟然还出现了专论"克己复礼"的段落。这不由得令人疑惑不解，这如何会是一位十九世纪初德国医生的表述呢？这样的情形表明，译文恐怕已然脱离了直译的范畴，二十二岁的周叔弢径直运用了少年时代的经学修养，开始以一位中国儒生的理解，来意译这篇德国医生的序言了。译文这样写道：

　　譬如人乘怒马，马犹形体也。乘之者，犹心神也。形体载心神，使与接物，心神制形体，使毋逾闲。此克己复礼之道，终身之要事也。人能克其体，欲使不为心神之累，则其所行斯可以具条理，协中和，合仁义而于此中得真乐。苟体欲胜心神，犹乘者不能制怒马，任其驰骤陆梁，将终至倾覆，俱陷于死亡也。

　　用"人乘怒马"来形容人心对人体的控制，很容易跟中国古典传统中的成语心猿意马、名缰利锁等对应联动。德国人可能会用到"人乘怒马"之类的譬喻，但用"克己复礼"来作最终定论，恐怕不能。"具条理，协中和，合仁义"之类的修养步骤，德国人多半也不会联想得到；但中国人读这一段，很容易就推衍出一套孔孟学说的说教来。果然，就在这一段落之后，整部译著的第一条译者注出现，注曰：

　　此与孟子志气之帅也，气体之充也，及持其专勿暴其气语相表里。译者注。

　　进入正文部分之后，康德的哲学叙述，开始出现一种奇妙的三人对话组合。即康德本人、转译者尉礼贤、中译者周叔弢三人之间的各说各话，与其说这是一部康德学说的中译本，还不如说是一部西方哲学与中国儒学之间的跨时空对话录。这一场对话，除了尉礼贤充当主持人之外，德国大哲康德与二十二岁中国儒生周叔弢的对话，虽跨越百年，却颇有默契。

在书中谈到定时定点按规律作息，有益于养生时，周叔弢特意为之加注曰：

康德无分冬夏，每日五点钟起。自五点至八点，预备大学之讲义；八点至十点，往大学授课；十点至一点，归家治事；一点后午膳，座客常满，谈笑为乐，不喜论湛深之理。辄至三四点，饭毕则或读书，或默想，至七点出外散步。其时之定准，人至有以康德之出为钟之率者。归后读书，多取新籍，十点乃就寝，康德定七小时为眠睡最足之时也。康德体素弱，因起居有时，享寿八十。最后数年，稍形衰老，生平无他病也。译者注。

这里提及的一则康德生平典故，如今已广为研读西方哲学者所熟知。然而，一百余年前，通过尉礼贤的介绍，周叔弢将这一生平典故绘声绘色地描述出来，恐怕也是中国人首次了解到这位德国大哲的生活规律罢。这一典故所蕴藉的，颇能为当时国人接受的亲切意味，也可想而知。同样体弱好学的周氏，谈到康德的生活规律，不仅仅是感兴趣，也几乎是感同身受，心意相通的罢。

将"生命力"翻译为"浩然之气"的周氏，同样赞叹于康德关于"娱心即养生"的理论。在《卫生之宗旨》（今译《养生学原理》）一章，周氏流畅地表述了"养浩然之气"与"养生哲学"之间的内在联系。译文与译者注这样写道：

使心有所用，心有所好而用之，故不为外物累。此虽怡情之事，而有养心之力。已可使生气无窒矣。若夫能乐至善之理，一以贯之之道，可以养浩然之气，不尤足以知生死之真而外衰老之苦哉。（此即孔子朝闻道夕死可矣之意。译者注）

当时除却家塾的经典教育之外，时常到书摊淘读各类杂书的周叔弢，在写下这段文字之后二三十年间，忽而成为藏书大家，经眼经手的善本孤本无数。那些承载着种种心神寄托的故纸古卷，不正是"娱心即养生"的哲学实践之存照吗？

享年九十三岁的周氏，正是以一生修为印证了上述"长寿秘方"。那种"朝闻道夕死可矣"的达观之人，那种心性有所寄托，自然无惧生死之人，就可以成就长寿适意之人生。并不刻意索求长寿之人，反倒能成为长寿之人，就是儒家标准中的"圣人"，就是"养浩然之气"之人。当然，这或许并非康德学说的字面意义，还必得有周氏这样的中国儒生来做发挥，方可引申出来。

同样的，在全书的核心章节《论幻想之病》中，"意念可以克服病情甚至疾病本身"的观念，也得到了中国古典儒家学说的响应。这种响应在周叔弢笔下，发乎情，合乎理，止乎礼，自然而然的心领神会。那种微妙无间的领会，令人仿佛看到，一位德国大哲与中国儒生，在那一刻的隔空微笑，颔首致意。在这一章正文后，加有译者注曰：

一切实有之病，当分别病与病情之判，往往病情远过于病之量，有所病之处甚小，而所感之苦甚大者，苟无此情即不觉。病情为使病感乎全体之具，而可以自制，弱者不能忍病情，即为病情所制，强者能忍病情，即足以制病情。

人知有意外之愉快，可以忘其病，胡为揣心之定力，不能忘其病耶。此即孔子发愤忘食，乐以养忧，不知老之将至之意也。译者注。

在康德提到的《论调息可以防病治病》一章中，周叔弢又引庄子作陪，注释称：

此与庄子所言，古之真人其息深深，真人之息以踵，众人之息以喉之言相通。译者注。

周叔弢、尉礼贤合译《康德人心能力论》，
1914年9月初版。此为1916年8月第三次印
刷本，后入藏英国伦敦大学亚非学院图书馆。

《康德人心能力论》正文首页

这又是将德国人深呼吸调节气血的学说，直接与中国道家的调息养生说对应——说到底，都是养气功夫。养浩然之气也罢，养真人之气也罢，"人活一口气"的地道中国经验，再一次在东西方学术体系中得到呼应。

康德说的道理，中国读书人都懂；康德说的原理，中国读书人还都实践过。譬如说调息养气的办法，与之类似，体弱喜静的中国儒生，就常用斋室中静坐养心的法子。又譬如说意志力克病的说法，与之相近的，股刺锥，头悬梁的中国儒生，立雪面壁，刺血写经的中国苦行僧等，也都曾有过挑战体力极限，纯以意志力克服疲倦困顿的极端作为。在这些类似或近似的人生实践中，默契自然容易达成，因之适度发挥与引申也很自然。

无论如何，康德的养生学说，的确在这一学说发表不到百年之后，即在中国找到了默契。传播者，德国牧师尉礼贤；翻译者，中国儒生周叔弢。

◎ 默契之外：意志力是否万能？

另一方面，默契归于默契，但若论发明新论、创造新法，老老实实只作转译，加上一点中国式笺注的周叔弢，却未能于此更进一步。

当然，还有一桩同样与养生学相关的同时代事例，更具中国特色。这一事例与周叔弢译述《康德人心能力论》在时间上几乎同步，但其热度与影响力却空前巨大，远远超过了周氏中规中矩的这部译著。

1914年10月，也即是《康德人心能力论》出版后一个月，《因是子静坐法》出版发行。这本同样是谈养生之道的书，迅即风行全国，引发了一场持续整个民国时代的"养生"热潮，至今犹有余响。

是书作者蒋维乔（1873—1958），当年与周叔弢体质、气质乃至生活际遇都颇有相似之处。他自二十三岁先后考入江阴南菁书院、常州致用精舍以来，同时攻读两个学堂的课程，一直在为"双学位"的高学历而奔忙。按月参加考试，可谓压力颇大。一天，他突然搁置了学业，"隔绝妻孥，别居静室，谢绝世事，一切不问不闻"，他开始闭门不出，开始"静坐"。

从二十八岁开始，蒋维乔开始了一种纯粹个人生活史意义上的"静坐"。当时，他并没有意识到这是一种可以推广的养生学，也完全没有将其与佛教中的禅定、道教中的内丹学说相联系。这个时候的"静坐"是一种简单的生活经验，是一种因病因时而引发的个人行为，与知识界、宗教界无关。这可以从其人十四年后的忆述中获得证实，他写道：

初为静坐时，自定课程：每晨三四时即起，在床趺坐一二时。黎明，下床盥漱毕，纳少许食物，即出门，向东，迎日缓缓而行，至城隅空旷处，呼吸清新空气，七八时归家。早膳毕，在室中休息一二时，随意观老庄及佛氏之书。十时后，复入坐。十二时午膳。午后，在室中缓步。三时习七弦琴，以和悦心情，或出门散步。六时复入坐。七时晚膳。八时后，复在室中散步。九时，复入坐。十时后睡。如是日日习之，以为常，不少间断。

十年后，蒋氏将这些和静坐有关的私人经历、个人心得汇辑成册，出版发行。《因是子静坐法》一书自1914年出版以来，畅销全国各地以及欧、美、东南亚诸国，再版数次。直到1918年求学于谛闲法师之后，从师修习天台宗止观法门的蒋维乔，依据小止观及释禅波罗蜜次第法门，旁及他种经论，开始思考结合在佛教理论下的"静坐"。这种有宗教寄托的"静坐"，似乎更有修行上的方便与认识上的高度，于是又在《因是子静坐法》已热销四年的背景下，编成了《因是子静坐法续编》。1918年，《因是子静坐法续编》出版发行，与《因是子静坐法》一道热卖，全国上下静坐者一片。

其实，就在《康德人心能力论》出版当年，1914年，周叔弢北上去了天津。这中国第一部康德哲学译著、第一本外国养生哲学译著，同时也是周氏本人的第一部署名出版物，当时恐怕并未能在这个北上谋业的青年心中，泛起多少波澜。

当《因是子静坐法》热销于全国各地，养生学风行于世之际，周叔弢则悄然栖身于叔父周学熙的工厂里，从一颗螺丝钉的安装，一张图纸的使用学起，一丝不苟地投身于学习工业生产及其管理的理论与实践之中。对于这位北上学艺的青年而言，"养生"之学为之尚早，早已烟消，谋生之职才是首当其冲。哲学之事只是理论辩证，笔墨官司，事业打拼才是安身立命的关键。

可以看到，《康德人心能力论》的销量并不算太差，到1916年时也已再版过两次，到1920年6月，已然印行过五版。当然，比之《因是子静坐法》至1920年已再版达十六次之多，《因是子静坐法续编》自1918年推出之后每年再版的热度，还是逊色不少。与周叔弢1914年当年即远离养生学热潮不同，蒋维乔在1918年推出《因是子静坐法续编》之后，趁热打铁，又推出新著；这一次也是搬出洋和尚来念中国经，也是译著。只不过不是翻译的西洋哲学，而是直接来自近邻东洋的智慧成果，日本人铃木美山的《长寿哲学》。

在这本直接冠以"哲学"之名的养生学译著中，与《康德人心能力论》的核心观念已经达成高度共识。该书中，"意志力能克服病情甚至于疾病本身"的哲学命题，被直接运用到医学临床实验之中，在极端的病理学风险环境中竟然得到了确证。

《长寿哲学》的《病之原因》一节中，引用了德国科荷博士吞食细菌的事，来证明"霉菌进入人身，而精神正确时，决不成病"。这一骇人听闻的科学实验，将"意志力克病论"与"人心能力论"发挥到极致，令人难以置信。

这则案例，在医学史上确有其事。科荷博士，即Koch博士（1843—1910），德国病菌学家。他培养出了霍乱病菌，但吞食者并非他本人，而是沛登柯弗博士（M. von Pettenkofer，1818—1901）。沛登柯弗博士是旧式的病理论者，认为疾病系是由于体液变坏，和细菌无关。他吞食了科荷所培养的霍乱菌，以此来证明自己的病理学观点。后来他发生了腹泻，但并没有得霍乱病。

至于为什么没有得霍乱病，医学界向来有两种观念，一种是认为病菌致病还必须有生理的条件，如果身体健康，即使细菌侵入体内，也能抵抗。还有一种即是已经颇为流行的意志力克病论与人心能力论。

康德本人的观念非常明确，意志力克病论在当时可以试验的个人体验中，已经得到过验证。虽然没有夸张到吞食霍乱菌的程度，但通过冬天洗冷水澡抗寒，咳嗽时通过意志控制强力止咳等，已经得到其本人切身的验证。在周叔弢的译述中，还附译有一条胡斐兰医生的注解，与《长寿哲学》中的"吞病菌不得病"的案例异曲同工。

在《康德人心能力论》中《论睡眠》一章的末尾，原文译述的最后一句为"用坚定之力，运不专注于病之心以御之，可以渐阻其发生，而或至瘥可也。"句后紧接着胡斐兰医生的注解曰：

人之定力，可以治病。而困难又可以生定力，不见夫劳力者，病痛少于闲散者乎。稍有不适，即窃窃然忧之，每酿成大病也。予每有晨起之时，觉有不快，似不能离床。为义务所迫，不得不起而从事，初则其味甚苦，俄顷即释，而神旺矣。于时疾流行之时，心神之力更大，人之有胆气而不惧不憎者，感病最少，即既染之后，心神之悦适，亦可去之。余即其证也。当一千八百有七年（即嘉庆十二年，普国与拿破仑战是时，译者注。）普国有温热之病，予则常与此种病人为伍，一日晨兴，觉头昏肢乏，兼有此病一切之征，但他人之病，有甚于予者。予迫于义务，不得不起而治之，予于是立意执事如平日。午膳后有人招予，亦不辞，乐谈笑语，数时之久予厕身其中，且多饮，归家酒力发作，遂生微热，眠时大汗，翌晨霍然矣。胡注。

原来，胡斐兰医生是当年在德国爆发的温热病疫情见证者与参与救治者之一。他曾长期出入于温热病患者人群中，在救治患者的同时，并没有植入抗体或其他防护措施，却仍然没有被传染。这说明什么呢？按照胡氏自己的体会，"人之定力，可以治病"，当是无疑的。或许是因为忽视胡氏的学术能力，或许是因为压根就觉得其人之说纯属虚构，这一条胡斐兰医生的附注，后来的英译本及中译本都没有采用。不过，周叔弢的译述并没放过这一条附注，反而相当的详尽，甚至于在公元一千八百有七年的纪年后，还加上了一条注释："即嘉庆十二年，普国与拿破仑战时，译者注"。

或许，意志力克病论与人心能力论，在周叔弢的忠实译述中，开启了近代医学在精神研究领域的最初尝试。然而，无论是医学理论，还是西洋哲学观念；无论是随之而来的精神分析学，还是随之而兴的中西结合养生学，周氏都没能像蒋维乔那样热衷于此，乐此不疲。他在礼贤书院不到一年的译述工作之

《因是子静坐法》，1914 年 10 月初版。

《因是子静坐法》附图：西装革履的静坐者蒋维乔。

《因是子静坐法》附图：蒋维乔最近摄影。

蒋维乔演讲静坐法，原载《学生生活》第二卷
第十一号，1915 年 11 月 20 日。

《长寿哲学》，蒋维乔译述，1918年5月初版。

后，实业之学就始终牵动着这个青年儒生的心神。在他看来，谋生与创业的艰难，滋味辛苦，却着实是一剂修身疗心的良药。这一剂人生应有的实践良药，胜过所有空泛的理论与想象。

1914年，周叔弢北上天津，投靠叔父周学熙。1917年，徐世昌任大总统，周学熙彻底脱离政界，专心致力实业。他继而重提旧议，兴办华新纺织有限公司；并即刻集资八十万，完全以私人股份投资，建立了天津纱厂。1918年，工厂建成后，当年即有了盈利。

1918年，当年翻译《康德人心能力论》的青年又回到了青岛，不过这一次不再是礼贤书院的德文学生身份。青岛纱厂常务董事，全面负责建厂和经营管理工作的周叔弢，不谈养生学已经四年了。

◎题外·养生学论战

无论《康德人心能力论》是否还在当年的养生学热潮视野之中，也无论周叔弢是否真的不再谈论养生学原理及其哲学，为养生学本身的辩论、研讨、批判，甚至破口大骂的人却越来越多。其中著名者，革命文学领袖鲁迅、佛教净土宗领袖印光。前者主要是反对吞食病菌的意志力克病案例，认为其反科学；

后者主要针对静坐养生学的佛学原理，认为佛家不以养生为宗旨，谈养生本身就是外道。

鲁迅在1918年10月15日《新青年》第五卷第四号上，发表了《杂感·三十三》，对养生学的反科学性质忍无可忍，非欲一棒打杀不可。开篇他即一针见血，指出反科学的"鬼话"种种。他写道：

现在有一班好讲鬼话的人，最恨科学，因为科学能教道理明白，能教人思路清楚，不许鬼混，所以自然而然的成了讲鬼话的人的对头。于是讲鬼话的人，便须想一个方法排除他。其中最巧妙的是捣乱。先把科学东扯西拉，羼进鬼话，弄得是非不明，连科学也带了妖气。

专门跟科学捣乱的妖魔鬼怪中，鲁迅特意拈出了正备受追捧的养生学案例，文中这样写道：

例如一位大官做的卫生哲学，里面说——"吾人初生之一点，实自脐始，故人之根本在脐。……故脐下腹部最为重要，道书所以称之曰丹田。"用植物来比人，根须是胃，脐却只是一个蒂，离了便罢，有什么重要。但这还不过比喻奇怪罢了，尤其可怕的是——"精神能影响于血液，昔日德国科布博士发明霍乱（虎列拉）病菌，有某某二博士反对之，取其所培养之病菌，一口吞入，而竟不病。"据我所晓得的，是Koch博士发见（查出了前人未知的事物叫发见，创出了前人未知的器具和方法才叫发明）了真虎列拉菌；别人也发见了一种，Koch说他不是，把他的菌吞了，后来没有病，便证明了那人所发见的，的确不是病菌。如今颠倒转来，当作"精神能改造肉体"的例证，岂不危险已极么？

　　好讲鬼话的大官，按照鲁迅的摘引来看，无非是以半古文的方式谈到了所谓丹田的重要性罢了。如果道家修炼中强调的丹田，在那个唯西方先进是瞻的时代有点老土，不够摩登的话，一个带着半古文口吻谈丹田的大官则确实有点不尽人情，太过古板，太不与时俱进了。于是，鲁迅批评的鬼话，尚可从推进白话文改革和革除思想保守层面去理解。但论定其"最恨科学""带了妖气"则似乎已经完全不在思想辩证、观念论争层面了，这个好讲鬼话的大官简直是可以扫地出门，置之死地而后快的"酷吏"了。

　　文中的这个大官就是指蒋维乔，就是畅销书作家，《因是子静坐法》的作者与《长寿哲学》的译者，而他的另外一个官方身份是教育部参事。他在1912年至1917年间先后三次任北洋政府教育部参事，这可能也是鲁迅认为尤其不能理解的罢。教育部混入这样好讲鬼话的大官，全国的科学教育真有可能因之一团糟罢。

　　当然，鲁迅转述的"吞食病菌不得病"的这个案例本身，即有一些细节问题。七年后，他将这篇要编入个人文集的文章又作了修改，并加了一则补记以说明。补记曰：

　　关于吞食病菌的事，我上文所说的大概也是错的，但现在手头无书可查。也许是Koch博士发现了虎列拉菌时，Pfeffer博士以为不是真病菌，当面吞下去了，后来病得几乎要死。总之，无论如何，这一案决不能作"精神能改造肉体"的例证。一九二五年九月二十四日补记。

未作补记之前的原文，鲁迅的意思是说两位德国医生打赌，想证明对方发明的"虎列拉菌"不成功，就用吞食病菌看是否得病的方式来证明。结果是吞食病菌者竟没有病，证明了"虎列拉菌"培养的不成功。补记中修改后的案例，则是吞食病菌者大病一场，"病得几乎要死"。这两种道听途说的案例，显然还是和医学史上有记载的，吞食者只是腹泻而未得霍乱是有区别的。

当然，鲁迅得出的结论从1918年的"如今颠倒转来，当作'精神能改造肉体'的例证，岂不危险已极么"，转变为"总之，无论如何，这一案决不能作'精神能改造肉体'的例证"，并没有任何实质性的修改，倒更是进一步从反问句式修正为陈述句式，心安理得地加上了"总之，无论如何"这样的盖棺定论。吞食病菌未得病的例证，"决不能作'精神能改造肉体'的例证"之后，还能作怎样的例证？鲁迅没有明言，或许，在他看来，这只是一桩偶然的事件，谁拿低概率事件来做例证，就是反科学，就是伪科学，就是"好讲鬼话"。

此外，与民国知识分子交往颇多，本身即为高鹤年居士发现并首先推荐出来的印光大师，也开始对居士禅修中的"养生"理念开始批判与斥责。

在1919年印光回复居士们的信札中，有一封回复给丁福保居士（1874—1952）的信札，编号已经达到了第十八，可见二人来往之频。无独有偶，作为当年与蒋维乔同入江阴南菁学院的丁福保，也是一位养生学探索者与实践者，他本人也笃信静坐养生学说，而且可能还于蒋氏学说之外另辟蹊径，因此写信求教于印光。

印光的回信，却对丁氏热情满怀的"静坐法精义"一盆冷水泼透。信中明确指出：

宏扬佛法，不宜以道家炼丹运气之事与之并存。恐彼邪见种性，援正作邪。则欲令受益，而反为受损也。

至于在谈到儒家也流行静坐养生时，印光也认为其因袭禅法，却自变名目，窃为己有，仍然是不得真宗。信中这样写道：

儒家论坐论参究本体，全体取禅家参究之法而变其名目。且又绝不言及佛法。虽则造诣高深，于己于人皆有利益。然以袭人之善以为己有，其于诚意正心之道，致成蟊漏，不禁令人慨叹。

对丁氏本人以道家方法参究"静坐"之学，印光一针见血，在信中更为严厉地批评道：

以阁下之博览，尚袭道家谬解，而直以为所缘之境。足见宏法参杂，有误人处。

可以想见，丁氏后来致印光的书信中，恐怕再也不会言及静坐学说，虽然他本人仍一直以静坐养生。实际上，与印光谈论静坐，遭受冷遇与痛斥的，还远非丁氏一人。

在《印光法师文钞三编》卷三《复徐紫昆居士书》中，印光特别提到了好谈静坐学说的"某君"，信中批评道：

所言某君，乃炼丹运气之流。既云皈依三宝，固当置此种工夫于度外。

印光认为，只要是佛教信徒，就不应该再去修习什么静坐学说。虽然他也承认，念佛之人，非不静坐。但他强调，静坐仍是念佛。彼谓静功有效，盖是说运气有效。印光奉劝徐居士，不要受到"某君"的邪说困扰，为之写道：

汝不知彼所说之静功为何事，故令续做。若依正理，既修净业，当依佛教。若兼修之，则邪正夹杂，或致起诸魔事。以外道炼丹，冀其出神，倘存此

丁福保编著《静坐法精义》，约 1920 年初版。

丁福保编著《静坐法精义》，正文首页。

念，其害不小。若论炼丹，亦非无益。然其宗旨，与佛法相反。他接着警告说，佛令人将此幻妄身心看破。彼令人保守此幻妄身心（出神，即妄心所结成之幻相）。彼既信愿念佛，当依净土宗旨。如其以炼丹为事，又何必冒此净土之名乎？

从印光回复徐居士的这封信中，更加明确地看到了同时代佛教界内部对静坐学说的主要观点，即一律予以拒斥与批判，认定"静坐养生"这一想法及其实践本身，无论是否假佛教之名，抑或别有所宗（儒、道等），于真心向佛，一心修佛之人都毫无益处，甚至有害。

回想当年，好在周叔弢撂下一本《康德人心能力论》之后，从此再也没有深入过所谓养生学领域；否则，当年的科学与伪科学，佛学与养生学的大论战，再加上一个来自德国的"洋和尚"理论，恐怕又是张飞杀岳飞，杀得满天飞了。

◎尾声：被遗忘了的藏书家之早年译著

作为国内第一部康德著述中译本，第一部国外养生学说译著，也是周叔弢本人的第一部署名出版物，《康德人心能力论》于1914年正式出版之际，译者却又悄然北上，去了天津。此行，非为学业学术，乃为人生事业。

在天津，周叔弢埋首实业实践，在叔父周学熙的工厂里从一颗螺丝钉的安装学起，一丝不苟地开始学习工业生产及其管理的理论与实践。1918年，当年翻译《康德人心能力论》的青年，重又回到了青岛，出任青岛纱厂常务董事，全面负责建厂和经营管理工作。

虽然投身实业，业务繁重，确已不复再有当年伏案译书的书生情状，可工作之余，周氏又多出了一项个人爱好与事业来，那就是收藏、研究与校刻各类古籍。

时为1916年7月，周叔弢得到一部著名藏书家傅增湘影印的宋本《方言》，由此引起了对古籍的浓厚兴趣。1917年，是周氏开始收藏古籍的丰收之年，这一年购藏了宋、元、明三代珍贵古籍多部，其中包括南宋初年杭州刻本《寒山子》及绍兴刻本《诸史提要》、黄莞圃校元本《韩诗外传》、明代万玉堂本《太玄经解赞》等。之后近七十年的收藏生涯中，更汇聚了三万七千多部古籍，可谓点滴成海，洋洋大观。

1916年，也就是周叔弢收藏古籍兴趣日益浓厚的那一年，英国伦敦大学亚非学院（SOAS–University of London）创立。这所学院是欧洲当时的亚非研究中心，其学术专业人员不论在人数还是在学术研究方面都居于世界之冠。这所毗邻大英博物馆和大英图书馆的大学学院，末代皇帝溥仪的英文老师庄士敦也曾在此任教，足见其对东方文化之重视。学院图书馆收藏着全世界最丰富的亚洲和非洲研究资料，百余万册藏书中以东方学、法律、历史、社会学、东南亚语言方面的书籍最为齐备；其中的中文书库还藏有许多中国古籍珍本和孤本。

这一年，入藏伦敦大学亚非学院图书馆的中文书库中，又多了一部新近出版的中文新书——1916年8月第三次印刷的《康德人心能力论》。书的首页和末页，图书馆工作人员均为之郑重钤上了入藏戳记，那蓝色的双圈图章中心，亚非学院的盾形徽记标示其间。

遥思那一个世纪之前，当英国伦敦大学的书橱中插入一册《康德人心能力论》之际，那译述、笺注康德著述的首位中译者，以及西方养生学说的首位中译者周叔弢，此刻远隔重洋端坐于天津新华纱石的办公室里，恐怕决然不知自

伦敦大学亚非学院图书馆藏书戳记

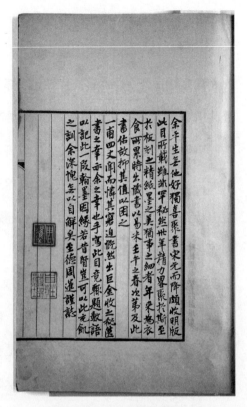

周叔弢手稿本《恕斋鉴藏明板书目》

己的中译本复又"出洋"了罢。

　　或许，即便时至今日，提及作为藏书家周叔弢的书橱，人们能记得的只是那曾经令人炫目的三万七千多册各式古籍，还有那些为购置这些古籍的这样书话，那样掌故，却绝没有这样一部不太起眼，却意义非凡的藏书家早年译著了罢。

　　或许，人们津津乐道于周叔弢九十三年生涯中的点滴种种，无论是书话还掌故，从中领悟到的就是另一种真实的，而非纯理论的人生哲学。这样的哲学本身，也可以反过来印证那并不神秘的养生学，即"娱心即养生"或"养浩然之气即养生"等等；诸此种种，是周叔弢一个人的养生学，不也正是中国人早已延续千年的养生之道吗？

丁辅之：仿宋体专利百年

◎ 小引

内务部批第六三五号

原具呈人聚珍仿宋印书局经理丁仁，呈一件，呈送仿宋欧体字模暨样本，请注册给照由：据呈称广征宋版书籍，精摹字体，出资聘人仿刻铅质活字，精制铜模，范铸铅字，仿宋版格式排成书籍，现总计铸成之字有头号、二号、四号及二号、三号长体夹注各欧体宋字共计五种；已摹写样本陆续创铸者，计顶号、初号、三号、五号及头号、四号长体夹注等字，又创制长短体字及西夏字体。凡已制未成之字共计八种，一俟全副制成即可分次发行。等情并将已制成之头号钢模及铅字等五种暨仿宋欧体字模样本，聚珍仿宋版式样本各二份，注册费五元到部。核与著作权法第七条暨第十三条尚属相符，应准注册。给照以后，续成之字仍应及时呈送备案，合行批示执照，并发此批。

中华民国九年八月二十六日 署内务总长张（印）

丁辅之（1879—1949）

一个世纪之前，时为1920年8月，刚过不惑之年的丁辅之（1879—1949，又名丁仁），收到了上述内容的政府批文，成为中国历史上第一个获国家认可的，有自主知识产权的字体发明者和使用者。

丁氏发明的这种字体，在中国古典书法与现代印刷工业之间架设了一条通道，也为追逐复古风尚的国人提供了一种批量制造的标准。丁氏发明的这种"仿宋欧体字"与"聚珍仿宋版"，使得中国传统书籍（尤其是木板刻印书籍）的印制，开始摆脱对纯手工的依赖，不再只依赖于底版书写者、刻版工匠以及刻印书籍出资人与投资者本身的偏好与个性，而可以成为一种标准化、规模化的产业模式，还可以随之成为全民普及性质，物美价廉的一种文化熏陶。

可以说，这一种字体与版式的发明，正在将东方文化的主观经验与西方文明的工业成果结合起来，将之转化为一种中国近现代读者可以享用的标准化产品，便利而且便宜。

◎追摹宋人风雅：董康倾力翻刻影印珍罕古本

民国六年（1917年），时任北洋政府司法总长的董康（1867—1947），开始四处招募聘请工匠，自刻自印兼自售书籍，且据说印工精良，售价不菲，一时成了皇城根下的出版界新闻头条。这位政府要员与法学名家，忽而摇身一变，俨然已经成为一名专业书商。这是怎么一回事儿？

原来，董总长司法之余，还雅好藏书；藏书之余，竟还免不了要去印书。董氏印书绝非一般意义上的木板刻印或铅字排印，而是要仿照古代的字体、版式，几乎一模一样地重新翻刻印制一遍。为此，特地聘留了一些知名的"手民"，即底版书写者、刻版工匠和刷印师傅；董氏居所之名号诵芬室，也因之成为一类似于出版社之名的知名印书品牌；这一品牌，几乎就代表着近代中国古籍翻刻重印的最高水准。

原本，董康的专业与专职，都并非是在古籍翻刻重印领域。就在"诵芬室"开售自印图书前后两三年间，其人都还是中国法学界的代表与权威人物。1914年从日本考察国家法制建设归国之后，迅即开展中华民国现代法制体系

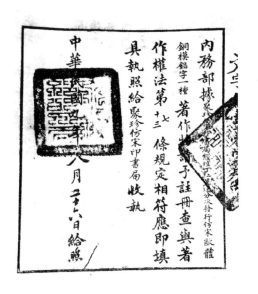

中华民国政府内务部第六三五号批文、执照批件。　中华民国政府农商部第一三二六号批文、执照及商标批件。

的相关建设工作。这些开创性的工作包括：与章宗祥一起在《大清新刑律》的基础上，合纂《暂行新刑律》；1915年，受命完成《刑法第一修正案》的编纂；1918年，又与王宠惠等联合编纂《刑法第二修正案》。经董氏修正后的刑法案，被海内外法学界一致认可，认为其从形式体例到原则内容无不吸收世界最先进的普世刑事立法，也因之成为1928年《中华民国刑法》的蓝本。

如此繁忙劳碌之中，没有人能料到，在此期间，董康以一己之力，竟然可以刻印出二十八种古籍，其数量之巨，质量之精，令人咋舌。当然，更令人咋舌的是其价格之高昂，让普通读者爱不释手之余，也只能释手而去。

仅以1917年当年印制的一部《醉醒石》为例，一函四册作价银圆四元，平均一册售价为一块银圆，此书乃董氏二十八种刻印书籍中最便宜的一种。然而，这样的价格，对于国内普通民众的微薄收入而言，却仍是相当高昂的。

仅以二十世纪二十年代，鲁迅尚在北平寓居时所雇保姆月薪为例，也不过先是两块银圆，后涨至三块银圆而已。这样的月薪水准，在当时是符合北京地区行情的，这从后来著名作家老舍所著小说《牛天赐传》里的描述，也可以得到印证。因此，当时北京普通民众的月薪，大约只能购置一部《醉醒石》而已。

另一方面，对于普通读者而言，此书的内容也无非就是古典小说，而当时各色洋装铅印的小说书籍，五花八门，应有尽有，每册作价也不过两三个铜板。这样的价格悬殊之下，普通读者选择购读哪一种，自然不言而喻。

然而，不得不承认的是，董氏刻印书籍清朗俊秀的版刻风格的确让人耳目一新，从书籍外形观感着眼，确实令人过目难忘，好像可以使读者一下子进入了新的视界与境界。在此，如果形容此种情状为"耳目一新"，却又是"外行话”了，因为这样的版刻风格实际上是刻意在摹仿明代版刻（仅指《醉醒石》而言），而这种摹仿本质上是摹古复古，而非创新。

可当年初观此书的普通读者，恐怕大多还是会说“耳目一新”；因为清代以来一概横细竖粗的“方块字”（即所谓“宋体字”）印刷品让人厌倦已久，那种粗重沉闷的视觉风格在董氏刻印书籍面前瞬间崩解，人们仿佛突然拥有了一种“崭新”的古籍视觉，无论如何都觉得颇为新颖，非常美观。之前没有近距离接触过明代或年代更早的中国古籍的普通读者，大多是以发现新大陆似的眼光来看待董氏刻印书籍的，当然会不禁耳目为之一新。

翻开《醉醒石》扉页，董康的二十八种“新书目”以及更让人“耳目一新”的书价，让普通读者随之了解了附庸风雅的成本与复古“新潮”的代价。除了《醉醒石》等四种作价银圆三四元之外，其余的均在十个银圆之上。

其中最昂贵的一套《宋本刘梦得集》竟达一百个银圆之巨，这一价格在当时即使买一部普通的明代原版书，也是绰绰有余的了。这一部据说是1913年就已面世的，运用当时最新发明的摄像技术复制出来的宋本书，卖到了当时能够卖到的最高价格。那么，为什么这些新近翻印出来的古籍复制本，会这么昂贵而且根本不需要考虑普通读者，自然会有众多名士名流（诸如傅增湘、张元济、罗振玉、胡适、吴梅等）前来捧场呢？

仔细看一看这二十八种书目，便可略知一二。书目中前六种价格颇高，《宋本刘梦得集》就名列其中；除一种为稀见的明版书翻印之外，其余全为宋版书。其中有一种所谓“五山版”，实际上也是一种宋元版古籍的日本翻版。

五山版是指从十三世纪中后期日本镰仓时期起，至十六世纪室町时代后期，以镰仓五山和京都五山为中心的版刻印本。这类版本的书籍，包括日本典籍和中国典籍。五山版有两大特点：一是五山版复刻的汉籍四部书中，绝大多数是以中国宋元刊本为底本的，只有极少数是以明初刊本为底本的；二是五山版的雕版，主要是由先后到达日本的中国刻工操刀的，以中国元代刻工为主。

董氏书目中前七种的印制方式，均明确注明为"玻璃版"。试想二十世纪初，在大多数国人尚不知摄影术为何物之际，即便少数国人虽知晓摄影术却并无财力或精力予以试用之际，将以摄影原理为基础的印刷制版方式引入中国古籍翻印领域，特别是用于翻印稀有珍贵的宋版古籍，当然可以居为奇货，煊赫一时。

玻璃版后来统称为"珂罗版"，是以玻璃为版基，在玻璃板上涂布一层用重铬酸盐和明胶溶合而成的感光胶制成感光版，经与照相底片密合曝光（晒版）制成印版进行印刷的工艺技术。珂罗版印刷，技术复杂，印品精良，多用于珍贵图片、绘画、碑帖及文献、照片的印制。珂罗版印刷传入中国的时间大约在光绪初年，当时上海徐家汇土山湾印刷所就首次用珂罗版印刷了圣母像等教会图画。

作为一直深受西方文明理念影响，尤其是倚重西方法学理论参与构建中国近代法学体系的董康，相当敏锐地意识到玻璃版这项西方印刷工艺的应用，可能会迅即成为中国古籍复制领域里的新时尚。不出所料，玻璃版对宋版书纤毫毕现，纤悉无遗的逼真复制，果然受到了嗜"宋"如命的藏书家，及所有真风雅或附庸风雅者的热烈追捧。虽花费不菲，可能手捧一部世所罕有，深藏秘阁中的宋版复制书观赏，还是颇为值得的。毕竟，宋版书的价格，早就是按页论黄金作价，远不是一般读者可以问津的了。

其实，宋版书的一页难求，早在董康用珂罗版复制之前三百年的明代就已经蔚然成风。明代末年的藏书家毛晋，可说是宋版书价值大发现的始作俑者，宋版书以页论价之风或即由此人始。当时流传着这样一句谚语"三百六十行生意经，不如卖书与毛晋"，可以想见其人对宋版书搜罗之力，以及不惜代价的程度。毛氏本人创办的"汲古阁"刻本，之所以成为明代著名版本体系之一，从很大程度上来说，正是得益于其对宋版书内容本身的研究与学习，以及对版式、刻工、字体上的仿效与改进。

宋版书的种种好处，经后世藏书家对其总结归纳，无非有五个主要方面，一是校勘精；二是刻工佳；三是书写好；四是纸墨良；五是印书开本、书叶行格、装帧款式讲究雅致。除了第一条涉及内容的精确完整程度之外，后边四条其实都是从书籍的形式感而言的，也即是说宋版书予读者的视觉体验与内心感受是中国古籍的最高峰，后世只能模仿，无法超越。正是从这个意义上讲，宋版书具备了模板、榜样作用。近两三百年以来，谁拥有宋版书，仿佛就等于获得了中国古籍收藏最高水准之认证，就成为一位可以品评古籍版本，指点校勘要津的藏书名家；谁拥有了宋版书，仿佛就不再是一个单纯的附庸风雅者，而可以从一位中国古典文化的追随者，成就为一位手眼非凡、谈吐绝俗的名流雅士了。

于是，宋版书也逐渐成为中国文化体系中的天价奢侈品，这一价值推理顺理成章地成为社会现实。与之而来的，是对宋版书的字体、版式等视觉层面的设计元素仿制热潮。仿制伊始，始于从纯形式感的崇拜与模仿，对于刻印字体的仿效，起初还只是一种风格体系上的延续与继承关系，并非一成不变的照搬。这种风格体系上的复制，在后来的晚明文集、清代殿版、官版图书

董康玻璃版《宋本刘梦得集》

董康《诵芬室刊印书目》

刻印中，均已得到印证与相当发展。另一方面，当按页论黄金作价的风靡遍起时，宋版书的复制开始倾向于完全完整的复写制造，要求逼真到纤毫毕肖，要求不动分毫的"形似"与笔意流畅的"神似"相统一。这种工艺体系上的复制，转化为一种纯临摹式的技巧，在明清两代乃至递延到民国的印制工艺中，出现了"影宋"这一特殊的刻印门类。

在董康引入珂罗版，以照相方式再现宋版原貌之前，影宋还不是一种工业文明中的技艺，它是纯手工的技艺。影宋是一种所用不尽其极，所能不尽其繁的特殊刻

据宋本《陶渊明集》影刻缩印之巾箱本，清代刊本。

印技术。或许，正因珂罗版的运用，影宋技艺得以扩充手段，以现代方式再一次为"摹宋"之风助推动力。

◎ 从风格到风雅：影宋之梦与追梦人

影宋技艺的根源在于，要完整全面地摹仿宋人风格，进而体现宋人风度，以一种宋人风范，从视觉到精神层面，全面享用宋人时代的风雅。

其实，影宋的思想旨趣是对古典精神毫无保留的接受与推崇，源于中国两千年来的帝制文化体系的精英阶层。在"宋人风雅"备受热捧之前，中国古代文士还曾一度推重"魏晋风流"，二者精神形态表现虽有一定差异，可其思想根源皆为帝制文化体系，皆为这一体系中的精英阶层所创造与衍化。

且看宋版书诞生之前的唐帝国，就曾将魏晋风流作为高雅的标杆，对之五体投地，朝野顶礼膜拜。唐太宗重金购募天下所存王羲之真迹，用于观瞻和学习。太宗《论书》云："吾临古人之书，殊不学其形势，惟在求其骨力，而形势自生。"从帝国最高层传达的文化号召，继之而来的是，蜂拥而起的临摹之风气。

临摹热潮中，别出心裁的长安弘福寺僧人怀仁，历时二十四年，煞费苦心，借内府王羲之书迹，集摹而成了著名的《大唐三藏圣教序》碑。碑文选自王书各帖，如知、趣、或、群、然、林、怀、将、风、朗、是、崇、幽、托、为、揽、时、集等字皆取自《兰亭序》，遂使"逸少真迹，咸萃其中"。由于怀仁对于书学的深厚造诣和严谨态度，致使此碑点画气势，起落转侧，纤微克肖，充分地体现了王书的特点与韵味，达到了位置天然，章法秩理，平和简静的审美境界，其审美情趣达到了那个时代世人所能追求的极高水准。

自此碑以后，效集王羲之书或其他大书法家的字集为碑刻者不断出现，如僧大雅集《兴福寺碑》，唐玄序集《新译金刚经》等；至于后世集联、集帖之举则更是数不胜数。一千年后，明代人摹仿宋版书刻印时，如法炮制，广泛搜罗宋版字体模板，铸成活字或刻作木板，用宋人的风格体系，宋人的雅致风范，表达自己的思想、情感与诉求。在明代，出现了有统一模式的"宋体"字，刻板工匠已经开始标准化字模，实现了对宋人风雅的第一次标准化复制。

当然，影宋比之"集书"，还有更高的要求，不是类似、近似、相似，而是要真假难辨，活灵活现。这种要求，显然超出了工艺体系上继承发展的范畴，它不要求模式化、标准化、规模化，它针对每一部宋版书、甚至每一页宋版书提出精细化、个性化作业方案，它只是要求复原、重现、再现宋版书的每一处细节。这一细化方案，要求精细到每一处框线、每一个字形、每一笔画的充分肖似，摹仿者要求完全放弃自己的审美取向，不允许作任何的美化、修正、填补，任何内容上错讹也不在更改之列，甚至连原书上虫啮火焚之痕迹也要原封不动地勾描出来。可以说，宋版书的绝对权威，在影宋者那里得到了最坚决的捍卫与守护。

薄如蝉翼的蜡纸，覆于比黄金还珍贵百倍的每一页宋版书之上，焚香沐浴，正襟危坐之后，虔敬诚挚的影宋者，用最上等的笔墨，一丝不苟，诚惶诚恐地将那些宋代的印刷品作为"粉本"，一一摹写下来。这些摹写下来的字纸，经充分细致的逐字比勘，反相成模，再交由知名刻板工匠精心刻字，重新将这些宋版书的透影复活为白纸黑字，原法原味如孪生兄弟般重新复生于世。装订成册之后的影宋本自然比同时代的任何刻本都平添了一份古雅，纯视觉的优越感超越了新时代中任何喧嚣一时的文字与思想。

于是，影宋本本身也成为出土文物式的古董，没有人间烟火气味，高雅到几乎等同宋本。除了这种正式刻板印制出来的影宋本之外，没有印制出来只是作为底版的"影钞"原稿，更是奇货可居，无疑也是高雅到几乎等同 宋本的（甚或更近于宋本，因为此间又少了反相成模，刻字成版，装印成册等多处可能会出差错的环节）。

正如后世收藏家、书法家谈论《兰亭序》，并不是直接谈论王羲之的真迹本身（因真迹据传陪葬于唐太宗墓中，根本不可再现于世），而完全成了这个帖、那个拓的版本辨析之间的考证。哪个版本被认为最接近原作，哪个版本被认为最接近于某个最接近原作的版本，诸如此类，环环相扣，层层递推式的谈论某个版本与所谓真迹之间的关系，喋喋不休，几无他顾；持论者在某个版本上的这类识见，往往就成为一种专业水准的体现，真迹本身倒没有多少值得讨论的了。

对影宋本或影宋钞的痴迷，随着宋本的日益稀少以及日渐毁损而几近走火入魔，拥有上述两种罕物等同于宋本的观念逐渐风行。最典型的例子，莫过于著名的陈鱣与黄丕烈对一部影宋钞的竞相争购。

原来，清代乾嘉年间的著名学者、藏书家黄丕烈（1763—1825），一生为宋版书痴狂，以收罗百本宋版书为梦想，藏书楼自谓"百宋一廛"，又自号"百宋一廛翁"，一生收藏了宋版书二百多部。

嘉庆十一年（1806），有位书商出售一部明代毛晋汲古阁中的珍贵藏本"影钞宋嘉定本《李氏周易集解》"十卷，黄丕烈得知后连忙派人购买；但不想被朋友陈鱣（1753—1817）捷足先登，因此错失良机。为此，黄丕烈急得卧病数日，直至陈鱣相让，购得此书后病也好了。不过好景不长，待到黄丕烈贫困时，陈鱣出价三十两黄金，又回购了此书，收藏在自己的藏书楼"向山阁"。

这一部《汲古阁秘本书目》有著录的影宋钞，让两位清代大学者、大藏家纠葛了一世，撇开内容的珍罕不谈，单从纸墨存续的时间来看，这一部明代的影宋钞距离黄、陈二人争购之时，也不过一百多年时间。不妨以此类推，试想一下，那些清末民初的影宋本，诸如董康二十八种目录上的那些冠以玻璃版的影宋本，距今也已百年时光过往，如今不也正是稀罕难寻，浑如凤毛麟角一般吗？

百宋一廛里的天价宋本当然远不止这么一本影宋本，黄氏为真正的宋本挥金如土的故事接连发生，终其一生，不胜枚举。乾隆五十六年，黄丕烈买下宋本《陶渊明集》；嘉庆十四年，又以一百两银子买下宋本《陶靖节先生诗》，将两书放在一起，在悬桥巷筑所谓"陶陶室"，专为此两部宋本珍藏所用。更曾为购藏宋刊本《战国策》（即宋代刻板且宋代刊印，并非宋板后刷或后世补板续印之物），不惜斥借巨资，以八十两黄金的"天价"竞买。

话说这部宋刊宋印本《战国策》的价格，如果今日付诸拍场，理应是人民币数千万元乃至过亿元的实际成交价。百宋一廛里的宋本，如果整体拍卖，实际成交价恐怕至少可达数十亿元人民币。这些举世罕见的珍本孤本，价格从来都是居高不下，且可遇而不可求，对于有意且有力购藏者而言，价格从来都不是最大的问题。

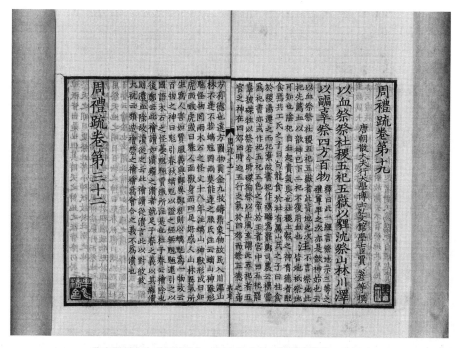

董康影刻宋本《周礼疏》，原本为南宋两浙东路茶盐司所刻。

董康影刻本以故宫博物院藏本和北京大学图书馆现藏的残本补配影刻而成。《周礼疏》由唐代的贾公彦等编撰，是唐人为"九经"所做的注疏中最为朱熹称道的一部。跋中提到："此书开雕于丙子春，杀青于庚辰嘉平，阅时五年，糜资三万有奇。"即从民国二十五年（1936年）开刻，民国二十九年（1940年）刻竣刊印，总共花费了董康三万银圆，可见耗费之巨。

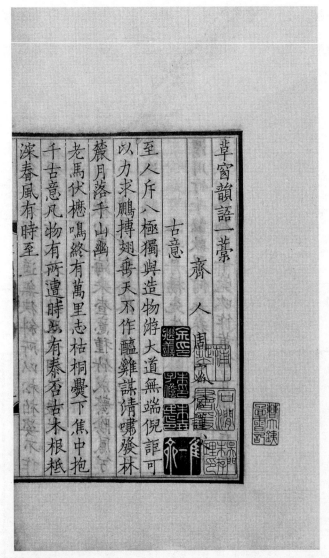

董康影刻宋刊孤本《草窗韵语》，原本为江左三大藏书家之一的蒋
汝藻所藏。

宋刊孤本《草窗韵语》六卷，是宋代著名诗人周密的诗集。此书数百年来鲜为人知，从未见于著录。《草窗韵语》一书乃依周密手迹摹写上版，刊刻精雅，纸润墨香。一出世便被时人呼为"妖书""尤物"，叶昌炽称其为"纸墨鲜明，刻画奇秀，出匣如奇花四照，一座尽惊；触手古香，今人著录为稀有奇珍也"。蒋汝藻得此宝书，遂将原藏书处"传书堂"，改名为"密韵楼"，以示宝爱之意。此书为蒋氏委托董康影刻，其文字全依宋本影刻，甚至连前人题跋也一并摹刻，与宋版原刻不差分毫，可传原作精神，堪称民国众多影宋刻本中的极品。此为初刷的蓝印本。

无须多议，百宋一廛只可作为普通读者津津乐道的谈资而已，说说也就罢了。后来者与后世读者，大多也买不起真正的宋本，那些曾经明清两代藏书名家递藏的影宋本、影宋钞，则势必成为后人追捧的目标。这些次宋本一等的版本，在众人力捧猛追之下，身价也已水涨船高。及至民国初年，附庸风雅者，为着宋本之名，即便去购藏一部董康用珂罗版印制的"影宋本"，也至少要花费数十乃至一百银圆了。

珂罗版新技术的运用，使得复制宋版书的逼真程度达到极致，但却也因此失去了雕版书特有的墨色变化与线条凸凹的质感。更为重要的是，新技术成本并不低廉，无形中仍然给希望附庸风雅的普通读者设置了价格门坎。

宋版书，对大多数人而言，仍然还只是一个梦。无论是影宋本与影宋钞本身，还是从珂罗版上印刷出来的影宋本图像，对于普通读者而言，仍然还只是一个可望而不可即的梦幻泡影。

◎罗振玉流亡日本期间试用"聚珍仿宋版"

董康二十八种书目刊布后不久，1917年，上海商务印书馆印制了一部《居易堂集》。这是一部明末清初藏书家徐枋的著述，被重新整理出版，属于古籍整理类图书。只是《居易堂集》不对外发售，是私人出资的自印本"非卖品"，出资者为著名学者罗振玉（1866—1940）。

《居易堂集》仍然是延续中国古籍传统的线装书，内页则采取铅活字排印，而非木刻雕版刷印。这类铅活字排印本的线装书，从晚清至民国初年，已经风行了二十余年，印制便利，价格低廉又不失传统装帧形式，深受普通读者喜爱。当然，像《居易堂集》这种自费私印，又不对外发售，开本纸张等装帧水准还要求颇高的集子，印制成本也并不便宜。

正在翻检大量内府古籍，继续深入研究甲骨文字、金石汉简、敦煌写卷的罗振玉，此刻编印《居易堂集》，并非忽然转向研究明代诗文，其中意味实可玩味。

须知，罗氏早年曾多方搜集为其所钟爱的万寿祺、李确、徐枋三位明末清初的江南名士之著述，本有意将这三位名士著述合辑为《明季三孝廉集》。《居易堂集》只是罗氏所编《明季三孝廉集》之一种，乃是其中先行付印的一种。

辛亥革命爆发之后，大清帝国覆灭，中华民国创建。以前清遗民自况的罗氏，遂流亡日本。至《居易堂集》付印之时，仍暂寓日本，对国内政局持观望态度。在这样一段特殊历史时期，罗氏要将这三位明末遗民的集子合辑为所谓的《三孝廉集》，其间借古自况的意味已不言而喻；这一意味，自是在获赠予传阅此书的亲友间，可以体味得到的。

翻开书页即可发现，此书虽是铅印，却绝不同于坊间常见的方形宋体字，迥异于市面上的普通线装本读物。书页之上，三号长体字秀丽端庄，加之做注释的四号方体字也绝非外形粗重的常见宋体字，看上去格外清朗悦目，非同凡响。不过，向来追求古雅精致，多以金石甲骨文字研究为旨趣，常以手书石印上版著书立说，或以珂罗版影印古本秘笈的罗振玉，此刻对这铅字排印的现代印书工艺却"网开一面"，多少还是有点出人意料。

须知，当时市面上流行的所谓宋体字，并非真正的宋代字体，而是明代印书机构为追摹宋版书字体而又另行创制的一种字体，虽明人自称其为宋体字，可实为"明代体"。这一字体，笔画上一律横细竖粗，追求字形的方正庄重；又因为避免印版多次使用之后较细的横向笔画磨损，又刻意将横划末端处理为略微突起的"顿点"。这样的字体设计，在明代嘉靖年间即已基本定型，其庄重稳固的方体字形，一度风行于明清两代，成为中国印书业界使用时间最长，运用领域最为广泛的字体。

显然，罗氏选择用一种"名不见经传"的三号长体字，作为正文字体来排印书籍，此举与当时以方型宋体字排印书籍正文的惯常做法完全不同，的确是一番不与人同的独特尝试。而附录年谱部分，则又采用以三号方体字印正文，以三号长体字印夹注部分，可谓别出心裁，却的确起到了与众不同的效果。

两年后，1919年《明季三孝廉集》由商务印书馆印制完毕，这一部十册的明人文集，由于统一使用了三号长体字排印正文（四号方体字夹注），观之清雅疏朗；诸人年谱部分则以三号方体字排印正文（三号长体字夹注），观之端庄肃穆，令人颇感精致与别致。

据查，流亡日本期间的罗振玉，常以校读古书作为消遣适意之举。在日本编印的《嘉草轩丛书》，正是这一期间罗氏校读古书的重要成果。这种开本极小，如巴掌大小的袖珍影印本丛书，竟然也陆续印制了十一种数十册之多。而在此期间，手稿由东京寄至上海，再在上海印制而成的《明季三孝廉集》，无论字体版式，还是开本印工，都比之日本印制的《嘉草轩丛书》，更显精致雅观。这一部选用特殊字体与精致版式印制的明人文集，算是为罗氏归国（1920年暂寓天津），结束日本访书治学之旅，画上一个圆满的句号。

事实上，与《明季三孝廉集》同时或稍早，罗振玉还自费印制了一册《临川集拾遗》。早在1918年6月，这部书的手稿，也是从日本东京寄到了中国上海，开始排版印制。此书与《明季三孝廉集》一样，仍然是罗氏金石甲骨研究之外，不多见的古代诗文校勘著述之一。

原来，早在十年前（1909年），罗氏在日本内阁图书馆中获见一部非常罕见的宋版《王文公集》，此书与之前在国内所见明代影宋本在内容上差异极大，这令其颇感惊异。归国后，罗氏与合肥友人蒯礼卿谈起此事，友人为之也大感惊奇，只是遗憾不能亲眼获见这部珍贵的宋版书。不久，蒯氏逝世，罗氏为此感慨不已。

流亡日本期间，为了弥补友人蒯氏未能一睹宋版《王文公集》的遗憾，罗氏因之萌生的要为友人了却遗愿，设法借阅全本以资校勘的计划，也随之逐步开展。

可惜的是，当罗氏故地重游，再觅此书之时，当年引荐其入内阁图书馆访书的日本友人岛田也已逝世。失望之余，又听说岛田曾经抄录过这部宋版书，

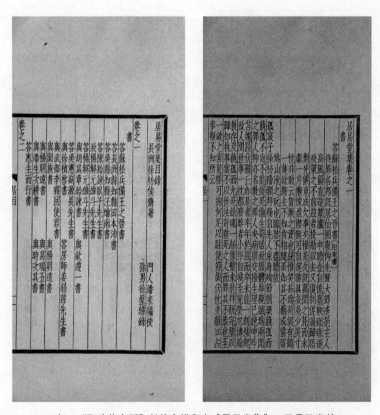

1917年，"聚珍仿宋版"长体字排印本《居易堂集》，目录及卷首。

遂又去搜寻此抄本。后来得知，此抄本已为董康所获，又不得不辗转向董氏借阅，方才得以重新抄录、校勘。待到把此抄本中所有与国内所见《王文公集》不同的部分，一一摘录并且校注之后，所编《临川集拾遗》完稿之时，距罗氏第一次看到这本宋版书，恰已整整十年过去了。

当这样一部交织着太多世事沧桑，倾注着太多情怀感慨的手稿，翩然由日本东京寄至中国上海之后，被印制为与《明季三孝廉集》开本、版式、字体皆相近的册子，目录页背面赫然标示着"上海聚珍仿宋印书局印"字样。

这一标示，就标志着当时还身在日本的罗氏，即情有独钟的予以试用的，以"仿宋体"活字排印，且模仿宋版书版式的印书新工艺——"聚珍仿宋版"问世。

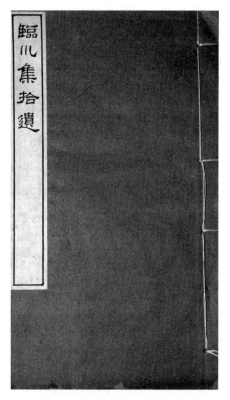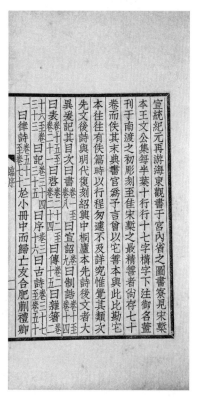

1919 年，"聚珍仿宋版"方体字排印本《临川集拾遗》，封面及序言。

1919年，"上海聚珍仿宋印书局印"牌记。

仅据笔者所见所知，约于1919年印制的《临川集拾遗》一书目录页背面的这一标示，可能就是"聚珍仿宋版"——这种新印书工艺，印于印刷品之上的最早标示。此外，1920年1月21日至2月19日间，即所谓"戊午嘉平"间，由诗人谢鼎镕（1878—1960）撰著并付印的《三家集陶诗》，亦以"聚珍仿宋版"印成，每叶版心间均印有"仿宋印本"字样，但并无"上海聚珍仿宋印书局印"牌记，或可视作"聚珍仿宋版"早期印本之特例。

值得注意的是，与《明季三孝廉集》正文排印以清秀挺拔的长体字形为主不同，《临川集拾遗》正文排印是以端庄整肃的方体字形为主的，夹注小字则使用长体字形。这一方、长混排的做法，也标志着"聚珍仿宋版"在字体字形运用上更为成熟与完备；长、方两种体型的仿宋字的充分运用，乃至混合排版，已逐渐形成经验完备的技术体系了。

◎ 刻木制铜铸铅字：丁氏兄弟矢志"仿欧"与"仿宋"

与罗振玉身在海外，却寄稿上海试用"聚珍仿宋版"自印文集的同时，上海当地及周边地区人士试用"聚珍仿宋版"来印制书籍的风气，也逐渐流行起来。

约在1918—1919年间，除了罗氏请王国维校订的日本古抄本《净土三部经音义集》，意大利传教士高一志所著《空际格致》，也被重新校订付印；二者皆采用"聚珍仿宋版"印制。稍有区别的是，前者主要使用方体字形，后者主要使用长体字形；前者无牌记，后者则在末页正中印有"上海聚珍仿宋印书局印"字样。

值得一提的是，1918年夏，上海聚珍仿宋印书局还承印过《书画名人小集》一部。此书扉页题签背面印有"书画名人小集戊午孟夏之月上海聚珍仿宋印书局精勘印"牌记，且于每叶版心位置印有"聚珍仿宋"字样。此外，同年然，在为河北名士王树枏承印《陶庐丛书》时，又于每叶版心位置印有"聚珍仿宋书局印"字样，更为明确严格地标示出了知识产权。这样的牌记及版心标示表明，该局在为罗振玉印制书籍之际，可能因尚在试验实践之中，尚未十分明确地表明字体版式方面的知识产权，但至迟在1918年夏，印制经验与技术均日臻完善之际，已然意识到知识产权之重要性，也开始重视标识与宣传方面的导入了。

在这一情势之下，开始在目录页背面或正文末页试用"上海聚珍仿宋印书局印"牌记标识，版心位置也偶有使用标识，势出必然。不过，还有一类同为该局承印的书籍，却并不十分突出这一"专利"，而是普遍使用"丁氏嘉惠堂"牌记。

譬如，与1919年《明季三孝廉集》同年印制完毕的，还有丁立诚（字修甫，1850—1912）所著《小槐簃吟稿》。著者丁氏并不是什么明清两代的"古人"，实为清末文士，刚入民国，旋即病逝。其著《小槐簃吟稿》，乃是他的两个儿子（即丁辅之、丁三在两兄弟）为其刊印的诗集，以资缅怀先父。

这丁氏兄弟，正是上海聚珍仿宋印书局的创办人——为其父印制诗集，自然又别是一番用心与精心。这一部诗集正文印制使用的是三号方体字，虽形体方正庄重，但却不是市面上常见的横细竖粗的宋体字，而是横竖笔画结体均匀，富于清朗劲挺的楷书意味。《明季三孝廉集》中通用的三号长体字仍然有使用，不过统统很讲究地只用于排印人名，居于三号方体字的姓氏之后。这种排印版式，明显比《明季三孝廉集》还要精致，还要雅致。

值得一提的是，此书题签者，正是此前《明季三孝廉集》等书的出资付印者罗振玉。显然，罗氏对此前付印诸书的品质与观感，都是颇为满意的，遂欣然命笔，为此书题签。

时至1920年夏，丁立诚所著《小槐簃联存》《王风笺题》又相继印成。这两部书籍仍是丁氏兄弟精心校印之作，书前扉页牌记上印着"岁在庚申孟夏之月钱塘丁氏嘉惠堂精校印"字样。书中仍然使用了与《小槐簃吟稿》中相同的三号方体字，在"人名"和"注释"部分统一使用了三号长体字——这样的字体与版式，其实就是后来蜚声海内外的"仿宋欧体字"与"聚珍仿宋版"。后者乃专门运用前者的特殊版式，二者皆为丁氏兄弟创制。

值得注意的是，《王风笺题》一书末页，印有著者之弟丁立中（1866—1920）所撰跋文，在仅余半幅的空白页面上，仍然于版框中央印上了"上海聚珍仿宋印书局印"的牌记，与书前扉页背面所印"嘉惠堂"牌记，交相辉映，形成了"双牌记"样式，显得尤为特别。

在这一册书中，可以看到在方体与长体"仿宋欧体字"的有序排列之下，古意盎然，雅致非凡。坊间普通印刷品上粗重乏味的方形宋体字，以及如同方块垒加一般的一排到底的粗陋版式，与之略加比较，即刻大为失色，几不可读。此书可能即为丁氏兄弟所创制字体与版式，在拿到国家专利认证之前，印制的最后一批书籍中的一部罢。

事实上，丁氏兄弟自辛亥革命爆发以来，就在字体创制与版式设计领域，毅然决然地酝酿着另一场"革命"了。

丁氏兄弟从1911年开始筹划为先父编印诗集，就始终觉得当时通行的方形宋体字，庄重有余，灵秀不足，印行诗集不应该用这么刻板重拙的字体。可是，当时根本找不到，也没有现成的符合其标准的那种理想字体；市面上普遍存有的，皆是沿袭、套用或局部修整清代官版刻书标准字体，皆为横细竖粗的方形宋体字，模式无一例外。丁氏兄弟想要的是流露着清秀流畅楷书笔意，又有略微连动态势的精雅字体。失望之余，从小饱读经典，精于书法篆刻的两兄弟心生创意，决意自己动手，刻铸一套合乎自己心意的字模。

还是从两三百年来刻意"仿宋"者的"影宋"工艺着手，并从中得到启发，丁氏兄弟决定广征宋版书籍，亲自仿写，刻制活字，然后拼版印刷。原本打算以黄杨木刻字（曾试刻过一批），但工费太大，才决定易木为铅，并赴上海出资聘请当时的名刻工徐锡祥、朱义葆二人合刻铅质活字，并精制铜模，范铸铅字。

时至1916年，这种经过丁氏兄弟加工设计之后的楷体字，经过模仿欧体（欧阳询的书体）的统一改型的字体，由于字体原形均出自宋版书籍，他们即将这一字体命名为"仿宋欧体字"。

历史就是这么一个奇怪的大循环，有交融，有变化，但总是莫名其妙地重复着一些曾有的程式。遥思千年以降，自唐太宗的个人爱好，由上至下贯穿而来的魏晋风流之推崇，出现了一个以临摹古迹为荣的艺术时代。以临摹《兰亭序》真迹为源头，以集王羲之的字作碑文、对联、书帖为洋洋大观之潮流；这个时代开创了以临摹为技艺基础的诸多艺术样式。

到了明代，因士大夫群体的精神心性与文化趣味偏好且接近于宋代，世人有"宋明"同提之风,其中终生与书为伍的一部分群体,又开始推崇当时能够企及的年代最古的宋本。后来,这种风尚又集中体现于宋版书这种承载着宋代历史信息的物质载体之上。对宋版书的偏爱与追逐,导致对宋代刻版印书工艺的极端摹仿,达到无宋不雅,非宋不可的地步。这仍然是一个向标杆看齐,以榜样临摹的时代。只不过,这样的追慕与推崇,从书法艺术转向了印书工艺,正在从艺术世界向工艺领域递转与蔓延。

辛亥革命一声炮响,轰走了中国横亘千年的帝制时代,各个领域包括审美趣味与工艺技术的领域,也都随之伴生着一场现代化革命。丁氏兄弟的时代,工业文明体系中的活字印刷之革新风尚,正日新月异,层出不穷而来,丁氏兄弟的最后努力,就是将这种印刷工业中的标准化字体中尽可能地渗透个性化的"复古"元素,尽力使字体设计回归到宋体字固化为模块之前的那种有楷体意味,有书写趣味的字体。

丁氏兄弟为之钟情并因之倾力创制的这种字体,其出现的年代,远远早于已经明清两代固化为方形符码的宋体字,它的形态根基仍然是楷体字,成形时间是早于宋代的欧体字。

所谓的欧体字,即其开创者欧阳询(557—641)所书字体,是具有鲜明独特形态的一种楷体字。欧氏生活于唐代初年,这一字体的出现,若按年代划分则应称之为"初唐体",而绝非宋体,似乎也更不应命名为仿宋体。

只因这种欧体字,在宋代才被书商及印书者摹写定型,大量使用于刻板印书,成为宋版书的"标配"字体,故一般而言,藏书家见此"欧体字"的刻印书页,即如见宋版书一般。所以,欧体字与宋版书之间,实在是互为表里,互为鉴证的密切关系。而后世仿写宋版书上的欧体字,加以摹刻重印者,往往只注重标明其仿宋之举，一律称作仿宋体，而省却了欧体来源之说明。

一百年前，丁氏兄弟为欧体正名，明确称其创制的字体为"仿宋欧体字"。与此同时，还为以此字体为核心技术，摹仿宋版书版式的活字印书版式命名，称之为"聚珍仿宋版"。此新发明的版式与仿宋欧体字一道，共同申报国家专利。

据考，所谓"聚珍"，就是活字印刷的意思，始于清代乾隆年间。乾隆皇帝认为"活字"一词不雅，而替之以"聚珍"一词，"聚珍"有聚拢字模印就珍本之意。于丁氏兄弟而言，此"聚珍"前缀，除了沿袭成说，有所增饰之外，恐怕还有蕴藉其中的另一份感情因素。"聚珍"二字，或可用来形容丁氏兄弟多年聚集宋版字体样本，多年精心铸造，方得成就珍贵字模之意。

须知，仿宋欧体字与聚珍仿宋版还未申报专利之际，丁氏兄弟里的弟弟丁三在（1880—1917，一名三厄，字善之，号不识），不幸于1917年英年早逝。其兄丁辅之，全力承续兄弟合作未竟之事业，其间一番珍重与郑重之情，局外人虽未必能全然体会，却也不难想见——这岂只是一种字体或版式的专利名称，简直就成了兄弟二人情谊与世缘的见证。

无怪乎，当商务印书馆希望与之长期合作，将这一专利版式与字体投入到更大规模的印刷业务中去时，却因提出"聚珍"二字太过繁冗，不欲在书籍中予以标示，遭到了丁辅之的断然拒绝。至1919年《明季三孝廉集》印制完毕之后，商务印书馆用聚珍仿宋版印制的出版物，并不多见，恐怕原因就出在对这一专利版式与字体名称上的意见不合罢。

笔者曾有幸获见一部《大学述义》，乃商务印书馆使用聚珍仿宋版印制的出版物，版权页的印制字体采用的还是商务印书馆自制的仿古活字，实为二者短暂合作的特殊时期之产物。仅据笔者所见，这是目前见到的商务印书馆委托聚珍仿宋印书局印制的，有确实证据（版权页为证）的时间最晚的实物，堪称二者合作之"绝响"。

值得一提的是，此书的实际初版时间，应当并不是版权页上所标示的"民国九年四月"，至早不过"民国十年一月"，即1921年1月。稍稍翻检一下是书序言内容，即可见有时间落款"民国十年一月十六日"字样，据此可知，此书初版时间绝不可能早于"民国十年一月"。

正当笔者为此颇感疑惑之际，复又有幸得观此书另一种带有完整牌记页的版本，方才得以答疑解惑。原来，此书原为"番禺徐氏"的私印本，可能曾委托商务印书馆代印，初版时间确为"民国十年一月"，牌记页上有明确的标示。不过，在委托付印的这部分"私印本"完工交付之后，商务印书馆可能还继续使用现成的聚珍仿宋版片又刷印了一部分，予以公开或内部发售。后来刷印的这部分成书，加印的版权页上，则将初版时间改作了"民国九年四月"。

至于为什么要把初版时间前推了七个月，如果不是误记的话，恐怕仍是出于版权方面的考虑。因聚珍仿宋版为1920年8月获得专利认证，将初版时间推至专利认证之前，或可在业已破裂的合作关系之下，规避侵权之风险。

这样一部特殊时期的出版物，自然有着某种绝响意义。更"绝"的是，此书于1928年4月还再版了一次，这是否又意味着二者仍存在某种丝缕未绝的零星合作，或是这一拼制成形的印版仍存于商务印书馆内部，仍有重复使用权，而并不存在侵权问题？

无论如何，这一部《大学述义》，对于研究聚珍仿宋版发展历程，有着极其重要的特殊价值，这自不待言，在此也不必赘言。且说这聚珍仿宋印书局，稍后虽为中华书局购并，丁氏仍一直居于技术总监地位，且聚珍仿宋版的专利名称，一直明确地标示于所印书籍的版心及页面之上。

可以说，"聚珍"二字，从被丁辅之用于专利名称开始，一直处于与"仿宋"二字同等重要之地位。"聚珍"二字，包蕴着丁氏兄弟共同创制专利字体与版式的某种独特情感寄托。当年，两兄弟创制聚珍仿宋版共经过八道工序，数次试验与改进，方得成功。为此，丁三在曾吟成《考工八咏》组诗，以此"追维始事之艰"，为兄弟二人的齐心协力之功，抒写纪念了一番。笔者以为，这一组诗，即是最能体现与表达"聚珍"二字丰富内涵的独特文献。转录诗文如下：

一辨体

北宋刊书重书法，率更字体竞临摹。

元人尚解崇松雪，变到朱明更不如。

二写样

敢将写韵比唐人，仿宋须求面目真。

莫笑葫芦依样画，尽多复古诩翻新。

三琢坯

祸枣灾梨世所嗤，偏教雕琢不知疲。

黄杨丁厄非关闰，望重鸡林自有时。

四刻木

刀笔昔闻黄鲁直，而今弄笔不如刀。

丁三在、丁辅之兄弟

及锋一试昆吾利，非复儿童篆刻劳。

五模铜

指挥列缺作模范，天地洪炉万物铜。

消息阴阳穷变化，始知人巧夺天工。

六铸铅

一生二复二生三，生化源流此际探。

轧轧如闻弄机杼，不须食叶听春蚕。

七排字

二王真迹集千文，故事萧梁耳熟闻。

今日聚珍传版本，个中甘苦判渊云。

八印书

墨花楮叶作团飞，机事机心莫厚非。

比如法轮常转运，本来天地一璇玑。

《小槐簃吟稿》，1919年聚珍仿宋版印制，罗振玉题签，丁立诚肖像及正文首页。

《王风笺题》，1920年聚珍仿宋版印制，扉页背面牌记"钱塘丁氏嘉惠堂"。

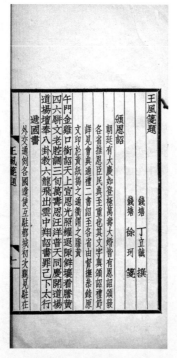

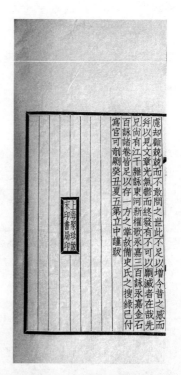

《王风笺题》，1920年聚珍仿宋版印制，正文首页。

《王风笺题》，1920年聚珍仿宋版印制，全书末页牌记"上海聚珍仿宋印书局印"。

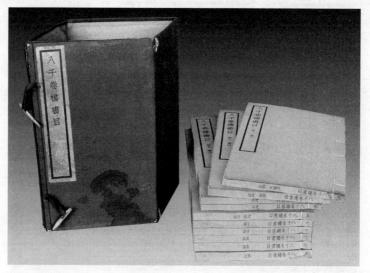

《八千卷楼书目》，丁氏家族藏书目录，牌记"钱塘丁氏嘉惠堂"，1923年聚珍仿宋版印制。

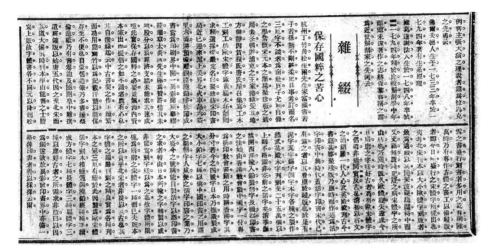

国内最早记述聚珍仿宋版创制历史的《保存国粹之苦心》一文，原载 1916 年 10 月 30 日上海《民国日报》。

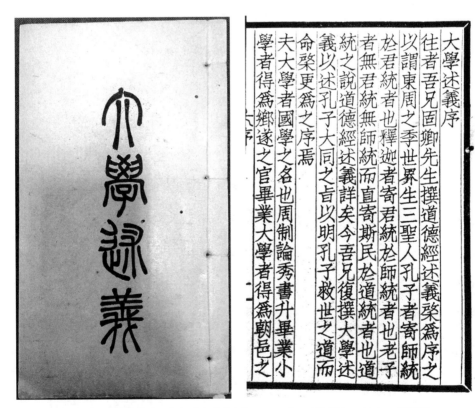

商务印书馆用聚珍仿宋版印制《大学述义》，1921 年 1 月初版，1928 年 4 月再版。

这一组"八咏"的流畅诗篇，或可视作两三百年来刻意仿宋者迈向现代化工业文明之时，走向机械化、标准化、规模化仿宋产业之际的开场白。诗篇中那如同佛偈魔咒一般的工艺秘笈，就这样横空出世，就此改变了中国近代文化的书写形态。

◎ 聚珍仿宋版创制始末重探

掌故名家郑逸梅（1895—1992）所著《味灯漫笔》中，有一篇题为《丁三在创制聚珍仿宋铅字》的短文。此文开篇即云：

聚珍仿宋铅字，行世有年，凡刊诗文集者，辄喜用之，考其创始，尚在丁巳戊午之际，其人则钱塘丁善之三在，修甫内翰之哲嗣也。

所谓"丁巳戊午之际"，即1917年至1918年间。郑氏认为，聚珍仿宋版的创制时间应在1917—1918年间，创始人为丁三在，其父乃丁立诚（字修甫）。郑文也引用了丁三在所作《考工八咏》，对丁氏英年早逝也深感惋惜。

文末又称，"赖其兄辅之起而董理，以经以营，成效大著"，并指出"《小槐簃吟稿》，及三在之遗作《丁子居賸草》，均先后刊印成书"。可见，郑氏是见到过聚珍仿宋版早期印书成品，即丁氏父子诗集的。因两部诗集，分别印制于1919年与1921年，故郑文撰成时间至早也不会早于1921年了。当然，若郑文果真撰于1921年或之后不久，那么，距"丁巳戊午之际"不过三五年时间，其记述内容应当比较确凿。

不过，郑氏称聚珍仿宋版创始于"丁巳戊午之际"，即1917年至1918年

间，这样的时间界定，却并不十分妥洽。因其认定的创始人丁三在，于1917
年即已逝世，何来"丁巳戊午之际"创制之说呢？若又据此揣测，实际创制者
当为丁辅之，丁三在只是从事了一些早期的筹备与实验性质的工作——这样的
揣测，似乎与《考工八咏》又无法完全吻合了。真相究竟若何，郑氏所述并不
能十分确凿地予以解答。

只是郑氏文名远播，所发表的文章以及刊印的文集，数量颇丰，易得易
见，常为时人或后人引为掌故，传布亦广。笔者也一度以为郑氏此文，虽篇幅
较短，但可能为国内现存已知的最早记述聚珍仿宋版创制始末的文章。殊不
知，远远早于郑氏撰文时间，早在1916年间，即已有在报刊上公开发表的介
绍聚珍仿宋版创制始末的文章了。

原来，上海《民国日报》于1916年10月30日刊发的，一篇题为《保存国
粹之苦心》的未署名文章，可能才是国内现存最早记述聚珍仿宋版创制始末的
文章。为分享此罕见之文献，亦为便于后文考述，笔者不揣陋简，对报载原文
酌加标点整理，转录全文如下：

保存国粹之苦心

杭州丁竹舟、松生两先生，家富藏书；若子若孙，无不刚经柔史，日事考
订。而名三厄，字不识者，为南社巨子，尤其精目录之学，常慨宋元本之渐稀，
聚珍板之适用。去冬，偶游浦东之王家港镇，爱其地方僻静，因赁程氏唐氏屋，
召集写工、木工、刻工，仿欧宋体字，琢黄杨木坯，剞劂求精，选择从严，定名
曰"聚珍仿宋印书局"。近已迁来沪上美界北火车站均益里六弄，将预备雕铜模，
浇铅字，排印成书，当为印刷界中开一异彩。闻斯举，缪筱珊、章太炎诸先生极

为赞许。惜其未招股分，以致经济支绌，未能求其速成。噫，此实保存国粹之必要，竟无海内资本家出而提倡之。如不识者，真有心也。其自撰缘起云：

中古书契之作，手续繁而功用简，刻竹以为记载，汗简以靳保存，至不便也。自蒙恬造笔，乃多书缣；蔡伦造纸，乃有书卷。迨及随（隋）开皇中，雕撰遗经，镂版以始。唐五代因之，至北宋而其道大备。其时刊本率由能书之士誊写上版，故字体书各不同。元以降，赵松雪之书盛行，刻书者多用之。讫有明隆万时，用有专作方体之书工，以备镂版者，即今日所盛行之宋体字所从出也。夷，考北宋刊本以大小欧体字刻版者，最为适观。以其间架、波磔、秾织得中而又充满，无跛倚肥矬之病。宋体字之所由仿也。乃阅时既久，欧体寖失，遂成今日肤廓之字样。好古者乃有欧宋体字之倡导，非矫同，实反古也。

清初以右文之治，网罗一代人心，武英殿校刊古今书籍甚夥，聚珍版乃应时而作，是为活字印书中兴时代。盖活字印书，宋代已有为之者，以其费廉于镂版也。于是有泥字、瓦字、锡字、铜字、木字各种之制作。然武英殿木字刊刻至二十五万个以上，则不得谓非空前之活字矣。清季海禁开，西洋输入铅制活字及机器印书之法，始由香港教会制中国字一付，专为排印教会书籍之用，时称"香港字"。其分寸若今之"四号字"。日本乃推广，制成大小铅字七种，以供中国印书之用，谓之"明朝字"，人咸便之。活字印书之业，乃大盛。今之号称能自制活字，以应印书之求者，特由日本所输之字转制以成，非能写刻字样以为之也。故字体所限，仅为肤廓之宋体字一种而已。

夫版本之所以贵乎北宋者，非徒以其古也。其字体之端严，刊刻之精良，实为各种刊本之冠。三厄有鉴于此，因制为欧宋体活字，刻木模蜡，范铜浇铅，经种种手续，成方体字七种，长体字三种，扁体字三种，以应好古者之所需求。非敢曰以因为创，遂欲放异彩，于印书界中，亦备一格，俾印书者得以采择云尔。

上述近千字介绍中，有七百余字的内容，摘自丁三在所撰《聚珍仿宋版缘起》，此文后来辑入丁辅之印制的《聚珍仿宋版式各种样张》的宣传册中，乃丁氏兄弟创制专利历程的最为确凿，最为直接的历史文献。

仅据笔者所见，《聚珍仿宋版式各种样张》至少有两种版本，即在首页标有"癸亥初夏"（1923）与"甲子春日"（1924）的两种。两种版本俱将丁三在所撰《缘起》弁之卷首，足见此文提纲挈领之重要性，也足见其兄丁辅之对此文之珍视。

《民国日报》所刊发的《缘起》一文之内容，应当摘自丁三在原稿，基本即是全文转录而来。比之后来正式刊发者，除个别文字上稍有歧异，整体内容完全一致。这即是说，早在1916年，丁三在已经撰毕《缘起》，丁氏兄弟的聚珍仿宋版创制已然成功，已制"成方体字七种，长体字三种，扁体字三种"，只是尚待申报专利与投入使用而已。

《缘起》将中国印书字体的发展历程简明扼要地勾勒了出来。尤其是将源自明代隆庆、万历年间的宋体字，与清末民初所常见常用的"肤廓之宋体字"之关联，以及自铅活字盛行以来，教会首创之香港字与日本继创之明朝字实皆为宋体字的情形，非常清晰明确地表述了出来，让当时的国内读者都能从中体味到国人自行创制仿宋体之紧迫感与重要性。

《缘起》中一再申言，"好古者乃有欧宋体字之倡导，非矫同，实反古也"；"夫版本之所以贵乎北宋者，非徒以其古也。其字体之端严，刊刻之精良，实为各种刊本之冠"。这些表达与评判，都是在向国内读者说明，聚珍仿宋版的创制初衷与精益求精，追古通今的情怀初心。

除却《缘起》的篇幅与内容颇可观之外，《保存国粹之苦心》一文在摘录《缘起》之前的一段二百余字的简介，也透露出了一些十分重要的历史信息。譬如，文中有丁氏兄弟于"去冬，偶游浦东之王家港镇"之际租赁房屋，创办印书局的记述，据此可知，1915年冬，聚珍仿宋印书局正式创办于上海浦东。文中还称"近已迁来沪上美界北火车站均益里六弄"云云，可知1916年时，聚珍仿宋印书局又迁至上海美租界中。

令人稍感遗憾的是，因《保存国粹之苦心》一文未有作者署名，无从探究此早期撰文介绍聚珍仿宋版者的真实身份与历史背景。上海《民国日报》创刊于1916年1月22日，为中华革命党（1919年改组为中国国民党）中央机关报。当时的总编辑为叶楚伧，经理与副刊编辑为邵力子。此报创刊之后不久，即出现撰发介绍聚珍仿宋版的文章，既不署名且篇幅尚属可观，或应为此报编辑所作。又因其刊发于此报第三张"艺文部"的"杂缀"栏，应当是邵力子所负责的版面与栏目。至于是否确为邵氏所作，则尚待进一步考证。

◎仿宋体终成正果：王国维初印《观堂集林》

话说丁辅之拒绝删去"聚珍"二字，与商务印书馆断绝合作关系之后，从1919年起，中华书局已经确定盘并聚珍仿宋印书局。1920年6月，双方议定正价二万六千元的盘并金额。可能是出于进一步保护知识产权，以及出于增加谈判筹码的需要，1920年11月5日，聚珍仿宋印书局还向农商部申请了注册商标。不久，1921年初，双方即议妥全部条件，正式订立合同。是年6月6日的《申报》刊登了聚珍仿宋印书局的启事：

本局已并入中华书局总厂，以后关于法律上权利义务完全由中华书局代表。

中华书局正式收购了聚珍仿宋印书局已铸成的头号、二号、四号，三号、三号长体夹注各欧体宋字，共五种铜模铅字；已摹写样本陆续刻铸的顶号、初号、三号、五号及头号、四号长体夹注及长短体字以及西夏字体，共八种铜模铅字。据1920年8月26日内务部给聚珍仿宋印书局经理丁辅之的注册批件，盘并之后，中华书局方面允准丁氏享有聚珍仿宋版专利三十年。同时还与其订立为期十年的聘任合同，由其担任新设的"聚珍仿宋部"主任。

就在聚珍仿宋印书局与中华书局商洽盘并事宜的这一年，1920年，雄心勃勃的中华书局，开始筹备辑印《四部备要》大型古籍整理丛书，这套丛书涵盖中国古籍的经史子集四部精要，全套丛书达到了一万一千三百零五卷，分订为二千五百册。印制这一大型丛书的重任，理所当然地选择了聚珍仿宋版。或者说，极有可能正是因为计划印行《四部备要》的考虑，中华书局才毅然决然地启动了盘并聚珍仿宋印书局的计划，且仅用一年时间即告完成。

1921年，中华书局正式以聚珍仿宋版排印《四部备要》。时任中华书局总经理的陆费逵特地在《校印四部备要缘起》云：

适杭州丁氏创制聚珍仿宋版，归诸本局，方形欧体，古雅动人，以之刊行古书，当可与宋椠元刊媲美。

陆费逵又在《四部备要》预约样本上撰有《增辑四部备要缘起》一文，再次强调"聚珍仿宋体"的重要，文曰：

辛酉（1921），杭县丁氏创制之聚珍仿宋版归诸吾局，丁氏，即八千卷楼旧主人也，字体精雅，印行之书，直可与明清翻宋仿宋诸精椠媲美。

从1922年开始，中华书局开始对外发布《四部备要》第一集预约；1923年，发布第二集预约。到1926年，《四部备要》全部开始预约订购。所有预约也全部额满，各地的订购需求仍然源源不断。中华书局在读者的强烈要求之下，开始多次重辑重印，并开展分部、拆分预订、单套零售等多种销售方式，满足不同需求层次的读者。至1936年时，《四部备要》整体上已经重印了六次之多。

就在中华书局以聚珍仿宋版印制《四库备要》，总体工作非常繁重且相关人员与机构均超负荷运转之际，社会各界慕名而来，要求以聚珍仿宋版印制各类印刷品（名片、贺卡等）、读物、著述、文集者络绎不绝。中华书局聚珍仿宋部一时门庭若市，工作人员则已显疲累之态，接件印制周期往往一再延后，一拖再拖。即便登门求印者，乃清华国学院四大导师之一，著名学者王国维，也概莫能外。

诚如前述，在上海聚珍仿宋印书局被中华书局盘并之前，聚珍仿宋版所印制的罗振玉所编《明季三孝廉集》《临川集拾遗》等，作为罗氏密友兼儿女亲家的王国维，对此新创仿宋字体及版式，应当早已有所接触，并不陌生。此外，王氏还曾校订罗氏在日本访得的《净土三部经音义集》抄本（约为中国宋代时的日僧编著），此书即于1919年春，罗振玉归国定居前后交付聚珍仿宋印书局印制，当时居于上海的王氏极可能参与了印制此书的相关事务。

时至1921年，王氏选择以聚珍仿宋版印制其代表作《观堂集林》，可以说是经过一番审慎考察之后的选择。只是，当时刚刚或正在并入中华书局的聚珍仿宋部，印制任务相当繁重，并不会对王氏著述的印制予以特别的关照，印制进展依旧十分缓慢。

资助印书的王氏友人，也非常热衷于刻印书籍的著名藏书家蒋汝藻（1877—1954），负责与中华书局方面联络与沟通，对于"聚珍仿宋版"的印制进展速度，一时也一筹莫展。在致王氏信中慨叹道：

大稿已催赶成书，惜聚珍发达，虽催无用也。

此语出自蒋汝藻于1923年六月初三（1923年7月16日）致王国维的信中。这也是目前所知，蒋信中第一次提到，直接向中华书局聚珍仿宋部催印的情况。

蒋言"惜聚珍发达"，是在感叹其业务之多，门庭若市，根本不可能因蒋的催促而赶工期，"虽催无用也"。随后，蒋氏找到友人高时显（1878—1952），催印之事可能才略有推进。

大著屡催，深为谦疚。项晤欣木，云将完工矣！然此说似未可深信。能于阳历年内出书已为万幸。深悔当时不木刻也。

此语出自蒋汝藻于1923年九月二十一日（1923年10月30日）致王国维的信中。

前函所云成本之金，凭欣木约计之说而言，现已结帐，实不足千五百圆

《聚珍仿宋版创制缘起》（正文首页），
丁辅之 1923 年印行。

《聚珍仿宋版式各种样张》（封面），
丁辅之 1923 年印行。

《中华书局仿宋头号字样本》

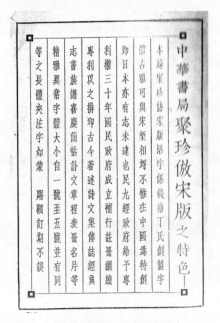

中华书局聚珍仿宋版广告

中华书局聚珍仿宋排版课旧影

也，所费并不过重。所悔者，与刻本之值相等，时间亦相等。悔未刻板也。十年后当重为兄刻之。

　　此语出自蒋汝藻于1923年十二月二十一日（1924年1月26日）致王国维的信中。[①]上述这两段摘录的信文说明，在《观堂集林》印制过程中，始终有一位"欣木"先生，起着至关重要的作用。那么，这位欣木先生又是谁呢？

　　这里提到的欣木，即蒋氏友人高时显，号欣木、野侯、可庵，浙江杭县人，时任中华书局董事、美术部主任。《观堂集林》交付已并入中华书局的"聚珍仿宋部"印制，蒋氏凭借与高氏的交谊，在提升效率与推进工期方面，应当起到了一定作用。

---

①　以上信文均摘自《王国维未刊来往书信集》，清华大学出版社，2010年。

◎ 聚珍仿宋版经典样本之一：《观堂集林》初印本印费近乎两座四合院的时价

即便如此，《观堂集林》的印制完工，大约也已时至1923年末。也即是说，从1921年初定约至1923年末印成，印制工期长达约三年时间。据蒋信可知，印成这样一部书，不仅花费了三年时间，还要支付银圆约一千五百元，时间成本与经济成本，都可谓代价高昂。

所以，蒋氏为之感慨称"所悔者，与刻本之值相等，时间亦相等。悔未刻板也"。此即明言，用聚珍仿宋版印制此书，花费的时间和金钱，在当时与木刻印书的代价持平。蒋氏为之深感悔憾，虽然亦在信中声称"实不足千五百圆也，所费并不过重"，此言或出于宽慰王氏之心，或出于资助者的自谦之意，然此工价在当年着实"不菲"，并非能一语带过。至于如何"不菲"，不妨就以鲁迅于1924年在北京所购四合院为例。

据《鲁迅日记》载，1924年5月，鲁迅在阜成门内西三条胡同购置了一座四合院（现北京鲁迅博物馆），成交价格为银圆八百元。这座四合院有三间南房，三间正房，东西各一间小厢房，正房后面还有一口井，几棵树，一片小花园。由于房子有些破旧，鲁迅又花费银圆约二百元翻修，还置买了一些简单的家具；全家住进这座四合院，共计花费银圆约一千元。

以此类推，由于蒋汝藻为印制《观堂集林》与中华书局方面"结账"时间也恰为1924年初，所以完全可以以鲁迅于1924年5月在北京所购四合院为物价标准来加以比较与评估。两相比较之下，印这一部书的代价，在当时的北京，竟可以购置直接可以入住的，生活设施配置齐备的一座四合院，都还绰绰有余；如果不计装修，只以购置物业价格核算，这一部书的印费，已差不多是两座四合院的费用了。当然，代价之所以高昂，亦属事出有因，终也物有所值。

须知，《观堂集林》在采用聚珍仿宋版印制时，还有一些印制技术难点需要逐一解决。首先，在聚珍仿宋印书局纳入中华书局之初，其中的人事衔接与业务对接还有待时日；董事高时显与主任丁辅之两人，都还需要进一步的沟通与磨合。其次，王国维的著述中，涉及大量上古文字，其中一些异体字、变体字并非印刷常用字，在业已铸成的"仿宋欧体字"字模中也没有；对于这部分字模，只能重新仿写与刻铸。再者，涉及甲骨文、金文、篆书等非印刷标准字体，则需要通过手写上版，以锌版石印法印刷，还得与聚珍仿宋版配合排版，这自然又增加了印制的难度与时间周期。

此外，因《观堂集林》特殊的学术著述性质，还有随印随校，随校随印的特殊流程，是务必经著者本人多次审定后方才可拼版印制的。所以，仅就印制流程而言，也不可能全书二十卷一次性全部印出；整部书都是单卷单印，最后二十卷全部校印完毕时，再分拣分装的。且每卷末印制完毕之后，均要加印密韵楼牌记；每三卷或四卷印制完毕，合装为一册时，均在每册末页加印有校刊具体时间的密韵楼牌记。所有这些精益求精，力臻完美的举措，无形中都为这部书的印制增加了经济上、人力上、时间上的成本。

事实上，二十卷本《观堂集林》从1921年起意编纂并付印以来，至1923年时仍有新作增辑。这三年间，是书各卷陆续印出，分订为六册；每一卷印毕的时间基本都有相对应的牌记加以记录，每一册的印毕时间也都因之各有不同。如第二、三、四、六卷末均有"辛酉嘉平乌程蒋氏密韵楼仿宋聚珍校椠"牌记，这就说明这四卷均校印于1921年。而第七、十一、十四、十六、十八、十九卷末均有"壬戌春日乌程蒋氏密韵楼仿宋聚珍校椠"牌记，则说明这六卷均校印于1922年。

值得注意的是，第九卷末的牌记为"辛酉嘉平乌程蒋氏密韵楼仿宋聚珍校椠"，这就表明第九卷的校印完毕时间却要早于第七卷。这样的情形，对于习惯于整书内容一次性印制，认为各卷理应按整书页序印制的普通读者而言，恐怕会觉得难以理解。

须知，因学术著述校订的特殊性，《观堂集林》各卷并非依次校印，有的卷子可能经过著者本人多次校改，导致序号排前的卷子，却比序号靠后的卷子还要更晚印毕。当然，这还只是二十卷内容中有明确纪年牌记可循的例证，有的卷子因为末页空白处不多，仅仅只加印了篆书密韵楼牌记两种，没有加印纪年，也就无从判定其校印完毕的具体时间了。

上述种种细节表明，《观堂集林》初版本的印制，因为学术著述自身的特殊性及著者本人的严谨精审，遂在校印过程中采取了分卷分印，随校随印的特例。这也使得《观堂集林》初版本在最终装订成书的过程中，耗时费力，颇为不易。

如今，仔细观察这一部聚珍仿宋版《观堂集林》，可以清晰地看到，这部学术经典初版本的精雅细节。据实测，是书半叶长25.1厘米，宽14.7厘米，这一宽窄适宜，略显修长的开本尺寸，与清代初年集部刻本尺寸相当，呈现出端庄清朗的风范。每叶版心记书名、卷数及页数，双鱼尾，四周单边；半叶十三行，行二十一字，小字双行夹注，又相当规范严谨，颇合清代官书局的经部刻本惯例。书名题签是吴昌硕于1923年5月所写篆书，苍劲古朴，与这部学术经典颇相宜，也自有一番辉映古今的风采。

　　综上所述，可见《观堂集林》初版本虽是铅印本，但基本沿袭旧式刻本装帧旧制，又兼聚珍仿宋版遒劲俊秀的字体，整部书的古雅精致之感，已跃然纸上。

王国维《观堂集林》二十卷本，封面、题签、序言、正文首页及卷末牌记，聚珍仿宋版印制，1921—1923年。

即便书中的学问高深莫测，普通读者可能无从领教，但仅就书的外部特征及版式格调而言，也无不令观者怦然心动，衷心叹服。加之此书开印之时，正值聚珍仿宋版初试运行不久，所有原铸字模尚未过多磨损，故印制出来的字迹清俊挺括，字口峭利，颇为悦目。该书铅印所用油墨也不错，虽时隔近百年，尚无民国时期普通铅印书籍页面上常见的"返铅"现象，没有出现字迹模糊，侵蚀泛黄的状况。看来，这部历时三年，多方合作方印成的学术经典，真可谓"功夫不负有心人"。

◎ 聚珍仿宋版东传日本：《凌沧集》与《衣云集》

田边华（1864—1931），字碧堂、秋谷，又称田边为三郎。他是日本近代实业家、企业家，也是较为知名的诗人、学者、画家。在其五十岁之际，曾将历年所撰诗文结集，于1914年印成《碧堂绝句》。后对诗作有所删订，又于1920年印成《改削碧堂绝句》，1921年印成《碧堂绝句第一集第二集》，后世对这三部诗集统称为《碧堂绝句》。

时至1924年，田边华又有一部诗集《凌沧集》印制出版，这部诗集是委托中华书局在中国国内印制的，是日本学者采用聚珍仿宋版印书者中的先行者。须知，当时即便是王国维的名著《观堂集林》也才于前一年（1923年）采用聚珍仿宋版印成，而田边华的《凌沧集》的印制采用当时刚刚在中国投入规模印制书籍的聚珍仿宋版，比之1925年印成的梁启超《饮冰室文集》，都还要早上一年。所以，作为来自日本学者的诗集《凌沧集》，极可能是聚珍仿宋版最早的"国外订单"。

仅据笔者所见所知，时至1929年，中华书局将此专利输出至日本名古屋的津田三省堂；此后，东南亚各地的中文书籍印制，开始普遍采用仿宋体铅字印刷。1924年的《凌沧集》的印制采用中国"原版"技术，对于钟爱仿宋字的田边华而言，势所必然，顺理成章。

《凌沧集》全书以聚珍仿宋体头号方体字印书签，二号方体字印正文，三号长体字印夹注（即诗句末的注释），开本硕大，行格疏朗有致，印制效果很是精致。田边华逝世后，由其子于1932年在日本编印的《衣云集》，虽然因日军侵华，时局动荡而未能遵从田边华生前遗愿仍交付中华书局印成，但仍然采用了仿宋体字模来印制。因当时中国聚珍仿宋版技术已经向日本输出，由名古屋小林活版所印制的《衣云集》，仍基本摹仿这一独特的字体与版式特征，书前例言也明确称"用仿宋活字，重遗志也"。

当然，因书籍开本或印制技术所限，也有可能是因为田边华后人审美情趣的变迁，《衣云集》没有完全依循《凌沧集》的惯例，没有采用聚珍仿宋体四号方体字印正文，而是采用三号长体字印正文，四号长体字印夹注（即诗句末的注释）。是书虽比《凌沧集》开本略小，可字体版式的配合仍然疏密有致，可谓玲珑可观。且与《凌沧集》采用莹白细腻的连史纸印制不同，《衣云集》采用日本特有的色泽微黄，触感涩韧的皮纸印制，活字铅墨渗透于纤维如细密云纹的日本皮纸之上，又别是一番沧桑独特的况味。

田边华逝世六年之后，又有专事研究诗史与诗人生平的中国学者胡怀琛（1886—1938），撰文提及《凌沧集》《衣云集》两部诗集，自称颇感兴趣，并大为感叹，在其长篇连载的《今日笔记》专栏中特辟一章《田边华》，于1937年4月20日发表于上海《时事新报》之上。

文中称，在日本诗人群体中，胡氏认为"要算这位田边先生最有趣了"。

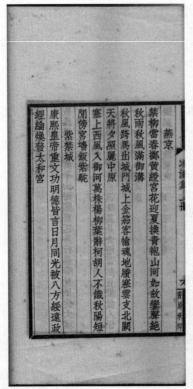

（日）田边华 著《凌沧集》，聚珍仿宋版印制，上海中华书局，1924 年，封面及正文内页。

何以"最有趣"？乃是因"他有一部诗集名叫《凌沧集》，他不在日本印刷，却要在中国印刷"，"他是喜欢中华书局的仿宋字的缘故，所以他的《凌沧集》就托中华书局用仿宋字排印"。

至于《衣云集》，胡氏认为亦非常特别，称"《衣云集》印行时，田边先生本人已经死了，是由他的儿子田边绫夫、田边敏夫为之印行的"，"《衣云集》印于日本，却还是用仿宋字"。胡氏以为，"田边先生这样的爱仿宋字，真是有趣"。文中接着写道："在他印《凌沧集》时，仿宋字只是在中国有的；但在印《衣云集》时，仿宋字在日本也已有了。"

关于两部诗集的用纸及装帧，胡氏认为，"我们将两集对看，更觉得有趣"，因为"《凌沧集》是用得中国的连史纸，极其精致；《衣云集》是用得日本的皮纸，也极精致"。

或许，正是这两部各自在中日两国印制的诗集，各有各的精致，且这一份精致中始终渗透着的某种可以用来比照，有所联系的中国情结——"仿宋字"，让胡氏接连发出了"最有趣""真是有趣""更觉得有趣"的三次感叹。

◎ "仿古"与"仿宋"之争，聚珍仿宋版屹立不倒

在巨量的印制任务与多次重辑调版的工作压力之下，丁辅之仍然一丝不苟，尽善尽美地维系着聚珍仿宋版这块金字招牌的权威性与美誉度。与此同时，他非常看重聚珍仿宋版的知识产权，乃至《四部备要》的版权页上，都印有"丁辅之监造"的字样。

随着《四部备要》丛书的风行于世，用聚珍仿宋版印制的书籍品类日益增多，早已不再局限于《四部备要》丛书本身，诸如《十三经注疏》《四史》《二十四史》《相台五经》《文选李善注》等传统经典，"唐宋八大家"的文集、唐宋诗文名家如李白、杜甫、白居易等诗集也于1924年以聚珍仿宋版印制后隆重推出。

与此同时，一些社会名流也纷纷以聚珍仿宋版印制个人文集为时尚，如梁启超的文集《饮冰室全集》八十册一套的"大部头"，即是在1926年以聚珍仿宋版印制发行的；又如1932年张謇的文集《张季子九录》，也是以聚珍仿宋版印制推出，其子张怡祖于扉页题写了书名之后，又于后页郑重地题写了"中华书局聚珍仿宋版印"的字样，充分说明了社会名流对以聚珍仿宋版印制文集的重视与喜爱。在很长一段时间里，中华书局印行的书籍中，有的就直接在封面

1924年，中华书局以聚珍仿宋版印制的《四部备要》丛书广告。

签条上印有"中华书局聚珍仿宋版印"字样，以此招徕读者的注意。

随着《四部备要》持续十余年不断重辑重印，聚珍仿宋版的风靡有力地推动着"仿宋体"这一字体的风行。面对这一时尚潮流，其他出版社和书局也绝不会坐视不理，熟视无睹，他们对字体、印刷工艺的改进与提升随之迅猛而来。

最早曾与丁辅之有过合作的商务印书馆，早在1909年，就曾创制二号楷书铅字，并刻制方头字和隶体等铅字，从而打破了长期以来由宋体字独据版面的局面。1914年，商务印书馆更聘请近代刻书名匠陶子麟（1857—1928），以唐末刻本《玉篇》之字体，用照相的方法在铅字坯上直接镌刻，制成一号、三号古体活字二副，因其取法高古字体（早至唐末，早于宋代），业内称其为"古体活字"。

陶子麟，湖北黄冈人，清末民初著名刻工之一，以摹刻宋版书字体为特长，当时有"陶家宋椠传天下"的美誉，曾为许多知名藏书家及名士巨宦刻过书。据不完全统计，陶氏一生刻书达170余种，800余卷，佳作美品洋洋大观，其中为刘承幹摹刻宋版《四书》，为刘世珩摹刻宋版小字本《五代史》，以及为徐乃昌摹刻宋版《玉台新咏》等宋版名品，至今仍为后世藏书家奉为无上珍品，可称传世经典。

張季子九錄

怡祖敬書

中華書局聚　珍倣宋版印

民國二十年十月　張孝若著

例言

一　集名張季子九錄　先君所自定曰政曰實業曰教育曰自治曰慈善曰文曰詩曰專曰外各錄內薈稡述於次

甲　政開錄　凡關政事經濟農工商行政及水利計護鹽務改革事項

乙　實業錄　凡關手創之紗廠醫墾事業及其他實業專項

丙　教育錄　凡關手創之南通教育事業及其他對於教育文化之論議　先君修正者亦載入

丁　自治錄　凡關手創之南通地方自治事業及其他對於自治之意旨

戊　慈善錄　凡關手創之南通慈善專業

己　文錄　依體例分歸七類

演說凡經

論說記述類　序跋類　贈序類

類　碑傳類　哀祭類　詞賦銘贊類　箋啟

庚　詩錄　分年編次歌詞附入

辛　專錄　凡可成書單行之各著作

壬　外錄　科舉文藝

一　編法先分錄次編年凡有關圖表概行附入段句便於讀者

一　九錄前有束劭直日瑠先生後有陳保之邦懷先生為之鈔錄裒存至近年　怡祖編纂校勘則有許君文清彭年孔君得天容照相助時日最久致力最

一　怡祖道羲網繆永銘陳腑編竣荷唐孜權葉先生之介由中華書局印行陸費伯鴻達先生及局中編輯印刷諸君盛意可感均應誌葦謝於此

一　怡祖學殖薄劣編校定多疏失倘待　當世賢達予以匡教厚諒不勝企幸

民國二十年九月張怡祖孝若書於上海

张謇文集《张季子九录》，题签、牌记、例言，聚珍仿宋版印制，上海中华书局，1932 年。

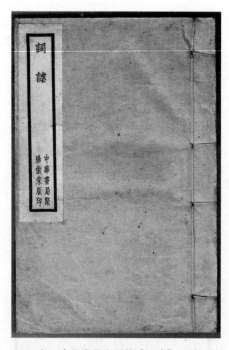

1936年，中华书局出版的《词谑》，封面签条标示"中华书局聚珍仿宋版印"。

陶刻字体摹仿古本神韵逼真，加之其长期摹刻宋版古籍，已经在经验与技法上形成了一整套模式化的独家"秘术"。随着晚清以来活字印刷术尤其是铅活字印刷的流行，有远见、有实力的各大出版印书机构开始试制多种有独特风格的书写体铅活字；商务印书馆就有意将陶刻字体进行整体开发与运营。

陶氏为商务印书馆所刻古体活字，楷意流畅且收敛圆润，几乎能达到清代康乾时期写刻本的古雅风范；虽然并未将小号字模全部刻制完毕，但已刻成的一号、三号字曾被用于信众捐资印制的各类佛经，还曾被商务印书馆用作了书籍封面题签的统一用字，端庄隽秀，颇具品牌效应。

譬如，1923年前后印成的《佛教六经》《净土三经》《法华三经》等，就是信众多次捐资，用陶刻古体活字一号字试印的早期样本。此外，著名学者刘文典于民国十二年（1923）初版的《淮南鸿烈集解》，民国十七年（1928）初版的《三余札记》，封面上的书名题签正是用陶刻古体活字一号、三号字印制的。

除了与一代名匠陶子麟有过合作之外，商务印书馆还于1918年，又与另一位刻书名匠韩祐之达成合作。韩氏在商务印书馆以馆藏宋元各种精品古籍为范，并对俗书讹字咸加审察，一一厘正，制成整齐、雅观的"仿古活字"，用以排印古书善本，古色古香，很有特点。

从商务印书馆早期的这些印刷字体创制上来看，并不刻意强调字体的瘦长清秀，而更着意于字体本身的古朴庄重。从"仿古活字"的特点来看，方块形仍然是其主体架构，只不过与传统标准宋体字不同，出其不意地在方块形架构中充分发挥楷书意味，表现出方而不重，正而不拙的端庄隽秀之态。读者观览这种字体印制的古典学术著述，其古雅清新的视觉感受，令人悦目神驰。

民国二十四年（1935），商务印书馆为国立清华大学印制过一部学术论著，即刘文典的高徒许维遹所著《吕氏春秋集释》。在这部与《观堂集林》篇幅相当，同样是六本一套的学术著作中，仿古活字的古典魅力得以充分释放，让人过目难忘。

除了当年刘文典致信王云五，多次提及这部书之外，即使到了"文革"时期，1974年此书原版仍被影印多部，呈送给包括毛泽东主席在内的中央领导阅览。著名作家孙犁在其《耕堂读书记》中有一节《读吕氏春秋》，对此书也评价甚高，书中写道：

我过去有广益书局的高诱注普通本，后又购得许维遹集释本，线装共六册，民国二十四年，清华大学出版，白纸大字，注释详明，断句准确，读起来，明白畅晓，真能使人目快神飞。晚年眼力差，他书不愿读，每日拿出此书，展读一二篇，不只涵养性灵，增加知识，亦生活中美的消遣与享受也。

仿古活字的魅力自成一格，恰恰在于它与仿宋欧体字及仿宋体在字形构架上的反其道而行之。可以说，仿古活字在"古"字上做足了功夫，仅以视觉感

吕氏春秋集释序

吕氏春秋為我國最早之有形式系統之私人箸述蓋
自先秦貴族政治崩壞以後雖百家並起各有述作然
皆僅具篇章未有如後世所有之整書也若世所傳之
墨子莊子等整書乃就形式系統上言亦不過差優於後世人
之文集獨吕氏春秋乃依預定計畫寫成有十二紀八
覽六論綱具目張條分理順此在當時蓋爲創舉所以
卽此等整書就形式系統上言亦不過差優於後世人
書成之後文信侯布之國門以自矜誇也惟其書成於
眾手名記所閱形式上雖具系統思想上不成一家然

1935 年，商务印书馆以仿古活字印
制的《吕氏春秋集释》(序言页面)。

吕氏春秋集釋共陸冊
定價國幣陸元

著者	許	維	遹
出版者	國 立 清 華 大		學
發行者	國立清華大學出版事務所		
印刷者	商務印書館北平分廠京華印書局		

中 華 民 國 二 十 四 年 十 月 初 版

《吕氏春秋集释》版权贴签。

陶刻古体活字本《佛教六经》，封面、内页。

受与审美需求而言，足以与仿宋欧体字乃至聚珍仿宋版印制的书籍竞争读者。

无须多言，在仿宋欧体字凭借聚珍仿宋版先行占据图书市场，深受读者追捧，业已形成阅读习惯的时代风潮面前，任何出版社与出版机构都不可能不研制仿宋体这一图书印刷行业里的新兴字体。

实际上，商务印书馆所研制与推行的仿古活字，也分为方体字与长体字两种。其中，长体字的外形，也形似仿宋欧体字与市面上流行的各类仿宋体。就拿《吕氏春秋集释》的版权贴签来说，商务印书馆的仿古活字长体字的运用，就非常充分。仔细观察比较，可以看到，这种长体仿古活字与仿宋欧体字最大的区别，仍然在于其楷体书写的笔意之"个性化"，超过了用于印刷工业的字体设计本身所要求的"标准化"。这一字体在印刷品上呈现的字迹，甚至出现了十分轻微的但又肉眼可见的，字体大小不一，同一个字字形略有不同的情况，这皆因其手工刻模的特性所致。

仅据笔者所见，这种长体仿古活字用于印制书籍，至迟在民国十七年（1928）出版的《三余札记》一书中，就有过充分展示。此书可以视作商务印书馆当年所有字体研发技艺的一个综合展示。

首先，封面的书名题签，使用了陶刻古体活字印制，楷意浓厚，古意益然。翻开内页，乍一看字体版式，普通读者大多会以为即是"聚珍仿宋版"；但再仔细一看，就会发现除了书中排印字体楷意仍然较为浓厚之外，最为重要的是，同一页面内同一个字的字形竟然也是有细微差别的，这说明手工刻模的技艺仍在延续。

这样一来，无形中就出现了如同王羲之书《兰亭序》一般的"个性化"特点，即同一个字如"之"字皆无一雷同，各有特色。当然，王羲之书法是一种艺术特色，而在字体设计上出现这一特点，却是工艺上需要改进的问题了。

再看版权页，则仿古活字的长体与方体，以及标准宋体字皆集中于页面，间接印证了出版业内竞相研发"仿宋"与"仿古"字体的时代风尚。七年之后，亦即是《吕氏春秋集释》出版的同一年（1935），《三余札记》再版发行，封面的书名题签也有了变化，以已经研制成熟的方体仿古活字替代古体活字；封底的版权页面印制所用字体也相应改变，即以统一的"宋体字"替代了此书初版时字体杂荟使用的情形；但内页一仍其旧，仍然使用的是手工刻模的长体仿古活字。

商务印书馆统领的两代名工刻铸的古体活字与仿古活字，与中华书局旗下丁氏兄弟创制仿宋欧体字与聚珍仿宋版，在二十世纪二三十年代齐头并进，各领风骚。究竟孰优孰劣，孰高孰下，并无统一标准可供评判，也并不重要。重要的是，二十世纪初二三十年间的字体设计与制作经验之积淀，以及在这一历程中逐渐培育并稳定下来的读者视觉习惯，使得"仿宋体"的字体类型风行中国，这已成为无可争辩，无须赘言的事实。

诚然，仿宋体这一字体类型的相关样本是相当丰富的，除了商务与中华两家大型出版印书机构之外，当年其他出版机构还有一些别出心裁的

1928 年，商务印书馆初版《三余札记》版权页。

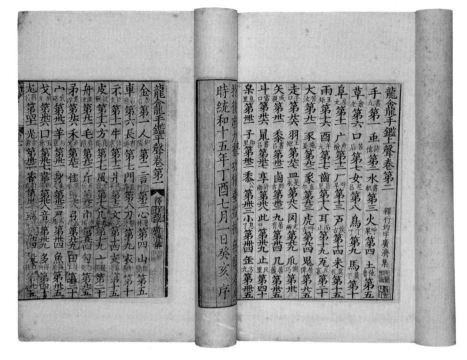

董康藏宋版《龙龛手鉴》，此为民国十四年（1925年）珂罗版影印本。

创举。

譬如先前提到的，率先引入珂罗版复制宋版书的董康，后来还曾将家藏的宋版《龙龛手鉴》《广韵》作为字形底版，仍聘请为商务印书馆研发仿古活字的韩佑之摹书字模，为百宋铸字厂开发出一套仿宋体字模。

这套字模还细分为"南宋"与"北宋"两种，其中南宋刻成一至五号方体字、二至五号长体字各一副；北宋则刻成二号、五号方体字各一副。1943年，上海书法家陈名珂募集各方人士曾编印过一册张廷寿的著作《独学庵集》；这一册并未公开出版发行，只作为亲友馈赠的私印本，明确标注有"百宋印刷局南宋聚珍版"的字样，是目前可以看到的这种所谓"南宋聚珍"字体难得的印制样本。

　　细观书中所印字迹，无论是从字体本身还是版式风格着眼，这一"南宋聚珍版"与聚珍仿宋版都非常接近，只是在字形个别笔划上的处理更加柔缓平正，没有连笔，应该说还是充分体现了南宋文化气质，是一种非常不错的新创仿宋体。

　　可能由于创制时间偏晚，加之印刷局本身的影响力较弱，故未能大力推行。至于"北宋体"，由于楷意过于浓厚，无法达到印刷工业所需的设计规范与标准化，还不具备整体投入用于刊印书籍的条件，只是在一本1946年刊行的《灵岩小志》版权页面上有过极少量的使用。此书内页仍然是大量使用了规范化、标准化程度较高的"南宋聚珍版"，可能已是百宋印刷局仿宋字体印制

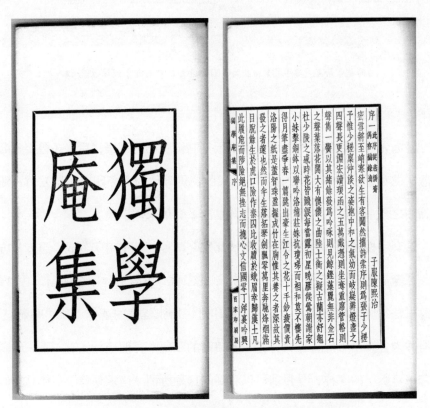

1943年，百宋印刷局南宋聚珍版《独学庵集》，书名页及序言页。

书籍的最后存照。其他诸如求古斋的"摹宋体"、华丰印刷铸字所的"真宋体"等，皆是"仿宋体"这一字体类型上的再次细分之尝试，但由于其机构本身的实力与影响力有限，且创制时间均已较晚，已无法与中华、商务这些大型出版印书机构竞争业已形成的市场。所以，这些"仿宋体"的新尝试，及至1949年之后，基本上均已从国内书籍印制中退出，或只占有极小的市场份额，均未能有更大推广。

无论如何，仿宋体这一字体类型，作为一种包含了众多古典美学内涵的设计字体，确已在二十世纪的前半段逐渐成形与成熟，之后的设计创制无论怎样的细分与变化，以仿宋体为基底的读者视觉习惯和阅读美学业已定向。

◎尾声："大字本"与"红头文件"的遗韵

1927年7月8日，上海《民国日报》第二版，刊发了一则《黄镇磐律师代表中华书局发薪工启事》。仅从启事名目来看，并没有什么特别引人注目之处，近百年前的读者拿着报纸一晃而过，即便后世研究者的目光在此也不会过多停留。

可仔细读来，却知这则启事实在是事关重大，竟关涉到中华书局解聘丁辅之的内容。原来，律师黄氏乃"代表中华书局发给解散各职工薪工"，启事列举的大量解聘人员名单中，末尾即有"聚珍仿宋部丁辅之"之名。

如果按照1921年初，中华书局方面允与丁氏订立为期十年的聘任合同，那么，其聚珍仿宋部主任一职，至少应当至1931年初，方可解聘。那么，究竟出了何种状况，导致中华书局于1927年7月间大量解聘工作人员，甚至包括丁辅之在内的专业核心人员呢？具体原因及事件细节，留待详考，在此不赘。

及至1931年，有一例聚珍仿宋版印制事件，已然表明丁氏的解聘离去，对中华书局印书方面的影响，并没有想象的那么巨大。当年，四川学者周岸登的个人词集《蜀雅》，由其门人自费出资，交由中华书局以聚珍仿宋版印制。是书印成之后，"聚珍仿宋版"的标示字样却没有印于书叶版心和版权页之上，封底贴签上却印有"上海中华书局仿宋活字铸版"字样。这样的标示，或亦表明丁氏卸任之后的中华书局，仍然有能力而且已经完全可以胜任仿宋体的排版印制了。

事实上，除了丁氏在职期间的聚珍仿宋版印刷品，除了作为"金字招牌"的《四部备要》和其他系列丛书，二十世纪三十年代的中华书局，在对外承印的一些非书局本身出版发行的书籍时，并不十分在意聚珍仿宋版的专利名称，而只着意于"仿宋"二字的口碑。之所以出现这样的情况，恐怕与中华书局方面已完全掌握这一专利技术，且又不希望与已被其解聘的丁氏产生专利名称上的争议有一定关联。

1949年，身患眼疾多年的丁辅之逝世。此时离聚珍仿宋版专利三十年期限到期，已为时不远。虽然中华书局仍在使用聚珍仿宋版印制书籍，但从1948年起，无论何种印刷品，均不再印出"聚珍仿宋版"字样以作标示。或许是因为丁辅之已被解聘二十余年，或许是出于专利期限将至的考虑；更具可能性的原因，则是当时几乎是中华书局独家使用的仿宋体本身早已深入人心，业已成为"天下公器"，已没有必要再行标示。

令人感慨不已的是，自二十世纪二三十年代仿宋体的风行于世，至三四十年代多家争相创制仿宋体并付诸印书产业，再至1949年前后几乎唯有中华书局还在继续使用仿宋体印书，这一历程却与世人对聚珍仿宋版的渐次遗忘相伴相随，互为表里。

仅据笔者所见，丁辅之逝世之后近半个世纪间，丁氏兄弟创制的聚珍仿宋版使用频次逐渐减少，最终基本停用。因这一活字排印版式，大多适用于线装竖排繁体（正体）字书籍，而1949年之后的中国国内印书行业，已不具备这样的市场需求。当时，因中国国内推行简体字，且一度出现的文化风尚的"革命化"，以及后来的"现代化"趋势，线装竖排繁体（正体）字书籍迅即从公共文化空间退出，消失殆尽，更无新增印制之可能。

不过，二十世纪六七十年代，仿宋欧体字与聚珍仿宋版的使用，也一度出现过一时少为人知的"高潮"。当时，因毛泽东的阅读需求与倡导，曾印制一定数量的大字本，提供给政府内部领导群体研读。

这批大字本的内容，大体上分为三类，一为中国古典书籍（经史子集四部皆有选用），二为外国名著（文史哲三类中译本皆有选用），三为《毛泽东选集》、毛著单行本及中外革命著述（马克思、恩格斯、列宁、斯大林著述的中译本，以及其他涉及中外革命历史的相关著述）。

这批大字本的装帧，总体上分为线装本与平装本；其中，线装本大多采用聚珍仿宋版印制，平装本则大多采用仿宋欧体字重新排版印制。无论线装本还是平装本，这批特制书籍均开本硕大，厚薄适度，行格疏朗，字大墨浓，极便目力有限者，尤其是年龄偏大的领导干部群体握读闲览。

因为国内一直推行简体字，1949年之前刻铸的仿宋欧体字字模不敷使用，还专门重新仿铸了一批简体字字模，投入大字本的印制工程之中。在新旧字模的拼版印制过程中，难免又出现了简繁体交迭使用的情况，这样的情况，也因大字本的存世，又为中国现代印刷史上添加了一页颇为特殊的"简繁同体"之

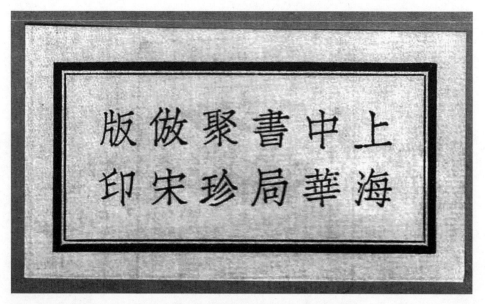

二十世纪三十年代中华书局专用的聚珍仿宋版承印贴签。

丁氏家族 1916 年合影，右一为丁三在，左二为丁辅之。

样本。

　　除了大字本对仿宋欧体字与聚珍仿宋版的创新型使用之外，仿宋体因其字体的端庄美观，还经常被使用于印制"红头文件"的正文内容。政府文件与公文，在中国国内一直套用固定的字体与格式——标题字体为宋体字，正文内容为仿宋体。这一套固定模式，至今没有大的改动，仿宋体依旧在国家公共领域中，扮演着重要角色，有着独特地位。

　　也正因为如此，由仿宋欧体字与聚珍仿宋版的创制所肇始的仿宋体在中国国内的流行度与影响力，实在是不可低估，再怎么高估都不过分的。仿宋体这一特殊的中国汉字字体，获得国家专利认证的这一百年，实在是颇可令国人感喟，颇耐人寻味，再怎么玩味都回味无穷的一个世纪。

黄节：诗学还是诗教

◎ **小引：没有《七步诗》的曹植诗集**

普通读者知道曹植（字子建），并不完全因为他是曹操的儿子，而往往是因为那一首著名的《七步诗》。在其兄曹丕逼迫之下，必须在七步之内完成的这首诗作，是载入中国学生语文课本的经典之作，源自南北朝时期（420—581）产生的一部笔记体著作《世说新语》。

除此之外，对"曹植"这个历史人物的文化想象，还来自于他所作的一篇《洛神赋》。皇家少年对洛神的一见倾心与魂牵梦萦，同样也在距今一千七百余年的古老字词中，动人心魄，感慨莫名。事实上，曹植传世的诗文尚有百余首；从南北朝开始，世人陆续为其作品结集研究，其人也被后世认为是杜甫之前的"诗圣"。

但在一千七百余年之后，有一位北大教授认为，曹植传世的诗作能确认的只有七十四首，而且并不包括那一首著名的《七步诗》。他将这七十四首诗合辑一册，并详加校注，以《曹子建诗注》之名出版。他认为包括《七步诗》在内的另三十三首诗，都存在这样或那样的问题，因此统统不予收录，理由也大致陈述了一下：

以其有传讹者、误入者、疑存者、复增者、断落不完者，无取乎畸零辏杂为也。

从此，这本辑有七十四首曹植诗作的《曹子建诗注》，成为学术界公认的最佳版本，也是后世读者深入了解曹氏生平及文学的重要指导。当然，世人还是一直都忘不了《七步诗》的急中生智，也忘不了《洛神赋》的冷艳凄美，多年积淀的文化想象，总还是要凌驾于学术理性之上的。

诚然，这样的状况，不是一位北大教授解决得了的，同样也不是一本《曹子建诗注》就可以完全注解得了的。但仍有一点可能肯定，这本书对研究曹植很重要，对这位敢于冒天下之大不韪的北大教授，同样也很重要。

这位北大教授名叫黄节（1873—1935），原名晦闻，字玉昆，号纯熙，广东顺德人。其人其事，比之一千七百年前的曹植传奇种种，还有过之而无不及。

在二十世纪头二十年里，在"革命"与"民主"的时代关键词中，黄节亦是这两个时代关键词中拈提出来的时代关键人物之一。其人原本不是什么长衫布鞋的大学教授，而是以主义作旗帜，用笔墨去冲锋的革命先锋。早在1909年，他便加入中国同盟会。1911年广东光复，为广东都督胡汉民代拟《誓师北伐文》。1913年参加南社，与苏曼殊等同为南社中坚人物。中华民国建立后，袁世凯复辟帝制期间，又频频撰文抨击君主立宪之弊，被袁氏党羽视作眼中钉，肉中刺，必欲除之而后快。

然而，在随之而来的"摩登"与"新潮"，另外两个时代关键词中，黄节似乎又是抱残守缺，逆水行舟的顽主。他曾确立并倡举"国学"与"国粹"两个重大文化概念，成为"德先生"与"赛先生"及其徒子徒孙们，始终无法逾越的高山大壑。套用索绪尔的语言学概念，在黄节身上，既有历时性的"革命"概念，又有共时性的"传统"概念——他既是先锋，又是砥柱。可以看到，《曹子建诗注》正是在这样的生涯中历炼出来的作品，而绝非一般意义上的文字训诂与史事考证之类的学术项目。

为此，似乎可以采取一种历时性的观察模式，将《曹子建诗注》这一黄氏北大执教期间的最后一本诗学著作，按其成书历程，予以阶段性、环节式的细细品味。按照书前黄氏于1928年所撰自序的说法，是书完稿付梓经历了三个阶段，即以壬戌秋（1922）在北大开讲曹子建诗为第一阶段，丙寅秋（1926）复讲为第二阶段，丁卯至戊辰（1927—1928）完稿为第三阶段。这部黄氏生前用力最勤，篇幅最巨的重要著作，是在其身染重病的情况下，抱病坚持，甚至在晚期放弃了北大授课，倾尽心力，才最终编著完成的。

黄　節
國文系教授

黄节，时任北京大学国文系教授，辑自《北京大学卅一周年纪念刊》，1929年12月印制。

完成这部著作的六年时光，或可视作理

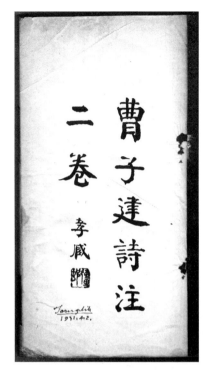

《曹子建诗注》"蒹葭楼书丛书"本，封面及扉页朱祖谋题签。

解黄氏早期思想与后期理念的一个重要区隔，这六年（1922—1928）之前与这六年之后，以及这六年之中的黄氏生涯之写照，其思想肖像便已经宛然目前了。

楔　子

关于黄晦闻的事，说起来都是很严肃的，因为他是严肃规矩的人，所以绝少滑稽性的传闻。前清光绪年间，上海出版《国粹学报》，黄节的名字，同邓实（秋枚）、刘师培（申叔）、马叙伦（夷初）等常常出现，跟了黄梨洲、吕晚村的路线，以复古来讲革命，灌输民族思想，在知识阶级中间很有势力，及至民国成立以后，虽然他是革命老同志，在国民党中不乏有力的朋友，可是他只做了一回广东教育厅长，以后就回到北大来仍旧教他的书，不复再出。北伐成功以来，所谓吃"五四"饭的都飞黄腾达起来，做上了新官僚，黄君是老辈却那样的退隐下来，岂不正是落伍之尤，但是他自有他的见地。他平常愤世疾俗，觉得现时很像明季，为人写字常钤一印章，文曰"如此江山"。又于民国二十三年（一九三四）秋季在北大讲顾亭林诗，感念往昔，常对诸生慨然言之。一九三五年一月二十四日病卒，所注亭林诗终未完成，所作诗集曰《蒹葭楼诗》，曾见有仿宋铅印本，不知今市上有之否？晦闻卒后，我撰一挽联送去，词曰：

> 如此江山，渐将日暮途穷，不堪追忆索常待；
>
> 及今归去，等是风流云散，差幸免作顾亭林。

——周作人《北大感旧录》

《曹子建诗注》，"蒹葭楼书丛书" 本，正文首页。　　《曹子建诗注》，"蒹葭楼书丛书" 本，版权页。

◎ 1922 年之前，从"国粹""国学"到"国故"

在黄氏一头扎进"诗学"故纸堆之前，是可以被称作"革命党"的。入民国后，以革命元老的身份，跻身新时代政坛，原是顺理成章之事。可是，1920年山西督军阎锡山聘其为山西教育厅长，1922年北洋政府聘其为国务院秘书长，皆坚辞不就。这位拥有1909年同盟会会籍的革命元老，放弃了参政治国的殊荣，亦不愿与政客同流，却潜心于另一番事业，即所谓国学的保护、研究与发扬。

遥思百年前"德先生"与"赛先生"纷至沓来，欧风美雨交迭袭来之际，黄氏作为国学与国粹概念的首倡者之一，俨然是不为潮流所动的"逆行者"，也是可以被鲁迅称作"活古董"的那一类人物。奇怪的是，一代京剧大师梅兰芳，都曾被鲁迅讥嘲为"套上玻璃罩"的"活古董"，可鲁迅却终生对黄氏未置一辞，成为其笔下书中少有的不被讥讽之时人。究竟是什么原因，世人不得而知。或许，黄氏本就不是一个人人都能去点评的时代人物；或许，黄氏本身就具备了让鲁迅们闭嘴的某种力量。

更为戏剧性的是，鲁迅们终日挂在嘴边笔下，痛骂狠贬的国学与国粹概念，引进者与阐扬者之一却正是黄氏。而当年与黄氏一起倡举国粹概念的，还有鲁迅曾经师从的章太炎、梁启超、康有为等。即便在这样的大师级阵容里，鲁迅都曾挨个儿有过并不客气甚至调侃式的点评，可就是不曾对黄氏动口动笔，实在是颇为耐人寻味。

须知，"国学"一词，本不是中国特产，而是在西学和"欧化主义"刺激下，由日本学界最先提出来的。戊戌变法前夕，屠仁守驳《时务报》所载严复《辟韩》一文，首次提到《东华杂志·汉学再兴论》中日本学界有"国学勃兴，将压倒西学"的说法。

"国粹"的舶来，也几乎与此同时。1901年9月，因戊戌变法失败流寓日本的梁启超，在其自己创办的《清议报》上发表《中国史叙论》一文，文中有"中国民族固守国粹之性质，欲强使改用耶稣纪年，终属空言耳"之句，或为国人二十世纪初在报刊上首次使用国粹一词。

时至1902年4月，梁启超致信康有为，再次提及国粹概念，称：

日本当明治初元，亦以破坏为事，至近年然后保存国粹之议起。国粹说在今日固大善，然使二十年前昌之，则民智终不可开而已。

应当说，梁氏对日本明治维新之后的社会文化风气，有着相当清晰深刻的认识。与中国国内的情势相参照，指出国粹之说"在今日固大善"，但若提前到"二十年前"，即戊戌变法之前来倡举国粹的话，"则民智终不可开而已"。

同年7月，《译书汇编》第五期刊载有《日本国粹主义与欧化主义之消长》一文，又揭示了当时在日本两种"主义"的对垒情况：

日本有二派，一为国粹主义。国粹主义者谓保存己国固有之精神，不肯与他国强同，如就国家而论，必言天皇万世一系；就社会而论，必言和服倭屋不可废，男女不可平权等类。一为欧化主义，欧化云者，谓文明创自欧洲，欲己国进于文明，必先去其国界，纯然以欧洲为师。极端之论，至谓人种之强，必与欧洲互相通种，至于制度文物等类无论矣。

邻国日本的"主义"纷争，似乎也在给中国当时的社会状况做预演与示范。1902年秋，梁启超与黄遵宪商议在日本创办《国学报》，"当以保国粹为主义，取旧学磨洗而光大之"，黄遵宪建议"当以此作一《国学史》"。梁启超论《中国学术思想变迁之大势》，将国学与外学相提并论：

今日欲使外学之真精神普及于祖国，则当转输之任者，必邃于国学，然后能收其效。

毋庸多言，以东邻日本的明治维新之经验总结，梁氏率先发起的国学、国粹概念之引进与阐扬，是颇具现实意义的。在那个风雨飘摇中的帝国时代末期，国学能否护国，国粹能否救国，或许只是一介书生，一代学人的纸上理想，可即将到来的"革命"与"新文化"种种，还是为这两个概念的历练与重生埋下了伏笔。

不妨仍套用索绪尔的语言学概念，来予以研判。无可否认，国学与国粹这两个概念是共时性概念，是不会过时的概念——只要国家存在，国学必然存续，国粹仍需守护；新与旧的历时性因素，很容易在这样的共时性概念中被稀释与消解。

作为历时性概念的革命与新文化，则往往只是具备冲击力的秩序外因素，在破坏旧秩序的前提下确立新秩序，这本身也无可回避地需要存续原有的某些共时性因素——即无论新旧，秩序本身有一些时代共通性，不可磨灭的基因。这样一来，历时性与共时性概念的冲突妥协，合谋变异到最终确立，就成为历史应有之义，本亦是历史应有之义。

因此，国学与国粹这两个概念，从提出、倡举到确立，很容易得到国人同感与共鸣；即便不久遭遇革命与新文化两大观念之冲击，也能屹立不倒，共鉴乃至共谋历史。

简言之，国学是个筐，什么都可以往里装。总会有一天，跟它对着干的革命与新文化，也会成为"新国学"的一部分，历史总会找到妥协与妥洽，和解直至和谐的理由。

不过，当年的梁启超及国内的青年才俊们怎么思索，怎么回应这两个舶来概念，一切都还只是瞬息万变，前途未卜的未知数。事后诸葛亮地如笔者辈的后世读者，只需通过翻检文献，查验史实，即刻就会惊讶地发现，远舶日本的梁氏在中国国内的第一个回应者，竟然就是来自广东顺德的黄节。

刚刚三十岁出头的黄节，那时还并不醉心于诗学，也几乎是不写诗的，甚至于还看不起那些终日"四书五经"的这个夫子，那个公子什么的。虽然也是少习诗书的富家子弟，但此时的青年黄生，并非循规蹈矩的旧式书生模样。从1895年师从简朝亮学艺，在简师的读书草堂中刻苦研学两年之后，"熟史工诗，流派自开"的黄生，却没有因之止步于诗书修养。离开草堂之后，又毅然进入广州花地云林寺、六榕寺苦读。这段时间，黄生饱览诗书，大量置书读书，学贯古今的胸怀，开始悄然蕴藉着某种惆怅。

这种惆怅的来源是双向的，有纸面上的历史想象，更有眼跟前的真实景象。他读得最多的是《史记》及宋明遗民典籍，历史与历史人物的那些荡气回肠与千古苍凉之外，他看到与听闻最多的却是活生生的帝国危亡之景象。1900年前后，他搁下书卷，走出书斋，北上漫游各地，结交各路才俊。这次出游不仅让其眼界大开，更对其人生道路产生了重大影响，他深感要改变中国国力衰微的状况，应该先从开启民智着手。

1902年，梁启超在日本大谈国学、国粹之际，黄节赴顺天府乡试。在死板老套，千年同调的科场应试文章中，他扔掉四书五经式的陈辞滥调，却以一介书生之力，力陈"同仇御侮"方略，相当于用秀才手笔做起了将军题目。这使考官袁季九对其惊为天人，大为赞赏，遂联络十八房考官合力荐其为解元。不过，主考官陆润庠根本理解不了，更不接受这样的应试文章，没有让秀才做成将军，并最终使其科场落第。从此，他对病入膏肓的清王朝彻底失望，认识到只有革命，中国才有希望。开启民智与发动革命，在这位刚刚科场落榜的青年看来，已经成为一对相辅相成的行动概念，再也没有任何可以调和的中间环节可言了。此时的黄生已然判定，从新式教育到军事方略，再怎么先进实用的改良举措，都不足以挽救眼前这个衰朽不堪的古老帝国，唯一可行的就只剩下"革命"二字了。

就是一年前，也就是1901年，黄节都并不一定想得到"革命"二字。他还认为开启民智比政治改良更为重要。他与谢英伯、潘达微等人在广州创办"群学书社"，不久又改名为"南武公学会"，置办了各种中外报刊供人阅览，以期开阔公众视野，提倡科学态度。到了1902年科场失意而归时，功名无望但还衣食无虑的黄生，对于怎样开启民智，怎么发动革命，又怎样把这二者联系互动，还没有什么确定无疑的全盘计划可言。此时，虽然心意已决，却还需要有足够多的时间去思考与探索。

与那个时代放眼世界的摩登青年们一样，在欧风美雨的一番张望之后，很自然地又将目光停留在了经明治维新而富强的东亚邻国——日本。日本舶来词汇"国粹"也很快进入其视野，并因之再次组建了倡举推行这一概念的社团。

时为1904年3月，黄节在《政艺通报》第一号发表《国粹学社发起辞》，称"海上学社林立，顾未有言国粹者"，"岁甲辰，同人创为国粹学社"，声明"国粹，日本之名辞也。吾国言之，其名辞已非国粹也"。同时，他发布了乙巳（1905）"广告"，表示"于保存国粹之一面，务欲发挥而光大之，以为吾祖国生色"。同年4月，梁启超也在《时报缘起》再提"于祖国国粹，固当尊重"。5月，邓实在《政艺通报》第三号发表《国学保存论》，提出"一国有一国之学"，为"国学"概念张目。12月30日，黄节在《政艺通报》第十一号发表《国粹保存主义》，开始系统介绍日本的国粹主义，他这样写道：

夫国粹者，国家特别之精神也。昔者日本维新，欧化主义浩浩滔天，乃于万流澎湃之中，忽焉而生一大反动力焉，则国粹保存主义是也。当是时入日本国民思想而主之者，纯乎泰西思想也，如同议一事焉，主行者以泰西学理主行之，反对者亦以泰西学理反对之，未有酌本邦之国体民情为根据而立论者也。文部大臣井上馨特谓此义，大呼国民，三宅雄次郎、志贺重昂等和之。其说以为宜取彼之长，补我之短；不宜醉心外国之文物，并其所短而亦取之，并我所长而亦弃之。并加解释说：本我国之所有而适宜焉者，国粹也；取外国之宜于我国而吾足以行焉者，亦国粹也。

不难发现，黄节以东邻日本的发展历程为活生生的案例，明确阐发了"全盘欧化"之害以及"保存国粹"之利；不全盘的欧化加上择善而存的国粹，当然是国家文化在现代化进程中的最优之选。作为梁启超在中国国内的首位呼应者，作为首个以国粹命名的社团发起者，黄节将舶来概念洋为中用，并力图使之彻底纳入中国语境与社会环境之中。这个课题当然是极为艰巨的难题，当然是知易行难，这么理想化的模式该如何操作？

应当说，黄氏的前半生皆为此难行之事而四处奔走，理论上的勇气并非只是红口白牙的书生意气，他为之付诸行动，为之付诸生涯。他不顾亲友阻挠，毅然返乡变卖祖辈产业，怀揣着一摞银票，迅即赴上海与章太炎、邓实、马叙伦、刘师培等创立"国学保存会"，并创办《国粹学报》。

当然，在二十世纪头二十年，在眼前大师云集的国学与国粹世纪讲坛之上，黄氏中外兼取之国粹概念，从一开始就未能与诸位大师达成完全一致。以至于"共赴国难，同振国粹"之志愿，虽然在这座讲坛上皆无疑义，可谓志同道合，但一落实到具体的名词解释与个人理解层面上，则又很难统一，可谓百家争鸣。所谓"独立精神，自由思想"，可不是一句说说而已的漂亮话——那时的公共知识分子，为了一个概念理解上的差异，在自己阵营内部从亮剑到论剑，往往剑拔弩张，常常刀光剑影。

时至1905年1、2月间，国学保存会成立，把"研究国学，保存国粹"确定为办会宗旨，原本试图将国学与国粹概念捏合在一起。但不论国学保存会成立之前还是成立之后，黄节、邓实、章太炎、刘师培等所谓"国粹派"，对于国粹或国学的概念，始终存在着不尽相同的理解和说法。

黄节首先以"名从主人，物从中国，吾有取于其义云尔"，表示与日本所说国粹不同。所谓的"吾有取于其义"者，意在"粹"而不在"国"，即认为"发现于国体，输入于国界，蕴藏于国民之原质，具一种独立之思想者，国粹也；有优美而无粗粝，有壮旺而无稚弱，有开通而无锢蔽，为人群进化之脑髓者，国粹也"，只要适当今中国之用，均为国粹。

　　而章太炎发表《印度人之论国粹》，就像是在针对黄节的"吾有取于其义云尔"之说，认为"义有是非，取是舍非者，主观之分；事有细大，举大而不遗细者，客观之分"，明确表示称"国粹诚未必皆是"。且章氏于1906年出狱，流亡日本之际，在东京留学生欢迎会上发表演讲，又公开宣扬"用国粹激动种姓，增进爱国的热肠"，提出了以汉族历史为中心的国粹观念及概念，公开宣称：

　　为甚提倡国粹？不是要人尊信孔教，只是要人爱惜我们汉种的历史。这个历史，是就广义说的，其中可以分为三项：一是语言文字，二是典章制度，三是人物事迹。

　　章氏的这一说法及其立场，显然与黄节的国粹观有着重大分歧。黄氏所强调的国粹是能为国民之所用的各类有利于进步发展的思想，而无分中外古今，皆可择善而从。可章氏所言国粹则纯为汉族种姓之历史遗产，客观上是守护传统，主观上则趋于排满尊汉。

　　黄氏的国粹概念显然更为开明，更为现代化，但章氏的国粹概念则更顺应时势，更具摧枯拉朽之煽动性。在当时特殊的历史背景之下，确实很难做出孰优孰劣，孰是孰非的评判。不过，如果抛开当时需要发动激烈革命推翻大清帝国这一特殊历史背景的话，纯粹从概念本身及观念立场的包容度而言，黄节的国粹观应当更为开明开放，完全没有狭隘的民族主义倾向。

　　后来，黄、章二人的国粹界定之歧义，结果为更宽泛的一个概念国学所调和。在黄氏老友邓实1904年发表的《国学保存论》中，针对异国异学，将国学视为本国之学。1906年，他又发表《国学讲习记》，进一步为国学定义：

国学者何？一国所有之学也。有地而人生其上，因以成国焉，有其国者有其学。学者也，学其一国之学以为国用，而自治其一国也。国学者，与有国而俱来，因乎地理，根之民性，而不可须臾离也。君子生是国，则通是学，知爱其国，无不知爱其学也。

章太炎在《民报》第七号发表《国学讲习会序》，讲的还是先前"就广义说的"历史的三项内容，但不再使用国粹一词，而开始使用国学一词，并解释说：

吾闻处竞争之世，徒恃国学固不足立国矣，而吾未闻国学不兴而国能自立者也。吾闻有国亡而学不亡者矣，而吾未闻国学先亡而国乃能立者矣。故今日国学之无人兴起，即将影响于国家之存灭，是不亦视前世为尤岌岌乎！

紧接着，1907年邓实在《国粹学报》第二号发表《国学真论》，引入西方政治学以及先前"君史""民史"的理念，特别指出：

近人于政治之界说，既知国家与朝廷之分矣，而言学术则不知有国学、君学之辨，以故混国学于君学之内，以事君即为爱国，以功名利禄之学，即为国学，其乌知乎国学自有其真哉！

　　邓实认为，这两者的区分在于"以人君之是非为是非者"为"君学"，"遥遥二千年神州之天下，一君学之天下而已"；"不以人君之是非为是非者"为国学，仅赖一二在野君子著书立说，"本其爱国之忧"，得保不绝如缕。邓实对此更进一步指出，所谓的"不以人君之是非为是非者"，在中国历史上大多是通过字里行间表述出来的，却实现不了的"空想"或"学说"，主要反映在诸子百家时代及后世的各类研究著述之中。

　　就在邓实出面调和黄、章二人国粹观念之际，《国粹学报》刊载论著的内容，却已然发生了微妙变化——章太炎开始主导这一刊物的国粹思想之变迁路线。

　　1906年该报第十一、十二号，接连发表章太炎《某君与某论朴学报书》《与某书》，俱是论"学"而不说"粹"，强调"鄙意提倡国学，在朴说而不在华辞"。同时，又启用了"国故"的说法，有云：

　　群言殽乱，国故日衰，得《朴学报》振起之，忻慰无量！

　　1907年该报第十二号，发表章氏《某君与人论国粹学书》，针对国粹研究偏于经世的状况指出：

　　学名国粹，当研精覃思，钩发沈伏，字字征实，不蹈空言，语语心得，不因陈说，斯乃形名相称。若徒摭旧言，或张大其说以文，盈词满幅，又何贵哉！实事求是之学，虑非可临时足辨……若尔抄撮成言，加以论议，万言之文，謦欬可了，然欲提倡国粹，不应尔也。

1909年该报第十号，发表章太炎《致国粹学报社书》，要求"贵报宜力图增进，以为光大国学之原，延此一线，复以自沮"。1910年该报第一号，发表章氏《与王鹤鸣书》，则又明确表示不以有用无用作为衡量学术的标准：

仆谓学者将以实事求是，有用与否，故不暇计求……学在辨名实，知情伪，虽致用不足尚，虽无用不足卑。

1911年该报第九至十三号（《国粹学报》最后一期），发表章太炎《与简竹居》。简竹居即简朝亮，字季纪，号竹居，黄节之师。文中有这样一段文字：

《尚书》《春秋》，左右史所记录，学者治之，宜与《史记》《汉书》等视，稽其典礼，明其行事，令后生得以讨类知原，无忘国故，斯其要也！古今异变，宜弗可以同概，通经致用之说，则汉儒所以求利禄者，以之哗世取宠，非也。

当时，有相当一部分学者受章氏观念之影响，开始推崇以朴学为核心的国学概念，逐渐摒弃现代化、实用化、政治化的国粹观念。早在1908年孟春之季，刘师培在《国粹学报》三周年之际所写祝辞中，就已明确提出"不以学术为适时之具，斯能自成一言"，认为"学古为入官之阶梯，变通乃趋时之捷径"是造成"道衰学敝"的原因。《国粹学报》1909年第十三号总结办刊大旨，发布《明年之特色》，更是公开申明了以章氏国学观为核心价值观的办刊主旨：

力避浮华而趋于朴学，务使文有其质，博而寡要，非关学术源流、有资考证者不录，庶几韩子所云惟陈言之务去者。至于保存古物，不遗故闻，训释周秦诸子之书，使尽可读，引申乾嘉诸儒之学，不绝其绪，诠明小学，以为求学之门径，谨守古谊，以毋越先民之训，五年于兹。

应当说，这样的情势之出现，也标志着以黄节为代表的国粹（国粹者，国家特别之精神也）派，在与章太炎为代表的国学派论战中，即将彻底失势退出。当然，国粹这个概念，并未就此退出历史舞台，这个概念依旧在公共文化领域中流行一时，仍然被频频使用与解说，误用与滥用的情况也时有发生。不过，这已是后话了。

显然，此时的《国粹学报》已非创刊时的《国粹学报》，此时所说国粹更非"激动种姓"或"适当今中国之用"的国粹。国学与国粹的捏合之初衷与调和之努力，最终却以国故概念的出现，而黯然收场。刊名中的那个"粹"字几乎可以就此取消，径称《国故学报》，或更简称为《国学报》可也。开启民智也罢，激动种姓也罢，这场"国"字号的传统文化革命，最终以一种"活古董"的方式退守在了现代中国文化一隅。大行其道的仍是来自西方世界的各类主义与主张，各种思想与思潮；"德先生"与"赛先生"，或轮番上阵，或同台竞演，国人则跟着应接不暇，走马观花。

反观这一场从保存国粹到振兴国学，再到最终的国故整理的论争，整个历程中所呈现出来的思想模式蜕变或者说概念衍化进程，正如一帮挥斥方遒的青年突然摇身一变，化作一群穿着长衫马褂，弓腰驼背的老夫子，这恐怕是黄节始料未及的局面，也并非章太炎孜孜以求的初衷。虽然在日益激进，不断变革的新社会中，国粹、国学、国故的追随者们，尚能有一席之地，但这毕竟是倚老卖老的僵局，再也没有枯木逢春的机遇了。

可此时的黄节并不老，也才三十来岁，从来没有想过倚老卖老的营生。从思维方式上来看，他的青春活力与激愤血性，丝毫不亚于那些揣着炸药与满清高官同归于尽的革命党人。或许，《国粹学报》上的论争种种，从理论到理论的高蹈宣扬，在他看来，都还不如革命党的一发炮弹落地开花来得畅快与痛快。

《国粹学报》为研究国学的学术性刊物，创刊于 1905 年，是革命学术团体"国学保存会"的机关刊物，编者有邓实、章炳麟、罗振玉、黄节等。黄节早期的国粹理念主要发表于该刊。

就在章太炎等开始主导国粹话语权之际，1905 年，黄节回到广州主编了《广州旬报》，创办《拒约报》，揭露美国华工受迫害的实情，鼓吹群起抗争，反对帝国主义。1907 年，他还赞助于右任等创办《神州日报》，次年参与组织南社的筹建。1909 年，又赴香港加入同盟会。所有这些举动，已经很难让人想象，这样的革命青年，会与什么国学、国粹有关。这些随时会让其身首异处的革命生涯，成为理解黄节思想与生涯的必要前提，国学与国粹等学术概念，在此反倒成了点缀。

辛亥革命一声炮响，似乎一切新生活、新文化，即将就此破题开篇。整日担心国破家亡的前清遗老们，在这场"世界末日"式的剧变中反倒轻松了许多，毕竟"末日"来了，哪儿凉快就到哪儿去，不用再担惊受怕了。那时的中国版图上，还有的是租界与空地，不用捎带铺盖卷，只需揣上几张银票，即可拎包入住的前清遗老们，似乎统统退出了一直令他们胆战心惊，惶恐不安的政治生活，进入到另一种隐逸安适、优雅从容的文化生活中去了。革命党人或者革命追随者们，则绝无此闲情逸致，他们迫切需要建设一个新世界，为之布置新秩序，积聚新力量，宣扬新文化，黄节也正是这一群"忙人"中的一员。

1911年秋，广东光复。黄节返粤后，曾合创南武公学会、南武中学堂，并出任省高等学堂监督，替都督胡汉民草拟《改元剪辫文告》《誓师北伐文》。翌年，与谢英伯、潘达微等组织"天民社"，创办《天民日报》，力倡发扬民主，伸张民权，罢斥贪官污吏。民国二年（1913）春，他加入南社，屡屡与南社诸君把酒论剑，指点江山。同年5月，又黯然回归帝都，到北京铁路局供职。

此时郁郁不得志的黄节，时与罗瘿公等征歌狎妓，诗酒唱酬。袁世凯策划君主立宪期间，他忽然怒不可遏，频频撰文抨击，致遭当局忌恨，一度避居天津法租界。世事总是如此无常，这"革命"的大圈子绕了一大圈，最终还得回到原点，早知今日原地踏步，又何必当初南北交驰？此时，这大江南北折腾了许久的革命青年黄节，却要像逃亡的前清遗老们一样，在三民主义开国开篇的新时代里，不得不退避三舍。此刻，革命者与遗老们同处租界，这是何等景象？无法想象的文化失落，无法解脱的人生困顿，为此时的黄节，圈点着鲜明的句读。

避居租界后不久，从1917年开始，黄氏受聘为北京大学文学院教授，专授中国诗学。至此，那个时常见诸报端的意见领袖消失了，原本应该活跃于三民主义新国度中的革命元老退居二线，甚至于连国学、国粹、国故这些老话题与旧掌故，也从此闭口不谈，只偶尔自己写写诗，再给学生们讲讲古诗而已。

国学保存会藏书楼合影，从右至左第三人为黄节（戴西式绅士帽者）。

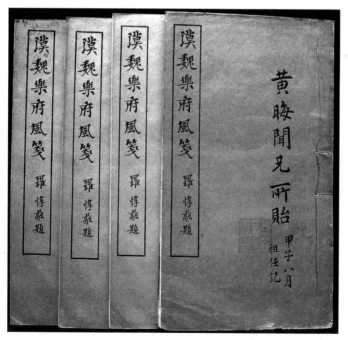

《汉魏乐府风笺》，黄节著，民国初印本，黄节持赠词人谭祖任。

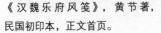

《汉魏乐府风笺》，黄节著，民国初印本，正文首页。

《汉魏乐府风笺》，黄节著，北京大学讲义本。

《汉魏乐府风笺》，黄节著，北京大学讲义本，罗振玉题签。

◎ 1922—1928，从诗学到诗教

1917—1922年，这五年时间里，黄节的诗学课程，究竟有着怎样的讲授内容？1918、1919、1921年三次重版，由北大出版的《诗学》一书，可以看作是黄节诗学课程的主干。

这部只有两万余字的著作，被誉为二十世纪最早的一本中国诗学批评史。之所以标榜为"最早"，是因此书初稿，早在清宣统二年（1910）即以《诗学源流》为名，由粤东编译公司铅印出版。待到黄节在北大授课时，又经过了两次修订，1921年第三版《诗学》出版后，实际上就已经成为国内文科学子们必备的名师讲义，风行海内的中国诗学定本。

可以看到，黄节所谈的诗学，并非什么古体诗写作指南的速成手册，也不是什么古体诗鉴赏品评的案例清单，而是一册异常严肃的"以诗言教""以诗

言志"的，关于中国古体诗发展历史的形而上学。黄氏恪守《诗经》中的微言大义，认为"诗教之大"，是关乎国家命运的大义所在。此时投身诗学教育的黄氏，并非是什么悠然自适的行吟诗人，也不是什么慢条斯理的大学教授，而是颇有点急风暴雨式的忧国忧民者。他奋笔疾书，为其《诗学》讲义，写下这样一篇自序：

《诗序》曰："《小雅》尽废，则四夷交侵，中国微矣。"夫诗教之大，关乎国之兴微。而今之论诗者，以为不急，或则沈吟乎斯矣，而又放之于江湖裙屐间，借以为榆扬赠答者有之。诗之衰也，《诗》义之不明也。《诗序》：自《鹿鸣》以至《菁菁者莪》，述文武成康之治。治之以生人之道，所谓义者而已。记曰：诗以理性情。人之情时藉诗以伸其义，义寄于诗，而俗行于国，故义废则国微。奈何今之论诗者以为不急乎！夫《诗三百篇》，学者童而习之。然闻其义而忽其辞，则不能引诸吾身，以称情而出。其失在不学作诗，盖声之感人深也。夫作诗者必尽求之《三百》，则经学所说诗亦已足矣。虽然，诗之义存乎《三百》，而辞则与世而移。顾亭林曰："不似则失其所以为诗，似则失其所以为我。"又曰："《三百篇》之不能不降而《楚辞》，《楚辞》之不能不降而汉魏，汉魏之不能不降而六朝，六朝之不能不降而唐，势也。然则学诗者只求之《三百》，抑岂能尽其辞者乎？"殆亦亭林所不许已。是故学诗者于《三百》求其义，于《楚辞》以降求其辞，由是引诸吾身，以称情而出。经学所说诗，求其义者也，兹编之讲习，求其辞于后世，而衷其义于《三百》者也。刘梦得曰："感人心者，莫先乎情，莫始乎言，莫切乎声，莫深乎文。"呜呼！诗教寝微，国故垂绝，愿与邦人诸友，商榷乎斯旨，倘亦有不可废者欤？

原来，黄节所急于指明与阐扬的诗学，并非学术意义上甚或技术意义上的关于诗的学问。在他看来，真正的诗学，是要弄明白自《诗经》以来的"诗义"，即诗歌对于人的生活、国家的命运而言，究竟有什么意义？他痛心疾首地指出，自《诗经》以来，诗义逐渐为世人所冷落、遗忘甚至漠视与曲解。虽然诗歌的创作层出不穷，而且词藻越发繁密华丽，但从《诗经》到唐诗，已经把诗义消磨得一干二净。诗人们只知道抒情，却把应由诗义之探求而付诸"诗教"的使命弃置一边。为此，他以长吁短叹的方式，发出了写这本《诗学》的真诚呼吁：

鸣呼！诗教寝微，国故垂绝，愿与邦人诸友，商榷乎斯旨，倘亦有不可废者欤？

在这最后一句呼吁之中，黄氏将诗教与国故相联系，并认为这二者休戚与共，而且已经到了唇亡齿寒的地步。换句话说，黄氏此刻在北大教授诗学，就是在拯救国故，仍是在守护其个人心目中所理解的那个国粹。

在之后万余字的精简阐论中，以《诗经》始，至明代诗学终，各分朝代章节叙述。从历史年代上讲，最接近《诗经》源头的汉魏诗学与六朝诗学，最为黄节所看重。书中列有一个表格，将诗学重心所在，及《诗经》的传承路线，勾勒得相当明晰。《诗经》中的《小雅》一脉由阮籍得传；《国风》一脉则分作两支，一支走向了以《古诗十九首》为代表的五言诗体；一支则是以曹植为代表的乐府诗体，之后的陆机和谢灵运等，皆是这一支诗体的继承者。

在黄节看来，汉魏六朝之后的诗学，在唐宋还尚有李（白）、杜（甫）、苏（轼）、黄（庭坚）等承其余绪，间有发扬；但就诗义而言，与《诗经》传统及诗教终已隔了一层。最接近《诗经》传统的汉魏诗学，理应受到重视与守护。

如果说《小雅》一脉只有阮籍能传其义，其中放旷自任，洒脱不羁的个性，尚不足以代表泱泱中国的诗教之大；那么，国风一脉的传承代表人物曹植，身后尚有陆机、谢灵运等得其神旨，又有初唐陈子昂等重倡，至明代仍有高启等追摹，自然应该重新纳入国粹的范畴里，加以重新评价与阐扬。一言以蔽之，研究曹植及其诗学，从本质上讲，就是重新发掘诗学真义，重新提炼与阐扬以诗歌形式保留下来的国粹遗产。

一册薄薄的《诗学》，一张简单的表格，勾勒出的却是一部厚重深沉的救国秘笈。《诗学》的出现，以及之后在一九二〇年代泉涌而出的六本黄氏诗学著述，如《汉魏乐府风笺》《魏武帝魏文帝诗注》《阮步兵咏怀诗注》《鲍参军诗注》《谢康乐诗注》《曹子建诗注》等，一脉贯穿于北大任教时期的黄氏精神世界。以上六本书，不过是《诗学》的段落扩写与史料精编，迄于汉魏诗学，涵摄六朝诗学的这些个案专著，终篇以1928年完稿，1929年出版的《曹子建诗注》而尘埃落定。其间意味，实在耐人寻味；或许，这七本册子，即是黄氏倡诗学，举诗教，保国粹，救国故的一番"诗言志"之微妙表达罢。

作为黄氏著述终篇，《曹子建诗注》的特别之处，在约略了解黄氏生平之后，自然心领神会，不免抚须微颔。可是，如果以为黄节是以曹植自况，政治生活上不得志且濒临危局，遂义无反顾地选择回归古典世界，自主学术生涯，那么，在黄氏自己划定的这个"诗学"圈子里，难道当年那个与梁启超相呼应，与章太炎辩争"国粹"之义的先锋，就此在这迄于汉魏，终于汉魏的国故时空中，与眼前的滚滚红尘不再往来？这位看似已全然脱离政治生活的北大教授，难道真的要如同一千七百年前的曹植那样，梦寐着自己心中的那位诗学女神，就此神游天宇，凌波微步于摩登世界之外？

　　与黄节同时代，随时代潮流而来的，异彩纷呈的学术门类及其新旧掌门人，可没有那么淡定超脱。黄氏在北大潜心诗学，倾心诗教的十年，以北大为首的国内学术圈子里早就鸡飞狗跳，鸡犬不宁了。学生可以罢课游行，校长也可以被驱逐下台；这边厢刚刚砸烂"孔家店"，那边厢热烈欢迎泰戈尔。男女学生已然同校同学，男女授受不亲的信条自然失效，公开的罗曼蒂克亦无不可；那时，一束情书可能成就一位新派作家，一组情诗则也可能被视作新文学杰作，"新青年"们可谓无往不利……这即是黄氏诗学的教学环境，可想而知，再大的诗教，再好的诗义也不会是想象中的那么诗意罢。

《诗学》，黄节著，北京大学讲义本，正文首页。

《诗学》，黄节著，北京大学讲义本，1918年10月初版。

《变雅》，黄节著，北京大学讲义本，著者自序首页。

《变雅》，黄节著，北京大学讲义本。

其实，纯粹把心思用在做学问上，与纯粹不问世事做学问是两回事儿。任何学问总是与世事相映照的，只不过还得去辨析，彼此的映照是明白清楚还是含蓄委婉；任何学问还终是要与世事相关照的，只不过还得去体悟，彼此的关照是迫在眉睫还是从长计议。

乍一看，黄节似乎走上了一条不问世事、只做学问的羊肠小道。说"羊肠"，是狭窄晦涩的范畴，同音则可替换为另一个意义截然相反的词汇"扬长"；羊肠与扬长，羊肠还是扬长，则需另一番长远眼光的抉择。事实上，在黄节之后的陈垣、陈寅恪等诸学者的学术路径，皆是这种看似羊肠，实则扬长的抉择。

如果认为黄节的诗学之旨趣、诗教之大义、诗义之理路，皆是与时代世事毫无瓜葛的古董级学问，骨灰级学术的话，则是从根本上误解了黄氏的学说，也从根源上误会了黄氏的用心。

◎1928 年之后，"政治学术论"的微言大义

黄氏在一九二〇年代的诗学独行之路，与当时正致力于研究中国古代外来宗教史及边疆史的广东老乡陈垣有些相似；前者把古典诗歌追随者的目光从唐宋调离至汉魏，而后者则在把史学典籍烂熟于胸之后，直接研究起中国边疆上那些奇特的外来宗族种种。

可以看到黄氏只是让习惯了李白、杜甫、苏东坡的中国古诗读者，把阅读的频道更换成了曹植、阮籍、谢灵运等；就算是百般惊诧与不适应，但至少还算是在"中国古诗"这一传统之内的，还不至于陌生得无法适应。而陈氏则走得更远，整个一九二〇年代，从 1922 年至 1927 年，写成了《火袄教入中国考》《元西域人华化考》《开封一赐乐业教考》《摩尼教入中国考》《回回教入中国史略》五篇长稿。这几个"考"横空出世之后，直接把普通文史学者与读者给"烤"得外焦里嫩，目瞪口呆。不能深刻品味其学术成果也就罢了，关键是人们为之感到无比纳闷：研究这些内容干什么？究竟有什么用？为什么大学教授，尤其是在新文化运动背景下的大学教授，还会去一门心思地搞这些学问？

这一连串的疑问，对陈垣适用，同样也对黄节适用。遗憾的是，当年没有人来品评黄氏诗学的奥秘；好在后来还有人洞察了陈氏外来宗族史学的微妙，在陈著《明季滇黔佛教考》出版之际，终于道出了"微言大义"，同样也可以做黄氏诗学的解读参考。只不过这时（1940），已经是黄氏诗学体系完成后十

年，黄氏本人也已逝世五年之后了。

黄节在北大讲授诗学时，还在北平国立图书馆（今国图）做编辑的孙楷第，当时已在北大做了讲师。当其读到陈垣所著《明季滇黔佛教考》时，同时也看到了陈寅恪为之所作的序言，两位陈先生的学问都让其深深赞佩。联系到刚刚研读过的陈寅恪所著《秦妇吟校笺》，他认为二陈之史学旨趣实在是异曲同工，南北呼应。心有灵犀一点通的二陈学术，在看似偏僻冷门的领域中，以史证世兼以史明道；心存幽远之意，看似出世却仍意在用世。孙氏对此有着这样的评价：

其以唐末政治说明晚唐文学，亦与先生之以明季政治说明明季宗教同。可谓万里同时，遥遥相应者。吾因此而知政治与人生关系之切也。盖人虽不参加政治者，其生活实无时无事不受政治支配。以纯粹学者言，当承平之时，践台阁，拥节旄，轩冕之盛，学者不与。逢抵巇之运，因时会，立功名，无畏之赐，学者不与。似与政治关系浅矣，而其实不然。夫学者沈酣书史，固不必责以干济之事。其所以贡献于国家社会者，唯此著作耳。及其遭逢乱世，则经籍文物，平时所资以从事著作者，已全不可保。是当国家承平之时，学者不得与他人同其荣；艰难时却不得不与他人同其厄。此乱世学者生活之尤不得不受政治支配也。史官悲其遇，因谓"此道非趋时之具，其穷也宜"。夫知"此道非趋时之具，其穷也宜"，则学者有以自处矣。观寅恪先生之南驰苍梧瘴海，未作穷愁之志，犹能出其所长，考订遗编。援庵先生之索居燕市，犹甘寂寞著书，名篇大文，日出不已。则知学者之安时守道，哀乐不足萦其心，无时无地不可著书明矣。今人不能自修，往往诿之于时，以为吾非不愿著作也，奈时势不允何。呜呼！士君子亦在自致耳，孰谓时势能困人哉！

　　这番发表在1940年12月《图书季刊》新第二卷第四期上的评价，是孙楷第从陈垣与陈寅恪鼓捣的冷门学问里看出的门道，是由衷的心得体会，更是一时勘破的灵光乍现。可惜的是，先前孙氏没能看到，或者说没有注意研究过黄节的《诗学》与《曹子建诗注》，否则的话，这番领悟可能会提前十年到来。

　　诚如孙氏所言，学术与政治始终关涉，即使学者们看似没有参加任何政治活动，"其生活实无时无事不受政治支配"。学者们遇上太平盛世，固然是好，但因为学术活动本身的非功利性，所以即使生逢盛世，也大多"不得与他人同其荣"；而一旦到了艰难的乱世时代，学者们"却不得不与他人同其厄"。

　　孙氏将学者生涯与政治环境相联系，实际上是想说明，学术必然与政治相关照，再怎么冷门偏僻的学问，都会映射出学者自身的政治理想与生活境遇。陈寅恪以"唐末政治说明晚唐文学"，陈垣以"明季政治说明明季宗教"，就已经从学术实践上印证了孙氏的"政治学术论"。他自己也为之感慨道，"吾因此而知政治与人生关系之切也"。毋庸多言，孙氏的这一番政治学术论，在1949年之后的两位陈大师身上再一次演绎分明，还真有点一语成谶的意味了。当然，孙氏的这个读后感，搁在十年前，黄节已经提前预演其中微妙意旨，真真分毫不差。

　　在构建诗教理想体系的过程中，在重拾国粹理念下的诗学体系中，黄节曾经尽力试图摆脱来自政治层面上的各种干扰。本是革命元老、开国元勋，却在开国之际因言获罪，还被袁世凯通缉，这一系列理想与现实的巨大反差，令黄氏对一九二〇年代的中国政治生态，已经厌倦至极。也正因为如此，当蔡元培

《曹子建诗注》"蒹葭楼书丛书"本，
著者自序末页。

《曹子建诗注》"蒹葭楼书丛书"本，
著者自序首页。

公开表示支持新文化运动时，不由得推己及人，由自己青年时代的经历，去推想眼前新青年们的未来，对此深表不满与不安，也开始对大学教育的前途与命运深感忧虑。

1922年秋，当局聘其出任北洋政府国务院秘书长，他坚辞不受，唯恐避之不及。1923年3月，总算应孙中山之召，赴广州任元帅府秘书长，车马未驻之际，因观政局不佳而不就，迅即又回京继续任教。

在这种于个人心境而言，已属内忧外患的困顿不堪之下，看似已经主动与政治绝缘的黄节，心中的学问与笔下的诗文，实则无一不与其政治理想与时局感想相关照。如果说其诗作总集《蒹葭楼诗》中，触目皆是忧国悲怀，针砭时弊之文字，这些笔法雄健，笔触沉郁的文字，流露着浓烈无尽的感性忧伤；那么，其诗学体系的封笔之作《曹子建诗注》流露着的，却是用古典训诂学方法酝酿出来的，有着浓厚积淀的理性忧伤。

◎定案：蒹葭与政治诗学

有意通读《蒹葭楼诗》者，有必要首先考究一下黄氏斋号"蒹葭"之由来。不难发现，这源自《诗经·国风·蒹葭》，是一首大约来源于两千五百年以前产生在秦地的一首民歌。歌词如下：

蒹葭苍苍，白露为霜。所谓伊人，在水一方。

溯洄从之，道阻且长。溯游从之，宛在水中央。

蒹葭是一种植物，指芦荻，芦苇。蒹，据说是没有长穗的芦苇。葭，则是指初生的芦苇。这是一种随风飘举，依水漂浮的植物，在脆弱单薄的气质中，却又焕发着一种从容淡定的神采。这种植物，出现在《诗经》所录秦地的《国风》之中，体现着漂泊无依的苍凉意味。

无论是黄节个人的生涯与气质，还是关于曹植的种种文化想象，他们二人都符合蒹葭所体现出来的苍凉意味。于是乎，出现了辑录黄氏三百余首诗作的《蒹葭楼诗》。于是乎，《曹子建诗注》于1929年由北大出版之后，又于次年（1930）由黄氏本人重新修订后，纳入"蒹葭楼丛书"中，交由商务印书馆以仿古活字精印出版。实际上，这是黄氏生前出版的，除《蒹葭楼诗》之外，唯一一种"蒹葭楼丛书"。从这些史实细节来考察，不妨说黄氏自己的诗，与为曹植所作的诗注，正是标注着兼葭气质，灌注着国风理想的象征物。

在黄节的诗学理念中，尤其看重国风一脉。在他看来，国风体现的是国家风度，国民风气，国邦风范；附着或体现在诗学上的国粹、国学、国故种种，终究是要以国风来表达的。

作为汉魏诗学的代表人物曹植，正是继承国风传统的第一位古代诗人，对他的诗集作注解，其意义自然非同寻常。与陈垣考证边疆各地的外来宗族史类似，与陈寅恪为《秦妇吟》，以及白居易、元稹的诗文作笺证近似，黄节为曹植的诗作注解，同样也是希望用汉魏时期的政治生活，来反映与说明那个时代的诗学理念，并借此进一步表达眼前这个时代所需要的政治理想与诗学理想。

在《曹子建诗注》的序言中，黄节有着自我强调式的时代独白。他之所以对曹植推崇备至，并将之引为旷代楷模，有着非常个性化的判定与阐示，文中这样写道：

嗟夫，余何勤乎陈王①之诗也？陈王本《国风》之变，发《乐府》之奇，驱屈宋之辞，析杨马之赋而为诗。六代以前，莫大乎陈王矣。至其闵风俗之薄，哀民生之艰，树人伦之式，极情于神仙而义深于朋友，则又见乎辞之表者，虽百世可思也。钟记室品其诗譬以人伦之有周孔，至矣哉。

原来，在黄节看来，曹植不但传承《国风》、引领了《国风》在汉魏时代的变化潮流，还把乐府、楚辞、汉赋揉入诗歌的文字体系之中，开创了《诗

---

① 曹植，曾被封为陈王。

经》传统之后的古诗新时代。

更为重要的是，这不仅仅是格式、体裁、风格上的创新，蕴藉其中的曹植本人的悲悯之心，哀伤之意，皆是为国为民而发；他情思高尚可与神仙为侣，而又将信义寄托于世间友朋。因此，无论从诗教着眼，还是从诗义探察，曹植及其诗的精神境界之高，都理应成为后世楷模。钟嵘的《诗品》中评价曹植诗作之为楷模，就如同人伦道德方面的孔子为万世楷模一样；对此，黄节深以为然。显然，在精神生活没有统一目标，在政治理想上极端混乱的一九二〇年代，黄节对曹植及其诗，赋予了极大的道德标榜与政治寄托。

序言的末尾，黄节感叹道：

嗟夫，陈王诗曰：孔氏删诗书，王业粲已分。骋我迳寸翰，流藻垂华芬。余读之而悲。盖悲乎人之不如鳞虫，自昔而然也。后之读余是注者，倘亦有悲余之悲陈王者乎？

曹植《薤露篇》一诗，引发了黄节的悲叹与追问。自古以来，人们认为孔子删定《诗经》，原本就是为帝王百姓各安天命，而拟订诗教宗旨与目标的。"思无邪"的诗教理想代代相传，而今人们却还不如飞禽走兽，生活得既不自然也无理想。黄节不禁为之疑惑地感叹：后世读到这本《曹子建诗注》的人，还会如我读到曹植诗时的悲叹一般，再度为之悲叹吗？

实际上，没有充分理解黄节诗学理念与诗教理想的后世读者，是不大可能会对这样一本看似传统训诂模式的注释类著述触发情感的。《曹子建诗注》的编著方式，仍然是以集注为主干，辅之以黄氏本人的节注、节补注、节案而成。除了广征博引的集注之外，黄节自己的声音主要出现在节注、节补注、节案之中，但也多是罗列旧说，辨析旧说正误，最终得出判定性结论。

整个注释过程，严谨、精确而富于理性，感性的抒发与阐论很难见到；从这样一部著作中，获益的是汉魏史实与字词训诂，触景生情式的感动与激动，恐怕还不知从何说起。让后世读者发出悲叹，不如直接去诵读《七步诗》的"相煎何太急"，何必去看这容量数倍于原文的注释？

就拿引发黄节悲叹的《薤露篇》注解来看，节注罗列了《楚辞》《汉书》《后汉书》《大戴礼》《尔雅》《左传》《东都赋》《古今注》《李善注昭明文选》等相关文献条目，来解释诗句中的疑难字词，除此之外并无任何取舍判定与辨析评论。对于后世的普通读者而言，这样的注释，既烦琐且零碎。很容易令人感到，这样的注释过于重视字词训诂，而缺乏对诗作通篇的释义与概括；罗列过多的史料及文献条目，非但没有帮助读者加深理解，反而起到了混淆干扰的副作用。

读《曹子建诗注》，需要孙楷第式的细心与耐心。其实，在特别想尽快了解通篇文义的情况下，快速通览的读法，往往会忽视掉很多原本非常关键的细节。譬如说，在《薤露篇》注解中，对篇名的解释，读者往往一掠而过，甚至于可以完全不过目一字，但此处就恰恰是关键处。姑且照录如下，看看能品味出什么微言大义来？

节注：宋玉对楚王问曰，其为阳阿薤露，国中属而和者数百人。则薤露之歌由来久矣。崔豹《古今注》曰，薤露、蒿里，并丧歌也。本出田横门人，横自杀门人，伤之为作悲歌，言人命奄忽如薤上之露，易晞灭也。然以宋玉之言考之，则薤露不自田横始矣。子建拟薤露为天地。

"薤露"一词，究竟意味着什么又象征着什么？作为篇名，关于薤露这个词汇，当然需要深挖细掘一番。薤露，实乃战国末期的楚国国风之一种，抑或秦末田横的自创悲歌，作何取舍？黄节未曾明言。他只是指出薤露不自田横始，子建拟薤露为天地。意即薤露不是只有田横悲歌这种体裁的一种解释，曹植的诗篇中是将薤露比拟为天地的。

反观曹植诗原文首句，"天地无穷极，阴阳转相因"。之后又有，"人居一世间，忽若风吹尘"之句。细细玩味，其中虽有世事无常之感慨，但天地无穷，诗教至大之抒发才是主题。显然，这是《国风》之变，而非丧乱悲歌。曹植的《薤露篇》所抒发的是，世事无常但不悲凉，天地无穷却有寄托。可以作悲歌名称的薤露，一旦用于《国风》体裁，精神高度瞬时提升。这是曹植诗作的高超，亦是黄节注解的拈提之精妙。

黄节对曹诗字词训诂的精益求精，全书中一以贯之的广征博引，以诗证史复又以史证诗，力求史诗互证的学术方法坚持始终。虽有烦琐零碎之诮，但毕竟这是清代乾嘉以来的学术传统，这即是所谓"朴学"的基本样态，或算不上国粹，至少也是国故之一种罢。黄氏守法得法，无可厚非。

此外，还应当注意到，黄氏对曹诗篇名的精妙拈提，实际上成为一种提纲挈领，引人入胜的密钥；诗学锁钥的吻合与开启，仍然是诗教与诗义的张弛之道使然。譬如，关于曹植《浮萍篇》的篇名如何确定，黄氏所书写的考证历程，就很能说明这一问题。书中这样写道：

曹植《浮萍篇》，节注：《艺文类聚·乐部·乐府》作《蒲生行》，郭茂倩《乐府诗集·相和歌辞清调曲》作《蒲生行·浮萍篇》。左克明《古乐府》同之。王世贞《艺苑卮言》谓，子建以蒲生当塘上，直以此为和甄后作。朱乾《乐府正义》亦曰，此拟甄后作也，和甄之说，皆缘此篇。冠以"蒲生行"三字，而起以甄后《塘上行》首二字，作"蒲生"也。朱绪曾《曹集考异》曰，子建于黄初二年，甄后赐死之日，即灌均希旨之时，文帝日以杀植为事，敢和甄诗以速祸耶？又曰，诗去结发辞严亲，更与甄氏先嫁袁熙后为文帝所纳不类矣。方东树以为《塘上行》疑当作《塘上行·蒲生篇》，盖旧误以《蒲生行》

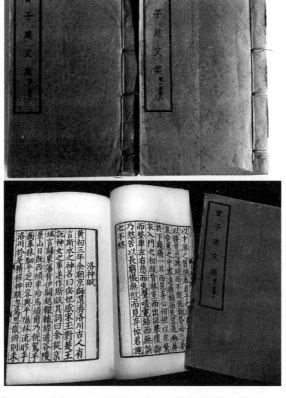

《曹子建文集》北京大学影印宋本，为黄节授课基础教材之一。

三字冠子建此篇耳。节案：《玉台新咏》作《浮萍篇》，常熟瞿氏所藏宋本《曹子建集》，亦作《浮萍篇》，无"蒲生行"三字。《类聚》既误"浮萍"为"蒲生"，《乐府诗集》又误合"蒲生""浮萍"为一。今据《玉台》及宋本，则此篇与蒲生无关，和甄之说可不辨自破矣。

由此可见，关于曹植《浮萍篇》篇名的确定，黄节有两种学术方法。一是通过大量的版本比勘，二是通过史实推论；前者是白纸黑字式的概率统计之结果，后者则是人情世故的行为逻辑之判定；前者是重证据的理性，后者是重因果的分析。可以看到，即使是没有《玉台新咏》作《浮萍篇》，也没有常熟瞿氏所藏宋本《曹子建集》，亦作"浮萍篇"这一版本依据，单单是通过史实推理，也会舍《蒲生行》而取《浮萍篇》之定名。

显然，黄氏诗学体现和要求的是一种缜密的完美，不但要有合乎世道人心的史实推理，还需要大量的古典文献作论据支撑。诗教与诗义是相互阐扬的，又是相互蕴藉的，黄氏对此深信不疑，这本《曹子建诗注》就作如是存照。

◎ 小结：生得高蹈，死得落寞

除了黄氏诗学理想的经典案例《曹子建诗注》之外，还有黄氏自己的诗作总集《兼葭楼诗》。这部诗集，大约是在1934年，乃是黄氏自费印制的。印制数量极少，周作人在《北大感旧录》中也感叹说，没有在市面上看到过。

另据吴宓《空轩诗话》所言，这部诗集的印行背景似颇不一般，并非黄氏生前所印，而是在黄氏逝世后，时任行政院长的汪兆铭资助而成。吴氏原文如下：

盖当《空轩诗话》正在撰作之际，黄师忽于一月二十四日（民国二十四年）在北平寓宅病逝。幸遗诗《蒹葭楼诗》，已由今行政院长汪公（名兆铭，字精卫）为师印行。

不过，坊间还流传有另一种说法，则称时任行政院长的汪精卫汇付两千大洋，希望资助黄氏印行书稿（应即是《蒹葭楼诗》），却遭断然拒绝，黄氏曾语：

世界多一部书与少一部书，究有何别！

其实，究竟是怎样印出的诗集，或许并不重要；重要的是可以看到，即使一部诗集的诞生，政治学术论的实践效果也始终如影随形。黄节一生可以拒绝很多政治人物，拒绝很多政治机会，但即使在《曹子建诗注》《蒹葭楼诗》中也无法真正摆脱"政治"二字，这是无分古今中外，概莫能外的人生课题。

好在无论印量多寡，《蒹葭楼诗》总还是有一定数量面世的。黄氏诗作，除了陈散原的推重，其弟子吴宓的尊崇之外，还有后来藏书家黄裳的"近代诗人最爱"之誉。

1949年10月，好不容易觅得一部《蒹葭楼诗》的黄裳，喜不自禁地题跋与钤印，写下"余于近代诗人最喜顺德黄君晦闻"云云。四十余年后（1993），他甚至于还从《蒹葭楼诗》里的《岳坟》一诗中拈出词句，成就了自己一部文集的名目《一市秋茶》①。

---

① 黄节原诗有云："双坟晚蝉鸣乌石，一市秋茶说岳王。"

如果说陈散原推重黄诗，是因为其诗作中的气度与法度使然；吴宓尊崇黄诗，则是因其师学术品位与品格使然，这与黄诗诗旨尚且有所关联；但如黄裳那样的藏书家读法（也是大多数后世读者的读法），则是将《蒹葭楼诗》当作了"活古董"来看，已经不太可能再从中思考什么诗教，思索有何诗义了。还有一部分研究者们读《蒹葭楼诗》，也仅仅是作为史料文献来看待，这部诗集俨然也已经是国故或者"国学"遗宝之一，却再也不会与《国风》扯上关系了。

《蒹葭楼诗》出版后不到一年光景，黄氏带着诗教理想与诗义密码，撒手尘寰。1935年2月，黄节哀悼会以"国师"的规格在南京召开，追悼会由蔡元培、陈树人等发起，行政院长汪精卫亲临主祭，章太炎、胡适、李济深撰写挽联，南京国民政府明令褒扬，将逝者生平言行著述，宣付国史馆立传。章太炎为撰墓志铭，概括其生平曰：

其言足兴，不列勋籍。其默足容，又何詻詻。盖刚棱其中，而守以淡泊。彼裼之父兮，孰知吾之精。自古所谓天民者，其斯人之徒欤？

铭文字字恳切，句句精练，似乎已不是在纪念一位诗人或学者，而是在祭奠一位"经师"了。虽然诗教者本来也即是经师之体范，黄节的诗学理想之极致也正是一部经书——《诗经》所予；但总觉得这样的铭文太过国故，还是缺乏黄氏意义上的那种国粹精神。

笔者以为，如果可以在末尾加上一段铭曰，倒不如索性用了曹植的《洛神赋》：

《曹子建诗注》，黄节著，北京　　　　　《曹子建诗注》，黄节著，北京大学
大学讲义本，著者自序首页。　　　　　　讲义本。

黄节追悼会，原载《良友》杂志第一百〇三期，1935 年 3 月 15 日。

黄节遗像

黄节手录《蒹葭楼诗》，定稿本首页。

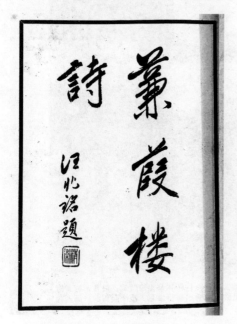

《蒹葭楼诗》，汪兆铭题签。

　　休迅飞凫，飘忽若神，凌波微步，罗袜生尘。动无常则，若危若安。进止难期，若往若还。

　　凌波微步于一九二〇年代的滚滚红尘之中，先是倡举国粹，矢志革命，之后又怀抱诗学，寄望诗教的黄节，就这样飘忽若神，举重若轻地归于尘土。在看似符合史学精神的诗意之中，诗教与诗义的生命之重，也与背负着这般生命之重的黄节，一同尘埃落定。世人拿在手中，已经成为国故的诗学，终于还在这落定的尘埃中成为"古董"。

动无常则的，是历史，还是思想？若往若还的，是学术，还是政治？这或许即是黄氏诗学在现代语境中的最后命题罢。

林语堂 :《子见南子》及其他

◎ 小引：《孔子的智慧》热销美国

1938年，美国纽约的蓝登书屋策划出版了一套"现代图书馆"丛书。该丛书致力于将古代和现代最伟大的思想著述纳入美国家庭的书房，其中有一本《孔子的智慧》，被认为是当代美国人认识孔子思想的最佳读物。书的作者，即是被时人誉为"脚踏东西文坛，评价世界文章"的林语堂（1895—1976）。

此书的正文首页，有一组人物介绍"Important Character Mentioned"，即书中涉及重要人物简介。在这份与孔子生平及思想高度相关的十八位古代人物中，第十七位人物显得尤为特别。原版英文为"QUEEN NANCIA : a notoriously beautiful and licentious queen，wife of DUKE LING OF WEI"。用中文直译过来即为，"南子皇后：一个声名狼藉，浪荡放肆的美丽皇后，卫灵公的妻子"。

事实上，书中除了在《孔子传》部分原文引用司马迁的《孔子世家》时，有过涉及所谓"子见南子"的记载之外，并无任何拓展、阐论之处。林语堂在此书中，大量引用《史记》《论语》《礼记》中的原文，来引述孔子生平及其思想，并没有过多地加以阐论。也许正是因为如此，此书的中译本直到一九八〇年代才有人开始着手翻译，而正文首页的那一组人物介绍"Important Character Mentioned"则直接省略掉了。因为对于中国人而言，这些直接来源于古代经典中的人物，似乎没有再行介绍的必要了。

林语堂肖像，美国著名摄影师卡尔·范韦克滕（1880—1964）摄制，辑自1939年美国出版的《我的信仰》(I Believe)一书。

世事往往犬牙交错，东边日出西边雨，完全没有可比性。当年在美国热销一时的《孔子的智慧》，当时在中国国内并没有什么市场。因为多少还有些国学底子的旧式文人，对林氏所引录的那些经典原文，他们从小到大都能背诵出来，如今还要用洋文转译过来，岂不多此一举吗？而那些喝过洋墨水，满嘴跑着主义洋腔的摩登青年，好不容易才摆脱了"吃人礼教"，更不可能在家中供奉一所英文版的夫子庙了。

关于孔夫子的生平故事，林语堂的剧本《子见南子》在国内，远远比《孔子的智慧》更为畅销。1936年10月，商务印书馆将这个剧本转译为英文，和林语堂的其他小品文合为一集，题为《子见南子及英文小品文集》(Confucius Saw Nancy and Essays About Nothing)出版发行。每册三块大洋的高昂售价，却令一大帮都市摩登男女们趋之若鹜，慷慨解囊，迅即抢购一空。次年（1937）2月，再版发行，仍然供不应求。这个布面精装的剧本，几乎成为可与《莎士比亚名剧选》之类的摩登洋书，与淑女绅士们携手同登洋车洋房的流行货色，也成为孔子形象进入话剧时代的"新青年"必读经典。

到了1941年4月，上海的中英出版社，更直接将林语堂的《子见南子》与曹禺的《雷雨》、田汉的《湖上的悲剧》合编为《英译中国三大名剧》，虽然装帧改为普及本，但售价仍为三块大洋。足见其当时洛阳纸贵，完全不愁销路的盛况。在此书的扉页广告上，出版商打出了"中国文学之巨著，英文翻译之伟构"的醒目标语，接着是"研究文学者不可不读，研究翻译者不可不读，研究英文者不可不读"的"非读不可"广告语。在接下来的说明中，声称：

本书所选三大名剧（《雷雨》《子见南子》《湖上的悲剧》），系二十年来新文学运动中最成功的作品，原著者曹禺、林语堂、田汉，俱为中国文坛巨子，声誉远达海外，所选三剧皆曾震动全国文坛，拥有数百万观众及读者，足证此三大剧本之价值。

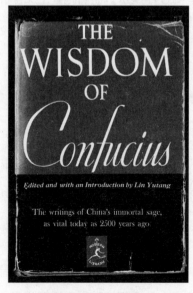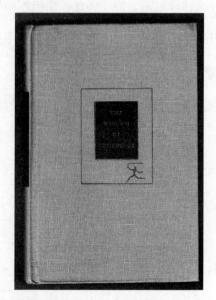

林语堂著《孔子的智慧》，1938年美国纽约的蓝登书屋初版，书衣及封面。

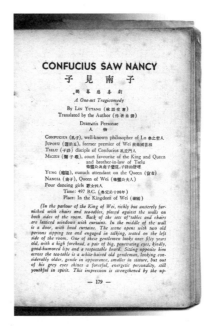

《英译中国三大名剧》，上海中英出版社　　　《英译中国三大名剧》，《子见南子》剧本首页。
1941 年 4 月初版。

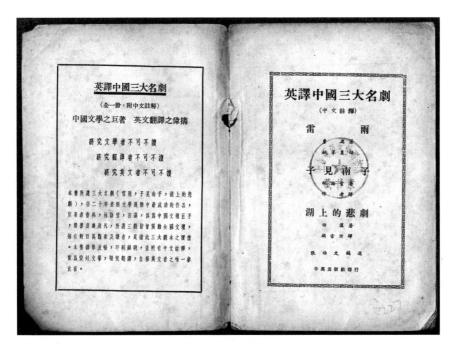

《英译中国三大名剧》扉页简介

《孔子的智慧》是林语堂用英文写成的一部著述，他本人生前没有将其再用中文翻译过来。而《子见南子》这个剧本，最初则是用中文写成的，到1936年又将其英译出版。不妨设想一下，一边是在美国家庭的书房里，用英文介绍孔子的生平及其思想；一边是在中国摩登青年的书架上，用中英文双语讲述孔子戏剧性的逸事。这样的情景，出现在一九三〇年代的中国，本身就极富戏剧性。

◎ 一句话，一出戏

《子见南子》的故事出自《论语·雍也》，原文只有一句话而已：

> 子见南子，子路不悦。夫子矢之言：予所否者，天厌之，天厌之。

对于这样一句话，历代研究《论语》的学者都曾经注释过，也无非就是从史实与礼法角度去阐论而已。

后世对"子见南子"的种种评述与想象，大多是以司马迁《史记·孔子世家》记载的为准。即孔子确实去谒见过南子，至于这个过程是否符合礼法，在司马迁的白描手法中是悬置起来的，他只是描述了这一过程，而未去做更多的道德研判。譬如"圣人是否可以见淫妇"，"圣人是否可以谒见君王之妻"之类的评判，皆不在司马迁的讨论范围之内。实际上，《史记》中的记载，也只不过是《论语》那一句话的扩写而已。且看《史记》原文如下：

> 灵公夫人有南子者，使人谓孔子曰："四方之君子不辱欲与寡君为兄弟者，

必见寡小君。寡小君愿见。"孔子辞谢，不得已而见之。夫人在绨帷中。孔子
入门，北面稽首。夫人自帷中再拜，环佩玉声璆然。孔子曰："吾乡为弗见，
见之礼答焉。"子路不说。孔子矢之曰："予所不者，天厌之！天厌之！"居卫
月余，灵公与夫人同车，宦者雍渠参乘，出，使孔子为次乘，招摇市过之。孔
子曰："吾未见好德如好色者也。"于是丑之，去卫，过曹。

　　根据上述这段《史记》原文，林语堂再行扩写，将其编写为一部万余字的
剧本，扩充了大量对白、情节、表演程式。《论语》中的一句话要变成一出戏，
当然需要添加必要的想象与虚构部分。实际上，即使是《史记》中扩写出来的
那几句话，有多少真实性和可信度，历来也是争执不休的。林语堂这个剧本一
旦出版，招致的麻烦与风险，可远远不是什么学术论争那么简单。

　　时为1928年11月，《奔流》杂志上刊载出了《子见南子》剧本，这是中国
第一部将孔子形象编入话剧的剧本，也是林语堂毕生大量著述中的唯一一部剧
本。由于是毫无阅读障碍的中文版，让很熟悉或者不太熟悉孔孟经典的国人，
都很容易了解剧本内容，也都很快为之大跌眼镜。

　　原来，在《子见南子》剧中，孔子既不是高高在上，可以供奉在庙堂中的
圣人面貌；也不是头脑冬烘，之乎者也的"老糊涂"模样；更不是唯我独尊，
官威凛然的"学阀"做派；而是令时人难以想象，一时也难以接受的"求职
者"形象。林语堂赋予了孔子的鲜活气息，让孔子在呼之欲出的现代化语境中
"复活"，这不但令还在编《历代尊孔记》的老夫子们心头一紧，也让还在高呼
"德先生"与"赛先生"的摩登青年们眼前一愣。

　　且看剧中在接待室里等候南子到来之前，孔子与一个总是打断他说话的蘧

伯玉上演着一出开胃酒式的"前戏"。剧本原文如此：

（地方在卫侯延宾室，板凳数条；交椅数把，上坐着一位五十多岁魁伟的鲁人；高颡宽颐，目光炯炯，微须。向他对坐的是一位斯文白氅的老翁；身材短小而目光更加炯炯得利害；嘴唇两角向上微曲，笑时露出一张无齿的嘴，下巴向外伸出，似乎表示洞鉴世情的Cynic的轻蔑与达观，然而犹勃勃有生气。前者为孔丘，后者为蘧伯玉；虽然房中翠屏罗帏，珠帘锦绣自亦布置的富丽堂皇，而由二位正襟危坐的态度看来，却是满屋阴森迫人的气象。孔丘的态度谨肃庄严，蘧伯玉却从容得多。）

蘧伯玉：（感觉烦厌）子路什么时候来？

孔丘：阿由？他总是迟到的，但是他迟到，但是他也总是道歉的。你不能怪他。

蘧伯玉：怪他做甚！我想这件事由他及弥子拉拢，加以先生的盛德令名，必定会成功的。

孔丘：（肃然起敬，忙答）哪里，哪里。君子惟求行道而已，余者都不在乎……

蘧伯玉：（似乎不听见）听说奉粟四万——不，六万，跟先生在鲁时一样？

孔丘：全不在乎，全不在乎！这不过表示……eh……相当的——敬意。君子——迎之致敬有礼则就，礼衰则去。全不在乎……相当的……我本来无可无不可。

蘧伯玉：这是当然！不过我们都不是匏瓜（孔丘瞟蘧伯玉一眼），——焉能系而不食？（两人都现微笑）我是喜欢说老实话的。而且我想——（手指侍者喝着），端茶！

从剧中人的对话来看，孔子与蘧伯玉都像是来应聘的，且后者是资深的，有着丰富的职场经验与熟络的社交人脉。首先，蘧氏以孔子弟子的迟到为话头，一登场就显示出似乎高人一等的气场，一方面是既要让孔子觉得难堪被动，一方面又顺便抖出点所谓的"内幕"。在孔子表现某种君子风度时，话还没说完，蘧氏立即打断，又聊起了"年薪"的话题。当孔子想再次表现出某种满不在乎的风度时，已经有点力不从心，结结巴巴地说了几句之后，干脆表明自己"本来无可无不可"。蘧氏接下来的言语是一句潜台词，漂亮话大家都懂，但还是应当争取高薪，并声明自己是"喜欢说老实话的"。

从这一段颇为奇特的开场来看，一个近乎现代化的孔子已经出场了。对蘧伯玉犬儒形象的勾勒（甚至直接用 Cynic 来定义），从侧面映衬着孔子的某种生活态度。"无可无不可"说的不仅仅是孔子的处世策略，其实也从很大程度上反映了国人对孔子思想千百年来接受与改造所持有的一贯立场。

后来，当迟到的子路告知孔子，已落实了年薪六万的待遇，孔子那一套"无可无不可"的理论再次搬上前台。剧中的台词是：

君子可以仕则仕，可以止则止。像伯夷叔齐一定不做官固然拘泥太甚，一定要做官，也可以不必。有礼则就，礼衰则去。我无可无不可。

蘧伯玉对孔子的这套理论心领神会，并深为认可这套官场哲学。面对眼前有点鸡同鸭讲似的师徒二人，看着主张做官的子路和不紧不慢、无可无不可的孔子，剧中安排蘧老以喃喃自语的方式加以评价：

　　一个主张做官的，却不懂得做官。一个懂得做官的，却主张不一定要做官。

　　其实，"无可无不可"的生活态度又岂止是在官场上发挥，这简直就是一套完整的价值观体系。不但孔子拿来做自己的处世策略，后来历代尊孔者无不将这一理论发挥到极致。从汉代董仲舒"独尊儒术"以来，孔子的理论就不再单单是一套书本上的纯粹理论，也不是什么独善其身的个人修养，它必定是包含着某种"术"之意味的治理策略。论辩术、公关术、外交术、长生术乃至"心术"，大至治国平天下，小到修身齐家管好妻小，无一不体现着孔子理论中的技术禀赋。

　　"无可无不可"成为所有这些技术的核心思想，即后来宋儒们推崇备至，并进一步发挥出来的所谓中庸思想。朱熹甚至认为，孔子思想的最高点就是中庸，学习孔子理论应先看《论语》《大学》等书，到达一定境界之后，才能看《中庸》。而对于一般资质和悟性的学习者而言，境界达不到中庸的，不能充分掌握孔子理论精髓的，则只能用"礼法"或"理"来进行导引，所以后来出现了深为现代人痛恨的所谓"存天理，灭人欲"这么一种主张。

　　事实上，作为无时无刻都有主观欲望与客观诱惑的现实世界中的凡夫俗子，中庸境界当然不那么容易达到，"无可无不可"更容易把人引上自由无羁，随心所欲的境地。从与朱熹同时代的陆象山学说开始，就已经有人开始主张孔子思想中的"自由"成分，只不过因其重"心性"而不重"心术"，当然不能为帝制时代的统治者所欣赏和推崇，任何一种国家意志需要吸收利用的思想绝不可能是思想本身，其着力点都是某种思想背后的技术含量与可操作性——即让被统治者接受并认可统治者"无可无不可"的神圣与权力。对思想观念本身的解读，需要符合统治要求的统一版本，孔子思想也不例外。

以朱熹为代表的理学逐渐成为国家正统，以陆象山为代表的心学在宋代还只能是非主流。只是到了明代晚期，由于王阳明将"无可无不可"的思想推向顶点，孔子思想出现了空前绝后的改造，崇尚心灵自由、自我实现的心学开始占据这一时代的思想舞台。但是国家意志不需要这些自我意识强烈的心学，轰动一时的在野讲学与游学，改变不了在朝党派的强力控制与压制。

无论怎样喧嚣轰动，东林党还是不如东厂，大学者始终不如大太监——历史与现实都自始至终无声或有声地印证着孔子思想中"无可无不可"的宏大格局。正是从这个意义上讲，孔子思想是永远可以改造利用的大体系。

清代以来，孔子思想又回归到了汉儒或者宋儒的传统中去，心学体系经过晚明的剥洗与清代前期的打压，已经完全趋于湮没。孔子思想开始向学术化、格式化方向发展，千篇一律的高头讲章，不厌其烦的字词解释，"四书五经"遂成为约束知识分子思想和行为的洗脑工具，而"无可无不可"却也因此得以正式成为统治者意志的专用品。直到康有为《新学伪经考》《孔子改制考》出炉，把孔子抬出来搞了一场只有一百天的政治改革，才让知识分子们再一次尝到了"无可无不可"的魅力。当然，也为此付出了人头落地、斯文扫地的惨痛代价。

这一场以失败告终的政治改革之后，紧随而来的是革命爆发与帝制覆灭，"无可无不可"的孔子思想不再是治理国家的秘术法宝，在疑古思潮和新文化运动的两面夹击中，进入二十世纪的孔子思想，面临着国人非此即彼的两极态度。

　　一方是要打倒，不破不立；一方是要卫道，坚决保守，砸孔家店和祭孔大典交替上演，两台大戏都把孔子折腾得够呛。在这种情势下，林语堂的《子见南子》剧本上演，又意欲何为？这是当时一帮西装皮鞋的绅士和长衫马褂的老夫子们，都需要费心琢磨与慎重判断的大事。看了剧本的开场部分，即使孔子还没有见到南子，急不可耐的阵营划分也基本上可以弄出来了，批孔的新派阵营欢呼雀跃：孔子原来就这副德行！

　　林语堂的剧本没有任何附言或解释，观众怎么看孔子，在他看来，本来也

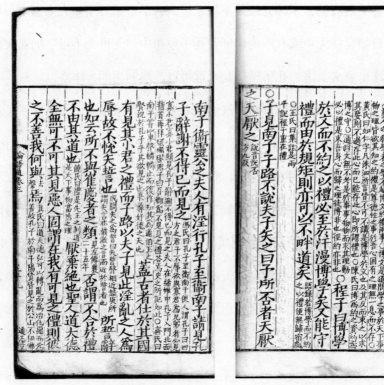

《论语通·雍也》，记载着清代学术主流对"子见南子"一事的注释。此书为清代康熙通志堂刊本，系御用论语注本，校订者为纳兰容若。

就是"无可无不可"的罢。谁在欢呼雀跃，谁在切齿痛恨，林语堂管不着，孔子及其思想也管不着。

两千多年前的一句话，变成了两千多年后的一出戏，有何不可？无可无不可。

◎ 集外集拾遗

1929年8月21日夜，鲁迅编写了一篇《关于〈子见南子〉》的文章，发表于当年的《语丝》周刊第五卷第二十四期。

在《子见南子》剧本发表后不到一年的时间，鲁迅即撰文评论，应该是有某种特别的参考价值罢。可是仔细一读原文，发现这完全是由十一篇各类呈文、函件、政府批文等共同汇编而成的资料集，没有丝毫的评述掺杂其间，更看不到什么鲁迅特有的杂文体笔法参与其间。这或许即是这篇文章没有编入鲁迅自选杂文集的原因，而只是勉强被归入了"集外集拾遗"之中，聊供备忘而已。

然而，可不要小瞧了这一组文件汇编，其间所呈现出来的戏剧性与讽刺性，丝毫不亚于鲁迅杂文本身。1931年12月，天津百城书局出版《中华民国有趣文件一束》，就收录了这么一组文件汇编，且注明《申报》《语丝》《南国周刊》俱有刊载。1934年6月，林语堂的个人自选集《大荒集》初版本，乃至1937年11月的再版本，都曾将自己的《子见南子》剧本与《关于"子见南子"的文件》并置一帙。可见，将这样一组散见于《申报》等报刊上的文献汇编起来，也曾经是林氏本人饶有兴致的"功课"之一。

实际上，这份鲁迅的"拾遗"，林语堂的"功课"，已然成为《子见南子》

这一剧本的历史定格，以官方文件与民间舆论相整合的方式，真实地再现了帝制时代结束后十年间国人心中的孔子印象之变迁，亦是一九二〇年代国内孔子思想理解分歧及论争的大演习之存照。

原来，《子见南子》剧本在《奔流》月刊上刊出后，立刻引起轰动，不仅《奔流》杂志被沪上读者抢购一空，还引发各地新式学堂蜂拥而起，一拥而上排演此剧，就连位于孔子家乡曲阜的山东省立第二师范学校（以下简称"山东二师"）的师生们也不例外。当时山东二师的校长是毕业于北大的宋还吾，竟还选择了在圣地——孔子故里，让在校师生们排演新剧，这一破天荒的举动无疑将激起轩然大波。

1929年6月8日，《子见南子》在山东二师的大礼堂中上演。在这所居于孔庙和衍圣公府包围之中的学校，演出这样一部话剧，这事儿即便搁在近百年后的今天，恐怕也会觉得并不十分妥当。

果不其然，在"圣地"的这一场演剧，直接导致了曲阜孔氏六十户族人的"公愤"，他们联名向时任教育部部长蒋梦麟呈状，愤怒控诉宋还吾和山东二师。呈状写道：

呈为公然侮辱宗祖孔子，群情不平，恳查办明令照示事。窃以山东省立第二师范校长宋还吾，系山东曹州府人，北京大学毕业。赋性乖僻，学术不纯，因有奥援，滥长该校，任事以来，言行均涉过激，绝非民党本色，早为有识者所共见。其尤属背谬，令敝族人难堪者，为该校常贴之标语及游行时所呼之口号，如孔丘为中国第一罪人，打倒孔老二，打倒旧道德，打破旧礼教，打破民可使由之不可使知之愚民政策，打倒衍圣公府输资设立的明德学校。兼以粉铅笔涂写各处孔林孔庙，时有发见，防无可防，擦不胜擦，人多势强，暴力堪虞。钧部管持全国教育，方针所在，施行划一，对于孔子从未有发表侮辱之明文。该校长如此放纵，究系采取何种教育？秉承何项意旨？抑或别开生面，另有主义？传埂等既属孔氏，数典固不敢忘祖，劝告徒遭其面斥，隐忍至今，已成司空见惯。讵于本年六月八日该校演剧，大肆散票，招人参观，竟有《子见南子》一出，学生抹作孔子，丑末角色，女教员装成南子，冶艳出神，其扮子路者，具有绿林气概。而南子所唱歌词，则《诗经》《庸风》《桑中》篇也，丑态百出，亵渎备至，虽旧剧中之《大锯缸》《小寡妇上坟》，亦不是过。凡有血气，孰无祖先？敝族南北宗六十户，居曲阜者人尚繁伙，目见耳闻，难再忍受。加以日宾犬养毅等昨日来曲，路祭林庙，侮辱条语，竟被瞥见。幸同时伴来之张继先生立催曲阜县政府饬差揭擦，并到该校讲演，指出谬误。乃该校训育主任李灿坪大肆恼怒，即日召集学生训话，谓犬养毅为帝国主义之代表，张继先生为西山会议派腐化分子，孔子为古今中外之罪人。似此荒谬绝伦，任意谩骂，士可杀不可辱，孔子在今日，应如何处治，系属全国重大问题，钧部自有权衡，传埂等不敢过问。第对于此非法侮辱，愿以全体六十户生命负罪渎恳，迅将该校长宋还吾查明严办，昭示大众，感盛德者，当不止敝族已也。激愤陈词，无任悚惶待命之至。除另呈蒋主席暨内部外，谨呈国民政府教育部部长蒋。

在这一纸切齿痛斥的呈状中，可以看到《子见南子》话剧的上演，成为孔氏后人对新式学堂教育思想和教育方式从极度不满到忍无可忍的导火索。这"火药"本身是当时代社会不再尊孔的风气与现象，只不过通过这样一部剧本给突然引爆了而已。

呈状中首先控告的是校长宋还吾，突出了其教育背景和学术方向，即"北京大学毕业，赋性乖僻，学术不纯，因有奥援，滥长该校"，判定其"任事以来，言行均涉过激，绝非民党本色，早为有识者所共见"。其次，是对师生们日常的辱孔行为加以指责，指称这些行为"尤属背谬，令敝族人难堪者"，"人多势强，暴力堪虞"。

继而责问这种行为及思想的合法性与合理性，提出："该校长如此放纵，究系采取何种教育？秉承何项意旨？抑或别开生面，另有主义？

这一责问已经上升到国家文化文明导向层面，牵涉到了国家意识形态主流方向的问题。面对这一责问，可以说把教育部逼到了必须表态，必须查办的地步。

在控告校长本人品行及师生日常辱孔行为之后，在责问其合法性与合理性之后，呈状才笔锋一转，转而控诉《子见南子》在演出时种种"丑态百出"。

在孔氏后人看来，《子见南子》完全颠覆了国人记忆中的"圣人"形象，甚至于还将其弟子饰作"强盗"（即所谓"具有绿林气概"者），南子的"淫妇"形象也扮演得颇为夸张（即所谓"冶艳出神"者）。"诲淫诲盗"的戏剧主旨，彻底亵渎了孔子的圣洁形象，"凡有血气，孰无祖先？目见耳闻，难再忍受"——孔氏后人发出的愤慨之声，可谓掷地有声。

接下来，呈状更穿插了两项"重罪"的检举。一是对国际友人的轻蔑；一是对国家官员的不敬，且两个事件皆因学校辱孔而起。对于先祖孔子，呈状强调："士可杀不可辱，孔子在今日，应如何处治，系属全国重大问题。"

而对于《子见南子》演出的始作俑者，呈状要求："对于此非法侮辱，愿以全体六十户生命负罪渎恳，迅将该校长宋还吾查明严办，昭示大众。"

最后，一纸诉状送到蒋委员长手中，附带着也送到了时任教育部部长的蒋梦麟手中。这样的呈状方式，说明并不是单方面向山东二中的直管部门申诉，而是已经把这事儿直接捅到政府最高层级了——言下之意，非办不可。

后来的争辩与反诉，一场恶战在所难免。记者招待会、新闻发布会、集体请愿、报刊转载等等，宋校长据理力争，孔家后人也穷追猛打。经过两个月的激烈交锋，宋校长还是败下阵来。按照《关于〈子见南子〉》的编后附语来看，鲁迅早已预见这一场官司的发展脉络，且记录在案称：

有以上十一篇公私文字，已经可无须说明，明白山东曲阜第二师范学校演《子见南子》一案的表里。前几篇呈文（二至三），可借以见"圣裔"告状的手段和他们在圣地的威严；中间的会呈（四），是证明控告的说谎；其次的两段记事（五至六），则揭发此案的内幕和记载要人的主张的。待到教育部训令（九）一下，表面上似乎已经无事，而宋校长偏还强项，提出种种问题（十），于是只得调厅，另有任用（十一），其实就是"撤差"也矣。这即所谓"息事宁人"之举，也还是"强宗大姓"的完全胜利也。

诚如鲁迅所述，"强宗大姓"的完全胜利也罢，"息事宁人"之举也罢，孔子成为偶像，泥塑金身供在那里，他的思想用不是不用，究竟应当怎么用等等，可能还都不是这桩公案的症结所在。怎么看待孔子，是圣人还是凡人，是好人还是坏人，在那个新旧文化交替，又多有非此即彼"文化偏执症"的年代，这样的公案所反映的时代症候，还仅仅是冰山一角。

　　从国民政府教育部当时的相关规定来看，宋校长的做法的确是"顶风作案"。根据行政院第八次会议决议，曾规定每年八月二十七日孔子诞生日这一天，为全国纪念日，所有学校停课进行纪念活动。在这样一种国家意志的大氛围中，即使在北大接受过新文化运动洗礼的宋校长也理应有所收敛，毕竟是国家官员身份，怎么能拿着政府薪俸还要与政府唱反调呢？这唱的又是哪一出啊？

　　幸运的是，剧本的原作者林语堂躲过了这一劫。毕竟，没有做官的林氏，暂时还可以不在官场规则框架里受约束——在这一点上，他始终是"无可无不可的"。在他看来，《子见南子》只不过是将孔子的幽默精神提炼了一点点出来，让那些只让孔子做圣人，不让孔子做人的尊孔者见识一下罢了。

　　这场官司本身或许是不适宜幽默的，而官司的整个过程却是相当有幽默精神的。宋校长、蒋部长与孔氏后人之间的那一场戏剧，不正是另一部活生生的《子见南子》吗？当然，官场上的纠扰纷争与此时的林语堂暂且无关，但并不能说明他可以一直"无可无不可"地自得其乐。

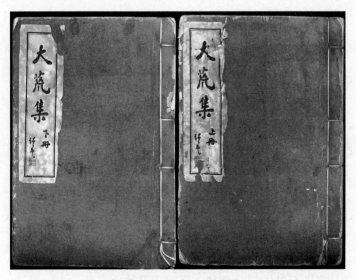

林语堂著《大荒集》，初版本。

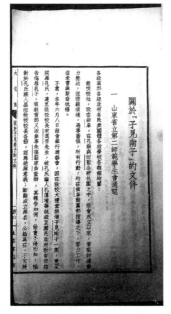 

《关于〈子见南子〉的文件》，　　《英译中国三大名剧》，《〈子见南子〉的
原载《大荒集》初版本。　　　　　一场风波》页面。

1927年1月2日在厦门南普陀，鲁迅及泱泱社青年郊外合影。鲁迅倚坐在一块墓
碑旁。躺在前方的是林语堂（箭头所示）。

当年编撰《关于〈子见南子〉》的鲁迅，在写下"八月二十一日夜"落款的一个星期后，却跟林语堂闹翻了。这期间的种种情节，充满"戏剧性"，简直可以视作一部"线下"剧本。如果将来要将鲁迅或林语堂的文字及事迹"一网打尽"，那么，这部"线下"剧本经缜密整理之后，是或可入选"集外集再拾遗"的罢。

◎ 尊孔与神经病

1929年8月28日鲁迅日记："席将终，林语堂语含讥刺。直斥之，彼亦争持，鄙相悉现。"

同日，林语堂日记："此人已成神经病。"

据鲁迅日记中的回忆，当天的大致情形已经明了：

小峰来，并送来纸版，由达夫、矛尘作证，计算收回费用五百四十八元五角。同赴南云楼晚餐。席上又有杨骚、语堂及夫人、衣萍、曙天，席将终，林语堂语含讥刺。直斥之，彼亦争持，鄙相悉现。

这即是所谓的"南云楼风波"，后来的研究者普遍认为，这一次风波之后，鲁、林二人形同水火，正式决裂。

郁达夫在《回忆鲁迅》中称这是"因误解而起正面的冲突"。据文中描述，当时鲁迅已有了酒意，"脸色发青，从座位上站了起来"，林语堂也起身申辩，气氛十分紧张，郁氏一面按鲁迅坐下，一面拉林氏夫妇走下楼去。当天，林氏在日记中也写道："八月底与鲁迅对骂，颇有趣，此人已成神经病。"究竟有怎样的误解？究竟有怎样的争执？由于日记的简短，还是语焉不详。

直到林语堂在四十年后作《忆鲁迅》一文时，真相才浮出水面道：

有一回，我几乎跟他闹翻了。事情是小之又小。是鲁迅神经过敏所至。那时有一位青年作家，他是大不满于北新书店的老板李小峰，说他对作者欠帐不还等等。他自己要好好的做。我也说了附合的话，不想鲁迅疑心我在说他。他是多心，我是无猜。两人对视像一对雄鸡一样，对了足足两分钟。幸亏郁达夫作和事佬。几位在座女人都觉得"无趣"。这样一场小风波，也就安然流过了。

令人感慨的是，在这场风波的一个星期之前，鲁迅所编写的《关于〈子见南子〉》一文，多少还是有点力挺林语堂的味道在里边，何至于因"小之又小"之事闹翻呢？

原本，年龄相差十四岁的鲁、林二人，私交关系一直不错，一直保持着亦师亦友的关系。1923年夏，林氏从欧洲留学归来，由胡适引荐受聘于北大英文系。此时的北大教授已为两派，一以周氏兄弟为首，一以胡适为代表。林语堂与胡适私交甚好，却出人意料地加入《语丝》，自动站列于鲁迅旗下。那时多少还有点书生意气的林氏，与鲁迅的锐利性情相得益彰；鲁迅也对此积极回应，并两次致信林氏，引为革命同志。

反观南云楼风波，之所以会因为一场"小之又小"的误会，迅即瓦解二人本还不错的交谊，恐怕并不是单方面判定的"林语堂语含讥刺"或"鲁迅神经过敏"，恐怕也还不能仅仅归咎于个性差异（个性差异始终客观存在，为何之前并无冲突，亦未"闹翻"？）。只能设想，从根本上讲，还是道不同不相与谋。

如果说，这场风波只是导火索，"火药"本身在彻底爆炸之前，还没有发挥出巨大威力的话，那么，鲁、林二人从口角到论战，从争执到论辩，在之后的五六年时间里，让世人彻底嗅出了其中的火药味，也愈发明了这场风波的根源与实质所在了。

不难发现，南云楼风波之后，鲁迅对林语堂批判逐渐增多。之前早在1926年，鲁迅就曾以《论"费厄泼赖"应该缓行》一文，已经明确地提出了对林语堂"公平竞争"思想的反对意见，只不过行文尚比较客气，基本上属于商讨+引导的调子。而之后的《骂杀和捧杀》《读书忌》《病后杂谈》《论俗人应避雅人》《隐士》等，则完全锋芒毕露，几成冤家路窄之势。而林语堂也有《做人与作文》《我不敢再游杭》《今文八弊》等文章的回敬，只不过力度一般，予人以"虚晃一枪"之感。

须知，和尊孔者唱"大哉孔子"歌时的诚惶诚恐一样，当时高居新文化运动及左翼文学神坛之上的鲁迅，也曾经是林语堂崇敬的对象。不过，林氏在生活志趣上的个人感悟与路径，毕竟与孔子和鲁迅都迥然不同。正如林氏在孔子身上发掘出来的"幽默"与"人性"一样，鲁迅也只可能是"人"，是有性格、有血肉、有私心的人，而不可能只做"圣人"。

林语堂在《做人与作文》一文中，直截了当地让"鲁迅"这一符号去神圣化，去政治化，以真人格真性情加以评说。文中这样写道：

你骂吴稚晖、蔡元培、胡适之老朽，你自己也得打算有吴稚晖、蔡元培、胡适之的地位，能不能有这样的操持。你骂袁中郎消沉，你也得自己照照镜

右起：鲁迅、林语堂、蔡元培、宋庆龄、萧伯纳、史沫特莱等合影，1933 年摄。

左起：林语堂、鲁迅、宋庆龄、史沫特莱等合影，1933 年摄。

子，做个京官，能不能像袁中郎之廉洁自守，兴利除弊。不然天下的人被你骂完了，只剩你一个人，那岂不是很悲观的现象。我问鲁迅："你打算怎么办呢，现在？""装死"便是他的回答。

鲁、林二人之后的论争，还在各个层面上继续，也不仅仅只是针对所谓的"人性"与"国民性"。这边厢，要幽默还是讽刺，要小品文还是杂文的抉择，还在一帮争执于这个"主义"，那个什么"翼"的人群中喋喋不休，聚讼纷纭。那边厢，暂且搁下鲁、林二人后来的反目及其延伸而来的戏剧性文坛现象种种，反观《子见南子》上演之后的社会效果，除了让宋校长职位不保之外，还有一些潜在的、缓释的公共影响力。

◎ 孔夫子"现代化"的台前幕后

时为1929年6月22日，国民政府教育部宣布废止孔子纪念办法，每年一度的孔子诞辰日纪念活动，至少在新式学校中是再也见不到了。另一方面，《子见南子》也由于实在是挑不出任何有侮辱孔子的内容，依旧在各地学校中自由上演，且有愈演愈烈之势。

1931年11月23日晚，正在美国考察的吉鸿昌（1895—1934）将军，步入"资本主义的新巢穴"纽约之际，竟然也看到了《子见南子》这出"新剧"。此次赴欧美各国考察，重点本是了解西方社会制度及其政治经济现状，由于此次观剧印象深刻，吉将军还是捎带着将当晚的观感写入了笔记本。这本笔记，迅即汇辑为一部《环球视察记》，于1932年5月，由北平东方学社出版。书中《第二十一章"资本主义的新巢穴"之纽约市（二）》，列有《海外演〈子见南子〉》一条，这样写道：

晚赴万国公寓观剧。中国留美学生，为救济国内水灾而作也。先奏各项中乐，次演旧剧，最后以新剧《子见南子》一出，形容孔子求官之切，蘧获画策之周，子路之勇，南子之媚，惟肖惟妙。闻两日售得千余金云。

就在吉将军在美国纽约观摩中国留学生排演《子见南子》不到一年之后，1932年9月间，林语堂创办了《论语》杂志，也就此开启了其接连创办三大"幽默杂志"（另有《人间世》《宇宙风》两种）的序幕。"幽默杂志"以妇孺皆知的孔夫子经典著述《论语》为名，自然是谁都看得出来的调侃与俏皮了——杂志名与孔夫子扯上关系，一眼就能看到"幽默"，想不幽默都难。

在《论语》创刊的《缘起》一文中，林语堂坦然道出杂志命名的由来，自称就是假冒孔家店招牌，来"提倡幽默为目标，而杂以谐谑"。林氏名言"人生在世为何？还不是有时笑笑人家，有时给人家笑笑"，在这本杂志上得到了充分体现。简言之，孔夫子可以用《论语》做著述名，林语堂自然也可以用《论语》做杂志名；孔夫子可以用圣人视角讥笑别人，别人自然也可以用凡俗眼光嘲笑孔夫子，大家都是千百年光阴中的过客，彼此相对一笑，笑对人生而已，何必那么紧张？创办《论语》杂志，以《论语》为名，来提倡幽默，主张闲适，恐怕从某种程度上，也有《子见南子》一剧创作、发表、排演前后的种种遭际之启示罢。

提倡幽默的《论语》杂志，创刊以来，前二十余期由"幽默大师"林语堂主编，其后陶亢德、郁达夫、邵洵美等人先后担任过主编、主持。直到

"八一三"事变爆发之后，上海沦为孤岛，方才不得不于1938年8月停刊，抗战胜利后于1946年12月复刊，1949年5月上海解放之际停刊。

可以说，自《子见南子》发表之后，继之而起的《论语》杂志，可谓借孔夫子的名义，将幽默进行到底了。贯穿于二十世纪三四十年代的这本半月刊，以一百七十余期，几无间断地宣扬着幽默的真意，它无分古今，无分中外，无分圣凡，无分你我，这只不过是一种人生态度，只不过是一番生活调剂罢了。

或许，正是在这样的铺垫与铺陈之下，正是在日益幽默的都市生活风尚之下，那个时候的国内都市"娱乐圈"主流——舞台剧与电影，纷纷加入到改编历史剧的时代潮流中。在这些改编剧本中，"穿越"与"现代化"思路，自然在所难免；孔夫子再次被搬上舞台，甚至被请上银幕，也在所难免。

进入改编剧本之前，孔夫子形象首先受到各路漫画家的热捧。不难发现，《论语》杂志上，时不时就有数幅孔夫子穿越到祭孔大典或者都市生活的画面，实在是令人忍俊不禁，莞尔之余，读者定会感叹这古今"戏说"之妙，实在是取之不尽的幽默之源。

不过，可不要以为是类似《论语》这样的杂志，才把孔夫子穿越这种事儿"首创"出来。早在这本半月刊创办二十余年前，清末那会儿，就已然因为眼瞅着"礼崩乐坏"，孔夫子就已经穿越到清朝来救世了。这样的情形与画面，就曾出现在1910年的《图画画报》之上。当时，国内还没有通行"漫画"这种称谓，大概也没有漫画这种夸张简约的绘画风尚，而是流行着一种仍以传统线描方式绘就，类似于小说剧本"绣像"插图式的"俗语画"。顾名思义，因为这类画作专为普通民众绘印，遂将这类通俗直白，带有戏说娱乐性质的图像，就径直称作俗语画了。

当年，《图画日报》上的俗语画，是每期必有的招徕读者的法宝，其中有一期就刊发了一幅《清朝孔圣人》，可谓是令孔夫子穿越的先导，开了戏说孔夫子的先河。画面上，只见孔夫子身着袍服，手持圭板，仍是一副正襟危坐的模样，可脑后却系着发辫，又分明是清人装束。周围则侍立着四位青年人，或马褂长衫，或西裤洋装，神态各异。画面上方印有图注，原文如下：

清朝孔圣人

圣人生于周，穷阨无所投。何况生于清，其道更难行。请看画图中，道貌岸然是。身着古衣冠，其后拖辫子。执圭鞠躬如，可笑孰逾此。

不知此非真圣人，实乃当今迂老夫子之现身。嗟彼言规复行矩，砥砺品节重名誉，伤麟叹凤意何穷。其奈世人不抬举，一班及门尤堪嗤。背师之道学趋时，一半中服半西服，尚有一半不中不西真离奇。忆昔圣人设教分四科，英才造就何其多，及今变此怪现状，虽使圣人复起将奈何？

这样的"戏说"，这样的俗语画，虽别出心裁，"画风"犀利，但概而观之，大体上仍是"中学"为体，以传统理念与手法来"警世"与"骇俗"罢了。在这样的画面中，孔夫子虽然已脑后拖着发辫，其弟子风貌更是"不中不西"，可毕竟只是感叹世风日下，悲观中略微带一点幽默，忧愤中掺和一点调侃罢了。

殊不知，二十余年之后，将孔夫子搬上漫画之后，"画风"又是一场剧变。除了《论语》杂志上的漫画之外，更有甚者，还专以孔夫子的现代婚恋生活为主题，绘制了一组连环漫画。

　　1936年的《中国漫画》第十期杂志上，就刊发了一组题为《孔子浪漫史》的连环漫画。如同"微剧本"的画面中，开场即出现了孔子与身着旗袍的夫人坐在沙发上，教育身着短裤坐在地上的儿子的场景。接下来，对家庭教育颇感厌倦的孔子，背操着双手，踱步至歌舞厅、电影院散心。归家后，发现儿子已死，对之伤心了一阵子，复又至歌舞厅散心，竟跳起了交际舞。晨起，坐在沙发上看报纸，发现《孔夫子离婚启事》已经刊发了在了某报头版头条，煞是醒目。紧接着，孔夫子与新近在舞厅结识的女子结婚，并在上海市政府举办的集体婚礼中亮相。

　　应当说，这样的漫画内容，穿越得已超乎戏说而近乎恶搞，比之《子见南子》剧本而言，其穿越角度之刁钻，其恶搞程度之极端，实在是有过之而无不及，实在是可令近十年前出炉的这部剧本瞠乎其后。

　　由此可见，幽默归于幽默，恶搞归于恶搞，二者本不是一回事儿，可要明确区分出二者来，倒不是一件容易的事。换句话说，可以引人发笑，令人觉得可笑的事物，不一定都是幽默；但真正幽默的事物，确实是都可令人会心一笑的。这样的情状，当然是不易把握的，更何况是以漫画为业，以此为生的，专为上海各大报刊供稿的那

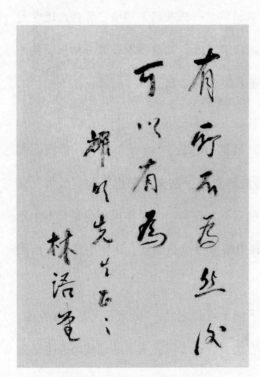

林语堂题字：有所不为然后可以有为。

部分群体呢？

抛开漫画家不说，时至1940年，孔夫子被搬上银幕，也正是在上海的影院里。当时的影片制作方民华影业公司，专门制作了一份《孔夫子影片特刊》，予以大力宣传介绍，一方面是期望市民大众周知，另一方面则是要令观影者大致了解影片内容梗概。

特刊制作得中规中矩，封面彩印的孔夫子立于牌坊之下，牌坊之上则题有"至圣先师"与"万世师表"的标语，看来应是一部正剧，并无戏说之意。打开内页一观，在题为《孔夫子画意》的一组图片里，以传统的木刻版画形式，以简明生动的连环画方式，表述了孔子生平事迹，可谓既郑重其事，又通俗易懂。且看图注的语句，也大多出自《史记》《论语》之类，俱为征引经典著述，并无任何现代化之解说。

如果一定要从这本特刊里，找出点什么现代化因素的话，那么在那组共计二十四幅《孔夫子画意》里，唯有描绘《诸侯侵略》内容的第二幅图片之图注，没有征引古籍经典，却摘录了胡适《中国哲学史大纲》里的一句话，这可能算是一个特例。此外，众所瞩目的第十三幅《子见南子》一图中，绘制的南子面貌，似乎过于现代化了一点，更与影片中的扮演者，女影星慕容婉儿的形象有些接近，仿佛是比照影片女主角的形象定制的一般，这恐怕也是当年读者会为之"惊艳"一番，乃至影片观众也会颇为关注的一大看点罢。

至于本即是舞台上的戏曲演员出身，投身电影界出道处女作即首次出演南子的慕容婉儿，因这部孔夫子电影一炮而红，之后星运颇佳，频现报端的事迹种种，当然更是那个时代影院观众及市民大众喜闻乐见的茶余谈资了。这或许也即是孔夫子"现代化"历程中的一点副产品与副作用罢。

孔夫子被搬上银幕之后次年，时为1941年4月，上海中英出版社推出《英译中国三大名剧》中，在《子见南子》剧本前，专列一章为《〈子见南子〉的一场风波》，又对该剧当年风波始末回顾了一番，并予以简要评述。当年擅写杂文，曾经揭过齐白石"短"的陈子展（1898—1990），在文中对《子见南子》剧本大加赞赏，对那十年前舞台上孔子见到南子之后的台词还记忆犹新，为之评述称：

行年五十六，到今日才明白艺术与认识人生。是的，这才是真正的诗，真正的礼，真正的乐，别种的雅颂及别种的揖让都是无谓的，虚饰的，这是谨守周公之礼的孔子会见了南子，看了他和几个歌女的"桑中"的乐舞而发的赞声。所谓礼教也者似已暂时在艺术空气之中被屈服了。如果我们承认《诗经》真正经过了孔子之手的删定，那末，他不删去郑卫鄘邶诸国的许多诗——属于所谓淫亵的诗，似乎也可以说他认识了真正的诗。同时似乎还可以说他明白了艺术，认识了人生。

在陈子展看来，《子见南子》剧本岂止是没有侮辱孔子，简直是将孔子思想的精髓，孔子人格的可爱，都空前绝后地发挥了出来。编者之所以引述陈氏这一段评价，主要还在于编者和大多数包括陈氏在内的读者一样，认同了林语堂的"尊孔"取向——尊其人格，重其人性，尊重的是作为"人"的孔子，而不是"圣人"化的孔子。为此，在《〈子见南子〉的一场风波》一文的末段，编者强调：

《论语》杂志第五十三期，封面《子见南子》。

《论语》杂志第五十一期，漫画《孔子叫子路去看看外边啥事体》。

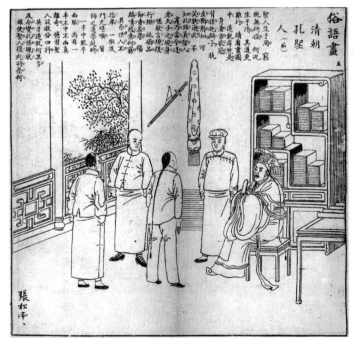

俗语画《清朝孔圣人》，原载 1910 年《图画日报》。

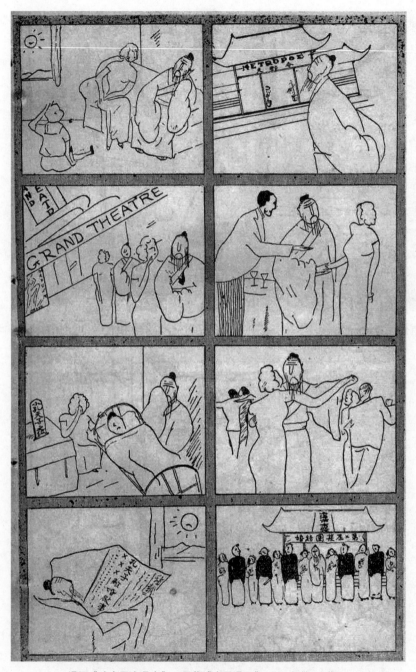

漫画《孔夫子浪漫史》，原载《中国漫画》1936 年第 10 期。

《孔夫子影片特刊》，1940 年印制。

《孔夫子画意》第二幅《诸侯侵略》，图注
征引胡适《中国哲学史大纲》语句。

《孔夫子画意》，第十三幅《子见南子》。

银幕上的孔夫子（唐槐秋饰演），原载《电
影世界》1940 年第 11 期。

孔夫子电影中南子的扮演者慕容婉儿，原载《金城月刊》1940年第17期。

南子扮演者慕容婉儿女士，《电影世界》1941第16期封面。

编者鉴于近来"尊孔"之风大盛，故特意把本剧选入，目的使读者明白"尊孔"用在尊重孔子的人格，且不可把孔子的"人性"丢开，当做偶像一样来崇拜，不要忘记孔子是"人"，而不是"神"。

也许，在林语堂看来，尊敬孔子和推崇鲁迅都无可厚非，但绝不是把活生生的人搞成死沉沉的偶像，有血有肉的人性本身，才更值得人去崇仰与领悟。孔子形象适不适宜幽默是一回事，孔子是不是真的幽默又是另一回事——谁来质疑幽默本身，那这个人无疑就是最幽默的人。尤其幽默的是，在孔子与鲁迅身后，都有一大群患有神经官能症的追随者，这些人都是质疑幽默的。

——林语堂如此想象，也如此作为，实在是无可无不可。尊孔与神经病，原本也是个人的抉择，本就无可无不可。

◎圣人归去来

早在1924年5、6月间，林语堂就在《晨报副刊》上撰文《征译散文并提倡幽默》与《幽默杂话》，第一次将英语的humour用汉语译成"幽默"一词。humour一词的含义，本是令人觉得有趣或可笑且又意味深长的言谈或举动，林氏之所以要倡举"幽默"，文中有这样的明确主张：

"幽默"或作"诙摹"，略近德法文音。中国人虽素来富于"诙摹"，而于文学上不知道来运用他及欣赏他。于是"正经话"与"笑话"遂截然分径而走：正经话太正经，不正经话太无礼统。……我们应该提倡在高谈学理的书，或是大主笔的社论中，不妨夹些不关紧要的玩意儿的话，以免生活太枯燥无聊。

1941年5月20日，林语堂在美国纽约，出席"全美援华会"并做讲演，席间与好莱坞影星李莲女士接受献花，原载《良友》杂志第167期，1941年6月15日。

1932 年 9 月，林语堂创办并主编的《论语》杂志，发表了不少提倡、阐释幽默的文章，并逐渐推衍为一股"幽默文学"思潮。林氏也又一次拿出幽默法宝，进一步强调称：

欲求幽默，必先有深远之心境，而带一点我佛慈悲的念头，然后文章火气不太盛，读者得淡然之味。

可当时鲁迅就即刻予以反驳，施以有力反击的回应称：

有版税的尚且如此，还能希望那些炸弹满空，河水漫野之处的人们来说幽默么？恐怕连"骚音怨音"也不会有，"盛世元音"自然更其谈不到。

尽管有鲁迅的讥刺与反击，可整个一九三〇年代，由于《论语》杂志的影响，还是出现了一批以登载幽默文字为主的杂志，如《谈风》《中庸》《聊斋》等等。为此，鲁迅再一次站出来质疑说：

然而轰的一声，天下无不幽默和小品，幽默那有这许多，于是幽默就是滑稽，滑稽就是说笑话，说笑话就是讽刺，讽刺就是谩骂。油腔滑调，幽默也；"天朗气清"，小品也；看郑板桥《道情》一遍，谈幽默十天，买袁中郎尺牍半本，作小品一卷。

鲁迅认为，一直幽默下去的结果只能是：

手拿黑漆皮灯笼，彼此都莫名其妙。总之，一个名词归化中国，不久就弄成一团糟。

诚如用孔子一个圣人来治理中国一样，用半部《论语》或者"幽默"一词来解决中国诸多社会问题，显然也是不现实的。只是鲁迅以讽刺给出的方案，扼杀了幽默，就算是救国，就可以救国了吗？用一惯的讽刺，一直写得得心应手的杂文来归化中国，就一定不会弄成一团糟吗？

鲁迅曾明确点名批评林语堂，用其惯有的讽刺手法，锐利地指出：

慨自语堂大师振兴幽默以来，这名词是很通行了，但一普遍，也就伏着危机，正如军人自称佛子，高官忽挂念珠，而佛法就要涅槃一样。倘若油滑、轻薄、猥亵，都蒙幽默之号，则恰如新戏之入×世界，必已成为文明戏也无疑。

如此这般犀利锋锐的指摘，始终以讽刺来突显道德优越感以及上帝视角至高感的手法，也很容易让人联想到，那个两千多年前以克己复礼为己任的圣人偶像。

那个圣人，不也正是被塑造为始终正确，万代楷模的模样吗？圣人"无可无不可"，说什么做什么都正确无误，且饱含"正道"深义；可一旦不那么神圣的凡人去"无可无不可"的话，则似乎总不那么名正言顺，总有点不务正业的感觉了。简言之，崇仰圣人是不错的，追随圣人也是必然的，但凡人永远没有"无可无不可"的资格与权利。

事实上，此时的鲁迅，在林语堂看来，就多少有点像孔教会里的孔子形象，是另一种道学先生模样。在《方巾气之研究》一文中，林语堂就明确表达了对文学写作中必须以"救国"或"亡国"标签自己，以示"正道"的强烈反感。文中这样写道：

在我创办《论语》之时，我就认定方巾气道学气是幽默之魔敌。倒不是因为道学文章能抵制幽默文学，乃因道学环境及对幽默之不了解，必影响于幽默家之写作，使执笔时，似有人在背后怒目偷觑，这样是不宜于幽默写作的。惟有保持得住一点天真，有点傲慢，不顾此种阴森冷猪肉气者，才写得出一点幽默。这种方巾气的影响，在《论语》之投稿及批评者，都看得出来。在批评方面，近来新旧卫道派颇一致，方巾气越来越重。凡非哼哼唧唧文学，或杭哟杭哟文学，皆在鄙视之列。今天有人虽写白话，实则在潜意识上中道学之毒甚深，动辄任何小事，必以"救国""亡国"挂在头上，于是用国货牙刷也是救国，卖香水也是救国，弄得人家一举一动打一个嚏也不得安闲。

文章的最后一段，几乎就是不点名的送给鲁迅的一纸判决书：

因为心灵根本不健全，生活上少了向上的勇气，所以方巾气的批评，也只善摧残。对提倡西方自然活泼的人生观，也只能诋毁，不能建树。对《论语》批评曰"中国无幽默"。中国若早有幽默，何必办《论语》来提倡？在旁边喊"中国无幽默"并不会使幽默的根芽逐渐发扬光大。况且《论语》即使没有幽默的成功作品，却至少改过国人对于幽默的态度，除非初出茅庐小子，还在注意宇宙及救国"大道"，都对于幽默加一层的认识，只有一些一知半解似通非通的人，还未能接受西方文化对幽默的态度。这种消极摧残的批评，名为提倡西方文化实是障碍西方文化，而且自身就不会有结实的成绩。

如果说林语堂只擅幽默与性灵，上述这段文字应该是比讽刺还更加讽刺的讽刺，可谓是讽刺的正说、幽默的戏说、正说的戏说罢。这段真金白银式的正说戏说，不禁令人再度联想到《子见南子》的剧情——剧本最后一幕，是在孔子见到了南子之后，决定离开卫国的场景。林语堂是这样想象和描述的：

子路：夫子的意思如何，可以留在卫国吧？

孔丘：（所答非所问的）如果我不是相信周公，我就要相信南子的。

子路：那末，夫子可以留吧？

孔丘：（坚决的，）不！

子路：因为南子不知礼吗？

孔丘：南子有南子的礼，不是你们所能懂的！

子路：那末，为什么不就在这里？

孔丘：我不知道，我还得想一想……（沉思着，）……如果我听南子的话，受南子的感化，她的礼，她的乐………男女无别，一切解放，自然……（瞬间现狂喜之色）……啊！……（如发现新世界。）……不（面忽苍老黯淡而庄严）不！我走了！

子路：到那里去？

孔丘：不知道。离开卫，非离开卫不可！

子路：夫子不行道救天下百姓了吗？

孔丘：我不知道。我先要救我自己。

子路：真要走了？

孔丘：走！我一定走！早晚我一定走！？（形容憔悴，慢慢的低头，以手托额，靠手膝上，成一团弯形。）

（子路直立于旁，呆看孔丘。静默中微闻孔子长叹——叹声止——静默。）

"南子有南子的礼，不是你们所能懂的！"——鲁迅不懂林语堂的幽默，林语堂却体会得到鲁迅的讽刺。鲁迅认为林语堂不适合搞国民性研究，可林语堂却对鲁迅自己的国民性理解深刻。

1936年10月19日，鲁迅因肺结核病情日益恶化去世。在林语堂看来，这也无异于一个"圣人"的离去。只不过这一"圣人"不是文圣人，而是武圣人，不是至圣先师，而是"圣斗士"。他在《鲁迅之死》一文中写道：

鲁迅与其称为文人，不如号为战士。战士者何？顶盔披甲，持矛把盾交锋以为乐。不交锋则不乐，不披甲则不乐，即使无锋可交，无矛可持，拾一石子投狗，偶中，亦快然于胸中，此鲁迅之一副活形也。德国诗人海涅语人曰，我死时，棺中放一剑，勿放笔。是足以语鲁迅。

诚如林语堂在《人间世》发刊词上说，"宇宙之大，苍蝇之微，皆可取材，故名为《人间世》"，历史的大幽默往往跟世人的小幽默若即若离，形影相随。

一九三〇年代的中国，历史的大幽默，就几乎与鲁迅之死同步。就在鲁、林二人各玩各的"幽默"之际，就在鲁迅死前两年间，南京政府又掀起了新一轮的尊孔活动。1934年8月27日，当局举行了全国性的孔子诞辰纪念，政府各部院纷纷特派专员至曲阜祭孔，各中央要员如汪精卫、戴传贤等，先后在中央党部举行的纪念会上发表讲演，后成为定制。1935年7月，国民政府将"衍圣公"的爵号改为"大成至圣先师奉祀官"，孔德成即刻到南京受职，随后赴上海，受到上海孔教青年会

林语堂著《有不为斋文集》，上海人文书店1941年6月版。

的欢迎。这一年，在南京政府第二年举行大规模的孔子纪念典礼中，各官员在曲阜纪念孔子之后，孔教会还依据古礼举行了家祭活动。

　　孔子走了，又回来了。圣人走了，又回来了。林语堂的《子见南子》英文版也于1936年10月，即鲁迅逝去的那个年月悄然面世。可惜，鲁迅是看不到了。他不但看不到《子见南子》英文版，也看不到1938年在纽约出版的《孔子的智慧》英文版，否则的话，恐怕又是那一句厉声的斥责：

　　你是什么东西！难道想用英语来压中国的同胞吗？

胡适：从易卜生到梅兰芳

◎ 小引：白话诗里的除夕隐喻

时为 1918 年 3 月 15 日，《新青年》第四卷第三号上，同时发表了四首以《除夕》为题的诗。这是当年由该刊编辑部统一拟出题目，请同仁按题目赋诗交稿，颇有些类似于诗钟答题、修禊分韵的传统文人做派。除了沈尹默、陈独秀、刘半农之外，留美七年的洋博士胡适（1891—1962）也有一首列于其中，用白话文写成，自由体新诗的风味浓厚。其诗云：

除夕过了六七日，忽然有人来讨除夕诗！

除夕"一去不复返"，如今回想未免已太迟！

那天孟和请我吃年饭，记不清楚几只碗；

但记海参银鱼下饺子，听说这是北方的习惯！

饭后浓茶水果助谈天，天津梨子真新鲜！

吾乡"雪梨"岂不好，比起他来不值钱！

若问谈的什么事，这个更不容易记。

像是易卜生和白里欧，这本戏和那本戏。

吃完梨子喝完茶，夜深风冷独回家，

回家写了一封除夕信，预备明天寄与"他"！

诗中所说的"孟和"是指陶孟和（1887—1960），在中国开创社会学学科的第一人，当时也是北京大学教授，《新青年》的撰稿人之一。诗句纯是白话，一清二白的流水账，似乎并无太多深意。

当然也可以对此"升华"一下，再予以一番引申评述称，在除夕的传统佳节里，在那个时代的特定语境中，用这样的白话文来表述毫无古典诗意可言的叙事，实在是以非常巧妙的方式来表达对传统诗学的摒弃之意，或亦借此来表达生活本身对诗学的解构等等。这样的引申无可厚非，看过《新青年》第二卷第五期的读者，尽可以去想象胡适的新文学代表人物的风貌种种，甚至可以据此认定，这一百年前的旧期刊上，发表的这一首看似平淡无奇的白话诗，隐喻着洋博士实验白话文，倡举新文学的铮铮豪言。

事实上，在这首白话诗发表之前一年，白话文的重要性及其在文学改良中的核心地位，胡适就已经淋漓尽致地有过表达。早在1917年1月，陈独秀就把胡适所撰《文学改良刍议》刊发于《新青年》杂志第二卷第五期上，还有半年才归国的洋博士，在大洋彼岸已提出了文学改良的八点建议，文中这样写道：

吾以为今日而言文学改良，须从八事入手。八事者何？一曰，须言之有物。二曰，不摹仿古人。三曰，须讲求文法。四曰，不作无病之呻吟。五曰，

胡适 1914 年美国留学期间存照

务去滥调套语。六曰，不用典。七曰，不讲对仗。八曰，不避俗字俗语。

一个月之后，2月1日，陈独秀又在《新青年》杂志第二卷第六号上撰发《文学革命论》一文，将胡适的"八种改良"引申为"文学革命"的三大主义，强烈反对"文以载道"和"代圣贤立言"的旧式文学。文中慷慨陈辞，大声疾呼：

"推倒雕琢的阿谀的贵族文学，建设平易的抒情的国民文学"；"推倒陈腐的铺张的古典文学，建设新鲜的立诚的写实文学"；"推倒迂晦的艰涩的山林文学，建设明了的通俗的社会文学"。

两篇文章先后发表出来之后，关于新文学何以为新的问题，无论是诉诸改良还是革命，胡适与陈独秀，都随之无可争议地成为新文学与新文化运动的双子星，光芒四射得有点扎人眼球。

可是，如今看来，《除夕》这首诗却似乎并没有反映出那耀闪一时的光芒，哪怕只是一束略微照明的光线也没有。诗句几乎完全是一场年夜饭的流水帐，这样的情形，恐怕当年也会令候在门口等签名的摩登青年始料未及，大感费解。

平心而论，诗中的字句无论怎么深挖细察，也不过是佳节之际，归国的洋博士看到天津的雪梨价昂于市，在京城人家中充作时鲜佳品，由此想到家乡安徽的雪梨还在闭塞的乡村里贱卖，多少有些感慨时事，莫名的怀乡罢了。至于洋博士与陶孟和谈了些什么时事、文学之类，统统是记不清楚了，诗中也只提及了一句"像是易卜生和白里欧，这本戏和那本戏"。好歹总算有这么一句，算是关涉了一点当时的文学话题，可以窥测西方戏剧的译介确实开始风行于世了。除此之外，改良或是革命，统统是看不到的。

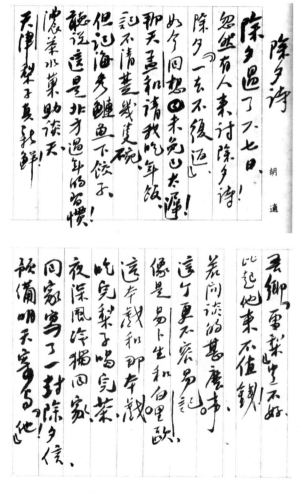

胡适 1918 年除夕诗手稿

◎ 《易卜生号》

那么，胡适诗中提到的"易卜生"，何时来到中国？《除夕》这首诗发表一年之后，1918年6月出版的《新青年》第四卷第六号《易卜生号》算是一个标准答案。

专号上的那篇《易卜生主义》是国内第一篇系统介绍易卜生思想及剧作的长篇论文，作者正是时年二十七岁的胡适。虽然在此之前，尚有很多涉及易卜生的人物与事件，但能上升到"主义"层面的集成推介，恐怕都未能实现。

譬如清末民初，著名翻译家林纾就试译过易卜生的《群鬼》，收在商务印书馆那套几百册的《说部丛书》里，淹没得一点水花也没泛起。1907年鲁迅先后撰写了《文化偏至论》《摩罗诗力说》，文中都提到了易卜生的名号，并且对易卜生有很高的评价，但"论"也好，"说"也好，因为总不如"主义"响亮，加之还是在骂人之余捎带提及个洋名，记住的人恐怕也并不多。

1914年，《俳优杂志》创刊号上发表了陆镜若的专论《易卜生之剧》，文中盛赞易卜生为"莎翁之劲敌""剧界革命之健将"，并介绍了易卜生的《玩偶之家》《人民公敌》《群鬼》等十一部戏剧；只是杂志太专业，受众圈子太小，除了研究现代戏剧者之外并没有几个读者。同年，春柳社第一次在上海演出易卜生的戏剧《玩偶之家》，但是演出并不成功，毕竟中国人演外国事，无论体格还是语言，都不像那么回事，观众反应冷淡是可想而知的。

偏偏到了胡适这里，《易卜生号》一出来，易卜生即被冠之以"主义"之名，响亮登场；似乎有点取巧，但确实奏效。在"主义"中的，当然不只是胡适的一篇论文，还有大量的易卜生剧本译文、摘录、生平简介等等。罗家伦、胡适合译的《娜拉》剧本，《国民之敌》《小爱友夫》的剧本节译，以及袁振英的《易卜生传》等。以这种集成方式译介一位北欧剧作家，让爱看现代剧的摩登青年们找到了新剧本，让喜欢接受新思潮的时代先锋们又找到了一门"新主义"，其渗透圈层广泛且有可持续发展性，其公共影响力可想而知。

其实，胡适并非心血来潮，突发奇想要请一个洋和尚来念中国经。译介易卜生剧本及发表针对性评论，于他而言，酝酿已久。早在1914年赴美国留学期间，就已经注意到了这位北欧作家了。1915年，在给《甲寅》杂志社的信中，胡适这样写道：

近五十年来，欧洲文字最有势力者，厥唯戏剧，而诗与小说皆退居第二流。名家如挪威之易卜生、德之霍普特曼、法之白里欧、瑞士之斯特林堡，英之肖伯纳及高尔斯华绥、比之梅特林克，皆以剧著声全世界。今吾国剧界，正当过渡时期，需世界名著为范本，颇思译易卜生之《玩偶之家》或《国民公敌》，惟何时脱稿，尚未可料。

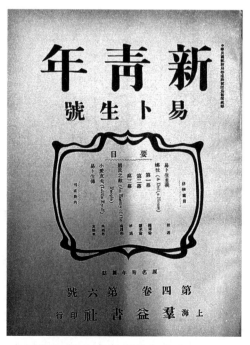

《新青年》1918年6月第四卷第六号《易卜生号》

可见胡适译介易卜生的最初动因，只是想为推动中国现代话剧提供西方经验。但从信中罗列的一大串洋名来看，挪威之易卜生、德之霍普特曼、法之白里欧、瑞士之斯特林堡，英之肖伯纳及高尔斯华绥、比之梅特林克等等，可择选者众，却为何偏偏第一选择会是易卜生呢？

十年后，鲁迅想明白了这个选择的合理性。他在自己编辑的《奔流·易卜生百年诞辰纪念专刊》的编后语中写道：

如青木教授在后文所说，因为要建设西洋式的新剧，要高扬戏剧到真的文学底地位，要以白话来兴散文剧，还有，因为事已亟矣，便只好先以实例来刺戟天下读书人的直感：这自然都确当的。但我想，也还因为 Ibsen 敢于攻击社会，敢于独战多数，那时的绍介者，恐怕是颇有以孤军而被包围于旧垒中之感的罢，现在细看墓碣，还可以觉到悲凉，然而意气是壮盛的。

◎ "易卜生主义"

易卜生一旦变作了"易卜生主义"，就绝非几个剧本，几次演出那么简单了。

对于"易卜生主义"，中国人究竟打的什么主意？胡适答曰："易卜生的文学，易卜生的人生观，只是一个写实主义。"什么又是写实主义呢？胡适进一步充分演绎称：

人生的大病根在于不肯睁开眼睛来看世间的真实现状。明明是男盗女娼的社会，我们偏说是圣贤礼仪之邦；明明是赃官污吏的政治，我们偏要歌功颂德；明明是不可救药的大病，我们偏说是一点病也没有！却不知道：若要病好，须先认有病；若要政治好，须先认现今的政治实在不好；若要改良社会，须先知道现今的社会实在是男盗女娼的社会！易卜生的长处，只在他肯说老实话，只在他能把社会种种腐败龌龊的实在情形写出来叫大家仔细看。

关于写实主义，和现实主义还有区别。胡适认为，既然把现实生活的种种丑恶描写入戏剧，戏剧本身就具备了对这种现实生活的思考与批判。易卜生戏剧的批判锋芒正因其写实，而一针见血，针针见血，锋芒所指无所不及，包括社会生活中家庭的"四种大恶德"：一曰自私自利；二曰依赖性、奴隶性；三曰假道德，装腔作势；四曰怯懦没有胆子。还包括社会上的三种大势力：一是法律，二是宗教，三是道德。

胡适列举了《娜拉》《群鬼》《社会的栋梁》《罗马斯庄》等剧作，说明了易卜生对于所谓"家庭道德"的实质揭露，对于社会势力的虚伪与腐败的深刻批判；举了《雁》，来说明社会对于人的个性与自由的摧残；又列举《社会栋梁》《博克曼》《国民公敌》说明舆论的盲目；又举了《国民公敌》说明少数人的价值；还举了《海上夫人》说明自由的可贵，以及个人选择的自由和个人责任之间的真实关系等等。

除了写实主义，易卜生主义的另一个重要内容就是个人主义。胡适通过易卜生的剧本，表达了他对个人与群体的鲜明观点。他在文中这样写道：

社会与个人互相损害，社会最爱专制，往往用强力摧折个人的个性，压制个人自由独立的精神；等到个人的个性都消失了，等到自由独立的精神都完了，社会自身也没有生气了，也不会进步了。社会对个人道：你们顺我者生，逆我者死，顺我者赏，逆我者罚。

于是，那些和社会反对的少年，他们的结果与下场只能是：

一个个受到家庭的责备，召朋友的怨恨，受社会的侮辱驱逐。

如果说社会与个人的关系实质还属于宏观层面的论题，具体到个人与父母这种最切身的社会关系时，胡适用"道德"与"不道德"来捅破这层看似无坚不摧的窗户纸。文中这样写道：

潘家洵译、胡适校并作序的《易卜生集》，1921年商务印书馆初版。

正如我们中国的老辈人看见少男少女实行自由结婚，便说是"不道德"，为什么呢？因为这事不合于"父母之命，媒妁之言"的旧习惯。

此外，胡适还直接指出，在个人与社会之间有一种最通行的迷信，叫作"服从大多数的迷信"，人们都以为大多数的公论总是不错的，但是易卜生是绝不承认这种迷信的。他列举《国民公敌》，以剧中斯铎曼医生为例，极力推崇医生的那句"世界上最强有力的人，就是那最孤立的人"（后来鲁迅对这句话也颇为欣赏）。这一剧本中易卜生所宣扬的个人主义，及其所批判的庸众之目光短浅，对权威的盲目崇拜迷信等等，都得到了胡适毫无保留的高度赞扬。

这篇火药味极浓的主义宣言，几乎可以使胡适与陈独秀、鲁迅同列为"三个火枪手"。可十年后，鲁迅一"枪"打掉了胡适手中的"枪"，他还为之感慨万千地宣称，那些个曾经坐满了"新青年"演员与观众的剧场"不久也就沉寂，戏剧还是那样旧，旧垒还是那样坚"，"再后几年，则恰如Ibsen名成身退，向大众伸出和睦的手来一样，先前欣赏Ibsen之流的、做了剧本《终身大事》的英年，也多拜倒于《天女散花》《黛玉葬花》的台下了"。

这究竟又是怎么一回事呢？

◎ 《终身大事》

易卜生主义诞生后不到半年时间，有一天，几个从美国留学归来的同学找到胡适，说是北京的美国大学同学会不久要开一个宴会。中国的会员们想在那天晚上演一出短戏，由于事出匆忙，加之对胡适才学的充分信任，就提出要求，让其一天之内完成一部英文剧本。

胡适当天即写成一部名为《终身大事》的剧本，他认为这是一种类似于西方称之为"Farce"的戏，纯属凑个热闹，搞点欢笑，并没有特别在意。这场独幕剧，在当天因为找不到合适的女演员，只得作罢。可剧本却因友人的推荐，深得《北京导报》主笔刁德仁的喜爱，又让胡适把英文剧本转译作了中文剧本，说是要拿到女子学堂里去排演。

剧情极其简单，讲述的是当时中国家庭都可能发生的事件。女主角田亚梅与陈先生本是情侣，可是因为母亲迷信，认为其生辰八字与陈先生不合，反对二人的婚事。田亚梅遂求助于父亲，谁曾想其父也以田、陈在上古时代为同一姓氏的理由，也拒绝了这桩婚姻。最终，田亚梅以跟随陈先生离家而去的方式，捍卫了自己的婚姻自由。

胡适的中文剧本一经传播，一时竟还有许多学生跃跃欲试，希望排演此剧。可惜的是，每每到了挑选女主角时，竟然没有女学生愿意扮演这样的角色。1919年3月，这个无论英文版，还是中文版都无女主角可演的剧本，发表于《新青年》第六卷第三号。发表时，胡适还特意为之加写了一个跋，文曰：

这出戏本是因为几个女学生要排演，我才把它译成中文的。后来因为这戏里的田女士跟人跑了，这几位女学生竟没有人敢扮演田女士，况且女学堂似乎不便演这种不道德的戏！所以这稿子又回来了。我想这一层很是我这出戏的大缺点。我们常说要提倡写实主义。如今我这出戏竟没有人敢演，可见得一定不是写实的了。这种不合写实主义的戏，本来没有什么价值，只好送给我的朋友高一涵去填《新青年》的空白罢。（适）

不久，《新青年》上刊登出来的剧本，终于有人敢于来赶这个时髦了——有北大的学生敢为人先。1919年6月19日晚，鲁迅和周作人同去北大，看到了《终身大事》的首场排演。时至1924年，洪深将之搬上舞台，接着又有不少艺术团体纷纷上演这个剧本，《终身大事》几乎成为易卜生《玩偶之家》的中国版本，开始流行起来。

　　虽然可能有些特别关注所谓生活史的研究者会认为，胡适创作《终身大事》不仅是模仿易卜生《玩偶之家》叙事结构的近代话剧代表作之一，最重要的是还有其自身生活境遇促成的创作动因。时为1917年12月，刚归国赴北大任教不到半年时间，胡适即返归安徽绩溪老家履行婚约，与江冬秀结婚。有不少研究者认定，胡适对自己的包办婚姻不可能完全满意，对自由婚姻的向往和渴求也不可能完全归零。正是在这种心态之下，留洋七年之后即履行婚约，返乡完婚的青年胡适，有感而发，遂创作出了《终身大事》这样的剧本。后来胡适也曾经说过：

　　我们这一代是过渡时代，既要为我们的父母，也要为我们的孩子去作牺牲。除非不顾身败名裂或丧失一切社会影响，我们就不得不按父母的愿望来娶亲：由他们替我们选定姑娘，在完婚前可能连见一面的机会都没有。但是，我们还必须创造一个我们的孩子能够更加幸福和更加健康地生活于其中的社会。就让这点作为我们的报酬和安慰吧！

　　胡适的这番感慨，虽然表面上也算是一番很得体的圆场话，却也可以视作是对自己"终身大事"确有遗憾的间接表达罢。

　　仍然忠实于易卜生主义的《终身大事》，无论其情节结构多么缺乏创意，无论其剧中人物是否具有革命寓意，总还不至于招来鲁迅的特别反感。1923年12月，鲁迅在北平女子师范大学做演讲时，却提出了一个让人惊醒的疑问：

　　娜拉出走之后怎么办？

最终给出的答案是，由于缺乏独立的经济地位，娜拉出走以后：

或者也实在只有两条路：不是堕落，就是回来。

《玩偶之家》中的娜拉，《终身大事》中的田亚梅；易卜生与胡适，在此时的鲁迅看来，由于缺乏彻底的刺刀+步枪式的拼命+革命精神，"不是堕落，就是回来"是必然的。剧本写得好不好，不是鲁迅的关注点；革命彻不彻底，主义是变成学问还是行动，才是其眼中的焦点。

由于鲁迅看到或者预见到了，当年要么改良，要么革命的青年，终归也"拜倒于《天女散花》《黛玉葬花》的台下了"，这令其尤为失望，失望之余自然仍然是免不了要发牢骚，要骂几句的。

"你瞧，这是我们的族谱"，《终身大事》剧照之一，原载《时报·图画周刊》1922 年第 93 期。

漫画《出走后之娜拉》，原载《妇女新生活》月刊，
1937 年第 3 期。

梅兰芳《黛玉葬花》剧照之一　　　　　　梅兰芳天女散花造型

◎ 男子的乳房

那么，胡适的易卜生主义，是否真如鲁迅所言，在对待传统戏剧的态度上，终于逃脱不了娜拉的宿命，"不是堕落，就是回来"？

且看《新青年》杂志印行"易卜生专号"之后，当年的第五卷第四号，紧接着就推出了一期"戏剧改良号"——主义之后是改良，理论之后是行动，这个响应速度应该是不慢的。这一期杂志上，胡适撰发了《文学进化观念与戏剧改良》一文，抛出了要为中国戏剧改良以及怎么改的一揽子计划。

此文开篇一段话，态度鲜明，思路清晰，记述了撰写此文的缘起，胡适这样写道：

去年我曾说过要做一篇《戏剧改良私议》，不料这一年匆匆过了，我这篇文章还不曾出世。于今《新青年》在这一期正式提出这个戏剧改良的问题，我以为我这一次恐怕赖不过去了。幸而有傅斯年君做了一篇一万多字的《戏剧改良各面观》，把我想要说的话都说了，而且说得非常明白痛快。于是我这篇《戏剧改良私议》竟可以公然不做了。本期里还有两篇附录：一是欧阳予倩君的《予之戏剧改良观》，一是张镣子君的《我的中国旧戏观》，此外还有傅君随后做的《再论戏剧改良》，评论张君替旧戏辩护的文章。后面又有宋春舫先生的《近世名戏百种目》，选出一百种西洋名戏，预备我们译作中国新戏的模范本。这一期有了这许多关于戏剧的文章，真成了一本"戏剧改良号"了！我看了这许多文章，颇有一点心痒手痒，也想加入这种有趣味的讨论，所以我划出戏剧改良问题的一部分做我的题目，就叫做《文学进化观念与戏剧改良》。

可以看到，承接"文学改良"之后的"戏剧改良"，本即是文学改良的应有之义。或者说，后者不过是前者的一个分项、一个分支而已。因为文学在进化，作为文学门类之一的戏剧也随之进化。所谓进化，用进废退，有的部分在进步与成长，有的部分则退步与废除了。无论如何，正在经历着进化，正在经历着实质性变化的中国戏剧，确实已到了非改良不可的时代了。戏剧不改良，中国现代文学史的书写就无法再有新意。换句话说，戏剧不改良，戏剧不进化，怎么可能推进文学改良，又怎么能促成或者至少是顺应文学进化呢？

胡适回国后看到的一部《中国文学史》教材，令其愤怒到了极点，原因就是在这部教材里，看不到丝毫改良的迹象，更不用说感受到文学进化的历程了。为此，他专门从这部教材里摘录了一段话，来加以一针见血式的批评。文中这样写道：

我去年初回国时看见一部张之纯的《中国文学史》，内中有一段说道：是故昆曲之盛衰，实兴亡之所系。道咸以降，此调渐微。中兴之颂未终，海内之人心已去。识者以秦声之极盛，为妖孽之先征。其言虽激，未始无因。欲观升平，当复昆曲。《乐记》一言，自胜于政书万卷也。（下卷一一八页）

这种议论，居然出现于文学史里面，居然作师范学校新教科书用，我那时初从外国回来见了这种现状，真是莫名其妙。这种议论的病根全在没有历史观念，故把一代的兴亡与昆曲的盛衰看作有因果的关系，故说"欲观升平，当复昆曲"。若是复昆曲遂可以致升平，只消一道总统命令，几处警察厅的威力，就可使国中戏园家家唱昆曲，——难道中国立刻便"升平"了吗？

我举这一个例来表示现在谈文学的人大多没有历史进化的观念。因为没有历史进化的观念，故虽是今人，却要做古人的死文字。虽是二十世纪的人，偏要说秦汉唐宋的话。即以戏剧一个问题而论，那班崇拜现行的西皮二黄戏，认为"中国文学美术的结晶"的人，固是不值一驳。就有些人明知现有的皮黄戏实在不好，终不肯主张根本改革，偏要主张恢复昆曲。现在北京一班不识字的昆曲大家天天鹦鹉也似的唱昆腔戏，一班无聊的名士帮着吹打，以为这就是改良戏剧了。这些人都只是不明文学废兴的道理，不知道昆曲的衰亡自有衰亡的原因。不知道昆曲不能自保于道咸之时，决不能中兴于既亡之后。所以我说现在主张恢复昆曲的人与崇拜皮黄的人，同是缺乏文学进化的观念。

估计是胡适没有记住那些主张恢复昆曲的人与崇拜皮黄的人之尊姓大名，否则从行文语气可知当时的怒气之大，恨意之猛，是一定会指名道姓地逐一加以点名批评的。

当时，就在胡适眼皮底下主张恢复昆曲的人，最具代表性的人物，无非是蔡元培聘至北大作曲学教授的吴梅（1884—1939）。那会儿，吴教授正拈着笛子，拎着二胡给北大学生们讲曲学，谈论着昆曲腔调与韵律的种种优美之处，以及作为专门学科的曲学所必得研习的曲律、曲谱等严格之规定。至于崇拜皮黄的人，无非就是当时围在梅兰芳及其他京剧名角身边的一大帮票友知音，其中就有为其教授古文，代为润稿的前清遗老樊樊山；更有热心编剧，广为推介的民国健将齐如山（1877—1962）等等。胡适认为，这些人都是缺乏文学进化观念的冥顽不化者，他们搞的学问与其说是发扬国粹，不如说是热衷倒退，完全不可理喻。

批评完这么一大帮"缺乏文学进化观念"的人物与事件之后，胡适开始从宏观层面展开论述。从元杂剧、明清传奇一类的"雅戏"到地方戏、京剧一类"俗戏"的进化史，胡适在之后的数百字叙述中一气呵成，毫不拖泥带水地表达了自己的曲学观念。他宣称：

俗戏在中国戏剧史上，实在有一种革新的趋向，有一种过渡的地位，这是不可埋没的。研究文学历史的人，须认清这种改革的趋向在现行的俗剧中不但并不曾完全达到目的，反被种种旧戏的恶习惯所束缚，到如今弄成一种既不通俗又无意义的恶劣戏剧——以上所说中国戏剧进化小史的教训是：中国戏剧一千年来力求脱离乐曲一方面的种种束缚，但因守旧性太大，未能完全达到自由与自然的地位。中国戏剧的将来，全靠有人能知道文学进化的趋势，能用人力鼓吹，帮助中国戏剧早日脱离一切阻碍进化的恶习惯，使他渐渐自然，渐渐达到完全发达的地位。

胡适的观点很明确，简言之：肯定俗，否定雅。之所以肯定俗，因其乃是雅的进化；之所以否定雅，因很难且不可能一直"雅"下去。可想而知，胡适的"戏剧进化论"一经面市，必会着实让讲究格律规范的曲学家，与痴迷唱念做打的京剧票友都大吃一惊，眼镜跌破了一地。

胡适后文提到的"遗形物"，更以男子的乳房作喻，来批评旧式戏剧的冥顽不化。此言一出，那就不是跌破眼镜的效果了，简直是踩碎眼镜，还要把眼珠子都抠破的"妖言惑众"了。且看这段"妖言"的原话是：

一种文学的进化，每经过一个时代，往往带着前一个时代留下的许多无用的纪念品，这种纪念品在早先的幼稚时代本来是很有用的，后来渐渐的可以用不着他们了，但是因为人类守旧的惰性，故仍旧保存这些过去时代的纪念品。在社会学上，这种纪念品叫做遗形物（survivals or rudiments）。如男子的乳房，形式虽存，作用已失，本可废去，总没废去，故叫做遗形物。所以在中国戏剧进化史上，乐曲一部分本可以渐渐废去，但他依旧存留，遂成一种遗形物。此外如脸谱，嗓子，台步，武把子等等，都是这一类的遗形物，早就可以不用了，但相沿下来至今不改。

胡适认为，西洋戏剧是完全淘汰掉"遗形物"的戏剧，是纯粹的戏剧；这种只有对话，没有唱念做打功夫的戏剧才是进化完全的戏剧。西洋戏剧的进化，在胡适眼中已经基本完成，虽然"西洋的戏剧在古代也曾经过许多幼稚的阶级，如'和歌'（chorus）面具，'过门'，背躬（aside），武场，……等等"，"但这种遗形物，在西洋久已成了历史上的古迹，渐渐的都淘汰完了"。只有当"这些东西淘汰干净了"，"方才有纯粹戏剧出世"。

中国戏剧要想进化得快一点，进化得效果好一点，言下之意就只能是，向西方戏剧学习，淘汰掉那些类似于"男子的乳房"，长出纯粹的"女子的乳房"来，这既符合生理学要求，更符合现代审美需求。一言以蔽之，就是把中国古典戏剧改良为现代话剧。怎么改？胡适随后也给出了技术性建议，有两点，一是增强悲剧性，二是强调经济性。他说：

中国文学最缺乏的是悲剧的观念，无论是小说，是戏剧，总是一个美满的团圆。现今戏园里唱完戏时总有一男一女出来一拜，叫做"团圆"，这便是中国人的"团圆迷信"的绝妙代表。这种团圆的小说戏剧，根本说来，只是脑筋简单，思力薄弱的文学，不耐人寻思，不能引人反省。西洋的文学自从希腊的Aeschylus, Sophocles, Euripides 时代即有极深密的悲剧观念。悲剧的观念，第一，即是承认人类最浓挚最深沉的感情，不在眉开眼笑之时，乃在悲哀不得意无可奈何的时节；第二，即是承认人类亲见别人遭遇悲惨可怜的境地时，都能发生一种至诚的同情，都能暂时把个人小我的悲欢哀乐一齐消纳在这种至诚高尚的同情之中；第三，即是承认世上的人事无时无地没有极悲极惨的伤心境地，不是天地不仁，造化弄人，便是社会不良使个人销磨志气，堕落人格，陷入罪恶不能自脱。有这种悲剧的观念，故能发生各种思力深沉，意味深长，感人最烈，发人猛省的文学。这种观念乃是医治我们中国那种说谎作伪思想的浅薄的文学的绝妙圣药。

悲剧性的注入之重要，胡适语重心长地讲完之后，紧接着谈起戏剧剧本的剪裁问题，即"经济性"问题。他认为为顺应现代人看戏的种种要求，在编戏时须注意下列各项经济的方法：

（1）时间的经济：须要能于最简短的时间之内把一篇事实完全演出。（2）人力的经济：须要使做戏的人不致精疲力竭，须要使看戏的人不致头昏眼花。（3）设备的经济：须要使戏中的陈设布景不致超出戏园中设备的能力。（4）事实的经济：须要使戏中的事实样样都可在戏台上演出来，须要把一切演不出的情节一概用间接法或补叙法演出来。

　　胡适认为，中国的戏剧最不讲究上述这些经济方法，"如《长生殿》全本至少须有四五十点钟方可演完，《桃花扇》全本须用七八十点钟方可演完"。为此，他更抬出西洋戏剧的"三一律"来为中国戏剧拿捏分寸，把脉开方，为之介绍称，"三'一'即是（1）一个地方，（2）一个时间，（3）一桩事实"。随之又列举了一个符合"三一律"的中国剧本，竟然是《三娘教子》。文中这样解释与解说：

　　《三娘教子》这出戏自始至终，只在一个机房里面，只须布一幕的景，这便是"一个地方"；这出戏的时间只在放学回来的一段时间，这便是"一个时间"；这出戏的情节只限于机房教子一段事实，这便是"一桩事实"。这出戏只挑出这一小段时间，这一个小地方，演出这一小段故事，但是看戏的人因此便知道这一家的历史，这便是戏剧的经济。

　　虽然中国的俗戏是大大地得了三一律的真传，但胡适还是承认，"《三娘教子》的情节很简单，故虽偶合三一律，还不算难"。纵观中国戏剧数百年发展的经验，胡适继而认定元杂剧之后的中国戏剧，非但没能进化，简直还不断退化了。文中这样写道：

　　元人的杂剧，限于四折，故不能不讲经济的方法，虽不能上比希腊的名剧，下比近世的新剧，也就可以比得上十六七世纪英国法国戏剧的经济了。而元杂剧之后的中国戏剧，越来越不"经济"；从进化史意义上讲，非但没有进化反而是退化了。他列举明清传奇到当时代盛行的折子戏，来进行进化史意义上的批判，他说，南曲以后，编戏的人专注意词章音节一方面，把体裁的经济方法完全抛掉，遂有每本三四十出的笨戏，弄到后来，不能不割裂全本，变成无数没头没脑的小戏！现在大多数编戏的人，依旧是用"从头至尾"的笨法，不知什么叫做"剪裁"，不知什么叫做"戏剧的经济"。补救这种笨伯的戏剧方法，别无他道，只有研究世界的戏剧文学，或者可以渐渐养成一种文学经济的观念。

《梅兰芳歌曲谱》，此书是为梅兰芳赴美公演所特意编制的，中英文双语印制。此书精选了梅兰芳十八部代表作的主要唱段，由齐如山出面特约著名音乐家刘天华为之记录制成五线谱。

　　不难发现，通过上述一系列表述，可知胡适自己创作的《终身大事》剧本，正是在有意无意地尝试其倡举的中国戏剧改良，正是在尝试他本人开出的"药方"——悲剧性与经济性的两剂"猛药"。可前边已经提到，最终鲁迅却认为，胡适终归也"拜倒于《天女散花》《黛玉葬花》的台下了"，难道男子的乳房终于还是没有被割掉，还是发育起来，成了遗形物自身的某种进化吗？

◎ 梅兰芳与玻璃罩

　　很难想象，写出过《文学进化观念与戏剧改良》的胡适，会倾倒于中国古典戏剧的舞台下，尤其是梅兰芳的石榴裙下。对鲁迅而言，岂止是很难想象，简直无法接受，出离愤怒。鲁迅与胡适，这两位对中国古典戏剧原本都是火药上膛，随时点射的狙击手，因梅兰芳是否在瞄准范围之内，竟彻底闹翻。

　　曾几何时，鲁迅和胡适都崇尚文学的写实主义，都认为中国戏曲要睁开眼睛看，不戴任何粉饰色彩、专业迷信的有色眼镜，要把眼镜摘下来，老老实实把现实再现出来，这样的戏曲才有生命力与感染力。鲁迅认为，由于中国戏与现实人生存在很深的隔膜，特别是中国戏在封建社会长时期的形成和发展的过程中，受统治阶级的直接控制和封建思想的毒害，中国旧戏被罩上了"玻璃罩"，与现实人生分离；胡适认为中国旧戏远离现实与生活，说谎作伪，思想浅薄，需要用悲剧性与经济性来改良。

　　写实主义的共同崇尚，中国戏剧的弊端种种之共识，于情于理而言，鲁迅与胡适的不同，最多只在于革命与改良的程度深浅之分，顶多只在于批评与批判的力度强弱区别上，最终都是希望旧戏进化为话剧的。然而，人与人之间的交情深浅，尤其是文人之间的默契与否，区别往往就在于所谓的"立场"是否完全一致，火力方向是否完全一致，仅仅一致还不行，必得"完全一致"，才能"天下大同"。然而，胡适显然不是那种刺刀＋步枪式的拼命＋革命之辈。在鲁迅看来，这就不算是真的"猛士"，而只能是"要么堕落，要么回来"的娜拉之流了。

鲁迅与梅兰芳，北京的同城生活有十四年之久，在上海也有四年左右。这共计约十八年的南北同城生活时空之中，二人有记载的交往却只有1933年在上海一起接待英国大戏剧家萧伯纳的一次。一方面，交往之少几近于无，可见二人没有交谊可言，形同陌路；另一方面，鲁迅又在文章中多次批评梅兰芳，其频度与力度，是不亚于当年同"第三种人"论战的。

在《略论梅兰芳及其他》一文中，鲁迅批评梅兰芳是一位由俗变雅的典型，这一典型变化过程，可以视为鲁迅的中国戏剧"退化史"考察。鲁迅提出，一开始，梅兰芳"不是皇家的供奉"，而"是俗人的宠儿"；他当时"所做的戏，自然是俗的，甚至于猥下、肮脏，但是泼剌，有生气"。他的艺术是属于民间的，属于人民大众的。但是，后来他遭到了士大夫的"篡改"，"他们将他从俗众中提出，罩上玻璃罩，做起紫檀架子来。教他用多数人听不懂的话，缓缓地'天女散花'，扭扭的'黛玉葬花'，先前是他做戏的，这时却成了戏为他而做，凡有新编的剧本，都只为了梅兰芳，而且是士大夫心目中的梅兰芳。雅是雅了，但多数人看不懂，不要看，还觉得自己不配看了"。鲁迅批评梅兰芳主要有三点：一是"男人扮女人"，二是被士大夫"篡改"，"将他从俗众中提出，罩上玻璃罩"，三是"为艺术而艺术"，是一个"第三种人"。

除了"玻璃罩"和"第三种人"之外，可以看到鲁迅对中国古典戏剧中的"男人扮女人"尤其反感，其反感度位列榜首。这种将"男子的乳房"当真作了"女子的乳房"之举，非但好几百年来不曾改变，此时还反倒成了国粹，需要保护与发扬。这种遗形物非但没有退化直至退出历史舞台，反而成了国内外争相意淫的"雅"物，这在鲁迅看来是尤其不可思议的，这简直就是中国戏剧的"退化"，哪来的改良与进化可言？

此外，鲁迅对梅兰芳所谓"中国戏是象征主义"的说法也极为反感，在后来撰写的好几篇文章中，都对此予以了冷嘲热讽。《谁在没落》一文中，就有专门的论述，在《拿来主义》一文中，更予以激烈的反讽：

听说不远还要送梅兰芳博士到苏联去，以促进象征主义，此后便到欧洲传道。我在这里不想讨论梅博士演艺和象征主义的关系。总之，活人替代了古董，我敢说，也可以算是显出一点进步了。

与鲁迅的态度截然相反，胡适对待梅兰芳，并没有把他看作是中国旧戏的化身，且对梅氏改良京剧的举措与成果，还深表赞赏。自始至终，胡适都没有把梅兰芳作为戏剧进化史的标本来研究，他们之间的关系即使不算亲密，也至少可算作友朋之列，自然更不可能把文化批判的子弹，瞄准这样一位友人。

据查，《胡适日记》中提到梅兰芳的有四处，转列如下：

1928年12月16日，梅兰芳来谈，三年不见他，稍见老了。

1930年7月25日，梅兰芳先生来谈在美洲的情形，并谈到欧洲去的计划。我劝他请张彭春先生顺路往欧洲走一趟，作一个通盘计划，然后决定。

1930年8月24日，见着吴经熊，他新从哈佛回来，说，美国只知道中国有三个人，蒋介石，宋子文，胡适之是也。我笑道，"还有一个，梅兰芳。"

1930年10月13日，下午见客，顾养吾、陈百年、梅兰芳、冯芝生、王家松。

除却这些私密记载之外，梅氏访美期间，胡适还有一篇用英文写成的《梅兰芳和中国戏剧》，这不但是当年公开发表了的，且还是面向美国及西方读者的，乃是为梅氏访美宣传造势之作。

且说《梅兰芳和中国戏剧》的出炉，离易卜生主义、戏剧改良的高论已经十余年，胡适对待男子的乳房、遗形物等是否仍然不改旧日腔调，开篇的一个段落，便已一目了然。文中这样写道：

在历史上，中国戏剧的成长是受束缚的，它至今还没有摆脱那种跟乐曲、歌舞和杂技的传统联系，尚未形成一种说话自然、表演自发的戏剧。这都是无法也无须否认的。然而，这种在成长中受传统束缚的事实，倒会使戏剧史研究者对中国戏剧更加感到兴趣，因为当今世界上，哪里也看不到，今日中国舞台上那样生动的展现——戏剧艺术缓慢进化过程中所留存下来的那些废除不了的遗迹。你会在那里看到种种历史上的遗形物，都以完美的艺术形式给保存并贯彻了下来。你会发现华丽的净角脸谱犹如面具，舞蹈具有传统的常规惯例的节奏，战斗场面出现杂技，几乎每出戏都有独白，伊丽莎白时代和前伊丽莎白时代舞台上那类象征性布景也由道具管理员安排得十分得当。

显然，胡适十余年前的观点正在发生微妙的变化。虽然，批评中国戏剧受传统束缚的基本立场，仍不改初衷，可在对待遗形物的态度上，已然有所转变。因为在梅兰芳的戏剧中，胡适发现：

当今世界上，哪里也看不到，今日中国舞台上那样生动的展现——戏剧艺术缓慢进化过程中所留存下来的那些废除不了的遗迹。你会在那里看到种种历史上的遗形物，都以完美的艺术形式给保存并贯彻了下来。

换句话说，经过梅兰芳改良的京剧，在胡适眼中，已经是中国旧戏的最高

《今日起程赴美考察西洋艺术之梅兰芳，美人酷嗜艺术，梅君此行必将受彼邦人士之热烈欢迎》之报道，附印有梅兰芳签赠报社之照片，原载《环球画报》1930 年第 3 期。

《梅兰芳访美评论集》，汇辑梅剧团访美期间，美方各界人士评论文章，1930 年美国印制。

峰。虽然中国旧戏的种种束缚仍然存在，但梅兰芳的改良也属难能可贵，不但不能苛刻责难，还理应为之赞赏。

谈完观戏心得之后，胡适得出了一个与鲁迅决然不同的结论，他说：

梅兰芳先生是一位受过中国旧剧最彻底训练的艺术家。在他众多的剧目中，戏剧研究者发现前三四个世纪的中国戏剧史由一种非凡的艺术才能呈现在面前，连那些最严厉的、持非正统观的评论家也对这种艺术才能赞叹不已而心悦诚服。

Mei Lai-Fang & David Belasco

梅兰芳与美国著名导演贝拉司奇博士之合影，正在赏玩珍贵的拿破仑合卺杯，原载《梅兰芳访美评论集》。

这里提到的"那些最严厉的、持非正统观的评论家",可能既不是指吴梅,也不会是指鲁迅。前者是主张恢复昆曲的曲学大师,曾经教导过梅兰芳唱曲,但私下与人的评价是,"梅氏唱昆曲终一门外汉也"。后者则早已将梅兰芳"罩上了玻璃罩子",根本就不看这男扮女装的戏,只是一个劲儿地讥讽这"为艺术而艺术"的花架子。对这一代名伶梅兰芳,曲学大师与革命文艺旗手都不买账,可后来的胡适却是照单全收,不但全收,而且几乎引为知交。

◎ 梅兰芳信札:旧人情 + 新剧情

至迟从1929年秋开始,梅兰芳为了准备赴美演出,曾多次造访胡适,专程向他讨教有关赴美演出事宜。对于如何征服美国观众,他心里没底,请求胡适为他选戏目,在内容旨趣、艺术风格上为他做指导。据《胡适之晚年谈话录》记载:

当年梅兰芳要到美国表演之前,他每晚很卖力气的唱两出戏,招待我们几个人去听,给他选戏。那时一连看了好多夜。梅兰芳卸装之后,很谦虚,也很可爱。

出国前,梅兰芳打算新排《太真外传》并试演,试演的首批观众之一,就有胡适。不仅如此,梅兰芳还曾致信,请求胡适出面,将《太真外传》的剧中情节用英、日语翻译出来,以备国外观众了解剧情之需。

如今,珍藏于中国社科院近代史所的一通梅兰芳致胡适信札,不但透露了胡、梅二人之间的那一份"旧人情",还展露了一段中国知识分子精英襄助古典戏曲大师走向国际舞台的"新剧情"。信札原文如下：

> 适之先生左右：前日晤聆大教，钦感无量。澜新排之《太真外传》不久即将出演，剧中情节拟用英、日文字分别译出，俾外人易于了解。兹奉上简单说明，拜求先生设法饬译，早日赐下，以便付刊。琐渎悚惶。此颂大安。梅澜拜启。

此信没有落款时间，无从知晓梅兰芳写信的确切时间。据信文内容与相关史料比照，此信写于1930年1月梅兰芳赴美国演出之前，极可能写于1929年间，确是无疑的。

须知，1926年，由胡适、张伯苓、梅贻琦、杜威等几位中美学者共同发起的"华美协进社"在美成立。这是一个以促进中美文化交流为主旨的非营利性团体，成立后的首件大事，就是邀请梅兰芳访美。

华美协进社之所以邀梅赴美，乃是希望能够通过演出既有艺术独特魅力、也有文化交流意义的中国戏剧，改变许多美国人对中国文化根深蒂固的传统偏见。然而，梅兰芳本人对赴美演出，却顾虑重重，颇感压力。当时虽已有过日本演出的海外交流经历，但梅兰芳对如何征服美国观众，如何置身美国舞台，并没有十足把握。为消除梅兰芳的顾虑与压力，全力推进此次赴美演出的国际影响力，胡适当仁不让，与齐如山、林语堂等一道，为之打造了一套国际文化交流"护照"。

这一套特殊的"护照"，乃是随梅兰芳赴美演出，而特别编印的英文版宣传手册。其中，在《梅剧团：梅兰芳及其中国戏团》（*Mei Lan-Fang and*

Chinese Theatre）这本小册子中，梅兰芳所有赴美演出剧目及剧情均有了英文译本。

至于另一册英文版《梅兰芳太平洋沿岸演出》（*The Pacific Coast Tour of Mei Lan-fang*），是在美国旧金山特别印制的，封面设计和《梅剧团：梅兰芳及其中国戏团》相仿，封面上的书名为《梅兰芳：中国戏剧》（*Mei Lan-Fang：Chinese Drama*），与前者显然属于"套装"。其内容不再是梅氏的剧照展示与剧情简介，而是一册评述梅氏戏剧艺术的英文专集，内收多篇评介京剧和梅氏生平及艺术表演的文章，为首一篇正是胡适所撰《梅兰芳和中国戏剧》（*MeiLanfang and The Chinese Drama*）。

在这篇文章中，胡适盛赞梅兰芳"是一位受过中国旧剧最彻底训练的艺术家"，理由是：

在他众多的剧目中，戏剧研究者发现前三四个世纪的中国戏剧史由一种非凡的艺术才能给呈现在面前，连那些最严厉的、持非正统观的评论家也对这种艺术才能赞叹不已而心悦诚服。

文中更将传统剧目《思凡》的梅氏演绎，与欧洲文艺复兴时期的诗歌艺术相提并论，为之特别强调称：

《思凡》一剧从头到尾是一出独唱剧，剧本读起来就像罗伯特·布朗宁描述的一位中世纪僧侣画家在寺院斗室里的心理活动那首戏剧性诗篇。

在包括胡适、齐如山等人的评论文章之后，该专集末尾还附录了梅兰芳首次访美演出美方赞助人名单，其中胡适的老师杜威就赫然在列。这一切都在表明，胡适对梅兰芳赴美演出不但表现出了极大的热情与关注，而且予以了确实的支持与帮助。

1930年上半年，梅兰芳在美国纽约、芝加哥、旧金山、洛杉矶、夏威夷等城市巡回演出共计七十多场，受到各地盛大欢迎和热情接待，获得了极大成功。同年7月20日，梅兰芳赴美巡演顺利结束，载誉归来之际，在上海参加了各界人士盛大的欢迎会，胡适出席并发表了欢迎演说。7月29日的北平《世界日报》，对此次欢迎会的盛况有过详细报道，文中提道：

……胡适继发言，大意梅兰芳之成功，乃梅氏个人之成功。至于中国戏剧问题，当另行讨论。胡博士对于梅氏之成功，更谓系其人格修养有以致之。苟易他人，能否载此美誉而归，正未可必。末谓：梅兰芳于返国之前，致函沪友，称其到处受人欢迎，誉者愈多，心中愈觉惭愧。我有何能，膺此过奖。今后于戏剧之道，必当多加研究，再下工夫云云。博士言：即此一端，可见梅氏虚怀若谷，其成功非偶然也。至于梅氏友人之互相帮助，亦皆只为梅氏个人耳……

毋庸多言，这一切理所当然，即是鲁迅早已判定过的、胡适"拜倒于《天女散花》《黛玉葬花》的台下了"的铁证罢。

"良友"，梅兰芳题字，原载《良友》第三十三期，1928 年 12 月。

梅兰芳访美组照，原载《良友》第四十四期，1930
年 2 月。

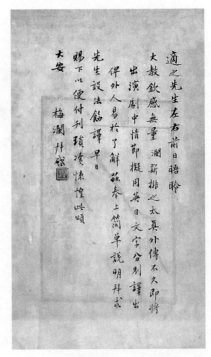

梅兰芳 1929 年致胡适信札

《沪各界欢迎梅兰芳志详》，刊载于北平《世界日报》，1930年7月29日。

◎ 娜拉走了之后

鲁迅去世后半年，戏剧改良论之后快二十年时，胡适还是老样子，依然在谈论中国旧戏的悲剧性太少，经济性太差；只不过越发侧重于探讨俗剧与地方戏的史料价值。关于中国戏剧的进化趋向，究竟还是不是以西洋话剧为楷模，究竟还是不是只要对白不要唱腔，不似先前那么剑拔弩张，非如此不可了。

1937年5月15日，胡适为中华书局即将出版的清代戏曲选集《缀白裘》校点本作序，除了仍然推崇元杂剧的经济性与痛责明清传奇的不经济之外，还特别强调了《缀白裘》这样雅俗共赏的戏剧选本的诸多好处。他写道：

我现在要指出这部选本的几个特别长处。第一，《缀白裘》所收的戏曲，都是当时戏台上通行的本子，都是排演和演唱的内行修改过的本子。最大的改削是在科白的方面。《缀白裘》是苏州人编纂的，苏州是昆曲的中心，所以这里面的戏文是当时苏州戏班里通行的修改本，其中科范和道白都很有大胆的修改，有一大部分的说白都改成苏州话了，科范也往往更详细了。例如《六十种曲》的《水浒记》的说白全是官话，而《缀白裘》选《水浒记》的《前诱》《后诱》两出里的张文远的说白全是苏州话，就生动的多了。

第二，《缀白裘》所收的曲本，虽然大部分是昆腔"雅"曲，其中也有不少是当时流行的"俗"曲，——所谓"梆子腔"之类。这三四百年中，士大夫都偏重昆腔，各地的俗曲都被人忽略轻视，所以俗曲的材料保存的最少，这是文学史上的一件绝大憾事。苏州的才子如冯犹龙一流人，独能赏识山歌，《桐城歌》《挂枝儿》一类的俗曲，至今文学史家都得感谢他们保存俗曲史料的大功绩。《缀白裘》的编者也很赏识当时流行的俗戏，所以这十二集里居然有很多的弋阳腔、梆子腔、乱弹腔的戏文，使我们可以考见乾隆以前的民间俗戏是个什么样子。这是《缀白裘》的一个很大的贡献，我们不可不特别表彰他。读《缀白裘》的人们不可不知道这些打诨的俗戏都是中国近世戏曲史上的重要史料。

地方方言进入官话体系的传统戏剧之中，使昆腔雅曲成为"打诨的俗戏"，这些"俗戏"的剧本，在胡适看来，是极为宝贵的戏剧改良之实践史料，乃极为难得的戏剧进化之标本存照。《缀白裘》由于辑选了大量这样的剧本内容，就是这样一部弥足珍贵，令其激赏不已的古代戏剧选本。也正因为如此，这部书的出版印行，校点者虽为汪协如女士，立意之始与协助始终的，却正是胡适本人。

原来，就在梅兰芳美国巡演载誉归来后不久，在胡适的支持和指导下，曾任上海亚东图书所编译馆编辑的安徽老乡汪协如女士，从1931年开始，即着手《缀白裘》的校点整理工作。时至1940年12月，此书交由中华书局，以铅字排印出版，胡适的那篇序言也随之刊出。

这不禁让人联想到约二十年前，与之相似的一本出版物——1921年潘家洵（1896—1989）翻译的《易卜生集》；此书在商务印书馆初版之际，除了署上"胡适校"的字样之外，也附录一篇《易卜生主义》代序，胡序＋潘译的集成，足见其剧本译介之外的"微言大义"。

同样，《缀白裘》这一运作时间持续近十年的古籍整理成果，甚至还不用署上当时出版界流行惯用的某某"审阅"字样，不必如此这般借名人效应招徕读者，只需加上一篇胡适的序言，便足见其真实的推介意图。毋庸多言，重视中国古典戏剧的辨析研究与取舍推敲，而不是统统打倒，推倒重来，这种对待中国古典戏剧乃至其他文化遗产的学术态度，已逐渐成为《缀白裘》铅字印行之后的学术风尚，这或可视作以胡适为代表的"新青年"群体思想立场的某种转向与回归。也不得不承人，最终出现这样的情势，与鲁迅当年所预言的娜拉们出走之后的无奈抉择，何其相似。

从《新青年》到《缀白裘》，从《易卜生主义》到《缀白裘》序，戏剧改良与戏剧进化是否同步？无论答案怎样千差万别，无论演员与评论家的口径如何莫衷一是，中国古典戏剧的"玻璃罩"，终究还是没能被只说不唱的火枪手

胡适，1933 年出任北大文学院院长时存照。

们击碎。那些说的比唱的还好听的话剧演员们，在这本戏、那本戏之间演来演去，在易卜生与萧伯纳之间写实过去，象征过来，终究还是没能把梅老板从国内国外的舞台戏台上轰下去。

如果说"要么堕落，要么回来"，是剧中人娜拉的归宿；那么在剧本之外的胡适，既没有堕落，也没有回来，走了之后也是知道怎么办的。"少谈些主义，多研究些问题"的胡适，在远离"主义"之后，身后众多的学术成果与成就也都明摆在那里，实在是无须争议的。于胡适而言，这何尝不是另一种写实主义的真实归宿？于娜拉们而言，这何尝不是又一种无须纠结于"堕落还是回来"的人生方案。

正如1918年那首平淡得不能再平淡的小诗一样，在那个雪花缥缈的北国除夕之夜，人们除了包饺子，吃天津雪梨、红烧海参，能喝酒的来一口，只喝茶的泡一壶之外，只是如此这般度过人生中的又一次春节而已。虽然是平淡无奇的生活，可没有"主义"的生活，不照样还是生活吗？或者，生活根本不是戏剧，并不需要这本戏、那本戏地挑来挑去，还要非此即彼的为此面红耳赤一番罢。

◎附录一："雅歌集"里的胡适题词

鲁迅的讥刺虽然着实犀利，可他哪里知道，"先前欣赏Ibsen之流的、做了剧本《终身大事》的英年"，早在"拜倒于《天女散花》《黛玉葬花》的台下"之前，就已是对旧戏颇有些经验的少年票友，在南北票友圈子里多少已有点"英名"的。

前清武科进士主编票友团体刊物

时为1929年11月1日，一册题为《高山流水》，又明确标注着《雅歌集廿周年纪念特刊》字样的出版物，由上海广东路四十号的顺利印务局印行。这一刊物版权页上无售价，是为"非卖品"，纯为内部流通，实乃特定的"圈层"读物。

刊物前半部分的内容，为印有许多人物肖像照片的图页，这些照片图页上逐一标注有人物姓名及基本委员、永久会董、会长等职衔。这显然在提示读者，"雅歌集"乃是当时的一个正规正式的社会团体，这些照片中的人物，在该团体中都有着举足轻重的地位。

继这些照片图页之后，本刊主编的"玉照"也悄然浮现，主编名为林植斋。令人稍感诧异的是，照片上的林氏形貌显得孔武有力，体格似十分健硕，与前边数页那些颇见文雅风范的人物照片，迥然有异。

据考，本刊主编林氏与近代著名学者、作家林琴南同为闽人，且还被后者写入了小说《技击余闻》之中。小说中为林植斋专列一条目，为之介绍称："林植斋培基，闽之尚干村人也，以武科第三人及第。"果然，主编林氏乃前清武科进士，形貌自然要有别于文人雅士了。

可是，这前清武科出身的林氏，缘何要主编这雅歌集的刊物？或许，仅仅是出于个人喜好罢。试想，那些传统剧目中本亦不乏武生这一行当，无论是以"武"会友，还是以"文"会友，在传统戏曲爱好者——票友群体中，都还是行得通的。那么，同时也不难揣测到，这既能做前清武科进士，又能做戏曲研究兼编辑，能武能文且还被林琴南写入小说中的人物——林植斋，恐怕也不是一般性质的票友团体能够将之招入麾下的吧？这雅歌集又究竟是怎样的社会团体，又究竟有何高深高明之处呢？

事实上，只需将这薄薄一册《高山流水》再往后稍稍翻检一下，雅歌集的来龙去脉也就基本可以明了。原来，这是一家成立于1909年的戏曲爱好者俱乐部性质的民间团体，但并非一般性质的组织松散，随聚随散的票友沙龙。

雅歌集有着明确严格的组织章程，每月均需缴纳一定数额的会费，且规定"凡会员有欲出会者，必须一个月前来会宣告，并具脱会理由书，否则次月会费仍须照缴，不得饰词延宕"。再者，对于何时乃至如何"雅集"，也有着严格规定，称"本会以每日下午五时至十二时，星期或放假日则于午前九时至晚间十二时为各会友聚集之时"；又称"本会于开会集议及研究剧艺之时，不准任意高声谈笑，致扰秩序"云云。仅从这些章程条款来看，每日均有固定时段集会且纪律严明的雅歌集，颇具专业精神，入会者应当也非泛泛之辈。

笔者这样的揣测，仅从这一册《雅歌集特刊》里印出的，该会永久会董虞洽卿、姚慕莲、戴耕莘等人的照片，即可得印证。这些富甲一方，闻名于世的巨商显达，共同出资举办这样一所组织严密，实力雄厚的戏曲爱好者俱乐部，显然是要将其营建为上海滩头的资深票友的顶级会所。

试想，这样一个由众多巨商显达鼎力举办，且每月有固定会费注入，每日有固定时段集会的社会团体，在戏曲研究、评论方面，乃至票友自发的搬演经典剧目，自然都有着不俗的业绩。不难发现，这一册特刊中附印的多帧会员汇演剧照，即是对该会业绩最为直观生动的呈现，亦是对该会票友如何"资深"、如何"玩票"玩出专业水准，最为明白形象的展现。

在会董会员照片与会员汇演剧照之后，特刊中还附印了大量名流祝辞，其中一部分是带有一定研究性质的短文，为海上名士严独鹤、周瘦鹃、王西神等人所撰；另一部分则为题词书画之影印件，此中既不乏诸如梅兰芳、荀慧生、尚小云等名伶名家的画作，亦不乏诸如郑孝胥、李拔可、张丹斧这样的当世名流。

《高山流水》，即《雅歌集廿周年纪念特刊》，1929 年印行。

《雅歌集特刊》主编林植斋

少年胡适观剧诗作及题诗手迹惊现

尤为特别的是，新文化运动与新文学运动的代表人物，早年曾在《新青年》上发表《文学进化观念与戏曲改良》一文，激烈抨击过旧戏的胡适，竟也在为《雅歌集特刊》题词的嘉宾之列。

应当说，这一题词的出现，实在有些令人匪夷所思。因其不但与胡适一贯所持的中国传统戏曲亟待改良，以及大力推崇引进西洋戏剧（话剧与舞台剧）之思想立场绝然相悖，且仅就目前已知的胡适生平研究相关文献来考察，其与雅歌集的交往事迹从未被研究者提及，即便如今通行的基础文献，诸如《胡适全集》《胡适日记》《胡适年谱》等对此也均只字未及。

因此，这一题词不但可以视作胡适"佚文"，亦可从中管窥胡适生平中的又一隐秘篇章——向来少为人知乃至渐不为人所知的，胡适早年与传统戏曲的接触及相关事迹。

为披露与分享稀见文献计，亦为便于后文考述，笔者不揣谫陋，酌加整理，转录题词全文如下：

永夜亲机杼，悠悠念远人。

朱弦纤指弄，一曲翠眉颦。

满座天涯客，无端旅思新。

未应儿女语，争奈不胜春！

雅歌集廿周纪念，植斋先生要我作文，无法应命，只好钞二十年前旧作《菊部四章之一（咏纺绵花剧）》呈教。

胡适

　　胡适题词，先是抄录了一首"二十年前旧作"，恰恰应了雅歌集创立二十周年的由头。且这一旧作的主题，乃《菊部四章之一（咏纺绵花剧）》，也是当年观剧时所感所思之后所作，在主题上也是与雅歌集相呼应的。所以说，这一题词内容虽非新作，看似胡适随意应酬之作，实则也是有过一番斟酌构思，方才应命挥毫而成的。

　　《纺棉花》一剧，为近世流行的京剧剧目，剧情十分简单通俗，一度颇为市民阶层观众热捧。剧情大略为：有银客张三者，离家出外经商，三年未归。其妻王氏思夫，于纺棉花时歌小曲自遣。适张三归来，在门外窃听，又抛银试之，妻为所动，开门见之，夫妻终于相会。

　　据考，此剧演出时旦角演员身着时装旗袍，脚穿高跟皮鞋，一副浓妆艳抹

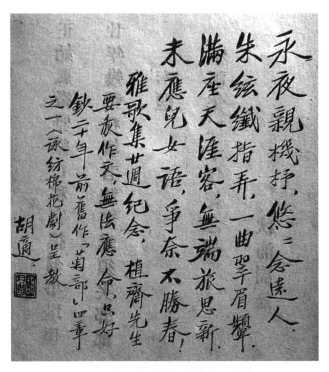

胡适为雅歌集题诗手迹

的都市女郎扮相，与传统京剧的经典剧目台风迥异。加之，演员还要在舞台上穿插演唱当时的流行歌曲（如电影《万世流芳》的插曲《卖糖歌》《戒烟歌》等），为迎合普通市民阶层，可谓不遗余力。因此，此剧可以视作近世改良之后的通俗剧目，并非传统京剧剧目。

再者，据《雅歌集特刊》中的胡适题诗跋文可知，约于1909年，时年仅十八岁，尚在上海中国公学就读的胡适，可能曾在当地就近的小戏馆里，观赏了《纺棉花》一剧，有感而发，写成了这所谓《菊部四章》中的一首。

《胡适留学日记》原件中的少年诗作寻踪

关于这一诗作，胡适当年曾特意抄录了下来，与这一年的其他"少作"汇为一册《己酉杂稿》，一度在友人中传阅，后来或因不甚在意，并未及时收回这一稿本。待到他本人再次见到这一"少作"，已是八年之后的1917年。

还记得2020年10月16日晚，以成交价1.3915亿元，创下"最贵日记"的世界拍卖纪录的《胡适留学日记》原件，中有一册《北京杂记一》（胡适本人编为第十七册）。正是在这一册日记本中，便记载有胡适当年偶遇"少作"并摘录备存的事迹。

原来，时为1917年9月18日，刚刚从美国留学归来的胡适，赴北大任教之际，在友人程意君处，偶然看到自己当年手抄的那一部题为《己酉杂稿》的诗集。在这一天的日记中，胡适写道：

在程意君处，见吾手钞之《己酉杂稿》一册，乃己酉春夏所作诗。计诗二十二首。今重读之，颇可见八年前之思想意境。其诗多不足存者。因钞其可存者三首于此。

在胡适认为尚"可存者"的三首早年诗作之中，此诗《菊部四章之一（咏纺绵花剧）》即为其一。这一天的日记，后来因故遗失，以至于后来胡适出版其早年日记时（即《藏晖室日记》与《胡适留学日记》），也无法将之收录进去。时过一个世纪，这一册日记本中的内容一直不为世人所知，后人所编《胡适日记全编》，以及《胡适全集》的"日记卷"部分，均未能将之收入。

不过，由于胡适本人对这一诗作及其少年旧作都较为重视，不但在日记中曾有摘录，后来可能又将整部《己酉杂稿》一册誊录了一遍。时至1948年底胡适仓促乘专机飞离北平之际，这一誊录本与其众藏书、文稿、档案均不得不遗留在了北平旧居之中。约半个世纪之后，有研究者以这一大宗"遗稿"为基础，整理出版了《胡适诗存》（"增补本"，人民文学出版社，1993年），此诗与其他未曾收入胡适生前编选的个人诗集《尝试集》与《尝试后集》，终于得以"集外诗"的名目公开披露了出来。此后，《胡适全集》第10册也据此收录，这一诗作方才渐为后世读者所知。

严格说来，虽然《菊部四章之一（咏纺绵花剧）》这一诗作本身不能算是佚文，可胡适亲题这一诗作的事迹，确属这近一个世纪以来包括笔者在内的后世研究者与读者皆闻所未闻的逸闻；且题诗所附跋语，确也未曾收入《胡适全集》等相关文献之中，确又可以视作佚文。于是乎，在这一册《雅歌集特刊》中的胡适题诗，具备了半属逸闻，半属佚文的奇特属性，着实令笔者辈后世读者禁不住要拍案惊奇一番了。

遗憾的是，关于胡适与林植斋的交往事迹，笔者遍查文献，杳无线索可

胡适，1929 年任上海中国公学校长期间存照。

循。唯于《郑孝胥日记》①寻得一处记载，尚可窥见二人交往事迹之一斑。郑氏于 1929 年 11 月 27 日日记中有载：

> 林植斋以酒席来，客至者：周梅泉、袁伯夔、胡适之、李拔可、夏剑丞、黄蔼农、赵叔雍等……

据此可知，《雅歌集特刊》印成近一个月之后，林植斋置办酒席，出席嘉宾有郑孝胥、胡适等人。细观席间人物，几乎俱为《雅歌集特刊》中题词者，或可揣度，此次席间活动之一，即是林氏向在座诸位赠送特刊罢。

◎附录二：《终身大事》英文版及其他

胡适一生创作的唯一一部剧本《终身大事》，稍微熟悉其人其著的读者对此都不陌生，研究或关注中国近代戏剧史的读者亦必熟知。这部剧本于 1919 年 3 月发表于《新青年》第六卷第三号，是中国最早的话剧作品之一，至今已过百年之久了。

---

① 《郑孝胥日记》，中华书局，1993 年。

这一剧本发表时，附有作者胡适的序和跋。胡适在序中称，此剧原是北京的美国大学同学会之邀，为会中的中国会员即兴演出所创作的；初以英文写成，后译成中文发表。剧本描写一个中产家庭的独生女田亚梅为争取婚姻自主而离家出走的故事。亚梅留学归来，自主选中了多年在一起的朋友陈先生。田太太却求签算命，说命相不合，八字相克，因此反对。最后亚梅趁父母离屋吃饭，留下字条出走。留言上写道，"这是孩儿的终身大事，孩儿该自己决断，孩儿现在坐了陈先生的汽车去了，暂时告辞了"。

这样一部百年前反抗包办婚姻，推崇婚姻自主的剧本，在当时的中国社会有着推动进步、启蒙大众的价值，自然可以想见。对于研究中国近现代文学、文化与戏剧史方面，当然也有着重大的学术价值，对此早有研究者做过不少的研究与评述，在此无须赘言。不过，既然此剧最初乃是用英文写成的，其英文

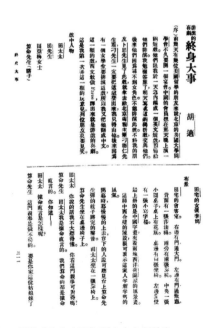

《新青年》第六卷第三号（1919年3月15日），胡适《终身大事》剧本中文版首发。

版究竟有无发表，若发表了又发表于何处？这一剧本及其作者的戏剧史思想在英文语境中，或者说在英文传播场域中，又产生过怎样的影响？等等，这一系列问题恐怕仍需进一步发掘与辨析。

《终身大事》英文版在美国波士顿首发

据考，《终身大事》英文版的问世，还要晚于其中文版。在中文版发表六年之后，英文版方才首次发表于《中国戏剧》（*The Chinese Theater*）一书之中，于1925年11月在美国波士顿出版。此书作者阿道夫·爱德华·祖克（Adolf Eduard Zucker，1890—1971，以下简称祖克），为美籍德裔学者，是一位戏剧史专家，尤其对莎士比亚戏剧及中国京剧最为精通。

全书分为九章，以图文形式评述中国戏剧的演变和发展，书中含照片与插图共计二十余幅。此书印制极其精美，采用布面精装毛边本，内页道林纸精印，封面的烫金压凹工艺彰显精致；还特别配制绢面手绘京剧人物图四幅，保证了每一部书的图文别致独一。上述种种精美印制之前提，最终还以限量出版的方式，为喜爱东方风情与藏书癖好的西方读者，提供了珍藏价值的保证。据书前扉页说明，此书印量共计仅七百五十册，其中七百二十册用于销售，每一册均有手写编号，郑重其事地向购藏者予以了限量收藏价值的保证。应当说，这是一部"古董书"而非学术著作，此书更像是"收藏品"而非通俗读物。

仅以这样的出版与销售策略而言，注定了《中国戏剧》一书，恐怕传播不广，读者有限，大多沦为西方藏书家的架上珍宠而已，中国读者与学者橱中应不多见。据查证，此书著者祖克与胡适似也没有什么交往，至少在现存的《胡适日记》《胡适书信集》等相关文献中，也难觅其踪迹。尽管如此，仔细翻检

《中国戏剧》一书，仍不难发现，胡适其人其著其思想，即使在这样一部"古董书"中，影响力也是极其充分与多面的。

　　且看全书章节，分为九章，第一章：早期戏剧；第二章：元杂剧；第三章：明代戏曲；第四章：清代至今的戏剧；第五章：现代发展趋势；第六章：外部特征；第七章：行规习俗；第八章：梅兰芳；第九章：东西戏剧比较。在全书这九个章节里，只有胡适的《终身大事》（*The Greatest Event in Life*）剧本，是全文发表的（此书第119—128页）；也只有胡适的肖像照片，

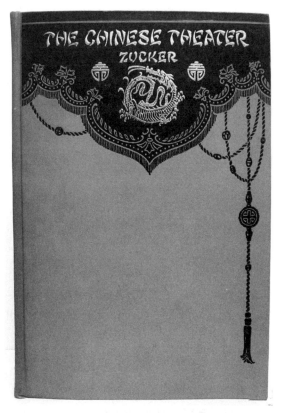

《中国戏剧》（*The Chinese Theater*），1925年11月在美国波士顿出版。

是以整页铜版纸单面精印的（即使梅兰芳的照片，也是和其剧照一起，在一页上合并印出的）。除此之外，几乎每个章节的内容，都或直接或间接地提及胡适，足见其人影响之大。

胡适怎样看待"孔子诛少正卯"事件

　　在此，不妨将书中关涉胡适之处一一拈提，借此管窥胡适的"现代戏剧"观念在当时的海内外影响之一斑。

首先，在书前自序中，著者祖克表示在中国考察戏剧时，得到了许多朋友的帮助与提携，其中就已然提到胡适。序中提到：

Doctor Hu Shih discussed it illuminatingly in conversation and by correspondence.

对于"胡适博士在函电交谈中进行了富有启发性的讨论"，祖克深表感谢。据此亦可知，二人可能未曾会面，只是以函电的方式进行过一些书面上的交流与沟通。

在《第一章早期戏剧》的第11页尾注中，也提到了胡适。原文如下：

Professor Porter calls my attention to the phenomenon that Doctor Hu Shih calls these court jesters "sophists". They were the ones to make the shrewdest observations among all courtiers. The suggestion of the revolutionary element probably accounts for the death sentence.

这一段注释的内容大略为，"波特教授让我注意到胡适博士称这些宫廷弄臣为'诡辩家'，他们是所有朝臣中最为精明，也是最善于观察的人。他们向朝廷提出的带有革命因素的建议，可能正是导致其死刑的原因"。注释是为文中提到的"孔子诛少正卯"案所作，是为这样一句话加的注释：

Confucius in his capacity of prime minister saw himself forced to put one of these wits to death ……

此句意为"孔夫子以总理的身份看到自己被迫杀死了其中一个智者"，此即"孔子诛少正卯"案。少正卯，春秋时代鲁国大夫，少正是姓，卯是名。"少正"是周朝所设官职，少正卯的姓属于当时的"以官为姓"的情况。据传，少正卯和孔子都开办私学，招收学生。少正卯的课堂多次把孔子的学生都吸引过去听讲，少正卯因之成为鲁国的著名人物，被称为"闻人"。鲁定公十四年，孔丘任鲁国大司寇，上任后七日就把少正卯杀死在两观的东观之下，暴尸三日。对这一历史事件，至今说法不一，肯定与否定其事者均有争议。

对这一"戏剧性"的中国早期历史事件，著者祖克明确提到，曾受到过胡适观点的影响。从其引述的胡适观点来考察，应当是听闻或读到过胡适的《中国哲学史大纲》①与《先秦名学史》②。

胡适激赞元杂剧

在《第二章元杂剧》中，第21—22页又提到胡适。原文摘录如下：

In fact, these works have been recognized at their true worth only as late as 1917, when Hu Shih, Columbia University doctor of philosophy and professor at the National University, Peking, began to lecture on the best of the novels with historical introductions.Professor Hu Shih finds in the language of these works a compromise which he hopes an aid inducing the Chinese of the concessions made to the firmly rooted conventions of the conservative class of scholars for the sake of lending dignity to their works and the drama, owing to their popular appeal, deviated largely from the dead language and approach the vernacular of the day.

上述这一段文字大意为，"事实上，这些作品的真正价值被发现与认识，是直到1917年，哥伦比亚大学哲学博士、北京国立大学教授胡适，在讲座中用历史研究的方法发掘这些历史上最好的小说才开始的。胡适教授在这些作品

---

① 胡适《中国哲学史大纲》卷上，1919年上海商务印书馆初版。
② 胡适《先秦名学史》，*The Development of the Logical Method in Ancient China*，英文版，1922年上海亚东图书馆初版。

的语言中发现了一种妥协，他希望通过这种妥协，促使中国人对保守派学者们根深蒂固的惯例做出让步，以期为他们的作品提供尊严；而戏剧这一文艺形式则由于受到大众的欢迎，在很大程度上偏离了已死的语言，接近了当时的白话文。"

在对元杂剧的研究与评述中，著者祖克首先引述了胡适对中国白话文文学史的基本观点。显然，祖克应当听闻或研读过胡适《建设的文学革命论》[①]《文学进化观念与戏剧改良》[②]等相关论文。

胡适重视《三国演义》等古典小说

在《第四章清代至今的戏剧》中，第78页再次提到胡适。原文摘录如下：

Doctor Hu Shih, from the National University, Peking, has pointed out that it is the novel written in the vernacular that has given to spoken Chinese such unity as it possesses, and that it is through works in the popular language that a common speech for all China may ultimately be achieved. Today, of course, natives of Peking, Shanghai, and Canton speak languages differing as widely as do those of Berlin, Amsterdam, and London, or Rome, Paris, and Madrid. Due to the crystallization of the written language, however, students from the three Chinese centers can read one anther's letters.It is due to their linguistic and literary importance that Doctor Hu Shih has edited critical editions of about a dozen famous Chinese novels.

上述这一段文字大意为：

---

① 胡适《建设的文学革命论》，原载《新青年》第四卷第四号，1918年4月。
② 胡适《文学进化观念与戏剧改良》，原载《新青年》第五卷第四号，1918年10月。

国立北京大学的胡适博士指出，正是这部白话小说赋予了汉语口语的统一性；这样的白话小说正是以其自身所拥有的这一语言统一性，正是这样通过大众语言形成的作品，才可能最终实现全中国的共同语言。当然，如今的北京、上海和广州的本地人所讲的方言，与柏林、阿姆斯特丹和伦敦、罗马、巴黎和马德里的语言一样，彼此也有很大的不同。然而，由于书面语言的凝固化，来自三个中文中心的学生可以互相阅读对方的信件。由于其语言和文学的重要性，胡适博士编辑了十几部中国著名小说的评论版。

这里提到的这一部"赋予了汉语口语的统一性"的"白话小说"，结合上下文，可知乃是《三国演义》。事实上，除了《三国演义》，但凡是以白话文写成的古典小说，传播领域之广，时间之长，形成的共同文化记忆之稳固，都是胡适当年所看重的。所以，在一章节里，作为中国四大古典名著之一的《三国演义》，仅仅是作为一个例证拈提出来，以此来引述胡适言论而已。

著者祖克当然明了这样的状况，之后即称"由于其语言和文学的重要性，胡适博士编辑了十几部中国著名小说的评论版"。这就说明《中国戏剧》著者可能看到过，至少注意到当时的中国读者群体中，虽有不少新文化与新文学的拥护者，却还有相当一部分读者，也正在从古典小说中领略白话文学的魅力与影响力。而这些主要以白话文写作的古典小说，如《三国演义》《水浒传》《西游记》《红楼梦》等，当时在胡适的倡导之下，出版了大量的重新标点与校订本，这些更加便利于大众阅读的"新版本"，往往都附有胡适的考证与评论。

《终身大事》昭示中国现代戏剧之未来

在《第五章现代发展趋势》的第117至118页，对胡适的现代戏剧观念更是大段引述，颇见重视。原文摘录如下：

"Europeanize the theater" is, in short, what Professor Song suggests.Much the same thing, from a somewhat different angle, is said by Doctor Hu Shih, professor of philosophy in the same university.He argues that literature is constantly changing and that such a change is a gradual progress from low origins to classical perfection.The history of Chinese drama represents a continuous struggle against formal restrictions which have been gradually overcome.But in the course of this advance, useless survivals remained intace owing to the conservatism of the Chinese. As such survivals, he mentions ballad singing, military plays（acrobatics）, a conventional manner of walking on the stage, facial painting in highly unnatural manner, use of falsetto speech, and musical accompaniment.These ought to be eliminated, just as the chorus, the mask, and the aside have long gone out of style in the western theater.Furthermore, since progress in literature generally comes about through contact with foreign literature（he quotes here the influence of Ibsen on the English stage）, China ought to learn from the Occidental drama.Two things especially China is in need of : first, the conception of tragedy to take the place of the eternal happy ending ; and second, a conception of dramatic economy.

This same critic has himself written a play, which he modestly calls a farce.It has been acted very successfully by student dramatic societies in Peking and other cities. Doctor Hu Shih does not pride himself particularly on this effort of his, yet, in my opinion, it is by far the best "modern" play written by a Chinese under the influence of the Western drama, including some published in American magazines.I shall reprint it here as an index, showing the direction the Chinese drama of the future may take.The influence of Mei lan-fang, as Professor Song notes in his book, is in the direction of art for art's sake, while the drama of the students and reformers is the play with a purpose.

上述文字大意为：

简言之，"欧洲化戏剧"是宋（春舫）教授的建议。同一所大学的哲学教授胡适博士却从另一个不同的角度，说了很多与之类似的见解。他认为文学是不断变化的，这种变化是从低级起源到古典完美的渐进过程。中国戏剧的历史，呈现着对逐渐被克服的形式限制的持续斗争；但在这一过程中，由于中国人的保守主义，那些无用的形式仍然保持完好。他提到了民谣演唱、武打戏剧（杂技）、传统的走台方式、脸谱等这些既存形式。还有非常不真实的方式，譬如使用假声和音乐伴奏。所有这些都应该被革除，就像合唱团、面具和旁白的形式，在西方戏剧中早已过时。而且，由于文学的进步通常是通过与外国文学的接触来实现的（他在这里引用易卜生对英国人的影响）。中国应该向西方戏剧学习，尤其是特别需要重视两件事：第一，悲剧的概念取代永恒的幸福结局；第二，戏剧经济的概念。

这个批评家自己也写了一部戏，他谦虚地称之为"闹剧"。这部戏在北京和其他城市的学生戏剧社团中演得非常成功。然而，胡适博士并不为自己的这种努力所取得的成果感到骄傲。但在我看来，这是迄今为止中国人在西方戏剧的影响下创作的最好的"现代"戏剧，包括一些在美国杂志上发表的戏剧。我将在这里重印这一剧本，将其作为一个（中国现代戏剧的）索引，显示中国戏剧未来的发展方向。宋（春舫）教授在书中指出，梅兰芳的影响是为了艺术而走向艺术的方向，而学生和改革者的戏剧是有目的的。

显然，祖克对胡适所作《文学进化观念与戏剧改良》一文，曾经有过比较深入充分的研读，对胡适相关言论可谓念念不忘。上述第一段文字，基本观点皆源于此文。胡适的这些观点，在一百年前的中国，当属"异类"，即使搁到一百年后的今天，也不无"偏激"。其中热切直率的"革命"意味与"破旧立新"之激进情绪，实在是扑面而来的。无论如何，祖克将胡适的这些观点视作中国戏剧"现代发展趋势"的核心理念，足见当时其影响力是巨大的。

需要补充说明的是，在这两段提及胡适的文字中，一前一后两次提及的宋春舫（1892—1938），与胡适也是同道友人。宋氏乃浙江吴兴人，王国维表弟，剧作家、戏剧理论家，是我国现代剧坛上最早研究和介绍西方戏剧及理论的一位学者。五四运动时期在《新青年》等刊物上发表了大量评价西方戏剧新思潮、新观念的文章，其理论思想和剧作在中国话剧史上都占据了重要的地位。《中国戏剧》著者应当研读宋氏相关著述，而这里提到的"宋教授在书中指出"云云，乃是指《宋春舫论剧第一集》（中华书局，1923年初版）。

当然，在大量引述了胡适见解之后，最能体现胡适现代戏剧思想的还是莫过于他自己的戏剧作品。祖克在《现代发展趋势》这一章节，顺理成章地引入了胡适的《终身大事》（*The Greatest Event in Life*）剧本。随着上述两段文字之后，即这一剧本的全文发表（第119至128页）；这也是目前能够寻获的胡适《终身大事》一剧英文版的最早发表处。

胡适照片单面精印

在剧本正文之前，还特意用一页铜版纸，单面精印了胡适的肖像照片。这张肖像照片，因有当年胡适本人印有多张分赠亲友（书中影印者，应当即是胡适赠予者），目前尚有一张存于台湾胡适纪念馆中，可知摄于1923年。胡适肖像之下，还印有一段介绍文字，原文及译文如下：

Hu Shih

Doctor of philosophy, Columbia University.Professor of Philosophy, National University, Peking.Author of first critical history of Chinese philosophy, giving a new evaluation of the ancient sages.Editor, poet, and author of play reprinted in chapter five.His most important work was his campaign for the introduction of the vernacular in place of the dead language of the scholars, a reform that will be of inestimable consequence in democratizing knowledge among China's hundred million.

胡适

哥伦比亚大学哲学博士。国立北京大学哲学教授。中国哲学史的第一位批判者，对中国古代先哲进行了全新的评价。他还是编者、诗人、剧作家（其剧作在本书第五章中重印）。他最重要的工作，乃是由他发起的用白话文来代替文言文的"死文字"的运动，这一改革对于中国一亿人的知识民主化将产生不可估量的后果。

无须多言，祖克对胡适的推重，是溢于言表的。对其人其思其著，祖克在

HU SHIH
Doctor of Philosophy, Columbia University. Professor of Philosophy,
National University, Peking. Author of first critical history of Chinese phi-
losophy, giving a new evaluation of the ancient sages. Editor, poet, and
author of play reprinted in chapter five. His most important work was his
campaign for the introduction of the vernacular in place of the dead language
of the scholars, a reform that will be of inestimable consequence in democra-
tizing knowledge among China's four hundred million

《中国戏剧》（*The Chinese Theater*）
一书所附胡适照片及介绍

《中国戏剧》一书中都特意做了尽可能多的介绍与评述。不难设想，一张时为北大教授的胡适三十二岁时的照片，一部五四运动前夕发表的胡适所创作的剧本，一系列胡适言论之引述，都成了当年这一部在美国波士顿出版的"古董书"的最大看点。

如今，在台湾胡适纪念馆，胡适生前的数千册中英文各类藏书之中，编号2902的那部藏书，即为《中国戏剧》。[①]

如果是著者祖克当年赠书，那么可以揣想，1948年底胡适仓促飞离北平赴南京，次年又至上海登轮赴美，约十年之后再由美国转赴台湾定居，这期间一路颠沛流离，此书却一直随身携带，并随之终老于台北南港，足见其重视之意。退一步讲，即便这不是著者当年赠书，不是由北平携至台湾的，或只是1949年之后胡适在美国自购的，那么在美国流寓约十年之后，仍将此书随身携至台湾，亦不乏珍视之意。

总之，这样一部"古董书"，如今已近百岁"高龄"，无论国内国外，都实属弥足珍贵；而当年此书在中国的传播、研读乃至收藏之历史（以胡适的藏书经历为代表），又自有一番"世纪回眸"般的独特意味了。

---

① 详参：《胡适藏书目录》，广西师大出版社，2012年。

马叙伦：庄子究竟有多时髦

◎ 小引：字书与抄袭

钱穆（1895—1990）所著《庄子纂笺》，在庄子研究领域享有盛誉，深得相关研究者及读者赞赏。这部书，几乎囊括了古今中外能人读庄子之心得高见——书中将其研读庄子历程中所读过的、引用过的各类著述列一通表，从年代最早的老子（钱氏认定《老子》成书年代晚于庄子）到新近的日本人武内义雄，几乎两千年间所有曾写过"庄子心得"的人，但凡钱氏比较认可的，都位列其中。

其中，近人马叙伦（1885—1970，字彝初，更字夷初）也赫然在列，其著《庄子义证》名列钱著征引民国时期庄学专著榜首，可见乃非同凡响之作。然而，钱氏的一句话评语，却颇令人不解，至少感觉不甚赞赏。钱氏曰：

此书虽云解庄，实解字耳。

如此看来，马叙伦，可能是民国学者中，读庄子读得最"老实"的一个。

马叙伦六十岁存照

把庄子当作字典来读，一个字一个字去辨析，把庄子做成了"小学"（古文训诂之学）功夫。

虽是以小学之法来读解古书，可不要小看了这一读书法——马叙伦的读书法，也正是中国近代学术界的潮流之一，虽然这一潮流曾深为胡适等新派学者诟病（认为其为清代经学遗风，乃食古不化的"国粹派"），但这一潮流或者说这一读书法，却依然顽强地延续至今。

其实，这种读书法并不是普通读者能够企及的读法，这种读书法的专业性与技术性需要"双学位"，一是古汉语研究学位，一是古文字学研究学位。时至今日，这种需要"双学位"的读书法，恐怕本身即已是所谓国学正宗了。

当然，在民国时代，国学并不稀罕，满大街都是大师、名宿、教授，恐怕街边报摊老板都是上过私塾，读过"四书五经"的斯文人。所以，马叙伦读庄子的"老实"方法，或许在时人眼中着实是笨办法，当然比不上那些能将庄子和无政府主义、柏格森主义、进化论之类扯在一起的人聪明机灵，于是乎，"遗老"之诟，"字书"之诮，是无可避免的了。但是比这更糟的评价，并不出自后来的钱穆等一代学者之中，而是出自马氏尚在任教时期的北大学生口中。

时为1919年1月1日，这一年的新年元旦之际，北大学生傅斯年（1896—1950）、罗家伦（1897—1969）等创办了《新潮》杂志。没曾想，这杂志创刊号上，刊出了一篇文章《马叙伦著〈庄子札记〉》，乍一看以为是学生为老师的

马叙伦著《庄子义证》，1930年商务印书馆初版，一部线装六册全。

著述做广告，细一看竟然是学生举报老师有抄袭之举。此文公开揭露马氏的学问根本靠不住，讥讽马氏著述即使是做"字书"似的笨办法，居然也还有抄袭行为。文章明确指出：

先生书中，有自居创获之见，实则攘自他人，而不言所自来者。例如，卷十八，五至八页，释"种有几……万物皆出于机，皆入于机"一节，所有胜义，皆取自胡适之先生《中国哲学史大纲》第九篇第一章七八两页。……考前人未有为此说者，胡先生此讲义，印于去冬，马先生《庄子札记》，刊于今夏。同教一堂，不得云未见，见而不言所自来，似为贤者所不取也。

◎ 傅斯年检举马叙伦

此文作者傅斯年，时年仅二十三岁。虽然是《新潮》杂志主编，可毕竟还是北大在校学生。这小傅主编与时年三十四岁的北大教授马叙伦，本属师生关系，可偏偏却要在杂志创刊号上，撰发这么一篇揭老师老底的文章，应当是要大致表达其人两点倾向罢。

一是证据确凿，不容辩驳，摆明了就是要造老师的反；二是道不同不相与谋，自己虽是北大青年学子，可对北大教师里如此败坏师德者绝不姑息，并无师生情面可讲。

姑且不论傅斯年等学术后进后来所代表的"新史学派"如何高明聪明，着实不可能再与北大这帮国粹派遗老们委曲求全；单单是上述第一点，想来马氏可能真是犯了学术大忌，"抄袭"一事是脱不了干系的了。那么，事实究竟怎样？事情的后续发展又如何呢？

文中提到的胡适名著《中国哲学史大纲（卷上）》，交由商务印书馆出版的初版时间是1919年2月，也即是傅文刊出之后一个月方才面世。因此，傅文所指的这部书当是北大内部印行的讲义，而非商务印书馆的正式出版物。而马叙伦所著《庄子札记》没有正式对外出版过，只是作为讲义，由北大内部印行。可见，《庄子札记》涉嫌抄袭《中国哲学大纲》的问题，属于这两种内部讲义之间是否存在抄袭的问题，一切都还与公开出版物无涉。

按照傅氏的说法（傅文写于1918年11月），《中国哲学史大纲（卷上）》曾于1917年冬，《庄子札记》曾于1918年夏在北大内部出版。可是，参考通行文献及胡适年谱，可知1917年7月自美国结束学业归国，8月始任北京大学教授的胡适，于当年冬即印行《中国哲学史纲（卷上）》讲义的可能性不大。因当年12月，胡适还曾回安徽绩溪与江冬秀完婚，且还参与了《新青年》杂志的编辑工作，在这么短的时间内写定《中国哲学史大纲（卷上）》，还要正式付印出版似无可能。通行的说法是，胡适的大纲写定于1918年9月，可能于1918

年冬在北大内部印行过讲义本，次年2月即交由商务印书馆初版发行。

　　由于傅氏提供的讲义出版时间可能有误，且这类内部出版物极不易寻，笔者至今也未能搜寻到胡、马二人的这两部讲义稿。退而求其次，通过文末傅氏作于12月3日的《附识》说明，"此评作于一月以前，今日之《北京大学日刊》，载有马先生启事云：'《庄子札记》现改为《庄子义证》'"，似乎可以通过《庄子义证》一书来查寻涉嫌抄袭的证据。

《新潮》创刊号

　　遗憾的是，直到1930年9月，《庄子义证》写定，交由商务印书初版时，

傅斯年评《庄子札记》，涉及马叙伦抄袭胡适讲义的部分。

傅斯年评《庄子札记》末页

傅斯年评《庄子札记》首页

全书的确已纯然如钱穆所说的"字书"了，偏重于字词训诂、校释的这部庄学著述，几乎看不到任何关于章句的义理发明与发挥，更不用说胡适的那一套"进化论"理论了。

出于好奇，笔者仔细翻阅过此书可能涉及"抄袭"的地方。那句傅文中明确提到的"万物皆出于机，皆入于机"之后，居然空白无一字，这一现象确也不合乎常理。从该书体例上讲，既是偏重于字词训诂，既然是钱穆眼中读庄子必备的一部"字书"，不可能这么一句关乎"外篇至乐第十八"总义的归纳语，竟然没有一字一词的说明解释。这一处傅氏言之凿凿的抄袭证据，似乎就这样以空白的形式给抹杀掉了。但疑点是明摆着的，马叙伦可能涉嫌抄袭。

◎马叙伦校内发表自辩书

事实上，从傅氏揭出抄袭公案以来，马叙伦迅即予以了回应，大有撇清干系、说明原委之意。《新潮》创刊号印行两周之后，1919年1月18日，《北京大学日刊》第二百九十号之上，刊发马氏所撰《释新潮中评庄子札记》。文章开篇明言：

> 顷读《新潮》第一号"出版界评"中，载傅君斯年于伦述《庄子札记》，有所评议，私喜以为得攻错之友，将不惟伦受足下其赐。及三复籀读，则不解于傅君之用意。就书评书，则必须其书详且尽焉，然后可以下针砭。不然，则《四库提要》之故智耳。

开篇措辞颇为谦和，不失师长风度。随后指出，"就书评书，则必须其书详且尽焉，然后可以下针砭"，言下之意即傅氏并未认真读完其著，轻率置评，已然是有失治学之道了。应当说，这样的开篇语，既得体，又合理，予人以傅氏可能确有急于批评而失言不当之感。

随后，马氏逐项列辩，条分缕析，甚为得力。马文在《北京大学日刊》连载三次，从1919年1月18日至1月21日，篇幅相当可观。可以说，此文一经抛出，当时的北大全体师生均可据此，对傅氏检举之事有所辨析，而非一味盲从了。马文临近篇末，专列一节，来谈傅氏检举抄袭胡适讲义之事。为便于充分辨析与后文考述，这部分内容全文摘录如下：

君谓伦书十八卷释"种有几，万物皆出于机，皆入于机"一节，攘取胡适之先生之论。今姑退一步，作为伦已见胡先生讲义而后下笔，则请先将鄙说与胡先生说详为一校，毕竟全同否？伦书未毁，有目共睹。其释名物，伦皆根据故书以相证明，与胡先生说大有出入。如说蛙滨之衣、说程等，不一而足，皆班然可证也。更退一步，以君所指，乃其中胜义，如说几字，及生物由水先具云云，伦既根于《管子》之说，由水生物；复本《六书》以说几字，又以管、庄说几，如佛书阿耨大秦言原子，盖以几为微，许书本义而极微，如原子说发于章太炎先生《齐物论释》，伦实本太炎，不与胡先生相涉。（详下自明）至伦谓人又反入于机云云，三机字，皆当作几者，能综览前后文义，谁不能明？胡先生想亦从此悟出。而伦说此，则援佛义，与胡先生又不尽同也。君谓胡先生讲义印于去冬，伦书出于今夏，同教一堂，不得云未见。不知校中同事，各讲所闻，本无互相交阅讲义之必要，伦宁必读胡先生讲义耶？然如此说，君犹谓之无凭强饰，更申证之。伦书虽出于今夏，乃是刊竣之期，而伦则先口述而后付诸笔札，又复装成册子，则逾时又久矣。此不能以出书时间之迟，强坐以攘取之罪也。又忆伦讲此章，青宁生程，程生马之时，狄君福鼎云，程是狌狌，马是狒狒者。伦时未知其所举何人说及，后得胡先生讲义观之，乃知是胡先生说也。胡先生讲义，于天下篇，说惠施所举二十一事，即兼举胡先生说。此事证凿凿，特君未知耳。然则谓伦攘取胡先生说者，乃傅君用意在抹杀伦书无一是处，遂以其所认为"胜意"者，亦不许出于伦而适胡先生有相同之说，则更坐以攘美之罪耳。抑伦取前人之说，各列原文，则傅君以为词费。自有所明，傅君必以为攘美。伦愚实不能承君之盛意。

应当说，上述约七百字的自辩，举证充分，辨析翔实，基本推翻了傅氏的检举。

文中首论马、胡二人著述观点同中有异，需细读慢品方可领会；次论胡氏观点并非独创，古籍原典、佛教经典及章太炎著述等，均有同类或类似观点，马氏著述征引之观点，源于后者；再论马氏本人早前确实未曾读过胡氏讲义之证据。这三条论述路径，合为一个强有力的辩诉段落，实在是可以令傅氏的检举也告一段落了。

尤其是文中举出的一个课堂师生对话的例证，非常生动直接，真可谓"事证凿凿"；即便没有博览群书，没有研修经籍，也能迅即通过这样一个例证，判定马氏确与抄袭无涉。

原来，马氏授课时，北大学生狄福鼎（1895—1964，原名狄膺，字君武）曾当堂列举胡氏著述中的观点，马氏当时即表示过这一观点不知是何人所述，"后得胡先生讲义观之，乃知是胡先生说也"。这一授课现场的明确表示，有以学生狄氏为代表的全体学生可以忆及，想来当时《北京大学日报》读者中，对此不乏共鸣者。

所以，马氏在文中特意强调，"此事证凿凿，特君未知耳"。同时，马氏也坦陈，在此之后确曾研读了"胡先生讲义"，"于天下篇，说惠施所举二十一事，即兼举胡先生说"，而这些征引都是明确标示出来了的。至此，马氏笔锋一转，捎带剖析了一下傅氏检举其抄袭的真实用意与手法，指出："然则谓伦攘取胡先生说者，乃傅君用意在抹杀伦书无一是处，遂以其所认为'胜意'者，亦不许出于伦而适胡先生有相同之说，则更坐以攘美之罪耳。"

这一段剖析之语，极为切中"要害"，意即傅氏检举的真实用意，乃在于"抹杀"，乃是欲将马氏其人其学术彻底否决。所以，在检举手法上，采取了两种截然不同，但都反映着"抹杀"之切的急迫心态。说得严重一点，简直是"欲加之罪，何患无辞"了。

不过，备课笔记也罢，临时讲义也罢，同样是非正式出版物，也非正式著述的《庄子札记》，迅即修订改版后的正式著作《庄子义证》，在曾被学生检举抄袭之处，竟以完全空白的方式处理，总还是显得有那么一点说不清，道不明的

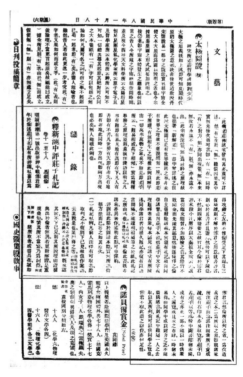

马叙伦撰《释新潮中评庄子札记》（1919年1月18日首期，加框处文本），连载于《北京大学日刊》。

北京大學日刊附張

（三）君謂倫書十八卷釋種有幾，卡萬物，

所謂新文學亦非絕對賓主斥者故，於此不必深邦也若謂封賓主斥所述非，所以告理訓諸正告於僂君曰，倫此述是札記即今更爲義證仍是疏，釋體界以一言則解明莊子文句而，在今論總閱之內而不當忘及古籍附於此。

原子說發於章太炎先生齊物論釋，倫實本太炎不與胡先生相涉。詳下，至倫謂人又反入於機云云三機字，肯當作幾者能綜覽前後文義誰不，能明胡先生想亦從此悟出而倫說，此則援佛義與胡先生又不盡同也。

君謂胡先生講義印於去冬，倫書出，於今夏同教一堂，所聞，本無互相交，校中同卒，各講所聞，必諮胡先生講，講義之必要倫等必諮胡先生講義，耶然知此說君君識之無愚強飾，申證之。倫書難出於今夏乃爲刊矣，之期而倫則先口述而逾時久久矣，又復裝成冊子，而逾時久久矣，能以出書時間之遽強坐以攘竊之，罪也，又憶倫謂此章靑寄生程生，馬之時，秋委鄒鼎云程是桎狂馬是，鶩鶩者倫未知其所舉何人，後復胡先生講義觀之，乃知是胡先，生說也，自見胡先生講義於天下篇。

马叙伦撰《释新潮中评庄子札记》，此为涉及抄袭胡适讲义的自辩部分。

北京大学文科哲学门第二次毕业摄影（1918年6月）前排左起为康宝忠、崔适、陈映璜、马叙伦、蔡元培、陈独秀、梁漱溟、陈汉章；中排左四冯友兰，左七胡鸣盛；后排左二黄文弼、左五孙本文。

含糊其辞。无论如何，作为被学生检举抄袭，老师郑重撰文自辩——这样的状况，恐怕还是北大建校二十年（1898—1919）来的头一回。这样的事体，于公于私，于情于理，总难免有些不成体统，落入令人哑然失笑的境地。

在此，也不妨循着马氏自辩中的假设口吻，且作"今姑退一步"之设想，马氏为什么会去抄袭胡适的学术观点呢？或者说，为什么会在一部以古文字训诂学为学术基底的"字书"著述中，去征引胡适的学术观点呢（即便不属抄袭，马氏也坦承后来专门去研读过胡氏著述并确有征引）？再作"更退一步"之设想，马氏又为什么会以一位国粹派的身份，自跌"身价"，去抄袭或征引什么摩登海归的"进化论"呢？这深为传统旧派学者所诟病的，作为"舶来品"的西方学说，真有那么大的吸引力吗？

◎ 在传统与摩登之间，在旧学与新学之间

1918年11月、12月，《东方杂志》第十五卷十一期、十二期连续刊载出胡适的《庄子哲学浅释》。这实际上是胡适从《中国哲学史大纲》写定稿中抽出的第九篇《庄子》部分，将其略加删订，并加了一段前言之后，就拿去杂志发表了。该文前言曰：

从来的人，只因把庄子的哲学看得太神秘玄妙了，所以不能懂得庄子。依我个人看来，庄子的学说其实并没有什么十分玄妙神秘之处。所以我这篇述庄子的文字便叫做"浅释"，不但要用浅近的文字去讲庄子的哲学，并且要使人知道庄子的哲学只是粗浅的寻常道理。

　　这个前言，不但是胡适研究庄子的方法论，更是其对整部中国哲学史加以研判的一个基本趋向。胡适不但反对"故弄玄虚"，而且身体力行，反其道而行之，要力求把中国的传统文化搞成"不过如此"，把那些看似深奥的东西，尽可能使之"浅薄化"，而终至"通俗"。在美国的生活经历，在实用主义的熏陶下成长起来的海归少壮们，岂止胡适一位"新青年"，大多皆是这种做派的罢。

　　他们将精英文化与普罗大众的通俗文化悄然联系起来，自己当然仍然是"精英"，但"精英"的思想与号召，要让普罗大众都能听得懂，学得会，跟得上；这样一来，"精英"就会更加"精英"，"精英"就会永远"精英"下去。这样的价值观传输与运作策略，在民国伊始的文化大幕下，当然是与时俱进的，当然是时髦摩登的，当然也是会大为流行的。《中国哲学史大纲（卷上）》出版后三年内再版七次之多，一本枯燥的学术史著述成为比小说还畅销的大众读物，这一事件本身就是实用主义精英们活学活用的结果。

　　当然，研究庄子是否就只有胡博士这一种路径，是否就只能以市场正确来决定学术正确？答案当然是否定的。胡适是"百家讲坛型"学者，但绝不是所有学者都得上讲坛去，也不是所有学者都认同讲坛学术。马叙伦显然就不属于这样的讲坛型学者，其学术路径仍旧是走传统旧派的路子，仍是一板一眼，上溯三皇五帝，下考"四书五经"的穷经皓首式治学模式。这一学术精神与学术方法，自清代朴学盛行以来，一直代表着国内古典学术流派的主流趋向。

　　如果说胡适是空降奇兵，马叙伦则是正规部队；如果说胡适是江湖儿女，马叙伦则是书斋学究，彼此原本是八竿子打不着的两路人马。马、胡二人完全是风马牛不相及的，虽同在北大任教，可也算是最熟悉的陌生人罢。

马叙伦的学生傅斯年，原本也是想走学术正规军方向的，原本也是向着学术主流进取的。甚至还有一件令人难以置信的事，发生在"抄袭门"之前，这事儿说明傅氏本来并不喜欢胡适，并非向来喜"新"厌"旧"，并非一定要弃"旧"追"新"。原来，在此之前，脾性火爆，处事极端的傅氏，竟还"密谋"过要不要把海归英年胡适从北大课堂上赶走的议题。

那是1917年秋某日，北京大学西斋丙字十二号宿舍里，时年二十四岁的顾颉刚与二十一岁的傅斯年正在"密谋"，要不要将一个叫胡适的新教授，从北大哲学系的课堂上赶走。之所以有这么一种想法，乃是源于顾氏之前的一番评价。

顾氏称，他们系这一学期来了一位新教授，叫胡适，是美国留学生。原先的教授从三皇五帝讲起，讲了两年才讲到商朝，这位新教授却抛开唐虞夏商，直接从周宣王讲起，同学们都说这是割断中国哲学史。这是思想造反，这样的人怎么配来北京大学讲哲学史呢？同学们想将这位教授赶走，他自己倒是觉得胡先生讲课还有新意，但也拿不定主意，希望傅氏先去听听课，做个评价，以便决定是否要将这位新教授赶走。然而，傅氏认真地旁听了几次课之后，对那些要赶走胡适的同学们说："这个人书虽然读得不多，但他走的这一条路是对的。你们不能闹。"

这一次"听课门"事件，也正是傅氏学术思想转向的关键事件，由此这位原本国学根基不错，也曾听过马叙伦授课的少壮学者突然改旗易帜，摇身一变为疑古辨古的新史学派健将。

健将登场，自然首先是要横扫与清算的。傅氏国学根基不错，马氏也评为"妙岁力学，博学多识"，可思想观念却日趋"疑古"，日益追随"新文化"，作为青年学子的傅氏，或许比那些一开始就泾渭分明的马、胡等人，还更为深刻地体察与感知得到，北大学术阵营中旧学与新学两大派系的各自优劣。偏偏这个时候，马叙伦所撰《庄子札记》，闯入了傅氏正欲就此评判的视野之中。创办《新潮》杂志之际，创刊号上的"重磅"文章所针对的"炮轰"对象，自然就首选了当时无论年纪资历还是学术成就，在旧学阵营中还稍显薄弱的马氏。至于别的老先生，宿儒名师，还暂且少安毋躁，静观其变。

无须多言，五四前后的北大，学术阵营中的"主流"与"非主流"阵营已开始裂变，并非全然的"新不如旧"，还颇有点"古色今香"的味道了。旧学、新学两大流派各有各的强处，也各有各的难处。

旧学阵营主力是章门弟子，即章太炎门下的弟子，有陈大齐、康宝忠、朱希祖、黄侃、钱玄同、鲁迅、周作人、马裕藻、朱蓬仙、沈兼士、刘文典之众，势力非同小可，鼎盛一时。尽管章门弟子在赶走前北大校长严复麾下的"桐城派"上高度一致，可群体内部也分崩离析，有左、中、右三派，各有各的学术观点与思想立场，彼此冲突时有，积怨颇深。游走其间的马叙伦，就曾将阵营内部的这一情状称之为"矛戈森立"之势，来形容其中复杂林立，无法化解的纠葛与矛盾。

新学阵营主力则是以胡适、陶孟和、傅斯年、罗家伦等为代表的"英美派"。虽然胡适在新文化与新文学运动中大红大紫，但当时资历尚欠，植党未深，实力尚不能与章门弟子群体相抗衡，尚需假以时日，整合资源，培植朋党（后来钱玄同、周作人、刘文典等章门弟子，实际上已陆续与旧学阵营脱轨，与新学阵营关系更为紧密）。新学阵营的次主力群体，则是以李石曾为首的"留法派"，在五四前后尚未发力，但与阵营主力仍有高度默契，虽时有矛盾可尚无明确冲突，是可以协调解决的。

北京大学职员履历表，民国七年九月造，即 1918 年 9 月录制；圈示胡适与马叙伦，二人当时薪俸相同，辑自《京师译学馆校友录》。

胡适存照，时任北大哲学系教授，辑自《北京大学卅一周年纪念刊》，1929 年 12 月印制。

马叙伦存照，时任北大哲学系教授，辑自《北京大学卅一周年纪念刊》，1929 年 12 月印制。

◎ 在"浙学派"与"温州学派"之间

夹在新学与旧学阵营之间的，还有一派则比较神秘，行事隐秘，令人难以捉摸。这一神秘学派，胡适晚年曾将其称之为"温州学派"，其代表人物乃是汤尔和和马叙伦，他们同是温州大学者陈介石在养正学堂的弟子，互称兄弟，结契甚深。汤尔和虽一度深为蔡元培所倚重，善用权谋，左右逢源，却并不是北大教授。在北大授课的马叙伦人脉很广，和章门弟子中的许多人关系亲密，又曾多次参与民国初年的政治运动，因此在北大许多重大事务上颇具影响力。

关于马叙伦与陈介石的师生交谊，散见于马氏所著《读书小记》《读书续记》《石屋余沈》《石屋续沈》等书中，也广泛见于后世研究者的诸多论文之中，在此无须赘言。马氏因师承于陈介石，且学术上也终以文字训诂而名世，是典型的旧学传统学者，胡适将其划分于温州学派之中也算是恰如其分。

不过，温州学派的指称，恐怕只存在于二十世纪五六十年代的晚年胡适口中，当傅斯年检举马叙伦之时，也即二十世纪二十年代前后，乃至1949年之前，在北大内部都还并没有温州学派这一说法。

值得注意的是，与马氏同为浙江杭县人，且同在北大授课的张尔田（1874—1945），曾将马氏划分为"浙学派"阵营中人。话说时为1920年，马氏所著《天马山房文存》渐成规模，请张氏审稿校编一番。张氏校毕之后，又欣然命笔，为马著题词，文中有曰："癸丑客沪，嘉兴沈子培向余询浙学者，亦举君对。"此语意即早在1913年，张氏在向宿儒沈子培晤谈时，就曾提及马氏为浙学派一员。

这里所谓的浙学派，仍是指以章太炎为首的浙江籍人士学术团体。马叙伦本籍杭县而非温州，本亦曾人章氏门下，称其为浙学派一员，似亦无妨。更兼温州本亦属浙省，将温州学派括入浙学派，也合乎情理。事实上，后来的马叙伦，正是以身兼温州学派健将、浙学派密友的双重身份，活跃于北大学术、政治前沿，实为北大旧学传统的承续与发展的代表人物。

另一方面，在新文化运动背景下的北大乃至整个中国学术界，以胡适、傅斯年这一对儿北大师生为代表的新学阵营，正以摧枯拉朽之势，全力排挤旧学阵营以期"破旧立新"。时至1934年胡适出任北大文学院长，以"吐故纳新"为主旨的解聘北大旧有教员之举，更可谓大张旗鼓，绝无妥协。此时的温州学派，似乎也随着温州学者林损的去职而行将就木。

在那个"辞旧迎新"的声浪一浪高过一浪的热烈时代里，温州学派的称谓，无可避免地成了胡适等人口中的贬义词。胡适晚年在与可以算作温州人的

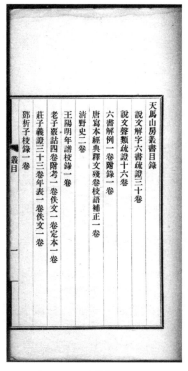

《天马山房丛著》目录页。

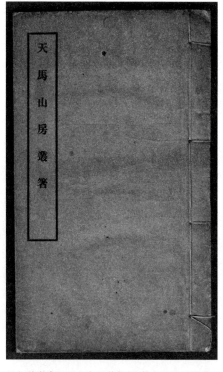

马叙伦著《天马山房丛著》，为其自选作品总集。

秘书胡颂平（1904—1988，原籍浙江乐清，属温州所辖）闲聊时，也曾谈到过温州学派，原话也是相当不客气的，就曾这样说道：

北大里边也有守旧派，你不要以为北大全是新的，那时还有温州学派，你知道吗？陈介石、林损都是。他们舅甥两人没有什么东西，值不得一击的。后来还有马叙伦。马叙伦大概是陈介石的学生。[①]

◎ 都是时髦惹的祸：《庄子义证》删略之谜

无论胡适晚年的这些评价是否有些意气用事，也无论当年的新旧学派之争如何针锋相对，在新青年们开始指点江山，挥斥方遒之际，总算还有这么一位当时年纪不算太大，治学正值壮年的马叙伦，在北大学术前沿坚持着浙学派或温州学派的旧学传统，在章门弟子星散之势初显的情势之下，仍一意执守着旧学门径。

诚然，马叙伦是有旧学基础的学者，但又绝不是甘于寂寞的书斋学者。他原本具有讲坛型学者的潜力，更拥有一定的校方事务决策权。这样的旧学势力代表人物，可能也正是傅斯年等新派学者必得对之有所抨击的缘由。

另一方面，马氏本人也的确不是一个顽固不化的守旧者，对西方学说时有涉猎，可能也曾一度有过"洋为中用"与"东西合璧"的学术理想。只是与当时并没有也不可能站在西方学术前沿的旧派学者相类似，在书斋里只能通过辗转译介、零摘碎取的各类文献资料，从中偶有采撷，间有发明罢了。马氏也正

---

① 详参：胡颂平编《胡适之先生晚年谈话录》第63页，台湾联经出版事业公司，1984年5月。

是在授课时，偶然听到学生列举的胡适观点，转而对胡适那本尚未公开出版的讲义稿本有所研读，有所征引罢了。

这一旧派学者在庄子研究中的"新尝试"，本来可以视作"古为今用"或"洋为中用"的学术惯例，在当时的学术背景之下，甚至还可以视作"新旧交融"或"推陈出新"的阵营调和之例。孰料，这一新尝试，竟一下子成了性急胆大的傅斯年眼中的"罪证"，遂急不可耐地公开检举。于是乎，旧学阵营对新学阵营难得一见的一次征引互动，竟成了抄袭；新旧学派学说难得出现的一次通融契机，竟成了罪责。

所谓的马氏"抄袭门"事件，一时成为《新潮》杂志创刊的"新闻点"，这也意味着马氏本人还将以浙学派或温州学派的代表人物形象，去背负被新学阵营口诛笔伐的罪责。可以设想，此时新旧阵营两头受难的马氏，实在是左右为难，虽然在《北京大学日刊》已然长篇累牍地发表了自辩书，可这一桩"抄袭门"事件，其公共影响究竟若何，实难估量。

在这样的情势之下，马氏只得坚决退守到自己的老本行——旧学传统里的训诂学术中去了。于是乎，改版之后的《庄子义证》，全然没有了"进化论"之类的时髦新说，彻底删除了《庄子札记》中的一些学术新尝试，完全回归到训诂校释的旧学传统中去。以这样的方式与摩登学术坚决划清界限，不仅仅是学术方法上的自我检讨所致，更有学术阵营中的重申立场之意。虽然后来又招致了钱穆的"字书"之诮，调侃之余亦是一种承认与确认，即马氏确乎是有国学功底的，确乎是旧学遗老而非新学附逆。

至于后来马氏全然投身于社会活动及政治运动之种种微妙缘由，或是出于对这段往事的不堪回首，或是出于对学术生涯本身的失望；凡此种种，则已不在讨论之列。仍然是那一句话，都是时髦惹的祸。

◎时髦注定是根毛：章太炎、"鲁迅"、梁启超接连批评

胡适的庄子读法有多时髦，翻一翻那半部《中国哲学史大纲》就一目了然了。这部只正式出版了卷上的哲学史，与马叙伦《庄子义证》中个别字句完全不注释的留白方式，确有异曲同工之妙。一位是旧学基础薄弱，才情理想飞扬的海归少壮；一位是不再赶时髦，回归传统的旧派遗老，各自在学术上的难言之隐，最终都透过自己未完成或已改版的著述转达了出来。

《大纲》中的《庄子》篇分为两章，其中之一就是《庄子时代的生物进化论》。也就是说，胡适认为庄子思想的主要成分就是"生物进化论"。胡适的论点，提炼于《庄子·秋水篇》中这么一句话：

物之生也，若骤若驰，无动而不变，无时而不移。何为乎？何不为乎？夫固将自化。

胡适简要评论称："'自化'二字，是《庄子》生物进化论的大旨。"在《庄子·寓言篇》中还有这么十一个字："万物皆种也，以不同形相禅。"胡适特意为之解释并强调称：

这十一个字竟是一篇"物种由来"。他说万物本来同是一类，后来才渐渐的变成各种"不同形"的物类。却又不是一起首就同时变成了各种物类。这些物类都是一代一代的进化出来的，所以说"以不同形相禅"。

最后，胡适在先摩登、后批判的惯用学术策略中，给庄子打了一个总结，他判定：《庄子》的进化论只认得被动的适合，却不去理会那更重要的自动的适合"，因此是"完全被动的、天然的进化论"。

无可置疑，胡适当时的学术策略，是相当迎合时代潮流的。自清末严复译介《天演论》以来，国人的进化论思潮薪火相传，一直延绵不绝。之后，达尔文的生物进化论、柏格森的生命进化论等再添一把火，摩登学术风尚中几乎非进化不谈。原名胡嗣穈，又名胡洪骍的胡某人，其后改作世人皆知的"胡适"之名，也正是缘于《天演论》与进化论里的"适者生存"之名句而来的。可见，胡适本人对进化论之推崇，以及对这一理论的熟悉，实乃那个时代的必然结果。

利用这股"进化论"的新鲜劲和热乎劲，再加上自康有为从旧学传统里拼死搞出来的"新学伪经考"时尚——进化论＋疑古，复又稍稍调和一点跟随美国老师杜威习得的实用主义，胡适这匆匆赶完的半部哲学史，简直就应了那句"半部论语治天下"的老话，倏忽之间竟成了震烁古今，令其"暴得大名"的经典名著。胡博士的这半部哲学史，无论其学术策略，还是文化影响力，更兼蔡元培的大力加持之下，也足以成为当时治理北大乃至国内整个学术界的"论语"了罢。

"新学旗手"的"论语"出来了，总得给那帮还在金石学、先秦文献、古佛经里，摆弄古文与文字考证的旧学阵营，派送几册，有所表示才好。当然，派送首选应是"旧学旗手"章太炎。《中国哲学史大纲（卷上）》出版之后不久，胡适就迅即寄了一本给章氏。章氏在回信中不仅"破例"使用白话，而且加上了标点符号（全部是句号，引号、书名号为笔者后加），调侃的意味十足：

　　适之你看。接到中国哲学史大纲。尽有见解。但诸子学术。本不容易了然。总要看他的宗旨所在。才得不错。如但看一句两句好处。这都是断章取义的所为。不尽关系他的本意。仍望百尺竿头再进一步。

　　庄子说的"万物皆种也"你看作《易传》说的"大哉乾元。万物资始"。又说"首出庶物"这是万物一元的话。后来又说"群龙无首。天德不可为首也。"却是无尽缘起的话。自说自破。庄子也曾说一元的话，只"万物皆种也"一段。就说无尽缘起的话。仿佛佛家由阿赖耶缘起。如来藏缘起。转入无尽缘起。

　　万物一元。其实尚差。他不说万物同种。却说万物皆种。明是彼此更互为种。所以下边说"始卒若环。莫得其伦"。这就是华严"无尽缘起"的道理。若万物一元的话。古今中外。大概不异。只是所指的元不同。却不是庄子的意。你要细看。

章炳麟　三月廿七日

　　本文前边已经提到过，章门弟子人多势众，且个个身怀"绝学"与"绝技"，在二十世纪初的南北学界，都极有分量。既然章太炎本师已经通过"白话信"的方式表明了态度，那么，接下来的章门弟子群起而攻之，似乎既是顺理成章的，也是可以想见的了。然而，事实却并非如此。

　　本文前边还曾提到过的，章门内部又各成派系，各派系之间本有积怨与矛盾，在怎样看待、对待胡适这部著作的立场与意见，都各个不同，一时并没有统一意见出台，也没有出现接连批评的情势。况且其中的钱玄同、周作人、刘文典等，本已投身于新学阵营之中，且均表示出赞赏之意，这就进一步分化了章门内部的批评力度。加之还有一部分章门弟子恐怕根本不屑于，也没工夫去撰发学术批评类文章，故而竟然一时悄然，并没有出现想象中的群起而攻之的事态。

不过，耐人寻味的是，既是《新青年》杂志编委、作者，更兼新文学运动代表人物之一的鲁迅，当时与胡适尚属同一个战壕里的革命同志，却可能曾公开撰发过批评文章。奇怪的是，这篇文章在鲁迅生前没有被辑入自选作品集，鲁迅死后也一直未见披露与发布，增订再版多次的《鲁迅全集》，以及《鲁迅大全集》《鲁迅佚文全集》等权威文献，也均未收录此文。这究竟是鲁迅生前有意无意地避忌此事，还是后世研究者有意无意地忽略此文，又或者确有名字"树人"相同的重名者（如交通大学学长朱树人）为之，目前尚无从确证。

无论如何，确系鲁迅本人所作也罢，或为同名他人所作也罢，这篇署名为"树人"的文章，竟于1921年5月20日，堂而皇之地刊发于在"五四"时期有

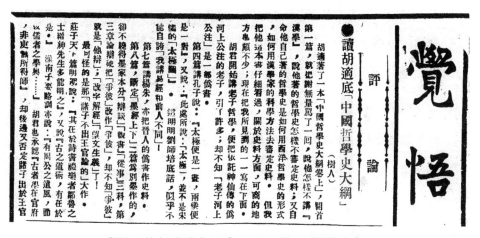

《评胡适的中国哲学史大纲》，署名"树人"的批评文章。

着重大影响的上海《民国日报》之"觉悟"副刊的头版头条，至少也从一个侧面反映出了旧学阵营（如果确非鲁迅所作，亦属有相当旧学功底者为之）对胡适著作的普遍排斥与轻视。也正因为如此，仅据笔者所见所知，此文作为批评胡适著作的最早公开发表者，实在也是颇有参考与研究价值的。为此，转录原文如下：

读胡适底《中国哲学史大纲》

树　人

胡适著了一本《中国哲学史大纲（卷上）》，开首第一篇，就把谢无量骂了一回，说他怎样不讲"汉学"，说他著的哲学史怎样不审定史料；又自命他自己著的哲学史是如何用西洋哲学史的形式，如何用汉学家的科学方法去审定史料。但我把他这本书仔细看过，关于史料方面，可商的地方也颇不少；现在把我所见到的一一写在下面。

胡君开始讲老子哲学，便把依托《神仙传》的伪河上公注的《老子》，引了许多；却不知《老子河上公注》是一部伪书。

第四篇讲孔子说："太极便是一画，两仪便是一对"，又说："此处所说'太极'，并不是宋儒的'太极图'"。这明明刘师培底话，似乎不能自夸"我讲《易经》和前人不同"！

第七篇讲杨朱，亦把晋人的伪书作史料。

第八篇，断定"墨经上下"二篇为别墨所作的，却不晓得墨家本分"辩谈""说书""从事"三科，第三章论辩硬把"争彼"改作"争彼"，却不知"争彼"就是"他辩"；"改字解经""望文生义"了！

最可怪的是那《诸子不出王官论》的大作。

《庄子天下篇》明明说："其在于诗书礼乐者，邹鲁之士缙绅先生多能明之"，又说"古之道术，有在于是"。《淮南子要略训》亦说："有周公之遗风，而后儒者之学兴……"胡君也承认"古者学在官府，非吏无所得师"，却后边又否定了诸子出于王官之说，未免自相矛盾。

他若说"白马非马"为惠施、公孙龙等所创的学说，不知《吕氏春秋》明明说齐稷下早有人辩"白马非马"了！

又如《墨子》书的"也"当作"他"，这话毕沅注《墨子备城门篇》早发见了，胡君却说是高邮父子所创的，未免太叫毕沅受冤了！第九篇用伪《竹书纪年》作旁证，亦太不讲史料真伪。

姑且不论上述这篇六百余字的文章，是否真为时任北大讲师的鲁迅所撰，公开批评胡适著作的声音，总还是从学界内部迅即生发了出来。可这样的批评，对于胡适而言，还不算是最糟糕、最棘手的，毕竟此文当年可能并没有产生多大影响，否则当事人双方不会后来都未曾提及，后世研究者也不会对此几乎一无所知。

且说除了"旧学旗手"章太炎，当年胡适自然还想到了要赠书予"新民导师"梁启超，可没曾想，这一次赠书却遭到了更为直接，更为公开的一系列批评。

时为1922年3月4日，梁启超到北大哲学社讲演，主题就是"评胡适之《中国哲学史大纲》"，可谓是专门为了批评这部著作而来的。讲演内容先是刊在北大内部的《北京大学日刊》之上，紧接着（同年3月13、14日），讲演稿又拿到南北学界都颇有影响力的上海《时事新报》的"学灯"副刊上公开发表，且两次均在副刊头版头条连载，共计达四个半版面的超长篇幅。文中批评力度之大，纠正条目之多，足令南北学界为之震惊。

　　同年5月间，此次讲演的影响力度之强，甚至远播至远在西南一隅的四川成都。当地书商拿出当年为章太炎赴蜀讲学时为之刻印讲演集的热情，即刻又将梁任公的此次讲演稿，用木板刻印的方式，一个字一个标点，一丝不苟地刻印了出来。当时国内南北各大都市已通行铅字排印书刊，此举亦成为那个时代罕有的学者、著者"待遇"，这一册单行本亦成为那个时代学术界中的一朵奇葩。当然，同时刻印出来的单行本，还有胡适学生四川人张煦，为其师辩护所

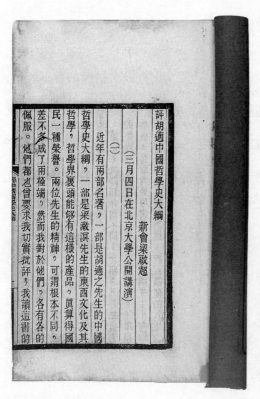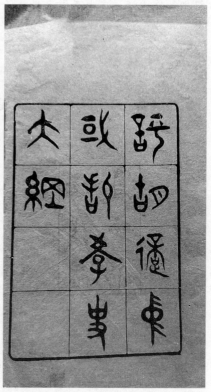

梁启超《评胡适〈中国哲学史大纲〉》单行本，木刻线装本，封面及首页。

作《评〈评胡适《中国哲学史大纲》〉》，也可以说是将梁公讲演批驳得体无完肤，则更是奇葩中的奇葩了。本文因主题所限，不便展开表述，此事已属题外话了。①

话说同年11月，这篇讲演稿还被梁氏本人视作得意之作，选入《梁任公学术讲演集（第一辑）》中，由商务印书馆在上海初版。一时间紧锣密鼓，从内部报刊到公共媒体，再到作为正式出版物的学术著述，批评胡适这部著作的声音，由当年的"维新领袖"与"新民导师"在北大首发，又复于京沪两地接连发表，可谓掷地有声，学界内外皆有反响。

梁氏讲演中，也有专门针对胡适所述"庄子哲学"部分的内容，有如下的一些评价：

胡先生讲的庄子，我也不甚佩服。……《寓言篇》"万物皆种也，以不同形相禅"这两句，章太炎先生拿佛家"业力流注"的意义来解释，胡先生拿生物进化的意义来解释，我想还是章先生说得对。章先生的名著《齐物论释》用唯识解庄子，虽然有些比附太过，却是这个门庭里出来的东西；胡先生拿出唯物观的眼光看庄子，只怕全不是那回事了。

显然，这部令胡适"暴得大名"的学术著作，在"旧学"与"新民"阵营里，都不受欢迎——章、梁二人各自的一通信与一场讲演，已态度鲜明地表示了批评之意。

----

① 详参：拙作《胡适与张怡荪的"老子学案"》，原载拙著《胡适的背影》，福建教育出版社，2015年。

在旧学阵营的吹毛求疵中，本就瑕疵很多的《中国哲学史大纲》，纤毫毕见地暴露出那个时代赶时髦的种种弊端。不用旧学阵营多费唇舌笔墨，稍有旧学底子的普通读者，只要不去赶时髦，学摩登，几乎可以不费脑力，仅凭逻辑推理，就可以推演这么一部"伪史"的根源所在。

正如胡适在《大纲》导言中提到的那样，既然中国古代诸子百家的很多著作要么全伪要么半假，那么这样一本建筑于诸多伪书之上"伪史"（当然，胡

梁启超《评胡适〈中国哲学史大纲〉》，连载于《时事新报》，1922年3月13、14日。

适本人认为这是"辨伪史"）本身，成为学术史上的"伪书"之概率应当也是颇大的罢。

时髦注定是根毛，你不吹，它也会飞。时髦这根毛，一旦飞走，无论是否要吹毛求疵，追随时髦者的龇牙咧嘴，也随之无所遁形了。

◎ 《庄子天下篇义证》的前世今生

1958年，终于择定台湾，在此步入人生暮年的胡适，终于在《〈中国古代哲学史〉台北版自记》一文中承认，此书实在是有一些不够完善的地方，而讲庄子的部分乃是全书最脆弱的一章，"是一个年轻人的谬妄议论"。他公开表示，将庄子与进化论扯上关系，是错误的；为此，还要公开向达尔文道歉，称

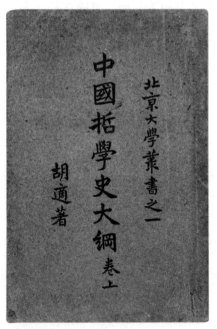

《中国哲学史大纲（卷上）》，北大丛书本，1919年2月初版。

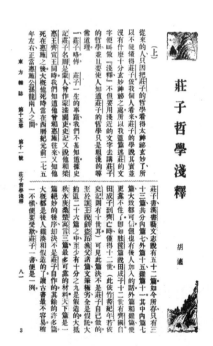

胡适撰《庄子哲学浅释》，为《中国哲学史大纲（卷上）》摘录而成，刊载于《东方杂志》第十五卷第十一号，1918年11月15日。

自己："真是辱没了《物种由来》那部不朽的大著作了"。

　　尽管如此，四十年前的马叙伦看到胡适的讲义稿时，却并非能预见到四十年后胡适本人坦陈的这些学术失误，并非初观一遍就将之完全否定。从一开始，马氏就不是以旧学学究眼光，或是以现代科学主义视角，来看待这么一部青年"海归"的学术著作的。不妨设想一下，马氏看重的，或许只是其中能征服青年学生的新学观念及概念，即使明知其中可能有诸多问题，但毕竟是时髦的、易受欢迎的。本就有意在学术上"推陈出新"的马氏，接受这些时髦学术，原本也是无可无不可的。

　　"抄袭门"之后四十年，世人又看到了一部马氏"新著"《庄子天下篇述义》，则又再一次看到了那赶时髦的力度，也间接可以印证上述的设想了。

　　完全有理由相信，这部"新著"实际上是旧著新版，可能正是四十年前《庄子札记》之一部分改头换面而成。据说，马氏在北大讲授老庄哲学时所作的《庄子札记》八至二十二卷，从《庄子》一书的"骈拇第八"始，至"知北游第二十二"止，共十五篇。马氏的这一讲授顺序本来就颇有讲究，至少说明两点，一是他不认为学界公认的《庄子》外篇第八至第二十二，共计十五篇全是伪书；二是他认为通过外篇内容来理解内篇精神，也是研究庄子的一个新途径。无论如何，这样的学术策略，在《庄子》研读中也属创新之一种。

　　整部札记的基调是"以佛释庄"，即以佛学理论解释庄子思想。这在历代研读与解说《庄子》者中，倒未必有多新鲜，但从外篇而非内篇着手"以佛释庄"，则还算是一个新的学术视野。

　　未几，"抄袭门"起，马氏迅即将《庄子札记》改版为《庄子义证》，仍然希望延续这一创新型的学术研究思路。于是，又先写成了《庄子天下篇义证》

一卷，其用意是对《庄子》的最后一篇"天下篇"的义理阐释作总提纲，继续用"以佛释庄"的思路贯穿于《庄子》内、外、杂篇三个部分，并在此基础之上最终完成整部《庄子义证》。

当然，在写完《庄子天下篇义证》之后，可能是马氏突然觉得"以佛解庄"的总体思路，无法在剩余篇章中得到实证；也可能是受"抄袭门"的影响，需要从自己更为熟稔的文字训诂方面证实自己的学识。总之，在各种复杂的内外因素交互影响之下，马氏终又坚决地抛弃了《庄子札记》中原有的"以佛释庄"思路，将整部《庄子义证》彻彻底底的改变体例，仅释证文字，不涉义理。这样一来，《庄子义证》完全回归到旧学传统，虽然没有了任何涉嫌"抄袭"之污点，也放弃了当时还不能胜任的"以佛解庄"之学术思路，但也因之不再有任何的创新成分，遂成了后来者如钱穆这样的学者的"字书"之评价。

在由创新回归传统的学术策略之下，《庄子天下篇义证》只能是一部连接《庄子札记》与《庄子义证》之间的过渡性学术作品，因篇幅不大，且马氏本人也可能觉得尚不成熟，遂束之高阁。至1930年《庄子义证》交由商务印书馆正式出版之际，《庄

《庄子天下篇述义》，马叙伦著，龙门联合书局1958年出版。

子天下篇义证》即成为一篇永无发表可能的论文，甚至连马氏本人私印的个人著述选集《天马山房丛著》都没有收录进去。

直到1958年，胡适在台湾为自己当年轻率的学术策略有所反思，为自己将庄子思想与达尔文进化论联系在一起表示歉意之际，马叙伦的这篇尘封已久的旧文却改头换面，以《庄子天下篇述义》为名，加上一篇"庄子年表"的附录，由龙门联合书局首次出版发行。

那么，联系到当时特殊的历史背景，这样在海峡两岸几乎同时发生的两桩各说各话的学术事件，是否还意味着什么学术之外的弦外之音呢？难道在1949年之后的国内学术语境中，"以佛释庄"的学术策略忽然又时髦起来，竟然可以大行其道？难道马氏此时又想翻一翻"抄袭门"与"字书"的旧案，重新回到当年所走的时髦的学术路径上去？

马氏分别于1956年、1957年写的两篇序言，似乎向读者道出了其中原委，即为什么要重新出版这样一部早年的过渡性学术作品。"序言一"曰：

我写这篇文章，是由研究庄子认识到《庄子》虽然有三十三篇，仅仅只有内七篇确实是庄子自己写的，外篇就不敢随便下断语了；至于杂篇，除天下篇外前人都说不是庄子自己的作品，我完全同意这个论断。至于天下篇，我认为是作一个时代的学术的结论，可能也是庄子写的。我们如果说不是庄子写的，很难找出另外一个人有这样精通一个时代的学术，更有这样的大手笔。如果作为庄子写的自序，那是天衣无缝了。另外一面，我很难解，在春秋末战国初，除老子外又有这样一种思想。这种思想，以我的研究，认为完全和佛家相同。这是偶然的吗？还是确有因缘？这待别人来作定论吧。

"序言一"简明扼要，说明了马氏此时对《庄子》的重新判断，即只有内七篇为庄子原书，别的外篇、杂篇几乎都是伪书，"天下篇"可能是这些伪书中的一个例外。这个观点又完全推翻了他在近三十年前，花费十二年时间写成的《庄子义证》以及在此之前《庄子札记》的观点。这样看起来，这么一篇早年撰成的，一直未能发表的过渡性学术作品，忽然一夜之间，成为马氏庄子研究最为重要的学术成果了。这多少有些令人感到费解，似乎一时还难以有合理的解释。诚如马氏自况，恐怕后世读者也会有同样的疑惑："这是偶然的吗？还是确有因缘？"

"序言二"则开宗明义，第一句话即第一义，曰："庄子学说，似受印度哲学之影响颇深"。

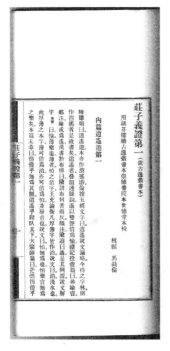

马叙伦著《庄子义证》，正文首页。

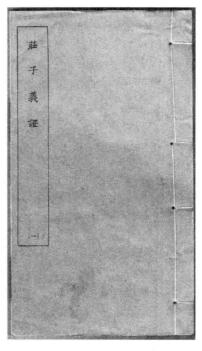

马叙伦著《庄子义证》，1930 年商务印书馆初版。

之后以五倍于"序言一"的篇幅，着力阐述为什么庄子学说与印度哲学有关联，仅此而已。看来，"以佛释庄"的思路的确将贯穿全文，成为马氏研读庄子的核心思想。

更为奇特的是，进入正文部分之后，可以看到，除了唐宋元明清诸前贤论点的广征博引之外，竟意外地出现了"胡适"的名字。经统计，关涉"胡适"条目的征引竟达二十处之多。且在将胡适与历代前贤的观点集中评述之时，作为辨析者的马叙伦，并非一味地批驳胡适，而是褒贬参半，力求客观。

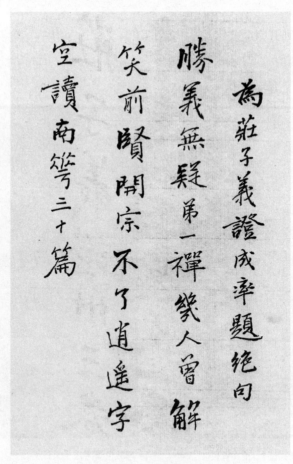

马叙伦著《庄子义证》，著者题诗一首纪念。

这是自"抄袭门"事件四十年之后，马叙伦学术著作中第一次提到"胡适"，且还是相当高频率地征引与提及胡适的学术观点。由此可见，《庄子天下篇述义》的最大特色，恐怕并不仅仅是在于"以佛释庄"的学术旨趣，而是"重提胡适"。反观1958年的马氏生涯及思想脉络，"重提胡适"的微妙原因及其意味，也渐次浮现了出来。

◎ 1949 年之后的"批判胡适"运动

1949年10月1日，马叙伦参加了中华人民共和国开国大典。同年11月1日，出任新中国首任教育部长。可是，1957年之后，却一直卧病在床。1958年6月5日，勉力书就了毕生奋斗的深切体会："我们只有跟着共产党走，才是在正道上行，才有良好的结果，否则根本上就错了。"

这即是马氏最后的政治信条。也正是从这一年开始，可能是出于对自己病情的不乐观，也可能是希望在有生之年总结一下自己的学术生涯，马叙伦开始整理和出版自己认为比较重要的著作。其著《说文解字六书疏证》，已由科学出版社于1957年5月出版发行；《马叙伦学术论文集》又于1958年1月出版，这几乎囊括了他的文字学研究成果。而在庄子研究方面，马氏并没有选择重新再版《庄子义证》，却决定出版新著《庄子天下篇述义》。

相较而言，后者无论从篇幅规模还是学术创获，都远远不及前者，马氏选择新版后者，而不重版前者，难道仅仅是因为对四十年前"抄袭门"事件还心存芥蒂？再者，马氏在此书中竟有二十次提及胡适，难道不怕学界因之又忆及前尘往事，旧事重提？诚如马氏自己在序言中有意为之的伏笔式设问："这是偶然的吗？还是确有因缘？"

读者百思不得其解之际，不妨再来看看此时的胡适，或许才能从现实境遇与历史语境中找到答案。

此时的胡适，可没有马氏这么幸运，这个时髦于民国时代的摩登学者，在政治哲学的领域中，近乎一败涂地，几近无家可归的境地。1949年之后的胡适，开始了近十年的流亡生涯。据《胡适之先生年谱长编初稿》记载：

1949年4月6日，胡适应中华民国政府要求，从上海搭威尔逊轮船前往美国当说客，为和平解决内战问题寻求美方的介入，但4月21日船抵旧金山，得知4月19日政府拒绝中共二十四项要求，中共已渡江，此时局势已定，胡适在美处处碰壁，孤臣已无力可回天。①

1949年6月19日，新任行政院长阎锡山发表胡适为外交部长，但胡适拒绝上任。②

1950年6月23日主管亚太事务的美国助理国务卿鲁斯克（Dean Rusk）约见胡适，试图说服胡适出面领导流亡海外及台湾的反共亲美的人士，以取代蒋中正的政权，不过胡适对此表示全无兴趣。当时美国对蒋完全丧失信心，希望建立第三势力以对抗共党扩张，因胡适无此兴趣而不了了之。

1952年，胡适和蒋廷黻在纽约曾有意联合组织反对党以在台湾推行民主政治，但在胡适返台与蒋中正讨论后，遭到蒋中正的反对，以致组党的事胎死腹中。③

---

① 详参：《胡适之先生年谱长编初稿》，胡颂平编，台湾联经出版社，1984年，第2083、2092、2097页。
② 详参：《胡适之先生年谱长编初稿》，胡颂平编，台湾联经出版社，1984年，第2095页。
③ 详参：《胡适杂忆》，唐德刚著，台湾传记文学出版社，1981年，第74、75页。

流寓美国之后不久，胡适于二十世纪五十年代初期，偶尔也回到台湾参与政治与讲学活动。譬如，以"国大"代表身份参与"总统"选举投票，出任"光复大陆设计研究委员会"副主任委员，以及协办由雷震主笔的《自由中国》杂志等等。1957年，胡适当选"中央研究院院长"，并于1958年4月回到台湾就任，遂定居于此。

胡适晚年存照，在台湾任"中研院院长"期间。

这十年间，胡适多次往返，也密切地关注着内地动向。遗憾的是，坏消息总是接踵而至，来自各个层面的批判如影随形，令其无法释怀。

早在1949年8月14日，毛泽东为新华社撰写《丢掉幻想，准备斗争》一文，首次点名胡适、傅斯年和钱穆，指斥他们顽固不化，是被"帝国主义及其走狗中国反动政府"所控制的极少数知识分子的代表。

1950年9月22日，胡适留在北京的小儿子胡思杜，撰写《对我父亲——胡适的批判》一文，这篇文章是其在华北人民革命大学学习的思想总结。此文迅即交由香港《大公报》发表，由至揭开了国内批判胡适的序幕。文中明确表达了"劝归"之意，公开宣称："只要向人民低头，回到人民怀抱里来，人民是会原谅他的错误，并给以自新之路的。"

当时，身在美国的胡适，读到了儿子的文章，未作任何表示，只是将这份《大公报》的剪报，粘贴在了自己的日记本里。

之后不久，据李泽厚发表在《哲学研究》创刊号（1955年4月）上的《全国广泛展开批判资产阶级唯心主义，宣传马克思主义唯物主义的斗争》一文中称，1954年底，北京已率先组织了"胡适思想批判讨论工作委员会"，上海、长春、江苏等省、市也相继成立了同样性质的机构，组织和领导了科学工作者、教授、作家以及其他文化学术工作者参加了讨论。

也就在这期杂志上，除了艾思奇等人批判胡适的文章之外，还发表了冯友兰的《哲学史与政治——论胡适哲学史工作和他底反动的政治路线的联系》，在这篇长达十四页的文章中，全面否定了胡适的学术成就与政治主张，同时也做了"殊途同罪"式的自我批评，可见当年的批判胡适运动之激烈与扩大化趋势，让冯氏也颇感自危，不得不先开展自我批评，公开悔罪以求自保。

《哲学研究》第二期，更发表了金岳霖的《批判实用主义者杜威的世界观》，金氏从其哲学专长方面，以更为"专业"的角度提出："为了肃清胡适派底资产阶级哲学对我们的影响，我们要彻底地批判他的方法论。"

同期发表的冯友兰《两种反动思想支配下的文化论——从批判胡适到自我批评》一文，在长达十七页的篇幅里，除了继续"深入"批判胡适之外，更是将自我批评的内容继续"放大"——冯氏日益增长的自我危机感，也从侧面反映出这场运动的扩大化正在加剧。

从1955年3月到1956年4月，三联书店陆续编辑出版了《胡适思想批判》，这套丛书共八辑近两百万字，可谓"批胡全书"。通过港台的朋友，胡适搜集了全部批判他的文字。据唐德刚回忆，胡适饶有兴趣地将那些文字一篇篇都看过，剪贴在自己的日记本上，胡适恐怕也是唯一一个看完《胡适思想批判》八辑全部文章的人。

除此之外，京沪各地各机关各机构所汇辑的"批胡"文章也层出不穷，一时间蜂拥而至，如雪片般铺天盖地而来。发表这些文章的刊物，品类多样，公开印行或内部传阅性质的印刷品数不胜数，对于这些印刷品，向来自称有"考据癖"的胡适，也曾着力搜集，有相当数量的收藏，并将其逐一浏览，集中陈列起来；甚至还邀请友朋同来观瞻，将其视作一种特殊历史现象的存照，更有意将其作为一种历史证据保存下来。

另一方面，因为胡适本人流寓海外，"批胡"运动的力度与强度，随着运动的扩大化，也开始转移与衰落下去。诚如冯友兰所预料的那样，那些与胡适曾生活在一个国度中的，后来又留在内地的知识分子，开始人人自危起来。就在《哲学研究》第二期的"思想学术动态"栏目中，通讯员稿《批判资产阶级唯心主义思想斗争继续展开》中称："很明显，胡适反动思想的批判不能认为是已经够了，'要结束'了；实际上它正由轰轰烈烈的全面展开的阶段逐渐转入长期的细致的深入阶段。"

这样的断言，恰恰间接传达出一个信息——"批胡"运动确实已暂时告一段落，批判的对象将转向与胡适相关，或者说与胡适同时代的那部分知识分子群体了。

果不其然，随着所谓"胡风反革命集团"与"梁漱溟反动思想"的出现，"批胡"运动已经成为一个可以套用的思想批判运动模式，已经开始移置与套用到对这些知识分子的批判运动中去了。相形之下，"批胡"运动本身，也的确开始有了一些暂时的停滞与缓冲，在共和国高层中甚至又开始有了一些争取胡适的姿态出现。

事实上，1954年到1955年的轰轰烈烈"批判胡适"运动之后，中间就有三年时间（1956—1958）不那么"轰轰烈烈"了。说到底，这是共和国高层在袖手以待，静观其变。庄子哲学的精髓，此刻悄然体现——看似无为，实则无不为。

时为1956年2月，毛泽东在怀仁堂宴请出席全国政协的知识分子代表，谈到胡适时仍流露遗憾之意："胡适这个人也真顽固，我们托人带信给他，劝他回来，也不知他到底贪恋什么。"①

这里提到的"托人带信给他"，所托之人应当就是著名学者、历史学家陈垣（1880—1971），原辅仁大学（北京师范大学前身）校长；胡适又曾为辅大校董，二人在学术与私交层面，都曾有着不错的交谊。

时为1949年1月31日，北平和平解放。近三个月之后，同年4月29日，陈垣即撰成《给胡适之的一封公开信》，于5月11日刊发于《人民日报》。信中开篇这样感言道：

去年十二月十三夜，得到你临行前的一封信，讨论杨惺吾邻苏老人年谱中的问题，信末说："今夜写此短信，中间被电话打断六次之多，将来不知何时才有从容治学的福气了。"当我接到这信时，闹城已很紧张，看报上说你已经乘飞机南下了。真使我觉得无限怅惘！

接下来，公开信里的笔锋一转，由感叹时局到分析时局，再从治学方法到处世思想等各个方面，都予以了较为充分的表达，且明确表达出了"劝归"之意，信文如下：

---

① 详参：《曹聚仁与胡适的一段纠葛》，原载《民国春秋》，1996年第2期。

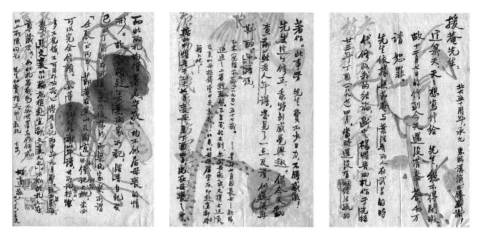

胡适飞离北平前致陈垣的最后一通信札，1948 年 12 月 13 日。

1948 年，胡适与陈垣合影。

　　我活了七十岁的年纪，现在才看到了真正人民的社会，在历史上，从不曾有过的新的社会，经过了现实的教育，让我也接受了新的思想。……在三十年前你是青年的导师，你在这是非分明，胜败昭然的时候，竟脱离了青年而加入反人民的集团，你为什么不再回到新青年的行列中来呢？①

　　此信发表之后，在海内外都产生了相当影响；一个月之后，英译本已在国外传播。事实上，胡适对此信相当重视，中英文版本都曾仔细阅读——今藏台北胡适纪念馆的此信英文版上，就有胡适亲笔批阅的多处记号。不过，由于认定"陈垣不会写白话文"，胡适一度认为公开信不是出自陈垣之手，而是"百分之一百是别人用他的姓名假造的"②。

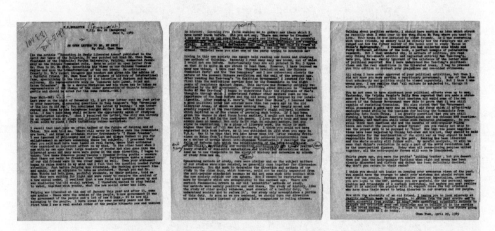

陈垣致胡适的公开信，英文译件，胡适以红笔标示批注。

① 关于陈垣致胡适公开信事，详参：陈智超《陈垣致胡适的公开信》，原载《北京师范大学校报》，2013年10月30日。

② 详参：胡适《跋所谓陈垣给胡适的一封公开信》，原载《自由中国》第2卷3期，1950年1月。

时至1956年9月，时任中国外交学会副会长、外交部顾问周鲠生（1889—1971），赴瑞士出席"世界联合国同志大会"。受国内高层指示，会后转赴伦敦，委托陈源（1896—1970，笔名西滢）致信胡适，劝其"回归"。致信中完整转达了周氏说辞，称之前对胡适的批判"是对你的思想，不是对你的个人，你如回去，一定还是受欢迎"，可胡适收到此信后，即刻在这句话下面画了几道杠，批了八个字："除去思想，什么是'我'？"

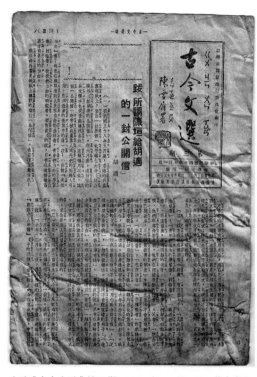

台湾《古今文选》第三期，1951年10月1日，载有《跋所谓陈垣给胡适的一封公开信》《在美国的胡适之先生》《纽约时报论胡适》等。

由此可见，对陈氏致信所转达的"劝归"之意，并未能打动胡适。事实上，陈氏此信除了释放明确的"劝归"信号之外，附带还转达了由周鲠生所述条件更为宽松，带有试探性的建议，以及确保其个人人身自由的某种保证。信中这样写道："我说你回去看看，还能出来吗？他说'绝对没问题'。他要我转告你多做学术方面的工作，不必谈政治，他说应该放眼看看世界上的实在情形，不要将眼光拘于一地。"

即便如此，还是未能得到胡适认可，"劝归"自然更无可能。之后，曹聚仁又致信"劝归"，试图说服胡适至少回北京、上海等地看一看，信中还称愿意陪同出行。不过，此信仍未得到胡适明确答复①。

据说，当年在怀仁堂，除了评价胡适"真顽固"之外，毛泽东接着又说了一段意味深长的话："批判嘛，总没有什么好话。说实话，新文化运动他是有功劳的，不能一笔抹杀，应当实事求是。到了二十一世纪，那时候替他恢复名誉吧。"②

◎ "重提胡适"费思量，"徒劳无功"马叙伦

前边已经提到，自《胡适思想批判》出版完结之时起，中间确有三年时间（1956—1958），"批胡"运动似乎不那么"轰轰烈烈"了，从1959年才又开始兴起所谓的"清算胡适"运动。这段时间，海峡两岸究竟有着怎样一些不为人知的动向，至今也还是历史之谜，尚无从确考。

不妨设想一下，作为这段历史末端临界点的1958年，在作为"批判与清算"胡适需要看到最终结果的关头，这一年对马叙伦本人而言，整理学术生涯固然重要，代表中国政府对远在美国，即将赴台定居的胡适，作某种看似纯学术上的致意与暗示，当然更是统一战线上义不容辞的责任与任务，其重要性与迫切性不言而喻。

时至1958年6月5日，卧病在床的马氏，还曾勉力书就了毕生奋斗的深切体会："我们只有跟着共产党走，才是在正道上行，才有良好的结果，否则根本上就错了。"

---

① 关于陈源、曹聚仁"劝归"胡适事，详参：《曹聚仁与胡适的一段纠葛》，原载《民国春秋》，1996年第2期。

② 详参：《曹聚仁与胡适的一段纠葛》，原载《民国春秋》，1996年第2期。

这可算是马叙伦最后的人生信条与政治理想，也必然会成为其行为准则。

因此，从感召胡适回归这一重大政治任务的角度去理解，也就不难解释《庄子天下篇述义》这部奇书何以会顺利出版，何以在马叙伦曾经身陷的"抄袭门"事件四十年之后悄然问世了。

毋庸多言，无论是从私讳还是公讳角度而言，马氏在此书中对"胡适"这个名字不但毫不讳言，甚至于屡屡提及，且对胡适学说竟没有任何政治上的负面评价，这样的现象，实在是非同寻常。在当时的政治语境中，马氏之所以敢于这样作为，无论是因其有来自高层的某种授意，或者只是自己的某种领会与别有用意，都是颇值得玩味的罢。

无独有偶，再怎么隐秘晦涩的历史现象，也总会留下一点蛛丝马迹，供后人探研与追想。新近发现的一通马叙伦致潘梓年并转郭沫若的信件中，就可以看出其中微妙的历史信息与某种特殊语境。此信写于1957年2月25日，时值《庄子天下篇述义》已有出版意向，马氏正在校稿之际。信中这样写道：

梓年先生：日前得您来信，还我写的《庄子天下篇述义》初稿，嘱我再校一道，将由龙门书局出版。我正在细校，但有一个问题要请您解决的。即这稿中引古今人的解释不少，其中有胡适的，现在是否可以引用？请您即答复我为感。

敬礼

马叙伦　一九五七，二，二五

潘梓年对此信的批复，用红笔写出。他写道："'用什么人的解释，只看解释得如何，不必问解释者是谁。'我意如此，请示郭老意见如何，再答。"

马氏信件与潘氏批复，随即被转呈至郭沫若处，郭氏的批复是："同意潘老的意见，有胡适的也不要紧。"

潘梓年（1893—1972），曾创办《新华日报》，并被毛泽东亲自委任为第一任社长，因此被称为"中共第一报人"。1954年调中国科学院，筹建社会科学部和哲学研究所，任中国科学院哲学社会科学部副主任，兼哲学研究所所长，筹备出版《哲学研究》杂志。

应当说，马叙伦对本人著述中引用胡适学说，向潘梓年征求意见，显然是有着高度政治敏锐性的。而时任中央委员、全国人大常委会副委员长、中国科学院院长、中国社科院长、文联主席等要职的郭沫若，也给出了与潘氏一致的意见。这样的默契与授意，马、潘、郭三人心照不宣，悄然间各行其是，各履其责。

潘梓年将马叙伦的信转呈郭沫若，这样的意见知会与通联流程，也为《庄

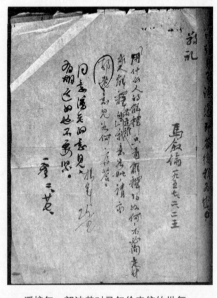

潘梓年、郭沫若对马叙伦来信的批复。

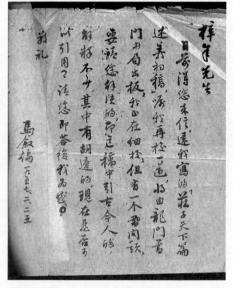

马叙伦致潘梓年信札，请示能否引用胡适学说。

子天下篇述义》交付龙门（联合）书局正式出版，铺平了道路。

无独有偶，新近又发现的一份郭沫若致潘梓年等内部传阅的文件，表明马叙伦至迟在1956年底，即已有意出版《庄子天下篇述义》，并开始多方征询意见，试探印行可能性了。且看此信原文如下：

潘梓年、刘导生同志：

马夷老来访，交来《庄子天下篇述义初稿》四册，要求"审查"。

我把原稿翻了一下，他是用佛学来讲庄子，从前章太炎的《齐物论释》是其先例。恐怕很难找到能够"审查"的人。

马老的意思是要出版。我曾对他说：在北京印有困难（因用简字），最好仿照熊十力的《原儒》，由上海龙门书店出版。他没有表示不同意。

我建议交哲学所审阅一下。最好能改成新式标点（我标点了几页）。恐有必要，向夷老要他的亲笔原稿来校对，抄稿"尚未细校"，无疑会有夺误的。

请考虑处理。

郭沫若

1956/ XII /13/

在郭氏毛笔书写的信文之下，尚有收信人之一刘导生的钢笔附言："张镛同志：请照郭老指示办。原信送到潘老一阅。"

据郭氏时间落款中的罗马字XII可知，这份文件拟订时间为1956年12月13日。由此不难推想，至迟在1956年底，郭、潘、刘等中科院领导层级，已经知悉并着手《庄子天下篇述义》一书的出版及相关协调工作了。

　　至于另一通潘梓年致郭沫若的信，是内部传阅性质的，应写于1957年2月3日。此信对《庄子天下篇述义》一书的学术水准及出版价值，似有一些疑虑，但没有十分明确地直接表达出来，而是通过著名学者任继愈的"读后感"方式间接表示了一下。信件原文如下：

郭老：

　　马叙伦先生的《庄子天下篇述义》，我们曾送请北京大学任继愈先生看过，对原稿，任先生除用新式标点点过外，还写了一点意见，随函呈阅。

　　先是速用任先生写的意见送马老阅后再付印，抑或迳将马老原著送请科学出版社用龙门书店名义（是否用这名义？）出版！请核定！

敬礼

　　附马老原著四本。　　　　　　　　　　　　潘梓年　二月三日

　　任先生的审查意见，只供内部参考，不要送马老。但可将原稿送请马老最后审核一下，要说明是请任先生标点的。如此，马老会特别感觉到自己的著作被重视。用龙门名义出版较好，也可征求一下马老意见。

　　　　　　　　　　　　　　　　　　　　　　　　郭沫若 7/11

　　◎楔子：龙门联合书局的"特别通行证"

　　行文至此，因已涉及龙门（联合）书局与科学出版社之间的隶属关系，在此就还有必要简略交代一下龙门（联合）书局的发展简史，及其与科学出版社之间的合作、合并与合营简史。

龙门书局原由执教于江苏省立上海中学的理科教员严幼芝创办。时为1930年6月，经各方集资，严幼芝在上海尚文路龙门师范学校的旧址借两间小屋办起出版社，故取名"龙门书局"，自任经理，出版的第一批书是供上海交通大学教学用的七十余种课本。

1937年"八一三"事变后，日寇侵占上海，出版业异常萧条，同业竞争又十分激烈，利润遽然下降，时有发生危机的可能。为了维持运营，经严幼芝发起，组织八家出版社联合经营，决定共同集资，在人们称之为"孤岛"的上海租界内，成立了"龙门联合书局"。

龙门联合书局为股份有限公司，公开发行股票，其中原龙门书局占股份32%。它由股份较多的六家负责人为董事，组成董事会。严幼芝被聘任为总经理。

时至1949年之后，"公私合营"运动广泛开展，龙门联合书局应时而动，自1950年4月起经过多次提出公私合营的申请，成为我国较早实行公私合营的出版单位之一。中国科学院编译局与龙门联合书局合并，于1954年8月成立的科学出版社。新成立的科学出版社，涵盖了原龙门联合书局在全国各地所有的经营网点与业务渠道。但署名为"龙门联合书局"的出版物，并未完全从中国出版界中消失，这又是为什么呢？

不难发现，此时以龙门联合书局名义出版的书籍，有相当大的一部分书籍作者皆是旧政权时代较为知名的专家学者，且这部分人士均为1949年之后自觉自愿选择留下者。在1949—1966年这十余年间，即"文革"前十余年间，在国内各种政治运动风潮席卷与冲击之中，政协、文联、工商联等社会组织尚能自保并勉强维系运作之际，龙门联合书局承担起了为非主流学术、文化人士出版著作的"特殊使命"，为这部分人士的学术成果的发表提供"特别通行证"。

在那个特殊的历史时期，这部分人士在阶级背景、思想立场、学术倾向等各个方面，普遍处于"灰色地带"，普遍被当局界定为"右派分子"或"中右分子"，至少也是"落后分子"之列。这部分人士的著作普遍不具备"政治第一"的学术敏感度，普遍不具备唯物主义世界观与马列主义统辖之下的政治哲学观，龙门联合书局为这部分人士出版著作，自然也有一定的政治风险。但在政协、文联高层授意之下，或多方合力促成之下，在"文革"之前的政治环境之下，尚有回旋的余地。董必武支持出版的熊十力著作《原儒》，就是其中最为典型一例。

稍微罗列一下这一时期的龙门联合书局出版物，便可管窥这"特别通行证"的历史意味。书单如下：

贾兰坡著《中国猿人》，1950年7月初版。

梁思成、林徽因著《城市计划大纲》，1951年10月初版。

熊十力著《原儒》，1956年12月初版。

熊十力著《体用论》，1958年4月初版。

马叙伦著《庄子天下篇述义》，1958年6月初版。

朱谦之著《老子校释》，1958年9月初版。

杨伯峻著《列子集释》，1958年10月初版。

熊十力著《明心篇》，1959年4月初版。

在政治运动如火如荼的那个时代，以上这些书籍作者或多或少均牵涉到阶级背景、思想立场、学术倾向等各个方面的批判之中，这一群体并不是那个时代的学术主流人物，他们的著述在当时都具有一定的出版风险。

这其中，杨伯峻已被内定为右派分子，朱谦之已被内定为中右分子，这部分人的著述出版历程都颇不顺利，屡经拖延；熊十力的著作也被界定为"代印"，印数极少且不公开发行。只有马叙伦的这部著作，前后仅历时不到两年，就得以顺利出版，这当然与其人在统一战线中的重要地位有关，恐怕也和事前与潘、郭二人屡有知会通气的这封信有关罢。

同时，也应当看到，龙门联合书局之所以成为敢于出版这些著述的出版社，一方面是因其多年来的学术出版传统及公共关系基础，在历次政治运动中尚能保留一定的出版弹性，这是主动承担风险的层面；另一方面，中国科学院编译局与龙门联合书局合并，于1954年8月成立的科学出版社本身，具备很强的国家学术出版资质，对如上述这批当时政治立场并不一定正确的出版物，予以了间接的保护；当然，这还只是被动承担风险的层面。

还有另一个层面的考察则比较微妙，即在科学出版社已经签约某部著作的出版协议之后，为转移该出版物的政治风险，而将这一著述转至其旗下"副牌"——上海龙门联合书局名下出版。事实上，上述这些著述大多均是在这一背景之下，方才得以出版的。也正因为科学出版社具备使用京沪两个出版社名目的便利，才使其在学术出版方面，无形中获得了这一特殊时期的"特别通行证"。

仅从目前已经获知的一些文档史料考察，科学出版社的"掌门人"郭沫若，是非常熟悉也十分擅于运用这一套特别出版模式的。从某种程度上而言，

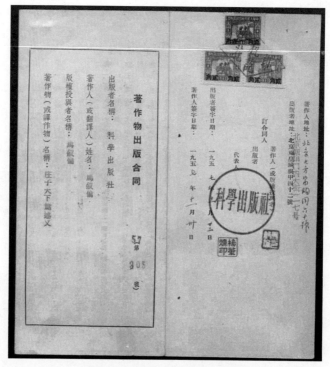

马叙伦《庄子天下篇述义》出版合同

正是郭氏个人的不懈努力与变通支持，使得在那个特殊时期有着相当阻力与限制的学术出版工作，才得以较为顺利地延续与支撑下去，以"龙门联合书局"名义出版的各类学术著述，也确实代表着1949—1966年这十余年间中国学术领域的较高水准。

然而，可以想象得到的是，无论胡适是否看到过经由龙门联合书局印行的这一"特别"著述，应当都是不会有什么"特别"感受的，甚至还是会不屑一顾的。因为马氏在胡适心目中，压根儿就没有任何学术分量，更谈不上什么旧谊私交。只要稍微翻阅一下《胡适日记》，就知道马氏及其"政治学术"，是多么令胡适厌恶与漠视。如1935年12月20日的日记中，胡适就曾这样写道：

六点半赴北大教授俱乐部第一次聚餐，饭后有长时间的讨论。马叙伦发言最多，多没有意思，也全没有煽动力量。此人破坏了教育界多少年，尚不知愧悔，妄想趁火打劫，可怜！

无可否认，以纯学术的名义，试图在统战工作中有所贡献，马叙伦始终算是有心人。当然，《庄子天下篇述义》在纯学术领域里，确实还算不得一流的庄学名著，也无法跟马叙伦先前的《庄子札记》《庄子义证》相提并论。

至于胡适生前是否看到过这部著作，无从考据，也并不重要。"抄袭门"外，"天下篇"中，胡适与马叙伦的遭遇，都只是笔墨锋芒，纸上谈兵而已。在诡谲莫

马叙伦与郭沫若，华中轮上存照，摄于 1948 年。

名的二十世纪拦腰处——1949年前后的中国政治语境中，无论是"过河卒子"胡适之，还是"徒劳无功"马叙伦，都不过是书生意气，自说自话罢了。

熊十力：未竟的"哥白尼革命"

◎ 名词解释：继智·十力

近现代知识分子群体中，敢为人先，勇于弄潮者不在少数，这从他们自创的名字、字号里已可见一斑，有为、启超、天仇、光汉、独秀、适之、玄同、半农等等，个性鲜明，比比皆是。

湖北人熊继智（1885—1968，又号子真），本不甚知名，可自号"十力"之后，世人就只知道"熊十力"这个名号了。什么是"十力"？原本是佛教术语，概指佛陀具有的十种超凡智慧，即"佛十力"：

知是处非处智力

知三世业报智力

知诸禅解脱三昧智力

知诸根胜劣智力

知种种解智力

知种种界智力

知一切至处道智力

知天眼无碍智力

知宿命无漏智力

知永断习气智力

这十种超凡智慧，是理解、认识、弘扬佛法的最高能力，当然对于普通人或者信众而言则属于超能力，不太可能也很难达到。

熊十力（摄于 1947 年）

熊继智自号"十力"，说明他对自己的智识能力有充分的自信，认定自己已有或将有十足的智力，且还有更进一步的激奋与期许。事实上，在中国现代哲学史的页面上，他就是一个以大智大力横扫千军，几欲"立地成佛"的开创者与探索者。

◎ "法相宗"的临水淘沙人

1924年夏，东南大学哲学系的讲台上，迎来了一位政府高官的讲座。时任国民政府江苏省教育厅长的蒋维乔（1873—1958），为哲学系的青年知识分子们开设了一门很奇怪的"课程"，讲述一本古老佛经《大乘广五蕴论》的主要涵义。或许，说这样的讲座是"课程"并不准确，这只不过是其公务之余，不定期来校讲演的一个固定话题罢了。

据说，《大乘广五蕴论》是佛教法相宗的入门典籍，能明白其中的道理者，基本上就算是进入了法相宗的门庭。进入门庭有什么价值呢？尤其是对于普通的、并非佛教徒的，或许只是对佛教经典略感兴趣的人，蒋维乔来讲这堂课有什么意义呢？

这首先还得从法相宗本身说起。所谓法相宗，乃是中国众多佛教派系中以"法相"立宗的大乘佛法派系，也是直接修证和修炼佛法的融理论与实践于一体的最高佛学宗派。法相宗源起于到印度游学十八年后归国传经的唐代高僧玄奘，是玄奘个人全面修习印度佛教理论，全程考察佛陀业迹，深刻了悟佛理佛法之后，创立的有益于修行、修炼、修持的方便之门。法相宗微妙玄通，深不可测，非专业人士难以窥其奥妙。唯真正懂佛法、知佛性、明佛理的人，方可由此路径深入以求正觉。

约略了解了法相宗的历史背景之后，即可知这一宗派的佛教理论对于近现代知识分子，还是有相当吸引力的。对于这一时期性好奇趣，怀抱高远的那部分知识分子而言，市面上流行的佛教宗派，诸如净土宗、禅宗、密宗等，皆因其传播途径与修行方式的庸常、虚浮、随俗，已经悖离了他们追求奇特情趣，高远情怀的一贯趋向，与这一群体的价值观不符，无形中被贴上了"庸俗化"的标签。

譬如，净土宗的特点，念佛持戒，修功德，求往生之福等诸种修证途径，在这些知识分子看来，是普通得近于"铁棒磨成针"似的苦修，没有任何奇趣可言。只要不断地吃斋念佛，忏悔灭罪；或是有钱捐钱，抄经念经地坚持下去，即可视作净土宗修习的"不二法门"。可这样的"法门"，在这些知识分子眼中，是缺乏技术含量与智识方面的吸引力的。

再如，禅宗的特点，奇异的口头禅、奇特的禅门公案、文采飞扬的禅宗语

录等，似乎是不缺乏奇趣的，但反过来由于过于奇趣，其核心内容、精神理念
似乎并不能被门外汉悟得。而且禅宗经过数百年流传之后，不重戒律，不重修
持，已缺乏权威形象与神秘感；几乎人人可以参禅的现实，又使相当一部分知
识分子，对这一宗派的知识性与宗教性产生了质疑与动摇。

又如，密宗的特点，却是神秘得过头了，大手印、灌顶、密咒、曼荼罗
等，虽亦常为时人乐道，但由于师传口授的唯一性，以及相关经典的无法通释
性，在知识视野中具有难以修习和不可解释的成分，所以普通知识分子对此亦
无法涉足。一些对密宗修行方法的误读与歧解，更直接导致了一部分知识分子
的反感与远离。

在对净、禅、密三个宗派种种自觉或不自觉的拒斥中，在一部分知识分子
的热切注视之下，法相宗终于因缘际会，死灰复燃，大有星火燎原之势。已经
饱受欧风美雨洗礼的新派知识分子，和奉迎德先生、赛先生的摩登青年们一
道，重新发现了"唐僧"开创的法相宗知识宝库。他们当然是不会带着佛教宗
派观念，去审慎选择和反复修证这一新的知识体系，只是认可着一种无法拒绝
的唐帝国宗教哲学的召唤，这种召唤中还掺杂着复杂的民族情感、复古倾向、
中西哲学比较、宗教美学研究等诸多因素。

换句话说，这些知识分子研读法相宗经典的动机与目的，都与佛教徒研习
佛经有着本质上的区别。在这一时期，中国知识分子们研修法相宗经典的方法
论，是倾向于以西方逻辑学、哲学、心理学来重新诠解；在研修法相宗经典的
认识论层面，是有一个西方科学体系的前提为参照物的——这与清代及之前的
传统文人解读佛经，有着根本的区别。或许，这也正是为什么自唐代之后法相
宗湮没无闻于中国佛教内部，而突然于民国时期复兴于知识界，且大有高蹈于

各宗派之上的真正原因所在。

蒋维乔自然是这一时期法相宗复兴时潮里的一位重要人物。当然，于1924年登上东南大学讲台，以一名政府官员形象大讲法相宗哲学，这一个体行为所表征的，仍然是这一时期知识分子性好奇趣、怀抱高远的秉性使然。这一个体行为本身，与纯粹宗教意义上的弘法说教没有牵连；更与当时流行的某某居士自创教派、开宗立说现象毫无关联。

须知，蒋氏本人的确曾于1918年皈依佛教，以谛闲法师（1858—1932）为师，曾有法名显觉。可是，蒋氏在大学里所讲述的经典内容及其解读经典之心得，却与其师谛闲的观点是不一致的，而是以与其师意见相左的太虚大师（1889—1947）的观点为依托的。早在1921年，太虚于北京广济寺宣讲《法华经》时，蒋氏即前往听讲，颇为称许。之后，太虚特别在南池子夏宅，为其讲授因明学理论；从此，蒋氏遂心许法相宗，勤习因明学，自认在这一深奥佛学门庭之中，渐有所悟，渐有心得。

然而，没有任何宗派门庭观念的蒋氏，所讲授的读经心得之类，还不仅仅是依托于太虚师观点，此番讲《大乘广五蕴论》，就还借鉴了日本僧人了道的著述，并声称从其著述中"淘沙取金，得其精要，间加己意"而成。

姑且不论蒋氏有没有资格，能不能对佛教中如此高深的经典"淘沙取金，得其精要，间加己意"，仅仅是其先师谛闲，后从太虚，再学东洋，这种行为本身，在一向宗派森严的佛教界即不可思议，难以接受。

其实，类似于这种蒋氏做派的"居士"，在民国时期的知识界中屡见不鲜——在一派中斥之为"魔"的，另一派中往往即是"大德"。纯粹从理论探索精神而言，纯粹从所谓现代科学精神而言，蒋氏所为恰恰是知识分子尤其是近现代知识分子的本分，因为知识原无界限，智慧本无范域，证悟无分门庭，革命何来先后？

须知，法相宗的临水淘沙人，除了"不务正业"的蒋维乔之外，还有"专业"的北大讲师熊十力，其学术高度与自信程度更有过之而无不及。熊氏在北大讲堂里讲的法相宗理论，已经不是单纯的注疏或解释，而是另起炉灶，自创自立了"新唯识论"。

其实，这近似于法相宗理论革命者的熊十力，在系统学习并重新理解佛教理论之前，本来就是个不折不扣的革命者。有过差不多二十年时间的革命生涯，曾参与过辛亥革命、护法运动前期策动及实际行动的熊氏，并没有把自己坐到革命元勋的开国功臣榜上。当他看到曾经理想蓝图中的种种"主义"与"方略"，在政客与官僚的议事厅里成为台前幕后的交易，在不同旗帜的礼堂与大厦中成为摆设，他时常愤怨慨叹，对此种革命后果的始料未及与深恶痛绝之中，终于带着一己之领悟远遁而去：

于是始悟我生来一大事，实有政治革命之外者，痛悔以往随俗浮沉无真志，誓绝世缘，而为求己之学。

时为1920年，熊十力进入南京支那内学院，从欧阳渐（1871—1943）研习佛学。其间首尾三年，潜心苦修，独具慧心，颇有创获。1922年，受梁漱溟（1893—1988）的揄扬与举荐，被蔡元培聘为北大主讲佛教法相宗唯识学的特约讲师。原本只是讲授《唯识学概论》，却令其对唯识学理论本身逐渐由怀疑而至展开批判，并开始别出心裁构建新唯识论哲学体系。

◎ 楔子：《尊闻录》曾分送蔡元培与胡适

且说胡适的藏书，由于历史原因，分置于北京与台湾两地，后世研究者与普通读者难以一窥全貌。不过，2016年9月19日至23日，由北大人文社会科学研究院与北大图书馆联合举办的《胡适与北大》文献展，将胡适遗留在北京的部分藏书精选展出，为部分藏书爱好者及专业读者提供了观瞻这些珍贵藏书的难得机缘。

展览中有一册蔡元培转赠胡适的《尊闻录》，格外引人注目。《尊闻录》是熊十力的语录体著述，是书收录其九十九段谈话和三十通函札，约五万言，于1930年10月自费印行一百五十册，分赠蔡元培、梁漱溟、林宰平等。展览中的这一册《尊闻录》，封面上有蔡元培亲笔题词，文曰：

熊十力先生属转赠胡适之先生，十九年十月卅日，蔡元培。

书中还夹有一通蔡元培写给胡适的信札，信文转录如下：

适之先生大鉴：

承赐大蟹，拜领，谢谢。昨忘将游案两件奉上，今补奉，乞便中交与中公总务处。熊子真属转奉《尊闻录》一册，请詧存。专此并祝早安。

弟元培 十一月六日

这一册蔡元培转赠胡适的熊十力所著《尊闻录》，新近编制的《胡适藏书目录》（广西师大出版社，2013年）上失载；而书中所夹蔡函，《蔡元培全集》（浙江教育出版社，1998年）亦失载，《胡适来往书信选》（中华书局，1979年）

中亦未载，《胡适日记全编》（安徽教育出版社，2001年）中也未提及，可谓一书引出多般佚文与逸闻来了。

查《胡适日记》可知，蔡函写成的前一天，1930年11月5日，胡适已从北京奔赴上海有一周时间，当时正与蔡元培密切磋商关于中国公学新任校长人选事宜。此外，因马君武任校长期间引发各种纠纷，蔡、胡二人也正在为其"善后"。譬如中国公学曾租游伯麓的房子为上海校舍，定约五年，但马君武倡建新宿舍，故仅租一年。游氏要求校方赔偿毁约损失，久未得应，遂告上法庭。《胡适日记》中提到的"蔡先生今早九时把状子传票送来，托我代表他去了此事"，即指此事；而蔡函中的"游案"也应即指此事的相关案卷。

蔡函应当写于1930年11月6日晨，夹在《尊闻录》书中，不是以邮寄形式，而是以便条形式递至胡适寓所的。可能胡适对《尊闻录》的内容不十分重视，这从他的日记未曾提及，也未因此事与蔡元培、熊十力有过通信，书中甚至也没有钤盖藏书印鉴等细节可以揣摩得到。或许，胡适拿到此书后，蔡函便一直夹在书中，未曾取出。所以导致后世研究者在整理辑录《蔡元培全集》《胡适来往书信选》时无从察知，且《胡适藏书目录》编印之际，该书可能也未纳入胡适藏书专库编号存放，所以没有录入。

蔡元培为人严谨，对熊十力嘱其转赠著述事，确实一一交办；除却这封看似"孤证"的蔡函之外，还有相关史料可以查证。1930年11月24日，在致《尊闻录》的整理者，熊十力弟子张立民的复信中，蔡氏明确提到："承寄《尊闻录》四本，除自领一本外，余均照十力先生所属分别转致。"①

---

① 详参：《蔡元培全集》第十二卷，浙江教育出版社，1998年。

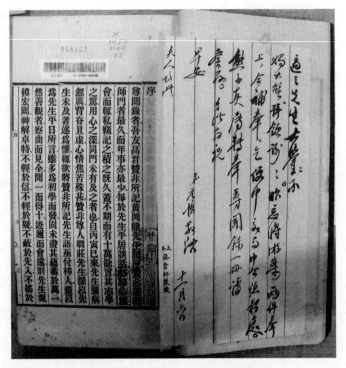

蔡元培转赠胡适的《尊闻录》一书，及蔡氏信札一通。

由此可知，熊十力确有嘱托蔡元培转赠《尊闻录》一事，前述种种佚文与逸闻本有所自，只是年代确已久远，细节还须细看。

◎ 《新唯识论》版本交迭二十年：1932—1952

话说熊十力被蔡元培聘至北大执教，开始讲授新唯识论十年之后，时至1932年汇辑初版时，熊十力又为总稿加了一个绪言。这个绪言对于任何一个佛教徒或佛学研究者而言，都无异于"外道"妄言，是满纸荒唐言，是必得群起而攻之的"罪言"。且看绪言中公开声明：

本书于佛家，元属创作。凡所用名词，有承旧名而变其义者，（旧名，谓此土故籍与佛典中名词，本书多参用之，然义或全异于旧，在读者依本书立说之统纪以求之耳。如恒转一名，旧本言阿赖耶识，今以显体，则视旧义根本不同矣。此一例也，余准知。）有采世语而变其义者。（世语谓时俗新名词。）自来专家论述，其所用一切名词，在其学说之全系统中，自各有确切含义而不容泛滥，学者当知。然则何以有承于旧名，有采于世语乎？名者公器，本乎约定俗成，不能悉自我制之也。旧名之已定者与世语之新成者，皆可因而用之，而另予以新解释，此古今言学者之所同于不得已也。

《新唯识论》对于佛教而言，竟然属于"创作"——"创作"本身，就已然违背了佛教宗旨。佛教徒说"皈依三宝"，是为诚心全力皈依佛宝、法宝、僧宝。其中，法宝即指佛经，是佛的教导、佛的化身，是不可动摇的信仰根本，是不可变易曲解的万古法则。熊十力根据佛经来搞"创作"，比蒋维乔给佛经作注疏更不可思议，是对佛教理论至高无上的绝对性与权威性的挑战。"创作"一词出现，本身就意味着离经叛道，甚至可以视作某种挑衅了。

此外，书中的用词，无论是"旧名"还是"世语"，熊十力都有"变其义者"，这一可称"开创"性的做法，普通读者尽可以将之视为"创举"，可无论从宗教还是学术规范来看，则无异于异想天开与信口开河。姑且不论宗教规范如何严格得近乎苛刻，即便学术名词的内容界定与使用范围，也有相当固定的标准，熊氏之所以不但要新旧名词混用，还要"变其义"再用，按照其个人解释只能将这一举动理解为，他本人对中国佛学及其相关涉的学术名词感到颇不满意，不能在运用与论证中得到准确使用与精确衔接。

此举无异于将同时代的佛学、传统国学、现代哲学、语言学都纳入推倒重来的"重启"程序里，这一打包式"创作"，必然呈现出"唯我所用，唯我能识"是谓"新唯识论"的情状。可想而知，这一"创作"的颠覆性效果，不啻一场多学科集体"革命"，其破坏原有体系与规则的激烈程度，在这些门类的信徒与学者看来，都是难以忍受与不可接受的。可以想见，熊氏的"创作"种种，令佛教徒与佛学家产生尤其剧烈的反感，本属不同阵营的两大群体，一致认定熊氏"数典忘祖"或"妖言惑众"。

虽然熊十力自己也坦言，此"创举"实属不得已为之，"此古今言学者之所同于不得已也"，但既然已为之，既然已称"新"论，自然还是要"创作"得相当彻底，相当坚决才行。"绪言"之后的正文部分，如何的"数典忘祖"与"妖言惑众"，或许已不重要，重要的是，熊十力以"创作"的态度来分析法相宗理论，分析之后还有评论、批判与再认识，这在当年的法相宗热潮中，实在是令这一宗派理论众多倡举与追随者不可思议。

那么，新唯识论这一响亮旗号，对于法相宗理论的"创新"究竟"新"在哪里？如果仍然执着于去发现熊氏书中的新名词、新解释、新认识，是远远不够的。甚至于即使去发掘书中尖锐的新批判、新体系、新定义，也还不能直指其本质——新唯识论实质上就是反唯识论，反唯识论的本质，即是反佛学理论体系，是要从根本上动摇包括法相宗在内的所有佛教理论的立论基础。

从这个意义上讲，新唯识论并非什么佛学体系中的"创新"（虽然即使"创新"也不是传统佛教徒能够容忍的），新唯识论只是熊十力哲学体系的一个阶段性理论。在这一阶段中，熊氏只是借佛教理论的茧壳，力图蝶变出一种空灵自足的崭新哲学理论来。这只崭新的"蝴蝶"，将既区别于以儒学为代表的中国传统哲学思想，又区别于当时风行于国内知识界的西方哲学流派种种，它将赋予中国哲学新的本体论与认识论模式。

当年，法相宗的临水淘沙人中，如果说蒋维乔属于"死水微澜"型，熊十力则属于"大浪淘沙"型。蒋氏只是掀起一丝波澜，引起一点骚动；熊氏则是要把河底的沙子淘出来，揉进所有佛学大师的眼睛里去。怎么个淘法，怎么个揉法，熊十力的思路是分两步走。这两步走的思路，直接成就了《新唯识论》的"部甲"与"部乙"。这两部论章，一为"境论"，二为"量论"。

《新唯识论》全部核心内容，至1932年首次结集初版时，还只有一部"境论"。由于最初的讲稿为文言文，故此书初版时即只有此"文言文版"。应当说，这么薄薄的一册"文言文本"，开本端庄，纸张优良，且以当时文士们大多喜好的"聚珍仿宋版"印制。封面题签及书序，还请来了一代儒学名家马一浮，以一手古雅有致的篆文写出书名，更撰成一通盛赞著者"精察识，善明理"的序言，亦为此书增色不少。

不过，源自古哲前贤皆不免的"得意忘言"之故，以文言文写成的初稿虽然文辞精雅，虽然确乎细腻微妙，可对于普通读者而言，恐怕很难在著者"澄鉴冥会，语皆造微"的古奥言辞体系里神游一番，更不用说充分了解与深入领会，那字里行间的"微言大义"了。或者说，初稿本身亦是未竟之稿，初版之后的二十年间，随着著者自身智识与体悟的不断升华，确实又曾多次增订完善理论体系，屡屡修订、改易甚至推翻"前见"及"前说"，仍感到难以自圆其说，及至最终将之拆解为"体用论"与"明心篇"。当然，限于本文主题，这些"后话"不必再过多表陈了。

反观《新唯识论》初版本的主题——"境论"，其核心主旨乃是所谓"实体"既不是独立于心识之外的外在境界，也不是心识能够加以界定的外在境

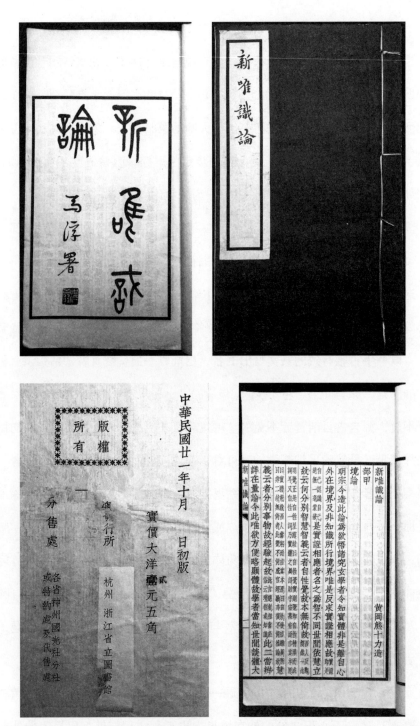

《新唯识论》上卷，1932 年杭州浙江省立国书馆初版，封面、扉页题签、正文首页、版权页。

界，而只是人类认识能力所及的阶段性世界。这个阶段性世界与个人"视界"与"识界"相应，在不断的求证过程中加以推衍，在有限的生命周期内不断扩进，但始终未有终结与完成之可能。

"境论"从根本上否定了宗教色彩的神秘主义、哲学色彩的先验主义，还从根本上瓦解了流行一时的科学主义认识论模式。换句话说，在熊十力的理论体系中，宗教、哲学、科学是平等的认识论模式之一，它们都不完备而且各有参差，这种参差的后果，决定了生命有限性中的认识限度。佛教徒、哲学家、科学家的认识能力，在各自的生命历程中都是有限的，这种有限性原本有推进的可能，但如果执着于一种认识论模式，则这种有限性将固化，遂至再无进展可言。

显然，熊十力对上述三种认识模式都不满意，选择对相对熟悉、比较满意的佛教法相宗理论，做过长期的思索、剖析、辩证，直至批判，持续"精思十年"，"始出境论"。然而，即便这样艰辛求索而来的《新唯识论》之一部"境论"，也还只能是熊氏思想体系阶段性成果之一，从其人后来的忆述中，可知此初版本实为"上卷"部分的文言文本。而另外一部始终付之阙如的"量论"，在只有一部"境论"的

《新唯识论》之语体文本，1947 年 3 月，上海商务印书馆初版。

《新唯识论》出版十五年后（1947），全书即将由文言文本改为语体文本之际，方才点破玄机。

原来，时至抗战胜利之后，1947年10月前后，在熊氏弟子及友人的支持之下，更因熊氏原籍湖北省当局的认可与赞助，"十力丛书"的印行终于提上了议事日程。《新唯识论》初版十五年之后，终于迎来了一部内容较为完备，基本能体现熊氏当时思想立场及知识水准的"全本"。

1948年在湖北印成的中式线装本《新唯识论》，为一套四册，分为卷上一册、卷中一册、卷下两册。虽然纸张粗劣，印制粗拙，校印不精，错漏频现，可这毕竟是熊氏累积二十余年学养思力所得之"全本"，在当局朋辈的通力支持之下，印量竟然也达到了一千部之多，足见时人对此著之重视。

无论是仅就学术价值本身而言，还是就其学术史意义而言，这一部在熊氏故土印成的《新唯识论》，自然都是弥足珍贵，颇可珍视的学术成果了。卷上正文之前，印有熊氏自撰《新唯识论全部印行记》一篇，开篇即有关于此书来龙去脉的清晰忆述，文中这样写道：

> 己卯夏，余有嘉州之行。适遇寇机，频年积稿尽毁，友好多伤之。翌年，本书上卷成，得吕生汉财，印如（若）干部。辛巳冬，中卷成，复虑轰炸。老友居觉生先生募资，合上卷付印。昨春，下卷成。复取上、中卷，稍易数处。而以全书，由中国哲学会，付商务印书馆出版。

可见，时至1939年夏，熊氏都还一直在修订上卷部分，为避战火，甚至还将上卷稿本随身携带到了四川乐山。可惜的是，恰恰正是在避战内迁之际，

《新唯识论》之语体文本，1948年湖北印行，全套书影与印行记首页。

反倒遭遇日军敌机轰炸，把这一迭经七年修订的上卷稿本，全部焚毁了。至于后来是个人完全凭借记忆重录稿本内容，还是在弟子友人协助下完成重录工作，文中没有明确交代，但无论如何，至1940年，还是印成了若干部上卷。或因文言文本原稿已焚毁，只能重录为较易转达文意的语体文本；或因熊氏本人早已有意语体文本，重录时自然施行之，此时印成的上卷，即是用语体文写成的版本。

1940年8月，熊十力原著、钱学熙语译《新唯识论繙语体文稿上卷》一册，印行于世，标志着《新唯识论》的语体文本正式走向学界前台，文言文本就此隐没于熊氏思想后台。1941年冬，熊氏又写成中卷，经友人资助，上、中卷一并印行，但仍属私印性质，并未公开出版。1944年3月，这部上、中卷交由重庆商务印书馆，正式出版发行。这一版本，据称是要为英译国外印行做

《新唯识论缮语体文稿上卷》，熊十力原著、钱学熙语译，1940 年 8 月印行，扉页题签及正文首页。

准备的底本，故在措辞方面，令熊氏感到并不适应，也不甚满意。更兼时值抗战末期，社会动荡甚剧，也并不适宜缜密思考，精细修订，重新校正稿本的工作，一度只得搁置暂停。时至1946年春，熊氏写成下卷，重新整合全书上、中、下卷，将之统一校正修订之后的出版契机已然出现，遂"稍易数处"，即"付商务印书馆出版"。

时为1947年3月，上海商务印书馆重版《新唯识论》全稿的语体文本。这一版本，也成为战后至今较易得见，也较为通行的该书正式版本。不过，既然在"十力丛书"复又新版了这一全本，且书前还郑重附印了著者自撰的《新唯识论全部印行记》一文，仅仅从这些举动看来，即可知熊氏对上海商务版《新唯识论》全稿的语体文本，对那一册铅字简装的"现代出版物"仍然不满意，否则亦不会有此新版一部四册线装本之举了。

事实上，即便"十力丛书"中的《新唯识论》，其文本内容仍有相当多的部分令熊氏感到错漏讹误之处太多，非重新删订一番不可。自1951年底始，至1952年秋，经其倾力删订，竟然"删削约三分去二"①，原先一套四册的全稿刊本，被缩减为一册即全的又一崭新版本，即所谓"壬辰删定本"。

不过，这一版本仍不能完全令著者满意，仍然存在着"此中有真意，欲辩已忘言"的表达之两难，在智识与文辞之间，仍难以找到完美的相互成就之架构。正文之前的著者附言，这样感慨无尽地写道：

今日作述之业，如效古文高浑，无异自绝其学。然粗芜太过，无可导入深入理趣，此实言学者之大忌也。若乃平易之文言文，达而不烦，诚而有据，雅而多蓄，方是说理文之正轨，然极难矣。又文字之役，全凭兴会，老来殊少嘉趣，颇难畅意。复为撙节印费计，时有新悟，亦不增加。但依原本，削其烦芜而已。

显然，在文言文本与语体文本之间，熊氏多年思量与掂量，其中的转换之繁，细节之密，表述之难，实在不足为外人道也。即便已至壬辰删定本，仍难免还有思无尽，言不尽，意未尽之处。因主客观条件所限，也不得不就此搁笔，在北京什刹海红梅供经室中伏案疾书的熊老，在"附言"末尾，不无憾惜地宣告："此书只印二百部，聊待来贤。"

---

① 熊十力删订《新唯识论》历程梗概，详参熊氏自撰《新唯识论语体文本壬辰删定记》。

比之五年前在湖北印制的一千部，计为四千册的《新唯识论》而言，此时在北京印制的二百部，即仅有二百册的壬辰删定本，无论是著述本身的篇幅，还是总体印量上，都的确缩减得十分厉害。此"定本"虽仍为中式线装本，但为了节约装帧成本，还特意将开本做得异常狭长，即将本来应当分装为两册的书页分量，通过延伸单页长度，勉强将之合为一册印装。因此，此书无论陈列保管，还是随手翻阅研读，都不十分适宜，更兼印量本就稀少，故七十年后完整保存下来的，实不多见。

无论如何，《新唯识论》的语体文本全稿，至此还是终于尘埃落定了。而此时，距文言文本初版的1932年，已经整整二十年过去了。

可以说，《新唯识论》版本交迭的二十年，著者本人历经思想、心智、学识等多方面的历练与提升，更经历国难、家祸、病患的种种摧残与消磨，语体文本全稿的内容本身，自然应当比先前那部只有卷上的文言文本更上层楼，更具充分深入之理论体系架构。然而，对此书谤佛的指责，十余年来如影随形，即便全稿印成，仍不绝于耳。"此书假唯识之名，却实为反唯识之作"，这样的判言，十余年来仍一如既往的存在。为此，时至1947年著者自撰的《新唯识论全部印行记》一文中，仍不得不为此加以公开辩白，仍不得不为之尽力申诉道：

老当国难，精力日衰矣。平生心事，寄之此书。世或罪以谤佛，则岂识予心者哉。有问，此书非佛家本旨也，而以"新唯识论"名之何耶？曰，吾先研佛家唯识论，曾有撰述。渐不满旧学，遂毁凤作，而欲自抒所见，乃为新论。夫"新"之云者，明异于旧义也。异旧义者，冥探真极。（此语吃紧，苟非自

《新唯识论》之壬辰删定本，1953 年北京印行；封面，著者“删定记”首、末页，附记末页及正文首页。

穷真极，而徒欲泛求之百氏，则陷于杂博，未能臻至理也。）而参验之此土儒宗，及诸钜子，抉择得失，辨异观同，所谓观会通而握玄珠者也。（玄珠，借用庄子语，以喻究极的真理或本体。）破门户之私执，契玄同而无碍。此所以异旧义而立新名也。识者，心之异名。唯者，显其特殊。

再度表明心迹也罢，再度"名词解释"也罢，再度扪心自问也罢，再度自我剖白也罢，熊氏一生寄志此书之情状，可谓已然溢于字里行间。至于一般读者是否理解，专业学者信不信服，那已是另一回事儿了。

诚然，在一方面，读者可以循着著者的自白，略微翻检浏览此书，看一看是否真有新意，是否真的寓有此唯识非彼唯识之意。另一方面，如果并不信服著者的自白，读者也大可不必翻来覆去地在二十年间，去追随与探究这新唯识论究竟历经了怎样的嬗变与融创，究竟经历了怎样的文体与内容上的双重演化。简言之，无论文言文本，还是语体文本；无论是上卷"境论"，还是后来补足的中、下卷理论，无论哪个版本的《新唯识论》，都不是特别容易理解的一套理论体系，更何况对于那些从一开始即并不信服著者，甚至还认定其"谤佛"或"妄语"之类罪责的读者，实在是没有必要再去翻检此类著述，而展阅笔者尽量加以通俗演绎的本文也属多事了。

返归正题。熊十力曾在语体文本《新唯识论》序言中声称，"量论"根本就不应归属于新唯识论之一部，这又是怎么一回事？难道新唯识论只是用一部"境论"，仅仅去淘一淘法相宗理论河床中的河沙而已？河沙自然是要留给佛教徒与佛学家们的，可埋没于河沙之中的金子却又到哪里去了呢？先前说好的大浪淘沙，沙里淘金，分两步走，究竟该怎么走呢？难道一直雄心勃勃的熊大师，终于体力不支，无法续写"量论"，竟然只能托辞一番之后，就此放弃了？

◎ 浪淘沙后，揉谁的眼睛？

遥思《新唯识论》的文言文本初版五年之后，1937年4月2日，熊十力的佛学老师欧阳渐一封书信寄来，信中严厉斥责他"依凡夫妄心，而批评神圣立教"，指责他的"创作"纯属对佛教理论大不敬的无知之举，公开警告称：

> 于此生疑，不探经论，唯凭妄心，仓卒断言，无有是处。非愚则妄，云何而不速即沦堕！……灭教祸世，无有穷极，可胜痛哉！

这样的痛心疾首，这样的痛加呵斥——熊氏于佛教而言岂止是无知妄为之徒，几乎已经成为祸国殃民的罪人了。

熊氏的"罪行"还在继续，而且无以复加的"严重"，"严重"到了几乎要将整个佛教理论大卸八块的地步。大浪淘沙之后，熊氏并没有急于"披沙拣金"，而是继续实施了第二步，揉沙入眼。入谁的眼？自然是入那些视他为"邪魔外道"的佛教徒与佛学家的法眼。

在熊十力后来的新唯识学研究与营造中，曾进一步提出量论本不在唯识学体系之中。这一声明本身，已经无异于给追随法相宗理论的佛学家们摘下了近视或老花眼镜，猛的撒扑上一大把沙子。

原来，熊氏所称的量论即是指因明学，它与唯识学一道，在当时同为法相宗热潮所涵盖的两大佛学理论热点。因明学被认为是佛教理论中的论证工具，是类似于佛教逻辑学的古代学术之一，最早在印度佛教中广为运用与流传。因明学与唯识论被称为法相宗的两大理论基石，"逻辑论证＋认识模式"的交替证识，成为法相宗佛教理论的高超与高明之处，也是其成为佛教理论体系中"塔尖"的缘由所在。

如果说唯识学之于法相宗的必要性，无异于认识论；那么，因明学之于法相宗的重要性，无异于方法论。熊十力移植唯识学于法相宗理论体系之外，自圆其说成就新唯识论；与这一行动几乎同时甚至略早开始的工作，乃是将因明学也移植出来，成就其自身哲学体系的量论部分。当然，这项工作比之新唯识论的创建更为艰巨与困难，后来成为未竟之事业，亦是熊氏本人都始料未及的。

熊氏要将唯识学剥离于法相宗理论体系之外，《新唯识学》一书，遂几近于当年康梁变法时康有为自创经典《孔子改制考》的又一翻版——只不过这一次是借佛教说事，变的不是国政大法，而是学术之法罢了。

当然，要从方法论上夯实熊氏哲学体系基础，一方面是需要重新考量与批判旧有的东方学术工具，这大部分是"破"的工作；另一方面则是需要对其改造、优化、重塑，最终为我所用，这大部分又属"立"的工作。"破"字当头之际，熊氏在切掉法相宗理论左膀唯识学的同时，作为方法论的右臂当然也在磨刀声中岌岌可危，熊氏的"新量论"似乎即将改装成功。可以想见，"新量论"一旦诞临，将如同康梁变法时自创的另一经典《新学伪经考》一样，汇同《孔子改制考》的理论威力，左右开弓，一场中国现代哲学"革命"将不可避免地揭开帷幕。

时为1926年7月，早于《新唯识论》首次结集出版六年，《因明大疏删注》

横空出世，标志着熊氏新量论的初次探索。实际上，这也是中国现代因明学研究的"揭幕"试作，曾是同门师兄弟的吕澂所著《因明纲要》，比之还稍晚两个月问世（1926年9月初版）。随后而来的，《因明学》（陈望道著，1931年10月初版）、《因明新例》（周叔迦著，1936年4月初版）、《因明学》（虞愚著，1936年11月初版）等一系列现代因明学研究著述，或追本溯源，或简明扼要；或详察细考，或通俗阐述，都在《因明大疏删注》之后十年内蜂拥而出。

《因明大疏删注》出版的那一年，1926年，也因之成为中国现代因明学研究的"揭幕"之年，成为一个标志性的时点。虽然这一"揭幕"试作本身，仍然如同《新唯识论》问世一样，为后来者争论不休，至今都还未盖棺定论。

由熊十力"删注"的《因明大疏》，是指唐代窥基的《因明入正理论疏》。《因明入正理论疏》本来只是诸多唐疏之一，但因其"提控纪纲，妙得论旨"，"详徵古义，环列洋洒"，故被尊为"大疏"，成为汉传因明学的主要成就及标

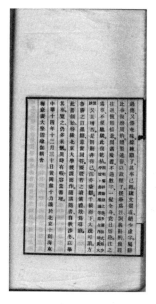

熊十力著《因明大疏删注》，1926年初版；封面，著者"揭旨"自序首页及末页。

志性经典。但在宋元两代之后，因明典籍逐渐散佚，在汉地几成绝学。这部《因明大疏》正是当年散佚的经典之一，在数百年杳无踪迹之后，时至1896年，杨文会（1837—1911）在东邻日本方才寻获。金陵刻经处迅即重新刊印了这部唐代秘笈，一时被国内法相宗理论的拥趸们奉为绝世宝典。

从一九二○年代始，因明学因《因明大疏》的重现世间，成为与唯识学同行共热的中国学术舶来品之一。如同当年欧美学术理论的译介一样，这些忽然风行于世的"秘笈""宝典"，成为那个时代不可轻易更改的绝对真理之一。可熊十力不但要"注"，还要"删"，这一行为本身已经是逆潮而动，冒天下学术之大不韪了。

熊氏做成的这一部"删注"，比之早一年出版的梅光羲所著《因明入正理论疏节录集注》（1925年4月初版），自然不会那么忠实于原著，自然也不会对这一佛教徒奉为绝学的古代学术工具另眼相待。熊氏在删注过程中，仍一如既往，批判多于秉承，创新多于固守。

《因明大疏删注》开篇"揭旨"一语道破，熊十力的"淘沙"功夫与揉眼步骤，跃然纸上。删注者登场一番坦言，慷慨陈辞道：

吾尝以为治法相典籍，当理大端，捐其苛节。盖有宗末流往往铺陈名相，辩析繁琐，将令学者浮虚破碎，莫究其原。自非神勇睿智，阔斧大刀，纵横破阵，便当陷没，出拔无期。（吾尝言，读相宗一本十支，正如披沙拣金。披沙愈多愈深，而得金愈乐愈妙。读世间哲学或宗教典籍，只可披沙得沙耳。然或者以为佛书字字皆金，则是谤佛必未曾得金者也。）

在熊氏眼中，治学和战争的境遇相仿佛，敢于删繁就简，敢于快刀斩乱麻才能最终有所成就。冲入敌阵的勇士，不大刀阔斧地直奔主题，不一马当先地擒贼擒王，最终只会为蜂拥而来各路兵将或杀或俘，以失败告终。治学亦是如此，若只是沉迷于如沙海漫漫的各种广引博征之中，不去大力淘沙，不去披沙拣金，一路行来，就只得漫漫黄沙而已。"以为佛书字字皆金，则是谤佛必未曾得金者也"一句，则已不是揉沙入眼的不爽，几乎是要刺目滴血的切肤之痛了罢。

无论如何，熊氏自认为是披沙拣金者，而绝不屑于作披沙拣沙者。删注本来对"认沙作金"者已属骇人听闻之举，哪里知道熊氏不光是"删"后加"注"那么简单，他还要"改"。"揭旨"中，他指出《大疏》本身就有问题，强调改动原文的必要，为之明确宣称：

大疏虽备三善，然舛词碎义，时复错见，学者病焉。若豁神思，必应删削。唯是临笔，辄求语意贯穿易晓，遂有改易原文，颇属创例。

熊氏引以自得的"创例"，当时即遭到过好友林宰平（1879—1960）的质疑。当时与熊氏同为北大讲师的林宰平，精通佛学、哲学，曾深得梁启超器重，此后熊梁二人得以晤谈，熊氏能居于北海快雪堂"松坡图书馆"读书，都是林氏的安排。《新唯识论》文言文本上半部，就多是熊林二人讨论的记录，可见熊林二人的交谊非同一般；而《因明大疏删注》的"创例"之举，林氏可能就是第一读者罢。

熊氏对林氏的质疑也颇为重视，"揭旨"中特别提到这一质疑并为之答疑，这样简要地解释道：

　　吾友闽侯林宰平以为事异存真，且慢古德，非董理故籍所宜。其说信善。吾无以难。然删订者，为利始学计。义当从权，且删本原本并行，夫何忧失真矣。

　　在熊氏看来，林氏质疑无可厚非。但为了便于初学者，他的删改订正也无可指责。比删改订正唐代因明学经典更为"创例"的，还有熊氏的"稿本"说。熊氏认为，《因明大疏》并不是唐代窥基的"定本"，而是尚未审定的"稿本"。他为这个稿本所作的删改订正一系列工作，正是为其最终成为定本的有益探索。最终，从林氏为其题写书名来看，可能也部分接受了熊氏的这番解答与解释罢。

　　据熊氏后来的回忆，熊、林二人的每次会晤，几乎都以学术辩论为主题：

　　每晤，宰平辄诘难横生，余亦纵横酬对，时或啸声出户外。余尝衡论古今述作得失之判，确乎其严，宰平戏谓曰：老熊眼在天上。余亦戏曰：我有法限，一切如量。

　　可以看到，在友人的质疑与诘难中，熊氏始终以学术为天下公器之眼界来回应与应对。林氏认为熊氏的眼界过高，面对"眼在天上"的戏言，熊氏的"我有法限，一切如量"之回应，可谓恰如其分。

　　熊氏的"法限"在于为"我"所用，如量之量显然不是常量，而是变量。

如量虽然趋于无量，但并非等同于无量，而是在"我"之不断推衍超越之中的变量。在为"我"所用的限度内，熊氏理论体系显然是要开创一种沟通西方哲学、东方思想的融汇之学，在这样的融汇之学里，所有的预设理论界限当然都是可以超越的，即使这样的界限是以某种宗教的名义来神圣化、神秘化的。

正是基于这样一种治学原则与学术立场，《因明大疏》在佛教界、佛学界无论怎么神圣高明，也只不过是熊氏新量论所依托的一种古代思维工具而已，也只不过是要借因明学的领域量"体"裁"用"罢了。熊氏的手眼当然是用来披沙拣金的，绝不会在来自古印度的量论中执迷不悟，更不会自己深陷其中，自己揉沙入眼。虽然，当时有许多学者仍旧认为因明学只能是佛教逻辑学，只能是佛教方法论之一种，在他们看来，熊氏拣出来的"金子"非但不是"真金"，简直还是应当从佛教徒与佛学家眼中清洗出去的"沙子"。

无论是"沙子"还是"金子"，《因明大疏删注》与《新唯识论》，都还只是熊氏思想体系的选修课，熊氏后来的思想演进之繁复庞杂，又岂止是佛教法相宗之理论创新能够概括的？同时，也无可否认且必得承认，从因明学中剥离方法论，从唯识学中蜕变认识论，的确是理解熊氏思想体系最为显著的两个路标。

同时也应看到，熊氏绝非只是栖留于佛教思想的茧壳中期待"蝶变"，欧风美雨中翩然而至的一只"蝴蝶"，又再次惊破他的天人之梦。这只从西方飞来的"蝴蝶"，据说既符合进化论思想又反对唯科学主义，既崇尚人本身的创造精神又强调宗教自身的超越性；似乎与正在创例中的新唯识学遥相呼应，又几乎与熊氏未竟的变量思想如出一辙。当时的中国知识界，将这只"蝴蝶"命名为"生命哲学"。

◎ 柏格森的中国蝶梦

就在《新唯识论》文言文本出版之际，北京大学哲学系教授汤用彤（1893—1964）向学生牟宗三（1909—1995）交流读后感。

汤问牟曰："汝觉得怎样？"

牟说："颇似柏格森，惟其似者在于能解析现象一端，然而在柏氏之解析却是消极的，不是柏氏之正面文章，算不得什么，而在此书却是不得了！"

汤说："我亦有同感。"

其实，汤用彤最早接触到的《新唯识论》，还不是正式出版发行的专著，而是课堂讲稿。原来，早在1927年初，因撰著《因明大疏删注》用思过劳，始患神经衰弱之症的熊十力曾应汤氏之邀，赴南京中央大学暂得休养，并在该校哲学系作短期讲学。在此期间，常与时任哲学系主任的汤用彤、李石岑等论学。

从课堂讲稿到私交论学，再到五年后看到结集出版的专著，毕生致力于佛教史研究的汤氏所理解的《新唯识论》，应该是比较全面充分的；而其认可的熊氏与柏格森之关照，则又别开生面，耐人寻味，绝非仅从佛教法相宗理论体系挑剔熊氏思路者可以比拟。

事实上，熊氏于一九二〇年代开始系统学习佛教理论，求学于南京内学院的缘起，就多少已与以柏格森学说为代表的"生命哲学"有些瓜葛了。1919年，熊氏首次致信梁漱溟，希望与这位北大印度哲学史教授面晤，起因是看到了梁在《东方杂志》上发表的文章。熊氏认为梁文中"骂我的话却不错，希望有机会晤面仔细谈谈"。这篇能打动熊氏的文章，就是梁氏的成名作《究元决疑论》，而这篇文章即是直接吸收了"生命哲学"意蕴来阐扬佛教理论的。

当时尚未发表任何学术论文的熊十力，只是曾在梁启超所办的《庸言》杂志上发表过一篇笔记，文章主题是赞扬《淮南子》的思想，而指斥"佛家谈空，使人流荡失守"。梁漱溟则于1916年在《东方杂志》发表了《究元决疑论》，引用法国哲学家鲁滂（Le Bon, Gr. 1841—1931，又译黎朋，今译勒庞）的"以太涡动说"，比附佛教之如来藏或阿赖耶识，所谓"融相入性"，发挥《大乘起信论》与《楞严经》的染净同体思想，以之诠释世界所以形成之理。基于法国"生命哲学"与佛教理论的高度契合，文中指责熊十力对佛教的批评是出于无知。

正是这两篇针锋相对的文章，拉开了之后熊、梁二人四十年交谊的序幕，也直接导致了梁氏举荐熊氏入学南京内学院，师从欧阳竟无学习佛教理论；以及后来入北大讲授唯识学等种种因缘际会。

以运动取代"本体"，以运动流转解释物质生灭，是鲁滂"物质新论"的新鲜之处，显然迥别于西方古典哲学"本体"与"客体"的二元认识论，也颇不同于当时代已经渗透到哲学领域的"科学万能主义"。用这种观念解释生命现象，用这种观念比附佛教思想，似乎都能说得通透圆融，熊十力对这种学说一见倾心并不奇怪，生命哲学对东西方思想的调和融通，对"科学万能主义"的预见性反思，对西方古典概念下"哲学"本身的超越性探索，对当时代任何一个思想体系创建者都无疑具有不可阻挡的吸引力。熊、梁二人的交谊始于生命哲学，而整个中国知识界对生命哲学的热衷也并行于二十世纪二三十年代。

作为生命哲学的先声，鲁滂所著的《人类与社会的起源及其历史》《群众心理学》《物质进化论》等，陆续译介到了中国。这些著述在中国知识界的热烈研讨中，直接引发了后来柏格森著述的大规模引进。

柏格森（Henri Bergson，1859—1941），法国哲学家，生命哲学代表人物，创造进化论的提出者，巴黎高等师范学校的文科博士，1915年当选为语文学

HENRI BERGSON

柏格森（Henri Bergson，1859—1941）

院院士，1920—1924年曾任法国最高学府法兰西学院教授。除哲学思想的卓越之外，他在文学方面也有极高的造诣，并因而获得1927年的诺贝尔文学奖。其主要著述有：《时间与自由意志》（1889）、《物质与记忆》（1902）、《形而上学导言》（1903）、《创造进化论》（1907）等。

柏格森用"生命冲动"和"绵延"来解释生命现象，认为"生命冲动"就是"绵延"，就是"真的时间"，就是宇宙的唯一实在，而这实在只能靠直觉来把握。这种"纯度"极高的新思想，是剔开了宗教与古典哲学思维体系的"新哲学"，是撇开了科学主义及伦理学双重影响的"新进化论"。生命哲学对于从"师夷长技以制夷"以来，已经开始怀疑欧风美雨到底是否适合中国，追索中国到底有没有自己的哲学体系的当时代中国知识界而言，正如一剂清凉散，其退热凉血、杀毒止痒的功效迅即显现。当然，随之而来的，是生命哲学本身的大热，中国知识界的默契者、追随者、鼓吹者一批接着一批而来。

1918年底，梁启超、张君劢等人一行远赴刚刚结束战乱的欧洲。对于正在热捧德先生与赛先生的当时代中国人而言，欧战的惨烈景象无疑让这帮中国

科学主义先行者们大跌眼镜。梁启超在《欧游心影录》中说：

欧洲人做了一场科学万能的大梦，到如今却叫起科学破产。这便是最近思潮变迁的一大关键。

带着这一思索，在法国梁氏一行走访了尊崇生命本身的哲学家柏格森。他在寄回国的信中描述了见到柏格森的情形：

吾辈在欧访客，其最矜持者，莫过于初访柏格森矣。他日复返法，当拟请柏格森专为我讲授哲学，不审彼有此时日否耳。

虽然后来因种种原因，柏格森并未赴中国讲学，但梁氏主持的尚志学会却由此展开了对柏氏著述的大规模译介。

值得注意的是，当梁氏拟邀柏格森来华讲学，及其主持之下的尚志学会也开始着手译介柏氏著述及学说之前不久，陈独秀主编的《新青年》杂志，又再一次走在了时代前列。

原来，早在梁氏访欧半年之前，时为1918年2月，该杂志第四卷第二号，即刊发了一篇《柏格森哲学》，此文极可能就是国内第一篇译介柏氏学说的文章。"柏格森"这一中文译名也因之确立并通行，之后鲜有不同写法的中译名称。此文作者署名为刘叔雅，即后来渐为学界内外所知的，极富个性的著名学者刘文典（1889—1958）。

刚届而立之年刘文典，正值思维敏捷，视野开阔的治学佳年华，在北大

《新青年》杂志第四卷第二期，刊发刘文典《柏格森之哲学》。

授课之余，乐于勤于译介日、德、法各国新近流行思潮与学说，大多发表在了《新青年》杂志之上。当时，刘氏通过搜罗各国新出学术期刊，了解到不少国际最新学术动态与讯息。这时，刘氏已然发现，柏格森"声誉日隆，宇内治哲学者仰之如斗星"，"其著作甚富，而《创造进化论》一书尤为学者所宝，盖不朽之作也"，"其他著述，每一篇出，诸国竞相传译；而吾国学子鲜有知其名者，良可哀也"。为此，刘氏摘译了一篇最能反映柏氏学说核心观念的英译短文，概略介绍了一下"直觉哲学"，并不无自信的宣称："学者读此，当于柏氏之方法论思过半矣。"

应当说，刘氏的这一发现与相关表述，都是极富预见性的，译介内容本身也是较为确切的。要想充分把握与理解柏氏学说的主体生命哲学，从方法论层面而言，将其视作"直觉哲学"，也确实是非常贴切妥洽的视角。

巧合的是，几乎与刘文典同时对柏格森发生兴趣，并着手译介其人其思其学说的学者，还有清华大学的在读学生笪远纶[①]。大概也是在1918年2月前后，《清华学报》第三卷第四期之上，就刊发了笪译柏氏著述《原梦》。时至同年8月15日，上海《东方杂志》第十五卷第八号，又转载了这篇笪氏译文。

就在北大教员与清华学生几乎同时译介柏氏作品一年之后，尚志学会同仁选择首先中译的柏氏著述，正是其代表作《创造进化论》；且随后的五六年间，陆续译出刘氏文中提及的诸种柏氏著述，尽最大可能弥补了"吾国学子鲜有知其名者"的遗憾。

就在梁启超归国后不久，一九二〇年代初，逐步形成了国内研究柏格森学说的热潮。一时间，柏氏主要著述几乎全部被编译出版，譬如：张东荪译《创化论》（1919）、《物质与记忆》（1922）、杨正宇译《形而上学序论》（1921）、胡国钰译《心力》（1924）、潘梓年译《时间与自由意志》（1926年）等等。

另有一些外国学者研究柏氏学说的相关著述，也陆续被翻译出版，见有汤澈、叶芬可译（法）李洛蒙著《柏格森》、刘延陵译（英）卡尔著《柏格森之哲学》、张闻天译（英）卡尔著《柏格森之变易哲学》等等。国内的相关研究论文也纷纷见诸各大报刊，诸如冯友兰《柏格森的哲学方法》《评柏格森的〈心力〉》、吴康《柏格森哲学》、唐君毅《柏格森哲学与倭铿哲学之比较》、范寿康《最近哲学之趋势》《柏格森之时空观》、李石岑《现代哲学杂评》等等。

---

① 笪远纶（1900–1976），字经甫，江苏镇江人。1922年获麻省理工学院机械工程学士学位，归国后历任清华大学、沪江大学、武汉大学、北洋工学院讲师、教授、系主任。

柏格森著《时间与意志自由》，潘梓年译述，1927 年 12 月初版，为柏氏最早完成的哲学著述，此中译本为尚志学会丛书之一。

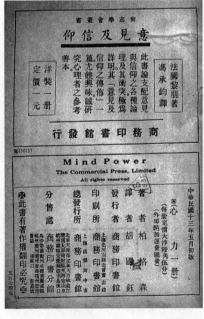

柏格森著《心力》，胡国钰译，1924 年 5 月初版，此书为演讲集。

可以说，整个一九二〇年代十年间，柏格森之名及其学说，在中国知识界与学术界内外，影响力都呈日益攀升的态势。虽然因未能来华讲学，无法像杜威、罗素、泰戈尔那样，在公共文化领域造成大众周知的广泛影响力，但因其学说强调生命与直觉本身的哲理，与向来惯于言说"心学"与"禅悟"的中国知识分子传统，有着某种莫名的默契，故仍然不乏追随者。且其影响力显得更为"精准"，对活跃在中国思想与哲学界内外的专业学者，以及长期关注这一领域发展，并对之抱有浓厚兴趣的相关读者，乃至以章太炎等为代表的一些宿学名士，对这一学说都颇感亲切与好感，要么专门撰文加以评述，要么行文中拈提示意。

值得一提的是，笔者藏有一部曾为北京育英图书馆藏书的《创化论》，此书为柏氏著述首部正式出版的中译本，1919年10月由商务印书馆初版。此书进入馆藏的时间为1928年，原本分为上下两册的洋装小册，被馆方精心重装为漆布面合订本一册，更便于翻检与保存。遥思从上海初版传布至入藏北京育英图书馆的八九年间，恰恰正是柏氏学说流布南北，声誉渐隆之际。尤其特别的是，此育英图书馆乃私立育英中学校的附属机构，也即是说，当年在该校就读的北京中学生，应当也是可以接触到此书的。由此可以想见，此书及柏氏学说在中国公共知识圈层里的流布之广，甚至于已步入中学校园了。

柏氏学说在中国知识界大红大紫之际，正值熊十力在南京内学院领悟佛学的时节。待到梁漱溟1922年将熊氏聘至北大，希望其讲授正宗的唯识学说时，却发现其人讲的完全是另一套新唯识学。至于怎么个"新"法，十年后，1932年，新唯识学的上卷初版之时，尚在北大哲学系就读的牟宗三，一度捧读《新唯识论》，经与老师汤用彤研讨，终于读出了其中的"新"意。牟氏指出：

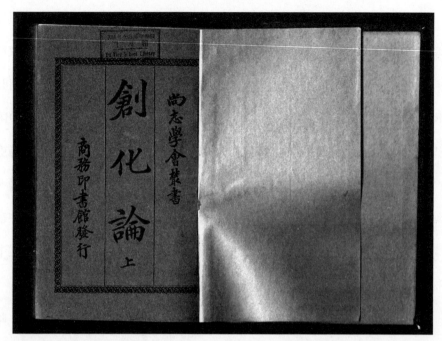

柏格森著《创化论》，张东荪译，1919 年 10 月初版，为柏氏著述首部正式出版的中译本。

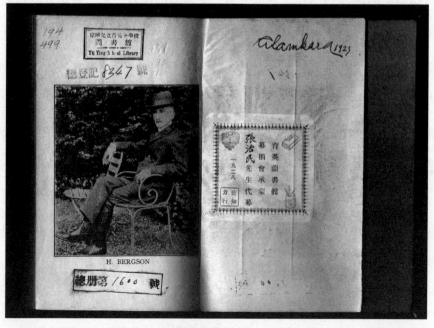

柏格森著《创化论》，张东荪译，柏氏肖像之插图，及北京育英中学图书馆收藏标签及戳记。

西方的元学在柏格森以前，实在未曾明体，即或谈体也实只如熊先生所谓戏论。至柏格森所用直觉方法，参透了宇宙奥秘，始作证体工作。这在西方思想史上确是一个新纪元。故柏格森的哲学遂满城风雨，轰动了全世界。而其所宣扬的，以及世人所注目的，也只是直觉、创化、生命、时间等概念；而他对于空间、物质、数学点等科学概念之解析，已无人加以过问，只作等闲视之，好像视同怪论一般。其实他这种解析也算不得了。唯因反传统故，又有更不得了者在，遂不得不有所偏重。故我说它是消极工作，不是正面文章。

然这种解析能在《新唯识论》里出现，却不能不另眼看待，却不能不说是一件大事。这正因为中国思想与西方正相反，一向只在体上用力，今忽有此关于现象之解析，如何不说是不得了？其为不得了与柏格森之证体的不得了一样，皆宜满城风雨，轰动全世界。然而结果即在国内亦恐知之者少。此著者所以常发感慨，难索解人也。

牟宗三的"元学"，是对西方哲学体系的一种分类定位。他认为西方哲学体系主要分为三个层面，一为元学，二为知识论，三为逻辑学。所谓元学，就是本体论，是探讨宇宙本源和先验主体的学说，是西方哲学的古典范式，也是西方哲学的本来面目。

牟氏认为，柏格森的生命哲学与熊氏的新唯识论，都是东西方思想体系中的反其道而行之者。柏氏专拣西方哲学的软肋直觉发力，并将直觉凌驾于理性之上，以"用"推翻了"体"；而熊氏则将"现象之解析"用于佛典，在"字字皆佛法"的不可解析的佛教理论体系中独辟天地，将作为宗教先验本体的

"佛法"转变为"体用不二"的辩证关系。在牟氏看来,柏氏与熊氏都是元学的反传统者,但又都是在元学意义上开创新路径的大哲,其学说皆属哲学史上的新纪元,乃是中外知识界上的大事。

◎ 生命哲学解梦人:拆解西方学说的门禁、门径与门庭

牟氏对熊氏思想体系的读后感,后来发表于1936年6月24日《广州民国日报·哲学周刊》第四十三期之上,原题为《一年来之哲学界并论本刊》。牟氏之所以想到将熊氏的新唯识论与柏氏的生命哲学相提并论,一方面有四年前初读《新唯识论》的心得点滴之累积,另一方面的促发因素,乃是因为周刊上一期发表了熊氏的另一篇新作《科学真理与玄学真理》。

在熊氏这一新作中,明确表达出了个人新的思想立场,即科学真理绝不是科学主义,玄学真理也绝非神偶崇拜。关于科学与玄学的关系,熊氏主张,科学与玄学所以成立的依据,全然在于人们对宇宙之不同的把握视角,以及不同的研究进路。文中指出:

> 玄学上真理一词,乃为实体之代语。科学上真理一词,即为事物间的法则。前者为绝对的真实,后者之真实性,只限于经验界……

可见,认识论层面上严格区分的玄学与科学,在熊十力眼中却无分彼此,皆服务或服从于生命进化之本身,是生命意义的副产品。从这个意义上讲,玄学并不比科学多一些超越性,科学也并不比玄学多一些正确性,二者是"体用不二"的,二者皆是"生命过程"之一。这种科玄不二,生命同一

的理论立场，注定了熊氏的特立独行，也不断开启着其人在思想探索上的漫漫征途。

自天演论启蒙以来的中国知识界，在科学主义一边倒的阵营之外，在佛教法相宗复兴的热潮之外，熊十力始终以"槛外人""局中人"的双重姿态奔走其间，不断地拆解科玄"门禁"及"门径"，又不断地为二者融洽开辟新局。这种姿态和境遇，与柏格森架设在科玄二者之间的生命哲学观念，应该说颇有灵犀，似曾相识。

1936年这一年，当唐君毅以科学真理与玄学真理之"如何流通"的问题请教于熊氏时，作为答疑草撰的这篇《科学真理与玄学真理》，开始引起国内知识界对熊氏思想体系的重视与重估。先前那位切割法相宗理论自成新玄学体系的先锋，似乎正摇身一变，复又成为西方现代哲学弄潮儿——当时热浪滚滚的生命哲学中国鼓吹者行列中，熊十力再一次跻身潮头浪尖。

当生命哲学的代表人物柏格森在中国成为哲学偶像，其鲜活无羁的思想本身，逐渐固化为有序可循的哲学体系——这样的体系，继而又被"套路化"，被炒作为"主义"之际，熊十力再度抽身而去，毫不犹豫地用对待唯识学、因明学的态度与方法，开始着力拆解柏格森主义的中国门庭了。

从生命的意义来解释进化，是柏格森生命哲学的根本所在，也是其人所谓"创化"学说的核心理念。熊十力也讲生命的创造，甚至在著作中明显地借用了"创化"的概念，但在1951年完稿的《论六经》中又明确指出：

"创化"一词，用张东荪译名，但与柏格森氏本义不必符。吾儒之学亦不妨说为生命论，但吾儒克就性分上言，即将吾所固有生生不息之真推出于形骸外而言其德用，是固至善无染，而亦常在创新舍故，化化不息之进展中，故云"创化"。

在熊十力当时的思想体系中，下降的运动被称作"翕"，上升的运动被称作"辟"，一翕一辟，成就大化流行。其"翕辟成变论"之说，主要是源自《易经》《老子》的阴阳生化观，更直接吸收了张载、王夫之等理学家的思想，也有取于佛教华严宗的义理与《庄子》的玄学思想；另一方面，近代西方的进化论学说，应当对这一论说的形成也有着相当影响。

可当有人指出其翕辟成变论与严复的"天演者，翕以聚质，辟以散力"之说相近似时，熊氏却又予以了坚决否认。在1958年完稿的《明心篇》中，为之曾明确指出：

严复天演界说，以无数无尽之天体或万象皆由原始物质的存在及由物质的运动而成，此乃依据自然科学而组成之理论。

而熊氏所发明倡举的翕辟成变论则是：

综观宇宙，会通生命心灵与物质能力两方面而建立一元，以明此两方面所由成。

在拆解了柏格森哲学中的创造进化论，与严复译介过来的赫胥黎学说中的天演（进化）论，这两座中国（中式）门庭之后，熊氏继而不遗余力地开始将自己的理论体系，与西方思想阵营划清界限。

此后，熊氏还强调《新唯识论》是以翕辟成变论来取代唯识学家的"种子"之说，将本体与功能合一，避免了二重本体之失。另外，翕、辟二势就"用"而言，一为物质，一为精神。翕是凝敛、摄聚、固闭的力量，相当于"物"；辟是健动、升进、开发的力量，相当于"心"。因此，"心"便成为"健而神"的生命力和宇宙间的主导力量，熊氏理论对此做了深入深刻的发挥，这就承接上了儒家心性之学的传统，并且同时具备了某种现代阐释的色彩。

东方的儒、佛理论不足以概括熊氏理论的基础，西方的进化论思想与柏格森哲学也不足以概括熊氏理论的特色，在不断拆解各种东西方学术学科的门禁、门径、门庭之后，熊氏理论的综合性与包容性，已然呈现出某种独树一帜的自身特性。此刻，虽然各种科学主义的翻版学说，各种宗教真理的现代说教依旧喧嚣一时，可这临近生命哲学之梦醒时分，熊氏确已毅然远行，早已不再是梦里人了。

◎ 综合哲学大结局

1945年，深得中国知识界青睐，曾因来华讲学更是大受欢迎的英国哲学家罗素（Russel，1872—1970），在其所著的《西方哲学史》中给予了柏格森独立一章的篇幅。在这部一度享誉国际学术界的名著中，前有卡尔·马克思，后有詹姆士的微妙章节间，罗素对柏格森的评价却出人意料的"糟透了"。书中这样宣称与解说道：

像柏格森的哲学这样一种反理智哲学的一个恶果是，这种哲学靠着理智的错误和混乱发展壮大。因此，这种哲学便宁可喜欢坏思考而不喜欢好思考，断言一切暂时困难都是不可解决的，而把一切愚蠢的错误都看作显示理智的破产和直觉的胜利。柏格森的著作中有许多提及数学和科学的话，这些话在粗心的读者看来也许觉得大大巩固了他的哲学。关于科学，特别是关于生物学和生理学，我没有充分资格批评他的各种解释。但是关于数学方面，他在解释中故意采取了传统谬见而不采取近八十年来在数学家中间流行的比较新式的见解。在这个问题上，他效法了大多数哲学家的榜样。在十八世纪和十九世纪初期，微积分学作为一种方法虽然已经十分发达，但是关于它的基础，它是靠许多谬误和大量混乱思想来支持的。黑格尔和他的门徒抓住这些谬误和混乱以为根据，企图证明全部数学是自相矛盾的。由此黑格尔对这些问题的讲法便传入了哲学家的流行思想中，当数学家把哲学家所依赖的一切困难点都排除掉之后很久，黑格尔的讲法在哲学家的流行思想中依然存在。只要哲学家的主要目的是说明靠耐心和详细思考什么知识也得不到，而我们反倒应该以"理性"为名（如果我们是黑格尔主义者），或以"直觉"为名（如果我们是柏格森主义者），去崇拜无知者的偏见——那么数学家为了除掉黑格尔从中得到好处的那些谬误而做的工作，哲学家就会故意对之保持无知。

作为当时理性主义和人道主义的代言人，著名哲学家罗素抛出的柏氏"反理智"论调，一时喧嚣尘上，国际学术界中也不乏追随者。孰料，这样的论调，却令中国学者熊十力感到有些不满。在1947年"答徐复观、牟宗三"的书信中，熊氏曾这样感叹道：

以我所闻，罗素诋柏格森反理智，以之与黑格尔例比，而谓法西斯之导源。其实柏氏确未反理智，只云其效能有限，不能得本体耳！此类冤事，何可胜数？

虽然当时罗素的《西方哲学史》还没有中译本，通过英文原版阅读到这样的"反理智"评价时，曾坚决与柏格森哲学划清界限的熊氏，还是禁不住要为其鸣冤叫屈。这样的不平而鸣，除了思想路径上无可否认的某种契合之外，多半还有些惺惺相惜，顾影自怜的意味在里边。

已过花甲之年的熊十力，因其删注因明学与提出新唯识论两大创举，遭遇了来自佛教徒与佛学家们的双重攻击已近二十年之久，未竟的量论及宏大的新儒学体系，仍旧令其神疲心瘁，时感困倦。中途穿插的这一场柏格森"蝶梦"，除了令人感慨西方哲学思潮在中国的潮来潮往之外，似乎又正在成为熊氏思想体系未来命运的一种预演。先锋与大师，往往都是寂寞的，只不过一种寂寞在前，另一种寂寞在后，而熊氏则可能两种寂寞皆备。

经过抗战期间数年的颠沛流徙，1947年春，熊十力终于由重庆返回北大。几乎与熊氏同时到达北平的，还有来自美国康奈尔大学的柏特（E.A.Burtt，1892—1989）教授。当年4月26日抵达北平的这位柏特教授，有一个宏伟蓝图，即将全世界范围内的各种哲学、宗教学说加以综合，形成大一统的新的"综合哲学"。

更为重要的是，在这种综合哲学的蓝图之上，柏特教授还为科学预设了归宿。他通过仔细分析哥白尼、开普勒、伽利略、笛卡尔、霍布斯、吉尔伯特、波义尔和牛顿的著作，揭示出形而上学因素在科学发展中的重大作用。因之发意，撰著了《近代物理科学的形而上学基础》一书，并为之进一步宣称道：

科学与宗教占领完全不同的领域，具有与之相应的独特功能，以致不会有任何冲突。可能的知识领域属于科学，科学可以运用自己的方法完全自由地探究那一领域。宗教的任务是启发我们的道德奉献精神使之具有宇宙论的庄严。[①]

这种科学、哲学、宗教并行不悖，并且追索其"综合"之可能性的立场，无疑注定了柏特教授此次中国之行的访晤对象中，不可能少了熊十力。与当年梁启超探访柏格森的境遇相似，柏特教授与熊十力的对话，顺理成章地成为那个时代的一桩哲学史意义上的大事。

1947年5月11日，下午三时，北京大学子民纪念堂布置一新，欢迎柏特教授的茶话会静候开场。在茶会之前，柏特教授在时任西洋哲学名著编译委员会主任贺麟的陪同下，单独会晤了熊十力。熊氏在事后迅即撰就的《与柏特教授论哲学之综合书》（以下简称综合书），可见当时两位中西方学者在综合哲学这一宏图大略上的观点交流之概貌。熊氏在文中开篇即提到：

昨承枉过，获悉尊意，愿将世界各派哲学及各宗教，观其会通，冶于一炉，此意甚善。拙著《新唯识论》，本主张哲学贵融通，不可存门户私见，不可入主出奴。

显然，继柏格森之后，柏特是不多见的，可以赢得熊十力某种敬意，获得

---

① 详参：E. A. Burtt, *The Metaphysical Foundations of Modern Science*, London & Henley, 1934.

《哲学评论》第十卷第五期，1937 年 6 月刊，中国哲学会主编。

《哲学评论》第十卷第五期，刊发熊十力《与柏特教授论哲学之综合书》。

某种默契的西方哲学家之一。综合哲学之蓝图及其实现，于这两位中西方学者而言，都是毕生追索的宏愿。至于为什么要"综合"，熊氏给出了个人两点见解，文中这样写道：

一者，理无穷尽，一派或一门之学，可有窥于斯理之一方，而未可得其全也；故必各除偏见，睽而观其通，（如天上地下，若睽隔矣，然实互相维系为一整体，非不通也。）异而知其类；（譬如动植诸物，千差万别，异亦甚矣，然会之于生物一类）。乃于分殊而睹大全，亦于大全而见分殊；然后知各执分殊者，无当于穷理也，譬如人各以管窥天，而各以为天乃如其所窥也，非迷谬之甚乎？

"理无穷尽，天地皆通"的熊氏观点，为柏特的综合哲学找到了中国默契。这一默契，原本亦是与柏格森哲学相关照着的。熊氏观点很容易让人联想到柏格森的"绵延"概念，柏氏所著《形而上学导论》关于这一概念的经典阐示，或者也可以看作一种新型的综合哲学的基础。柏氏著述中有云：

　　无论在哪一种体系之下，都只有一种包含了任何事物的独特的绵延，这是一条无底的、无岸的河流，它不借可以标出的力量而流向一个不能确定的方向。

　　或许，哲学本身的"绵延"最终将促成的，正是"理无穷尽，天地皆通"的综合哲学之大趋势、大结局罢。如果说，"理无穷尽，天地皆通"的熊氏观点，是一种哲学认识论意义上的学术眼光；那么，熊氏关于综合哲学的第二个见解，则融汇了对宗教与哲学双向思索，一如既往地探索着二者的互动与变革。《综合书》中有云：

　　昔人有言：人类之大苦有三：一、自然之苦，二、世人之若，三、内心之苦。自科学发明，自然之苦可救治者固多，而后之二苦，要非可仅恃科学，必须有哲学以救治之。此中有千言万语，兹不及详。世人相与之际，不得无苦，内心常有众苦。世人与内心二苦，系从两方面而言，而实为一事。一事者，所见小，所持狭是也。哲学者，本所以对治小知，而进之于大道；荡除狭执，而扩之以旷观。世人与内心二苦，将赖此得拔。若使各派哲学皆门户自封，胶固不化，是使人习狭小而终成乎恶，人类永无宁日也。

熊氏将人生之苦归结于眼界心胸闭狭所致，哲学之所以能疗治这些内心的苦闷，正在于其能开阔识见，增益智慧。至于开阔识见，增益智慧之后，能达至什么样的人生境界，熊氏没有明言。这样的境界或寄托于宗教，或求索于哲学，都是可行的，但前提是这样的境界一定是不断地融汇、运动与发展着的。这也很容易让人再次联想到柏格森在《创造进化论》中的那句名言：

真正存在的是不断变化的形态，形态仅仅是一种变化过程的快照。生命从世界中获得的意想不到的形态并自我发展为意想不到的运动，这表现了一种自身形成的行为。

无论如何，柏特与熊十力就这样在各自的学术领域中，开展着某种意想不到的运思与实践，新唯识论、因明删注、综合哲学、新儒学等一系列生涯快照，还在为那个时代的哲学蓝图一一存照。不过，想就此定义一位思想者，尤其如熊十力这样的有着极强"综合性"的思想者，如同定义生命本身一样，困难重重。同时，也应当看到，柏格森的中国"蝶梦"，终究没能孵化出西方哲学的中国基因；同样，柏特的综合哲学之旅，终究也不过是某个西方哲学家的东方假期而已。

◎ 尾声

我们应当注意，同一个心灵底知性不能停步。如同在有限的存在中是自然的，恰如柏拉图给"鄙贱的财察"留有丰足的余地。一个很不完善的显喻，恰恰把我们的提示带在一起，我们可以把绝对比之于，譬如说，但丁在《神曲》中表示出来的那种心灵。论点将是外在的自然。譬如说，意大利在他的心灵里变成了，不是较少地而是较多地特殊的一种情绪和一种价值了；每一个自我。譬如说，包娄PAOTO，或傅宅多司卡FRANCESCA，同时仍然是他的自我，同时又是诗人的心灵中的一个因子，诗人的心灵表现，于这一切的自我之团结中，并且整个的诗人的经验，是一单个，尚且包含一个由空间和许多人所组成的世界，这个世界对于任何普通的心灵分崩开，并且变为"一个地理学的表现"，加上某种普通历史的人物了。这种包含，我们比之于"绝对"，好像它团结起来，对于我们是有限的经验的物事。下一年我希望把这些观念应用到人的（就是有限的）价值和命运上。

十力老人三十七年七月四日

柏特教授离开中国一个月之后，熊十力在一摞"西洋哲学著作编译委员会"的稿纸上写下了上述的尾声。事实上，这是一部新近发现的讲演稿的末尾部分。讲演稿开篇的第一句这样写道：

纪富德勋爵（Jord Gifford）特别要求这几个讲演所传达的知识应当是"真"的——不是仅仅名相的，并且是能够感觉的，不是一种仅仅的理论。这几个讲演须得传达或尽力传达一种严肃的经验。

这样的开篇语，透露出一个重要讯息，即熊十力本人可能曾收到著名的吉福德讲座之邀请，曾有意赴英国演讲。英国爱丁堡大学之吉福德讲座（Gifford

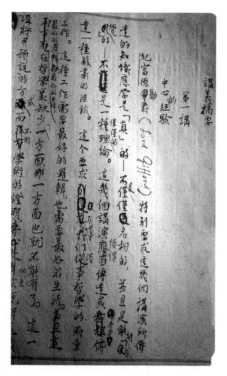

熊十力吉福德讲座手稿之一

Lectures），乃是西方宗教学领域最具盛名的讲座，熊氏同时代中国知识界所熟知的实用主义哲学家杜威（John Dewey，1859—1952）、心理学家詹姆士等都曾获邀请，都曾在这一知名讲座上宣扬与鼓吹自己的思想学说。

遗憾的是，这样一次远赴重洋的重要演讲，最终未能付诸实现。据目前可以搜罗到的熊十力生平文献中，并没有其人出席吉福德讲座的记录及相关证据。不过，从这样一摞讲义残稿中，还是可以看到熊氏的一些已经相当国际化的观点。断章取义地看来，熊氏如果出席这个传播度相当高的国际讲座，无论其境论还是量论思想，都应当获得相当高的国际知名度。这不禁又令人联想起当年吉福德讲座上，那一场杜威自比康德的公案来。

原来，杜威于1929年主持吉福德讲座期间，在谈到"寻求确定性"这一主题时，曾大胆地断言：

> 康德声称从有知识的主体的观点来看待世界以及我们关于这个世界的知识，从而在哲学中引起了一场哥白尼式革命。

最后，杜威还在演讲中，相当不谦虚地将其个人对哲学的贡献评价为与康德引起的革命同样重要的另一场"哥白尼式革命"。

众所周知，波兰天文学家哥白尼（1473—1543）的日心说开启了现代天文学的大幕。从科学史的角度来看，其代表作《天体运行论》是当代天文学的起点——当然也是现代科学的起点。所谓"哥白尼式革命"，因哥白尼理论本身的颠覆性与革命性，成为对自创体系，特立独行的思想家的一种知识界通用评价。当然，使用这一评价应是相当谨慎的，因为不是任何一个思想者或哲学家，都能够一反经典理论，开创所谓的新中心与新天地的。

对德国古典哲学集大成者康德的评价，英国科学哲学家卡尔·波普尔（1902—1986）在1954年的一篇论文（这篇论文后收录于其专著《猜想与反驳》）中，有一部分专门谈到康德的"哥白尼式革命"。波普尔在此引证了康德的一句名言：

> 我们的理智不是从自然获得它的规律，而是把它的规律强加于自然。

对此，波普尔加以评论说："这个公式概括了康德本人自豪地称呼他的'哥白尼式的革命'的一个思想。"

无论如何，康德的"三大理性批判"系列及其一系列开创性思想，奠定了其人在德国古典哲学体系中的地位，"哥白尼式革命"的标签在其逝世后两三百年间，还是颇受国际知识界认可的。

毋庸多言，实用主义哲学家杜威的学说体系，的确也颇有创见。其人早期虽然承袭了黑格尔的部分思想，但由于其引入了生物学及生物学上的进化理论，因此并不赞成观念本身的绝对概念，即反对观念完全是一个固定不变的静态概念之判定。杜威认为观念自身并不是绝对的，观念为可易的、动态的、具有工具性的指导效能，因之使人更能适应外在的环境。

不难发现，杜威的动态观念论承袭了柏格森的"绵延"概念，确实具备了对传统哲学体系的颠覆性与革命性。在此基础之上，杜威对"经验"一词的涵义之解释颇具创造力，他认为，"经验"是一个单一、动态，而且完整的有机整体。经验并不是可以割裂的，经验是相关的，不仅与产生经验的情境相关，而且，经验自身就是一个绵延不绝的发展历程。比柏格森更进一步的是，杜威强调，经验不只是纵横相关，绵延发展，而且经验自身是有机性的。经验是具有扩张性、生长性、相关性与预测性的。杜威指出的"经验"之涵义，不完全是从哲学的观点来给予界定；同时也把生物学的涵义，掺入到了"经验"概念里。

1919年4月，应其中国学生胡适的盛邀来华讲学的杜威，就曾将这种渗透着生物学、心理学、哲学的实用主义理论带到了东方世界——这一学说体系，在当时的中国知识界内外，无疑是具有深远影响力与强大说服力的。从多学科综合试验角度来看学术创新程度，杜威无疑也是同时代佼佼者之一。当然，自比康德，进而自我标榜"哥白尼式革命"，却多少有点夸张作秀的色彩了。

熊十力晚年存照，摄于 1963 年。

或者说，吉福德讲座本就是一个学术秀场，最新的、次新的、不那么新的各种学说，在此一拥而上，粉墨登场之际，杜威的举止本也无可厚非。

遗憾的是，熊十力终究未能登上吉福德这个学术秀场，未能将中国哲学的"哥白尼式革命"来一次自我标榜的巡演。不过遗憾的是，熊氏这场未竟的"哥白尼式革命"，即使没有吉福德讲座，在半个世纪之后的中国知识界记忆里的中国哲学史页面之上，在新儒家学派追随者及其反对者的喧嚣争讼中，熊氏仍然已经毫无悬念地跻身于中国现代哲学家的万神殿之中了。

除了牟宗三认定的"中国现代哲学三大师"之首①的名号之外，熊氏著述在众多似懂非懂的读者群中，仍旧以巨量的出版发行流布于华语人群之中；在众多谈论中国哲学的专业或非专业人士中，熊十力仍旧是那一道很难迈过去，但又不得不尝试着迈过去的门槛。

不难发现，自黑格尔断言中国没有哲学以来，中国知识界关于东方思维模式是否曾经存在并出现过，或者将来能否培育出符合西方哲学范式的"中国哲

————————————

① 牟宗三认为"中国现代哲学三大师"为：熊十力、张东荪、金岳霖，三人分别为元学、知识论、逻辑学的代表人物。这一评述出自牟氏《一年来之哲学界并论本刊》一文。

学"体系的研讨、辩证乃至论争，由来已久，持续已久。认定中国自古就有哲学，或者说认为中国本来即有"哲学式思想"；强调中国早已产生过类似哲学体系的思想序列，或者说确定中国向来不乏思想体系等等，这些观点都是近百年来中国知识界曾一度热烈研讨过的话题。不过，无论是否承认与接受，确因黑格尔断言的存在，以至于"中国哲学"这一概念的确立，始终问题不断，始终困难重重。

当然，这些一度难以彻底解决的问题与困难，对于不承认西方哲学范式及其体系概念，只认定中国原生思想体系即为"哲学"者，是根本就不存在的。不过，这一认知立场，仍将面临"哲学"一词本即是由日语译介而来的舶来品之语境困局，是否还需要为已然认定为"哲学"的中国原生思想体系重新命名，是否能使之完全摆脱国际化与现代化的双重语境困局，重新以汉语名词来重新定义这一思想体系是否可能等等，诸此种种繁衍伴生的问题与困难，仍将接踵而至，层出不穷。

诚然，也可以认定，"中国哲学"这一概念本身，是否需要一场"哥白尼式革命"，这一问题如今或许并不重要，也没有必要。因为哲学体系也罢，思想体系也罢，东西方各自的解决方案，千百年来数不胜数，至今也仍然没有一个一统天下式的结案。不过，同时也必得承认，这只是世界哲学的现状，却仍无法回避"中国哲学"这一议题，一个世纪以来，确实始终未能迎来一场彻头彻尾的"哥白尼式革命"。

无论如何，"中国哲学"还依旧是一场大梦，梦里出现过这个先锋，那个大师，人影绰约，梦影缤纷。这期间，有一位叫熊十力的追梦、造梦、解梦人，至少还曾经令国人领会过梦醒时分的一丝怅惘与希望。

吕澂：不负如来不负经

◎ 小引：石桥禅外禅

我愿化身石桥，

受那五百年风吹，

五百年日晒，

五百年雨淋，

只求她从桥上经过。

这是一句电影台词，据称源自佛典，是释迦牟尼堂弟兼弟子阿难的一句独白。句子虽是阿难的独白，却映现出佛家弟子难以割舍的人世恋情，情丝细密，耐人寻味。

据传，佛教经典《楞严经》，是一部释迦专为阿难讲授佛法的著名经典，讲法的缘由就是因为阿难与摩登伽女的私情，讲法的结果是二人双双皈依佛教。当然，关于"石桥"的诗情禅意，虽然曾流行一时，终究是电影剧本的杜撰，佛经原文中是找不到这么情意绵绵的句子的。

就佛教徒与佛学家们而言，所谓"石桥禅"只是凡夫俗子的情诗一首，不但与佛经本身无关，与佛法、佛学更无关联。因为《楞严经》从一开始，即交代了故事背景，是阿难被摩登伽女的魔法引诱，释迦以佛法神咒解救，之后则大讲佛法如何重要，情欲如何虚妄等等。

《楞严经》只有第一卷简明叙述了这则魔女诱僧的故事梗概，之后的九卷都是阐论佛法的内容。《楞严经》与其他佛经一样，故事只是譬喻，是阐论佛法的方便法门，重点仍是佛法本身。故事引发的后面九卷经文中，是不可能找到一句如"石桥禅"这样的情欲独白的。

电影剧本为了增强叙事结构中的艺术性与美学效果，以《楞严经》为源头，故意杜撰了这么一句"经典"的禅诗，虽有混淆视听之嫌，但仅从文艺制作角度而言，却也无可厚非。佛教徒与佛学家们即使偶然知道了这么一句杜撰，大多也只是付诸一笑罢了。但是如果有人明确说，《楞严经》本身也是杜撰的，根本算不上正宗的佛经，并且以严格的学术考证，专门撰文证伪，这就不是娱乐圈的谈资或者玩笑那么简单了。

《楞严经》不是真经，不是源自印度佛教的正宗佛经，而是唐朝人杜撰的伪经。给出这样判断与考证者，名为吕澂（1896—1989，原名吕渭，字秋逸，亦署秋一、鹜子）。

说《楞严经》是伪经，多少是有点先锋精神的。因为从唐代出现这部佛经以来，一千余年时间过去，敢于明确、系统、公开予以证伪者，恐怕还只有吕澂一人。不拍电影，不写剧本的吕澂，是以一位佛学研究者的学术角度作这个判断的。这当然需要承担相应学术责任，面对来自佛教界内外乃至社会各界的质疑，这一桩很严肃也很严重的学术事件，注定是要写入中国现代佛学史的。

吕澂的理论勇气与学术胆魄何来？或许，民国时代的学术风尚之中，疑古讽今者大有人在，在这些弄潮儿中，本不乏具备娱乐精神的文艺先锋，吕澂也只是其中之一。擅长将学术理论戏剧化，并从戏剧化的创作中传播新的思想观念，即是那个时代知识界风尚之一种，吕澂的"楞严伪经考"只是这百花园中又一奇葩罢了。

在那个戏剧化的时代中，林语堂的《子见南子》用现实主义的幽默演活了儒学偶像孔子，梅兰芳的"天女散花"新剧为了舞台效果甚至用到了烟雾机；那么吕澂的"楞严伪经考"是否也是一部以现代佛学观念重新审视传统佛教的某种戏剧化著述呢？

这一切，仍然还得从《新青年》杂志说起。

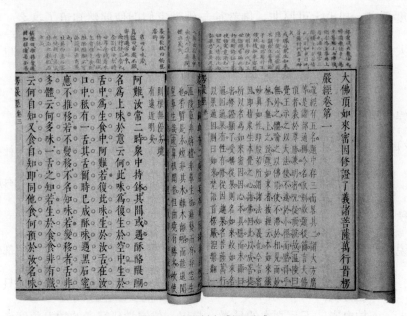

明代三色套印刻本《楞严经》

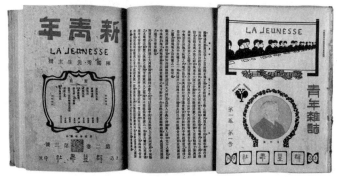

《新青年》杂志

◎ 也曾文艺，也曾革命

《新青年》杂志第六卷第一号，1919年1月15日，主编陈独秀给一位文艺青年的回信被刊登了出来，信中大谈特谈所谓的"美术革命"。陈氏用了八百余字的篇幅，这样侃侃而谈道：

　　本志对于医学和美术，久欲详论；只因没有专门家担任，至今还未说到。现在得了足下的来函，对于美术（特于绘画一项）议论透辟，不胜大喜欢迎之至。足下能将对于中国现在制作的美术品详加评论，寄赠本志发表，引起社会的讨论，那就越发感谢了。说起美术革命来，鄙人对于绘画，也有点意见，早就想说了；如今借着这个机会，正好发表出来，以供国内画家的讨论。

　　若想把中国画改良，首先要革王画的命。因为要改良中国画，断不能不采用洋画的写实精神。这是什么理由呢？譬如文学家必用写实主义，才能够采古人的技术，发挥自己的天才，做自己的文章，不是抄古人的文章。画家也必须用写实主义，才能够发挥自己的天才，画自己的画，不落古人的窠臼。中国画在南北宋及元初时代，那描摹刻画人物禽兽楼台花木的功夫还有点和写实主义相近。自从学士派鄙薄院画，专重写意，不尚肖物。这种风气，一倡于元末的倪黄，再倡于明代的文沈，到了清朝的三王更是变本加厉。人家说王石谷的画是中国画的集大成，我说王石谷的画是倪黄文沈一派中国恶画的总结束。谭叫天的京调，王石谷的山水，是北京城里人的两大迷信，是神圣不可侵犯的，是不许人说半句不好的。绘画虽然是纯艺术的作品，总也要有创作的天才和描写的技能，能表现一种艺术的美，才算是好。

　　我家所藏和见过的王画，不下二百多件，内中有"画题"的不到十分之一，大概都用那临、摹、仿、拟四大本领，复写古画，自家创作的，简直可以说没有，这就是王派留在画界最大的恶影响。倒是后来的扬州八怪，还有自由描写的天才，社会上却看不起他们，却要把王画当作画学正宗。说起描写的技能来，王派画不但远不及宋元，并赶不上同时的吴墨井（吴是天主教徒，他画法的布景写物，颇受了洋画的影响），像这样的画学正宗，像这样社会上盲目崇拜的偶像，若不打倒，实是输入写实主义，改良中国画的最大障碍。至于上海新流行的仕女画，他那幼稚和荒谬的地方，和男女拆白党演的新剧，和不懂西文的桐城派古文家译的新小说，好像是一母所生的三个怪物。要把这三个怪物当作新文艺，不禁为新文艺放声一哭。此复还求赐教。

与这封回信一同刊登的，还有那位文艺青年的来信，这封信被直接冠以"美术革命"的标题，写信者正是吕澂。此刻，这位文艺青年的口吻，比之同龄人更多了几分自信与勇敢，信中这样写道：

记者足下：

贵杂志夙以改革文学为宗，时及诗歌戏曲；青年读者，感受极深，甚盛甚盛。窃谓今日之诗歌戏曲，固宜改革；与二者并列于艺术之美术（凡物象为美之所寄者，皆为艺术 Art 其中绘画雕塑建筑三者，必具一定形体于空间，可别称为美术 Fine Art，此通行之区别也。我国人多昧于此，尝以一切工巧为艺术；而混称空间时间艺术为美术，此犹可说；至有连图画美术为言者，则真不知所云。）尤亟立革命。且其事亦贵杂志所当提倡者也。

十载之前，意大利诗人玛梨难蒂氏，刊行诗歌杂志，鼓吹未来新艺术主义，亦但肇端文辞，而其影响首著于绘画雕刻。今人言未来派，至有忘其文学上之运动者。此何以故？文学与美术，皆所以发表思想与感情，为其根本主义者惟一，势自不容偏有荣枯也。我国今日文艺之待改革，有似当年之意。而美术之衰弊，则更有甚焉者。

姑就绘画一端言之：自若习画者非文士即画工；雅俗过当，恒久奖由知所谓美焉，近年西画东输，学校肄习；美育之说，渐渐流传。乃俗士骛利，无微不至，徒袭西画之皮毛，一变而为艳俗，以迎合庸众好色之心。驯至今日，言绘画者，几莫不推商家用为号招之仕女画为上，其自居为画家者，亦几无不以作此类不合理之绘画为能。（海上画工，唯此种画间能成巧；然其面目不别阴阳，四肢不称全体，则比比是。盖美术解剖学，纯非所知也。至于画题，全从引起肉感设想，尤堪叹息。）充其极必使恒久之美情，悉失其正养，而变思想为卑鄙龌龊而后已，乃分之社会，竟无人洞见其非，反容其立学校，刊杂志，以似是而非之教授，一知半解之言论，贻害青年。（此等画工，本不知美术为何物，其于美术教育之说，更无论矣。其刊行之杂志，学艺栏所载，皆拉杂浮廓之谈，且竟有直行抄袭以成者；又杂俎载会问，竟谓西洋画无派别可言，浅学武断；为害何限。）一若美育之事，即在斯焉，呜呼！我国美术之弊，盖莫甚于今日，诚不可不亟加革命也。

革命之道何由始？曰：阐明美术之范围与实质，使恒久晓然美术所以为美术者何在，其一事也。阐明有唐以来绘画雕塑建筑之源流理法，帕唐世佛教大盛而后，我国雕塑与建筑之改革，也颇可观，俗无人研究之耳）。使恒人知我国固有之美术如何，此又一事也。阐明欧美美术之变迁，与夫现在各新派之真相。使恒人知美术界大势之所趋向，此又一事也。即以美术真谛之学说，印证东西新旧各种美术，得其真正之是非，而使有志美术者，各能求其归宿而发明光大之，此又一事也。

使此数事尽明，则社会知美术正途所在，视听一新，嗜好渐变，而后陋俗之徒不足辟，美育之效不难期矣。然提倡此数事者，仍属于言论界。方今习俗轻薄，人事淆然；主持言论者，大率随波逐流，其能作远大计，而涉及艺术问题者，独见一贵杂志耳。贵杂志其亦用其余力，引美术革命为己责，而为第二之意大利诗歌杂志乎，其利所及实非一人一时已。杂陈鄙意，幸加明教。此颂撰安。

实际上，这是1917年12月15日，吕澂致《新青年》杂志编辑部的一封

上海美术学校教职员合影，摄于 1920 年。

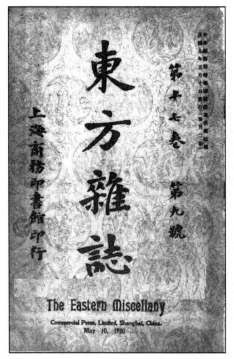

美術之基礎

澂叔

一　美術之起原與其實質

依感覺機關之關係區別藝術凡有兩大類彫塑繪畫建築等關係視覺者是為空間藝術音樂詩歌等關係聽覺者是為時間藝術為空間藝術則必造一定形體因亦謂之造形藝術通常更略稱為美術以與其他藝術別

美術製作之所由起其在人類容受醇化創造之本能平從考古家言原人之先籍手取物以為食用及其有餘即貯蓄之以備不虞而向之上之慾望勤其中遂知文飾身體自給美武美術活動即於是平萌芽及其搜取用材手有不給兼查於目感覺之境乃漫無涯沒親觀原人造物由手獲取印象容受於人心亦必從形狀略加更易可知視覺印象容受於人心亦必從

其本能變為獨具之表象而後已是謂醇化作用為創造行為之初步進而以表象組織質在界未有之新乃為創造之第二步個性之美術品即由此出故一美術之製作要求必經容受醇化創造三種次序而成殆無疑義然人類必以內部表象表現於外以成無關肉體文飾與夫保護設備之美術者其故何哉日是原始人類特別創造之慾望與能力諸更由原人有美術制作之次第證之人類見可欲之物每不覺以手把捉如不可及乃變為指示之動作更違乎於視力所不逮則用手在空中描畫其輪廓之形以為言語之助據心理學家馮德氏 (Wundt) 之說此種指畫動作即為造形藝術之預備蓋原人知指畫後漸於岩石樹皮作人物篆畫僅有輪廓與在空間所畫者彷彿影刻之作亦即隨之

東方雜誌　第十七卷　第九號　美術之基礎

七五

《美术之基础》，原载上海《东方杂志》第十七卷第九号，1920 年 5 月 10 日。

美術演講

上海美術學校及女子美術學校。合於星期二三（廿八廿九日）兩日下午七時。在女校禮堂開本學期第一次演講會。第一日由美術學校教務主任呂秋逸君演講『美術與人生』。先由主席美術學校校長劉海粟君致辭介紹。謂呂君雖擔任本校美學史講席。但其個人思想。謂科目範圍所制限。無由發揮。遍雙同學。今特藉此機會。略謂人生究竟目的在實現圓滿之理想。呂君繼起演講。俾在學者皆得一聞其議論云云。呂君繼起演講。題為『美術與人生』。略謂人生究竟目的。乃至毛云云。借徑卽在美術。故美術於人生有必要。但此一種斷案。猶不足以釋美術與人生。並非生如托爾斯泰之推尊宗教意識。美術之主張民眾藝術。皆有所來至。但就現實世界理斯之為人生。美術的生活。卽為吾人正當之生活。並提出不為言。美術。一切物質科學屬之。一日理。亦先經主席劉君介紹。繼由何君演講。略謂科學屬之。一日數。一切物質科學屬之。校敦謝何予奇君屬之。前者為一部分之事。後者則總其成而大別有二。一日數。一日理。文學美術屬之。尤有普遍之性質。為人類言語之代用物。今日冒改造社會。佔主要之位置。美術一種。始行散會。兩日聽眾合席校全體學生約二百餘人。皆以誠懇研究之態度。生約二百餘人。繼勤研究此道者屑此重任。印象。而縈其趣味中心於勞動家云云。主席推闡其義。靜聽深思。亦今日美術界一可喜之現象也。

《美术演讲》，原载上海《时事新报》，1920 年 10 月 1 日。

▲美術學校校友會

本月十五日上海美術學校校友會開組織第一次大會。上午九時開會已畢業和未畢業的校友到會的約二百人。首由主席呂秋逸演說。大致說我校開辦已經九年。但是多不知其究竟都是因為沒有連絡的機關。我們校友會猝須聯絡校內外諸同學。共同發展美術。以期改良社會。總由呂秋逸演說。畢業同學不下千人。並致勉勵辦的約二百人。他說從事美術的有兩種。一是美術家。一是美術教育家。美術家是一種個人生活理想生活的。他志在改良社會。他的生活是團體的蔡泰育家不然。我們的校友會是一個團體。當然是負着美術教育家的責任。那麼我們對於美化社會這個目標。是不可忘却的。再次由桂承之演說。大概說社會裏有兩種人。一種是天天在那裏想個人生活。或家庭問題。或社會上種種問題。一種就是對於前一種成反對的。但是我們說那一種好呢。我看只要自己認定那個觀念是對的就是了。我們這個校友會是集合千多人組織的。但是對於人生社會。他是不管人生社會的。個校友會是集合千多人組織的。那就好了。演說後討論會章。經時頗久。使社會美化。各會員發表意見。均有卓識。足會方面做去。見該會內部之精神。下午四時借上海女子美術學校攝影。攝影後選舉職員。選舉畢己七時矣。八時舉行餘興。有演學術和滑稽劇的。並和以爆竹聲。有唱京曲崑曲鳳陽曲的。大鑼大鼓。顧極一時之盛。散會時後將近十一時。聞該會此次改組後對於美化社會問題十分注意云。

《美术学校校友会》，原载上海《时事新报》，1920 年 12 月 18 日。

信。整整一年之后，陈独秀将这封信与自己的回信一同刊登出来，"美术革命"的英雄所见略同，由此广为传播。正是这两封合在一起只有两千余字的信件，据说就此拉开了中国现代美术革命的序幕。

革命本身乃是新文化运动的重要组成部分，这封革命青年的来信与革命导师的回信，如今视之，则几乎一同成为"革命文物"。

◎ 美化社会，亦是革命

写这封信时的吕澂，在刘海粟主持下的上海图画美术院①任教，后更出任该校教务长；"美术革命"的提法可谓专业对口，绝非喊喊口号而已。

吕澂来谈美术革命，并非心血来潮式的赶时髦，并非翻了几本美术史之类的图书，就拍案而起，振臂一呼，要闹起"革命"来了。吕澂本就出身于美术世家，其兄吕濬（1886—1959，即吕凤子），乃著名画家、书法家和艺术教育家，新金陵画派的先驱与重要缔造者之一。其兄所著，于1914年初版的《风景画法》一书，校订者一栏署名吕渭，即是吕澂之原名。

可见，在这样的美术世家陶冶之下，吕澂对中国美术的总体特点及其发展趋势的认识，是有着较一般研究者与评论家更为深厚的底蕴的。1915年，吕澂还曾留学日本，在日本美术学院专研美术，却因为参与反日大游行，喊了几句激昂口号就被遣返归国。这样的特殊经历，令其对革命一词，较之一般文艺青年而言，虽初心依旧，虽激奋依旧，却也更多了一番现实考量与客观评估。

---

① 1912年11月，上海图画美术院创办；1915年改名为上海图画美术学院；1916年，改名为上海图画美术学校；1920年，改名为上海美术学校；1921年，改名为上海美术专门学校；1930年，遵教育部令更名为上海美术专科学校，即通称上海美专。

这一次的美术革命，年方二十岁出头的吕澂，并非脑门一热，热血沸腾地率领美专学生举起标语横幅，上街扯开嗓子乱吼一通。他做好了理论准备，希望能有更深层次的专业突破。致信《新青年》杂志，仅仅算是其理论探讨的第一步而已。

吕澂在致信陈独秀之后近三年间，其美术革命观念并没有在美术界、美学研究领域产生太大的反响，之后也再无什么惊世高论发表。虽然此刻"火烧赵家楼，打倒卖国贼"的口号已经喊得震天响，文艺青年们的德先生、赛先生开始高居神坛，新文化运动也正如火如荼，可之后的这三年间，吕澂却出奇的沉静，革命一词再也没有付诸口头、笔头。

距其致信《新青年》杂志近三年之后，吕澂的笔触之下，突然没有了革命的光焰，却多出了不少极富专业性的美术理论。时为1920年5月10日，上海《东方杂志》第十七卷第九号，刊发了一篇条分缕析，概念丰富的论文《美术之基础》，俨然已如大专院校里的教材一般中规中矩了。文章署名澂叔，文如此名，名若此文，是颇有些老成持重，端庄稳重的模样了。

四个多月之后，1920年9月28日，吕澂又在上海美术学校演讲会的一次题为"美术与人生"之演讲，或可视作这近三年时间里，其人究竟对美术革命做何感想，有何规划的一次公开表态罢。演讲内容摘要如下：

人生究竟目的在实现圆满之理想，借径即在美术，故美术于人生有必要。但此一种断案，犹不足以释美术与人生之问题。美术之为人生，如托尔斯泰之推尊宗教意识，乃至毛理斯之主张民众艺术，皆有所来至。但就现实世界为言，美术的生活，即为吾人正当之生活，并非生活之方便云云。①

　　因报刊版面篇幅所限，吕澂演讲内容摘要仅有上述百余字，尚不足以充分考察其观念全貌。不过，"美术与人生"这一主题，本就极其宏观，无论何种繁简论述，总不免千人千面，难以完全概括出来。仅就这极其有限的摘要内容而言，此时的吕澂将美术视为人生理想，将美术视作生活方式，这确是无疑的罢。

　　两个多月之后，1920年12月15日，吕澂在美术学校校友会上的一次演讲，仍是承续"美术与人生"这一主题，这一次付诸报道的摘要内容，表述较为完整，基本可以从中管窥这一时期其人所思所想了。报道原文摘录如下：

　　总由吕秋逸演说。他说从事美术有两种，一是美术家，一是美术教育家。美术家是一种个人生活之理想生活。美术教育家不然，他志在改良社会，他的生活是团体的、群众的。我们的校友会是一个团体，当然是负着美术教育家的责任。那么，我们对于美化社会这个目标，是不可忘却的。②

　　虽然演讲内容的刊发篇幅与前次演讲几乎完全相同，皆只有百余字，可通过这一次报道中的表述，可以明确探知，吕澂以美术教育家自任，且以美化社会为己任，在演讲中与学校师友共勉，这是无疑的了。

　　这里提及的美化社会，并不是粉饰意义上的美化，而是美术化的生活之

---

①　详参：《美术演讲》，原载上海《时事新报》，1920年10月1日。
②　详参：《美术学校校友会》，原载上海《时事新报》，1920年12月18日。

吕澂编译《西洋美术史》，商务印书馆，1922年9月初版。

意，与前次演讲中提及的"美术的生活，即为吾人正当之生活"云云相照应，乃是提倡一种艺术化的生活方式。

这一观念及其表述方式，看似与其近三年前所倡举的美术革命相去甚远，实则可以视作美术革命这一概念沉潜至民众基层的一种实践方式。试想，美化社会之说，与提倡一种艺术化的生活方式，这样的观念，在整整一百年前的中国社会里，是何等稀奇古怪的理论？是何等令普通民众难以理解的说法？即便

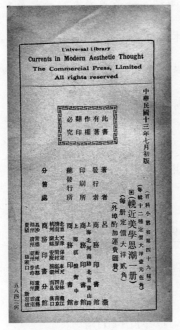

吕澂著《现代美学思潮》，商务印书馆，1924年7月初版，封面及版权页。

吕澂著《色彩学纲要》，商务印书馆，1926年1月初版，封面及版权页。

吕澂著《晚近美学说和美的原理》，商务印书馆，1925年7月初版。

在整整一百年后的今天，即使理解这一观念已并不困难的今天，恐怕要实现这一观念亦非易事，或者说这仍然是局限于小圈子、小群体里的理想，而与改良社会之功效，仍相去甚远。

从这个意义上讲，美术革命的理念，吕澂仍在践行，只不过着力的层面更为沉潜，着眼的领域更为实际——美术教育。通过美术教育来改良社会，通过美术教育来美化社会，正是吕澂这一时期的人生理想。

吕澂著《美学浅说》，商务印书馆编入"万有文库"丛书出版。

吕澂著《色彩学纲要》，商务印书馆编入"万有文库"丛书出版。

吕澂著《现代美学思潮》，商务印书馆编入"万有文库"丛书出版。

◎ 编著频出，普及美学

直到1922年9月，通过多方搜罗国外资料，吕澂编译出一本《西洋美术史》，交付商务印书馆初版，算是对自己这段"革命史"的一个阶段性总结。可以看到，这样的总结本身是带有反思性质的，因为他仅仅是译介了一部《西洋美术史》，并没有发表任何洋为中用或者中西结合的相关高见与高论。由先前的革命论调，转变为对史料本身的重视，从思想上反映出了一种力求客观反映事物规律，而非主观革新的基本立场。或许，此时的吕澂认为，中国美术界理应更多地了解西方美术发展脉络，而非一味地追新求怪，大破大立。

向西方学习并不意味着抛弃传统，反传统并非就是真革命。从这样的基调中透射出开阔的眼光与专业性的审视，二者不但可以并行不悖，还可以相得益彰。《西洋美术史》编译出版之后，吕澂编撰的一系列专业基调浓厚的美学著述，也相继问世：

《美学浅说》（"百科小丛书"第十一种），上海商务印书馆，1923年1月初版，同年10月再版；

《美学概论》，上海商务印书馆，1923年11月初版，1924年10月再版；

《輓（晚）近美学思潮》，上海商务印书馆，1924年7月初版；

《晚近美学说和美的原理》（《教育杂志》社编"教育丛书"第二十种），上海商务印书馆，1925年7月初版；

《色彩学纲要》，上海商务印书馆，1926年1月初版。

这些以西方美学和美术理论简介为主的普及类读物，在一九二〇年代的国内美术教育界产生过积极影响；在以上海美专师生为主要传播圈子的上海教育界也算是开风气之先。十年间，这些普及读物风行、辗转于全国大中城市的书店与讲堂之间，除《美学概论》与《晚近美学说和美的原理》以外，后来又都被收进商务印书馆出版的"万有文库"中①，在这套著名的普及知识类丛书中多次再版发行，更扩大了其传播覆盖面及影响力。

《西洋美术史》《美学概论》《美学浅说》《輓（晚）近美学思潮》《晚近美学说和美的原理》《色彩学纲要》，这六本在美术革命通信之后诞生的吕氏著述，十分缜密且专注的表达着吕氏个人在一九二〇年代对美术革命这一概念背后的冷静思索与专业探索。

---

① 其中，《輓（晚）近美学思潮》改名为《现代美学思潮》。

可是进入一九三〇年代之后，除了将这些著述改头换面，统一编入商务印书馆的"万有文库"再版发行之外，吕氏似乎再没有相关著述问世。至1933年12月，随着其著作《色彩学纲要》在"万有文库"中首度亮相出版，吕澂的美术革命理想与理念，似乎在经过长达十六年（1917—1933）的淬炼之后，终于百炼成金，可以功成身退了。

《新青年》上的革命宣言，和后来的六本美学著作，后世研究者可能以为据此揣摩时代风尚，编著一部吕澂的美术革命观念史，应该算是材料丰富了。可仔细研读这些著述后，就会发现，史料＋科普性质的这些著述，是以类似于入门教材的笔法编写出来的。每个章节中的附注、附图、附表以及刷黑体的名词解释都中规中矩，丝毫看不到任何革命的影子，更不可能有任何让"新青年"们感兴趣的革命字眼。认真研读这些著述之后的效果只能是粗略了解并理解西方美术史、美学史的基本发展状况；从色彩、光学的科普层面，体会绘画用色的种种原理，除此之外，别无其他，更别无寓意可言。

没有革命的新潮，只有不过时的实用；没有激昂的批判，只有普及性质的讲座。这十六年来，曾经的"革命青年"吕澂，显然已不再是曾经的"革命导师"陈独秀的同路人了。做了两年美校教务主任的吕氏，甚至也不再是"艺术叛徒"刘海粟的同道中人。那么，当年吕氏信中提及的美术革命四件大事，是否就这样不了了之吗？

◎ 偶然学佛，必然革命

1916—1918年，吕澂在上海图画美术学院任教约两年。在此期间，结合教学实践，先后编撰了多种美术专著。事实上，那些所谓美术革命相关著述，皆是此间的讲义或笔记编撰而成。面对孜孜求教的文艺青年们，同样年轻的吕老师给他们开辟了一条专业路径。做专业教师而非革命导师的吕氏，至其离开上海美专时，十六年前信中所列美术革命四件大事，实际上也基本完成了两件。虽是教材性质，也可等量齐观。

吕信中所言"阐明美术之范围与实质，使恒久晓然美术所以为美术者何在，其一事也"，《美学浅说》《色彩学纲要》两部著述，已基本胜任此事。信中又云"阐明欧美美术之变迁，与夫现在各新派之真相。使恒人知美术界大势之所趋向，此又一事也"，《现代美学思潮》《西洋美术史》两部著述，则也基本完结了此事。

至于剩下两项未完成的大事，则一是研究自佛教大盛以来的中国美术，二是印证东西方美术的大一统美术真谛之学说。要完成这两件大事，还非得从自家的东方思想中溯源淘金不可。

和当年集中力量搞革命的文艺青年一样，吕澂也曾经是惯于拿西方学说在自家园地里说事儿的"新青年"之一员。此时的他，或也于此有所警醒，回到自己的东方根源上来思索革命之真谛，成为其离开上海美专的自觉或者不自觉的内因所在。内因渐具，而令其远离美术革命的外因，则是在南京筹办支那内学院的欧阳渐（1871—1943）的盛邀。内外因兼具之后，吕氏义无反顾，为自己洞开了人生的另一门径。

说到这里，就还有必要约略介绍一下支那内学院了。这所由金陵刻经处下设机构转变而来的"庞然大物"，同样也见证着那个时代各种学说、思想的异常活跃与激情勃发。这所以专门研究佛学而又绝非寺院性质的机构，是中国第一所独立研究佛学理论而不受制于任何佛教机构的学术中心。这一机构诞生伊始，对中国传统佛教而言也属异类。其令人惊异的程度，并不亚于这一机构诞生四年之前（1914年），刘海粟在上海美专首次教授人体画时的轰动与哗然。

诚如人体画在当时中国美术界如天方夜谭一样，不出家的佛学家对于已出家的佛教徒和不出家的佛教居士而言，也同样匪夷所思，不可思议。杨文会（1837—1911）创办的南京金陵刻经处，原本只是专为全国各地佛教寺院刻印佛经的机构。欧阳渐于1918年与当时的著名学者沈子培、梁启超、蔡元培、熊秉三、叶恭绰等共同发起的支那内学院，虽然是在金陵刻经处下设佛学研究部的基础上筹建的，但其宗旨与功能已远远超越了一所专门印刷机构的研究部之职能。这所学院总体构想是以大学教育方式，培养和输出佛学人才；着力研究、探讨、树立正宗本原的佛学理论，确立在家研习佛学者与出家修行佛教徒的平等地位。这种区别看似井水不犯河水，各行各路的办学宗旨，在中国传统佛教领域里，却着实无异于开天辟地。

中国传统佛教徒认为，不经过持戒修行，不坚持归宗学佛的人，即使不是外道，也终究是外行。在他们看来，这样一所"佛学大学"所教授出来的所谓"佛学家"，甚至与在家修行的佛教居士，都不可同日而语。因为"佛学"与"学佛"从本质上讲，根本就不是一回事；以"佛学"为宗旨的"学佛"，实乃本末倒置。

当时的中国佛教最盛行的宗派，无非是净土宗、禅宗与密宗三种。净土宗讲究念佛往生，禅宗强调顿渐悟道；密宗则要求信徒完全遵从上师意旨，秘传口授。无论哪一种佛教宗派，都不可能有"内学院"这样的机构，将佛教理论完全转化为学术门类，将佛教经典完全转化为公共知识；更不可思议的是在没有寺院高僧、宗派师尊的认可与指导下，就可以进入这样一所教育机构中进行佛教理论研究，还要据此培育模式造就一批又一批"佛学家"。这一切，在传统佛教徒们看来，都是匪夷所思，不可思议之事。

同时，在当时的中国佛教界内外，"内学院"这样的机构，毕竟属新生事物，有人发起创办这样的机构，新闻传媒业发达的宁沪地区的都市民众，也迅即知悉并将一事件当作某种新闻看待，亟待了解其进程及结果。总体而言，还是乐见其成的。1919年10月28日，上海《时事新报》就曾刊发了一条简讯，题为《南京佛教之光明》，报道原文如下：

近来南京佛教，狠为发达，士大夫研究佛教的极多，真是思想界的好现象。但是他的起源，却不能说明，以告诸君。当有清末年，石埭杨仁山居士，精研内典，要想把这种学理，普及大众，就邀约了沈子培、陈伯严、蒯礼卿诸人，在南京延龄巷，办一金陵刻经处，翻刻大藏。因此海内才有善本佛经，又时常开场讲演，从游的人狠多。因此，邦人才知道有真佛教。辛亥秋，居士示寂，由大弟子欧阳竟无等，接办刻经处。到现在已经六七年，所刻的经典，多海内孤本，近来流通狠广。欧阳氏近来又设佛经研究部于双塘巷，其中如黄忏华、吕秋一、刘韬逸等，造诣总是极精粹的。盖自从仁山居士来宁，到现在已经数十年，流风所被，南京上中等社会，大多数都在佛教上加功。现欧阳氏又预备集赀，办一支那内学院，暂设筹备处于研究部，校章已经刊印，共分中学部与预科、本科，以次递升。本科又分法相两科，由研究部黄、吕诸子，担任教授。将来办成后，实在是中国佛教第一个学校。由此佛教人才既多，佛教将格外光大，于全国的思想界，都狠有影响呢。

《南京佛教之光明》，原载《时事新报》，1919年10月28日。

上述四百余字的报道内容，简明扼要地介绍了南京内学院的来龙去脉，令宁沪大众读者十分便捷地知悉了"他的起源"，以及"近来南京佛教，狠为发达，士大夫研究佛教的极多"这一现象背后，推动力与原动力究竟何在。值得注意的是，报道中首次出现的"吕秋一"之名，及"研究部黄、吕诸子"云云，都已然表明，两年前还在致信陈独秀，倡言美术革命，当时都还在上海美专授课，不乏美术高论与著述的吕澂老师，却还同时做起了佛教研究工作，且还成了欧阳渐的得意弟子。

姑且暂时搁置美术老师缘何忽然做了佛学弟子的悬案，不妨先来旁观一场由"造诣总是极精粹的"佛经研究部诸子，在筹办内学院期间，经意或不经意间掀起的那一场不大不小的论争罢。

原来，几乎与《时事新报》高呼"南京佛教之光明"的同时，由欧阳渐授意，吕澂邀约章太炎所撰的《支那内学院缘起》，即刻又在中国佛教界内外引发轩然大波，大有"佛教革命"先声意味。且看章氏"雄文"若何，原文转录如下：

欧阳渐（1871—1943），1923 年
摄于南京内学院。

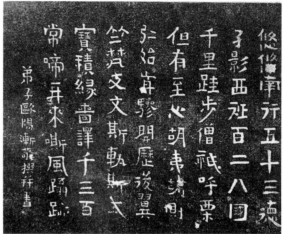

欧阳渐撰书《玄奘法师像赞》

　　自清之季，佛法不在缁衣，而流入居士长者间。以居士说佛法，得人则视
苾刍①为盛；不得则无绳格，亦易入于奇衰。是故遵道而行，昔之富郑公、张
安道是矣。杂引他宗，迤入左道，今时禅贩言佛者是矣。

　　余素以先秦经法教，步骤不出孙卿、贾生，中遭忧患，而好治心之言。始
窥大乘，终以慈氏、无着为主，每有所说，听者或洒然。晚更括囊无所宣发，
盖不欲助伪者之焰。

　　友人欧阳竟无尝受业石埭杨居士，独精《瑜伽师地》，所学与余同。尝
言："唯识法相唐以来并为一宗，其实通局、大小殊焉。"余初惊怪其言，审思
释然，谓其识足以独步千祀也。

　　竟无以佛法垂绝，而己所见深博出恒人上，不欲襄窑韫转效师拳者所为，

---

① 苾刍即比丘的古音译，就是佛教僧侣的意思，俗称和尚者即比丘，指出家修行的僧人。

因发愿设支那内学院以启信解之士，由其道推之，必将异于苾刍顽固之伦，又不得与天磨奇说混淆可知也。世之变也，道术或时盛衰，而皆转趣翔实，诸游谈不根者为人所厌听久矣。自清世士大夫好言朴学，或失则琐，然诡诞私造者渐绝，转益确质，医方、工巧二明于是大着。

佛法者可以质言，亦可以滑易谈也。然非质言，无以应今之机，此则唯识法相为易入。观世质文，固非苾刍所能知，亦非浮华之士所能与也。以竟无之辩才而行之以其坚苦之志，其庶几足以济变哉！

若夫挹取玄智，转及萌俗，具体则为文、孔、老、庄，偏得则为横浦、象山、慈湖、阳明之侪，其以修己治人，所补益博，此固居士之所有事，而余颇尝涉其樊柢者也。

民国八年十月章炳麟记

章太炎（1869—1936），1917年摄于广州。

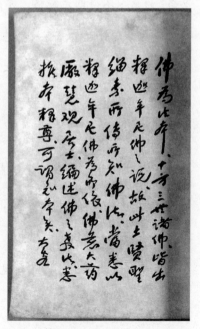

章太炎为《释迦牟尼传》题词

　　章太炎这篇"小叙"之作，篇幅不大，却大有"佛教革命宣言书"的意味。开篇第一句就斩钉截铁，"自清之季，佛法不在缁衣，而流入居士长者间"。这乃是明确提出，从清代开始，居士就比僧人更懂佛法。随后，还不忘大加赞扬欧阳渐一番，认定"其识足以独步千祀"。章氏认为，欧阳居士的学识卓著主要表现在依据印度佛教原义，将佛教法相宗与唯识宗定为两个宗派，将当时通行的法相唯识混为一宗的传统佛教观念推翻。整篇文章字数不多，不过五百余字；但三次提及苾刍不如居士学佛的观点，可谓振聋发聩，令同时代僧侣大扫颜面。

　　章氏断言，"以居士说佛法，得人则视苾刍为盛"。简言之，如果找对人，让真正懂佛学的居士来传播佛法，一定比驻寺的和尚更得力。据此进一步认定，欧阳渐的支那内学院"由其道推之，必将异于苾刍颟顸之伦"；居士来推广佛学真义之道，一定会不同于僧人顽固不化的迂腐做派。

　　谈到唯识法相的佛学基础理论，章氏认为其如同清代经学的朴学一派，质朴无华才能抵达真宗根本，但"观世质文，固非苾刍所能知，亦非浮华之士所能与也"；对唯识法相这样的基础理论，中国的僧人却根本避而不谈，更不会对此有任何卓越识见。僧人讲佛法不如居士，推行佛学也不如居士，唯识法相的知识更不如居士——章氏的这"三不如"论，如同三把烈火，几欲将天下佛教寺院烧个精光。章氏此文迎头棒喝出家人，"学佛何必出家，在家学得更好"的基本态度，可谓一目了然。

　　比这个"缘起"更一目了然，更一针见血的，还有欧阳渐授意，吕澂执笔修订的《支那内学院简章》。简章分为十章三十六条，对办院宗旨、修学年限、学科课程、学习期限、学习经费等等，一一作了详细的规定。其中第一条即开宗明义地标明：

本内院以阐扬佛教，养成弘法利世之才，非养成出家自利之士为宗旨。

　　刚辞掉上海美专教务长一职，来支那内学院筹办处主管教务的吕澂，就因这开宗明义的简章第一条，再度给本已哗然的国内佛教界添上一把火，浇上一桶油。这火上浇油的简章一出台，终于招致了太虚大师的激烈论争。

　　与欧阳渐一样，同出杨文会门下的太虚大师，原本也是当时佛教革命的领袖人物之一，位列民国时期四大名僧之一（另外三位是虚云、印光、谛闲）。太虚创立中国佛教会，并提出进行"教理革命，教制革命，教产革命"的佛教"三大革命"口号，从佛教革命理念与佛学修养的层面而言，与欧阳居士既是

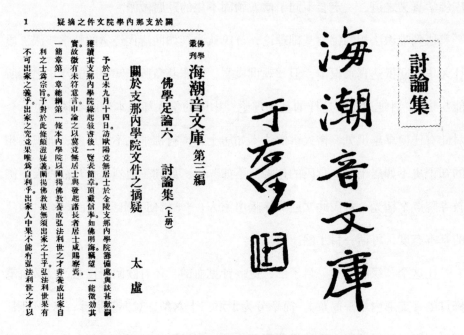

太虚《关于支那内学院文件之摘疑》，辑录于《海潮音文库》。

同门，更是同道。但简章的第一条还是刺激到了这位佛教革命的领袖人物，怎么能认定出家人即是自利者，在家学佛就一定胜过出家修行呢？

1919年12月，忍无可忍的太虚，以公开信的方式表达了对支那内学院办学宗旨及简章措辞的质疑，文章题为《关于支那内学院文件之摘疑》，发表在他自己创办的《海潮音》杂志次年（1920）的第一期上。此文首先拈出简章第一条，连发四个疑问，可谓

太虚法师，签赠英国佛教会，摄于1928年。

猛吐了一番胸中恶气。与孙传芳当年通缉教授人体画的刘海粟一样，太虚对欧阳渐办学宗旨的质疑，也如同公开指证，张榜追缉一般，真是如影随形，紧锣密鼓。文中这样写道：

简章第一章总纲第一条，"本内学院以阐扬佛教，养成弘法利世之才，非养成出家自利之士为宗旨"。予对于此条颇滋疑义！阐扬佛教，果无须出家之士乎？弘法利世，果有不可出家之意乎？出家之究竟果唯自利乎？出家人中果不能有弘法利世之才以阐扬佛教乎？

随后的行文中，太虚对这四个疑问的自问自答还是颇见功力的。他认为居士与僧人各得其所，各得其当，但僧人对修行、弘传佛法的专业程度和精深程度还是略高于居士的。文中复又这样解释道：

予意佛教住持三宝之僧宝，既在乎出家之众，而三宝为佛教之要素，犹主权、领土、公民之于国家也。欲阐扬佛教以弘法利世，顾可无出家之众哉！分析以言之：出家之士，以无家人之累而减少谋生之计，弥可专志阐扬佛教弘法利世；亦因与群俗形制隔离，于弘法利世间或有难以通假便宜之处。然在家之士，虽有和光同尘以弘通佛法普利人世之益，而未免有家计缘务以纷其心志，使不能专事阐扬佛教，弘法利世。较厥短长，亦适堪相覆。考之历来宏传佛法之沙门、居士，在家者壮年利世，而衰晚修己；出家者早岁自度，而长老为人，斯各得其当耳。

对章太炎的"三不如"观点，太虚更是嗤之以鼻，予以坚决回击，并就其观点，来说明简章第一条有悖于居士学佛的根本精神。文中慷慨陈辞曰：

而太炎居士缘起文中，谓自清之季，佛法不在缁衣而流入居士长者间，亦未尽然。学佛之长者居士，固渐盛于清季，然雍乾来苾刍以世主之裁抑，于学说虽表见者稀，第笃修禅净二行者，未尝无人焉。至云以居士说佛法，得人则视苾刍为盛，不得则无绳格，亦易入于奇衺；是故遵道而行，昔之富郑公、张安道是矣；杂引他宗，迤入左道，今时禅贩言佛者是也。其掸简诚当！故切望支那内学院无隔别僧俗，引出家之士同为发起，且亦令出家有志于阐扬佛教宏法利世之青年，得依之修学焉，但吾尝闻某某居士言：以常州天宁寺殷富常住，乃不务作育出家人中阐扬佛教弘法利世之才，沾沾效世俗守财奴之所为，不其可长叹息哉！意者，支那内学院简章之列此条，其有激云然欤！乌乎！出家儿亦足羞已！

最终，在佛教界内外多位名士的几番斡旋之下，简章第一条勉强改作了：

本内学院以阐扬佛法，养成利世之才，非养成自利之士为宗旨。

以法相（唯识）宗佛学研究为主的居士团体，与禅净两宗日趋合流的僧人群体，在支那内学院成立的前前后后数年间，终于达成了求同存异，和谐共存之局面。在孰优孰劣，谁主谁次的论争被悬置起来之后，以太虚等僧人为代表的佛教革命派，与欧阳渐主持下的支那内学院佛学革命派并行不悖，在佛教与佛学领域开展上至理论，下至制度的诸种实践探索，一步步开启着中国佛教现代革新的大幕。

1922年正式建成并开讲的南京内京内学院里，任教务长的吕澂也正式踏上了佛学革命的旅程。至此，年仅二十六岁的"革命青年"，从先前的美术革命转投于佛学革命，开始埋首于佛学理论与佛教历史研究的书山学海之中。实际上从1918年已经开始的佛学生涯，也就此伴随其后七十年之久的生命历程。

◎ 楔子一：一百年前，两驳章太炎

前边已经提到，由欧阳渐授意，吕澂邀约章太炎所撰的《支那内学院缘起》，与吕澂执笔修订的《支那内学院简章》，对当时的国内佛学界、佛教界的观感与评判，有着如出一辙的观点，体现出相当的默契。

章太炎《关于佛理之辩解》，原载《时事新报》，1921年1月19日。

殊不知，就在这份默契不过仅仅保持了一年多一点的时间，二人竟就佛学观念上的一些个人理解层面上的差异，从私下致信研讨到公开发表意见，论争之状已然公之于众，差一点就将演化为一场论战了。

原来，1921年1月19日，上海《时事新报》著名的"学灯"副刊头条，刊发了一篇题为《关于佛理之辩解》的文章，署名为章太炎。此文实分为两大部分，分别为吕澂与章氏分别致"学灯"副刊主编李石岑的信札原文。因为这不是二人之间相互通信研讨，而是通过第三方传达意见，所以从一开始，这就是一场公开研讨，二人观念上的分歧与差异，从一开始就是公之于众的。

为较为完整的了解这一事件的原委，也为了便于后文略加考述，在此酌加整理，转录报道原文如下：

关于佛理之辩解

章太炎

日内接吕澂先生一书，对于太炎先生前函论佛理之处有所遮拨。余即取书中要义，钞示太炎先生，冀其答辩。兹即其覆函也。今先将吕先生原函摘抄如左。

（前略）内典之言现量，意云能缘如实以缘所缘，更不杂入名言诠别。如杂诠别，即落比量，非今人所谓实验、理想，岂即以诠别有无为判耶？太炎先生又谓自心非意识所能入，是以实验为难，意识讵非自心一分，五七八识讵非意识所能遍缘，如以亲证为入意识，内二分之互缘，与夫定中意识之缘一切，孰非亲证？窃窥其意，盖执定伏断意识，世间之身，除熟睡闷死外，固无间息。即入道以还，亦但简别相应，转或无漏。学者着力，正惟此是赖。（我国佛学自禅宗盛行而后，谬说流传，以为宜从断除意识用功，误人无限，不可不辨。）藏识之不现，我见胶执实致之，不必意识之为蔽也。至通常所说伏断意识，正就其二障功能边为言。此则见道以去分别既断俱生者亦渐次伏除，至于金刚加行而后全尽。藏识之名，八地已亡，云何伏断意识而后自现耶？若柏格森之窥见"藏识"，不过悬想之辞。柏氏之说，自有其固有价值，不必以能傅会而始贵。（中略）有情世间为正报，器世间为依报，依视正为转移，不能独变，内典经论，具明此义。即如《维摩诘经》所说净土各节，阐发更无余蕴，故于浊世不能厌念而已。如其厌之，则当先厌恶此有情世间也。（后略）

（石岑）

石岑兄鉴：两接手书。前所谓美术当以身作则者，谓如画有虎头，诗有李杜，或虽次之，而各有特胜。以己所有，为人模范，斯可也。若徒为评论，而拙于自用，何能提倡？（收藏家能评古书画，究竟不能自为，此无可重。）况评论且不出于心裁，而徒剿袭他人耶？柏格林氏反对主知说，而以生理冲动为言。生理冲动，即是藏识。庄生云，达生之情者傀（大义），达于知者肖（即小字），即同此旨。较从前康德辈甚有进步，或者此公亦曾证到藏识，然不敢断其然也。

吕君所驳三条，今答如左。

一、现量即亲证之谓，所谓实验也。各种实验，未必不带名想分别，而必以触受为本。佛法所谓现量者，不带名想分别，但至受位而止。故实验非专指现量，而现量必为实验之最真者。

二、前书本云自心非意想所能到，误书作意识，致启争端。所谓自心指心体言之，即藏识也。触作意受想思五位，六七八识俱有之。欲证心体，不恃意中想位，而恃意中受位。（实则证外境亦然，证境由感觉，证心由直觉，感觉直觉皆受也。）若徒恃想，则有汉武见李夫人之诮。至于思则去之益远矣。（凡诸辩论，皆自证以后，以语晓人耳。若无自证，而但有辩论。譬瞽师论文采，聋丞论宫商，言之虽成理，终为无当。）

三、佛法果位不厌器世间。知本无器世间也。不悲愍有情世间，知本无有情世间也。（此中慈悲喜舍，皆由本愿流出，非当时有此心。）若在因地则不然，四谛以苦为首，由苦入道。所谓苦者，即厌此三界也。自既厌此三界，而更悲愍众生，欲与共脱此系。是未尝厌有情世间也。若不厌三界，是即人天乘。若并厌众生，是即小乘。（小乘利己）夫岂止报依报之说所能把持哉。（吕君所疑，盖谓鄙意以佛法为爱恋人趣。人趣不能出此器界。故以正报依报不能相离为说，此用以辞害意。）至于果位，如梦渡河，则前者皆如幻影矣。

章炳麟白　十七日

上述一千二百余字的篇幅，主要围绕现量、比量、非量三个佛学概念，能否以及如何比附于现代概念的问题展开。

这三个佛学概念，源自印度新因明学创始人陈那《集量论》。简单地讲，所谓现量，是无须意识思索就能够直觉感知其存在，如将人双眼蒙蔽，令其以手触火，烧灼感与痛感，令其即刻知火之存在。所谓比量，则是通过比拟、推理而知事物之存在，如闻犬吠，知犬之存在，如闻数声犬吠，辨其吠声差异，而知犬之数目。至于非量，即非真实量，为假名量，是以凭借某种知识体系预设、假设而来的感知，如"圣教量"与"譬喻量"等。非量的感知结论，并非全然为"非"，而是有真有假。

非量之"非"，主要是就感知方式而言，并非专就其感知结论而定。譬如，圣教量又名圣言量，是因为有圣人的言教才知道的意思。那么，孔子云"天下有道则见，无道则隐"，这里提到的"道"究竟又是什么呢？如果要较为完整的理解"道"为何物，恐怕通读《论语》也未必能得到统一完备的答案，但"道"又确实存在于包括孔子且不仅限于孔子的诸多圣人言教之中，所以圣教量既不是现量，亦不是比量。即便博闻广识，穷经皓首，对"道"的理解与解释，至今仍无完全统一确切的定义，所谓"仁者见仁，智者见智"，因此圣教量实为非量。

那么，现量与比量之间的关系，究竟如何，二者之间的推演关系又是如何呢？

陈那《集量论》有所谓"经典解释"，书中有云：

量唯二种，谓现、比二量。圣教量与譬喻量等皆假名量，非真实量。何故量唯二种耶？曰：由所量唯有二相，谓自相与共相。缘自相之有境，心即现量，现量以自相为所现境故。缘共相之有境，心即比量，比量以共相为所现境故。除自相共相外，更无余相为所量故。

上述这段"经典解释"，大致是说"量"为认识的来源之义——这里说的就是认识的来源只有两种，一种是现量，一种是比量。为何认定只此两种呢？因为其所衡量与判断者，只有两种"相"，即"自相"与"共相"。缘于自相本有的境况，"心"即为现量，这一现量随即将自相显现出来。缘于共相本来的境况，心又可作比量，这一比量随即又将共相比拟出来了。

概而言之，通俗地讲，佛学理论中认定世人认识外界事物的因由，或者说世人认识外界事物的能力，是一种叫"量"的东西，它本身又分为两种，一为现量，一为比量。人心如同镜子一般，通过现量或比量，来再现事物特征与性质，以便感知与认知事物。简言之，在人心这面镜子之前，一"照"之后，不假思索便予判定事物的方式，即是现量感知；一"照"之后需略加思索可予判定事物的方式，即是比量认知。

不过，这样的"经典解释"及其理解，看似严密精确，实则亦不过圣教量之一种，实则亦不过因《集量论》的教化，方为佛教内外人士以之奉为认识论之一种罢了。在奉行这一圣教量的历程中，为增进理解与信受程度，各方施行譬喻量之阐扬与说教，实在亦是无可厚非的。一定要从中拈提所谓"正道"，一定要从中推举所谓"正宗"，实际上皆是在譬喻量中论长短，仍是在譬喻量里争高下罢了。

吕澂与章太炎的这一场依托第三方，即通过"学灯"副刊主编李石岑的通信论争，实质上即是这么一场譬喻量之争。用什么样的譬喻，去更真切地表达现量与比量及其之间的关系；用什么样的譬喻，更符合时代潮流，更贴合国情实际，更富于个性发挥，更易于大众理解等等，时年五十二岁的章氏，在这些层面上思考与实践，可能会更为侧重与充分一些。而时年仅二十五岁的吕氏，则更侧重于追本溯源，崇古守正，更将《集量论》中的圣教量奉为至高无上的经典理论，质疑乃至反对所有"与时俱进"的"比附"。

说到"比附"，吕澂首先就对章太炎将"现量"比附于"实验"来加以解说，感到十分不妥，明确提出批评意见，并反问道：

内典之言现量，意云能缘如实以缘所缘，更不杂入名言诠别。如杂诠别，即落比量，非今人所谓"实验理想"，岂即以诠别有无为判耶？

吕澂的反问，意指非常明确，意即用实验一词来解说现量概念，已然落入比量手段，已然距现量概念十万八千里之远，如何能够这样舍近求远而不知所谓呢？

值得注意的是，这里提及的"实验理想"一词，与实验一词还有区别，若不明了这一词汇的来龙去脉，也会对吕澂的反问乃至批评意见，都有些莫名其妙，难免会有一头雾水之感。

事实上，"实验理想"一词，乃"实验"与"理想"两词并举之意，出自在吕、章二人论争之前的一通章太炎致李石岑的信中。时为1921年1月5日，李石岑将此信论学内容加以摘录，并冠之以《实验与理想》的题目，刊发在了"学灯"副刊头版头条之上。为便于充分了解吕、章二人论争之背景，转录原

即陰歷庚申年十一月　時事新報　民國十年一月五日

● 評壇

● 實驗與理想（章太炎）

（前略）凡學皆貴實驗。理想特其補助。現量即實驗。比量即理想也。外境有顯色形色表色可驗。自心非耳目所能現。亦非意識所能入。是以實驗爲難。談哲理者多云若者可知。若者不可知。不可知者。特感覺思想所不能到耳。未知感覺思想以外。尚有直覺可以自知也。是故伏斷意識。則藏識自現。而向之所謂不可知者。乃軒豁呈露於前。不煩卜度。無須推論。與夫高言「實在」。冥想「真理」者。真有美玉與燒料之別矣。柏格森氏頗能窺見藏識。但未知其由現量得之耶？將由比量得之耶？鄙人竊謂勒窣理窟。非學之真。此土理學諸師。所以不重晦庵者。正以其好臆口說。於自心初無實驗也。下。有羅達夫王塘南萬思默三賢。未能捨去藏識。而於藏識頗能驗到。若但刮塵論理。亦須費數十年功力。綜合事狀。緝之不爲真知。莊子曰。以不徵徵。其徵也不徵。（後略）

月來與太炎先生頗有學問商量之事。兹函係最近寄余者。余以函中所論。足以箴方今好談哲理者匪淺。且由兹函可覘太炎先生對於新哲學之態度。故表而出之於此。想太炎先生不以爲忤也。（石岑）

章太炎《实验与理想》，原载《时事新报》，1921年1月5日。

文如下：

实验与理想

章太炎

月来与太炎先生颇有学问商量之事。兹函系最近寄余者。余以函中所论，足以箴方今好谈哲理者匪浅，且由兹函可觇太炎先生对于新哲学之态度，故表而出之于此。想太炎先生不以为忤也。（石岑）

（前略）凡学皆贵实验，理想特其补助。现量即实验，比量即理想也。外境有显色形色表色可验，自心非耳目所能现，亦非意识所能入，是以实验为难。谈哲理者多云若者可知，若者不可知。不可知者，特感觉思想所不能到耳。未知感觉思想以外，尚有直觉可以自知也。是故伏断意识，则藏识自现。而向之所谓不可知者，乃轩豁呈露于前，不烦卜度，无须推论，与夫高言"实在"，冥想"真理"者，真有美玉与烧料之别矣。柏格森氏颇能窥见"藏识"，但未知其由现量得之耶？将由比量得之耶？鄙人窃谓勃窣理窟，非学之真，此土理学诸师，所以不重晦庵者。正以其好腾口说，于自心初无实验也。窃观姚江门下，有罗达夫、王塘南、万思默三贤，虽未能舍去藏识，而于藏识颇能验到，亦须费数十年功力。若能刮摩论理，综合事状，总之不为真知。庄子曰，以不徵徵，其徵也不徵。（后略）

上述四百余字的信文摘录，呈现出了章太炎当时的三个观点，一为"现量即实验，比量即理想也"；二为"是故伏断意识，则藏识自现"；三为"柏格森氏颇能窥见藏识"。显然，吕澂后来致信李石岑，所针对与论争的，也正是这三个观点。章氏随之予以应答的，也明确提到"吕君所驳三条，今答如左"云云。

应当说，吕澂所针对与驳斥的章氏三个观点，主旨上是要维护佛学经典理论的正统地位，强调佛学概念的纯粹、自洽与独立性。因此，吕澂批评意见的着力点，就是直截鲜明地反对用现代理念比附佛学观念，反对用现代学说概念比附佛学经典概念。简言之，源自正统经典的佛学概念，乃是"共时性"与"历时性"兼具全备的概念，乃是"全时空"的至上真理，无须比附解说与宣扬，无须现代化，亦无所谓现代化。

由此可见，反对"现量即实验，比量即理想也"的吕澂，意见确实源自《集量论》这样的佛学经典理论，仅就佛学理论上着眼，确有无懈可击的严密精确。出于维护佛学经典理论的正统地位，这对于初涉佛学修习的青年吕澂而言，非但无可厚非，甚至简直是势所必然，理所当然。

不过，如果联系到这场论争当时的国内学界思潮与风尚来考察，可能会对吕、章二人这场论争的一些潜在因素，有更进一步的体察与领会。由"暴得大名"的青年胡适等倡举的，源自其师美国杜威哲学体系的实验主义，因杜威访华讲学遍历南北，已然风行一时。几乎与此同时，由当年的"新民导师"梁启超等所推崇的，据传即将于1923年访华讲学（后因故未能成行）的法国哲学家柏格森，其人其思其学说业已传遍中国学界内外。其学说中的直觉主义、意识流、绵延等概念，对于当时对佛学理论有所了解的中国知识分子而言，备感亲切与融洽，普遍认为柏格森哲学体系与他们所理解的佛学理论有共通性，很容易将其哲学体系中的某些概念，视作某些佛教概念现代化产物。

或许，章太炎"现量即实验，比量即理想也"之论，在青年吕澂看来，也就是比附了当时风行的实验主义；而"柏格森氏颇能窥见藏识"之论，则又是比附了正在预热的直觉主义。所有这些比附之举，这些将佛学理论现代化的言论，于青年吕澂而言，都是有悖于佛理的，甚至于还是有害的。

正是在这样一种时代背景与个人立场之下，时年二十五岁的青年，敢于条分缕析，宏微兼具地提出驳斥意见，对时年五十二岁，早已功成名就，声名远播的一代国学巨擘，发出质疑与批评。

至于章氏所回应的"吕君所驳三条"，虽力陈己见，沉稳老练，亦不失大家风范，却也不难发现，在佛学经典理论的正统解释方面，也确实显露出力不从心，顾左右而言他之感。

譬如，就"现量即实验，比量即理想也"之论，章氏自己就主动做出了一个不那么强硬，评判力度有所削弱的修正方案，即"实验非专指现量，而现量必为实验之最真者"。再如，复又承认自己笔误，将"意·想"一词，"误书作意识，致启争端"；实际上，即便"意·想"一词的提法，吕澂后来仍旧予以了驳斥与批评（详见后文）。因为二人论争的此项，由章氏"柏格森氏颇能窥见藏识"之论引发，关涉所谓藏识问题，这里就还有必要约略说明一下何谓藏识。

所谓藏识，即佛教唯识宗"八识"中第八识"阿赖耶识"的意译，意谓含藏一切善恶因果种子之识。唐玄奘法师作有《八识规矩颂》，对八识及其相互关系，乃至第八识"阿赖耶识"，都有大致概括与描述。大致说来，前五识——眼、耳、鼻、舌、身，眼见色，耳闻声，鼻嗅香，舌尝味，身触境，属现量，都是向外探识的，从某种意义上讲属直觉范畴。第六识为意识，依第七识"末那识"为根（意根）生起，又分为两种，一为"五俱"意识，二为"独散"意识。第六意识若与前五识同时生起作用，则为五俱意识，这时眼、耳、鼻、舌、身、意互动交融，皆有向外执取的本性，是为六根。这时，前五识之现量与第六识之比量，皆起作用，是为世人认识外部世界的基本能力，所谓人生观与世界观，也缘此而成。至于第七识"末那识"，按照唐代佛教唯识宗的解释，乃是一种衔接诸识、过渡性质的意识，其主要功能是接受前面六识传给它的信息，送往第八识里藏起来。阿赖耶本即是"集藏"之义，第八识"阿赖耶识"大致就是集藏诸识，为诸识种子的意思。

仅据现有佛教经典的解说而言，本质上讲并无概念可言，更无定义可说，普通读者对第八识的理解非常困难。也正因为如此，长期以来，佛教、佛学界内外对第八识的理解与讲述，均存在相当程度的歧义。

时至二十世纪初，以杨仁山、欧阳渐为代表的居士佛学家群体，译介了大量唯识宗经典，梁启超、章太炎等学界名宿亦勤加研读，时有创见与新论。这些名宿名家本是维新派或革命派出身，其读经心得也免不了有些"英雄"本色，更免不了要"与时俱进"，因之比附难免，现代化旨趣亦难免。章氏"柏格森氏颇能窥见藏识"之论，即是一例。

吕澂《质太炎先生》，原载《时事新报》，1921年1月25日。

至于柏格森哲学体系，究竟是否能"窥见藏识"，或者说是否真与佛教唯识宗藏识之论有所关联，恐怕还并不是青年吕澂想要予以公开驳斥的重点所在，但凡对佛学经典理论有"穿凿附会"的比附现代学说概念之举，只要有将佛学思想予以现代化的倾向，就要一律加以拒斥罢。当然，这也并不代表其人对佛学之外的现代学说完全拒斥，只是拒斥比附与现代化本身，诚如其驳斥章太炎"柏格森氏颇能窥见藏识"之论，也为之附言道："若柏格森之窥见'藏识'，不过悬想之辞。柏氏之说，自有其固有价值，不必以能傅会而始贵。"

或许，对于章氏通过致信李石岑，转达出来的答复，吕澂感到并不满意，且对章氏已然有所修正的论说，仍然觉得有进一步研讨与评判的必要。为此，吕澂不再以致信转达的方式，而是以公开发表论文的方式，再次向章氏致意，表达了再次驳斥之意。

时为1921年1月25日，仍然是《时事新报》"学灯"副刊头条，刊发了吕澂的这篇论文。报载原文如下：

质太炎先生

吕　澂

某前寄书辨章太炎先生立说之非。今于报端见其解答，置伏断意识则藏识自现一义不说，胪列其余为三端。见解俱不免于错误，请得更分论之。

其一：现量、比量与实验、理想。义涵自别，原不相当。太炎先生必强同之，曰现量即实验，比量即理想。继知其难可通，又易辞言之曰，实验非专指现量。佛学家言心之量境，不过现、比与非，实验既非专指现量，必有更指比、非者。比量所谓即是理想，安得更通于实验？非则似是而非，又安足为学之所贵？【盖佛学家言量原有之类，现、比而外，似现似比概称非量。实验如指非量言，则似是而非，不是为贵。太炎先生最初书中有凡学皆贵实验之言，故某云然也。】①

其二：触作意受想思五者为遍行心数，一切时一切心中无不相俱而起。现量时固悉有之，比、非时亦莫不具之。安得强为分别，以必本触受一义，判实验与理想？又安得强为次第？（百法光疏，此实错解，不可为据。）而谓现量则及受而止，亲证则恃受位耶？在太炎先生之意想，谓于境取像为性，施设种种名言为业。曰现量亲证，则不带名想分别，故不可以有想。庸知想有施设名言之用，原非一时而有。（三十述记，谓要安立境分齐相。方能随起种种名言，随言方言，皆明其非是一时。）且名言尤有相之一义。（名言种子。别为二类，亦属此意。）故五识起时，与想相应，正无害其为现量。同时意识起时，与想相应，正无害其为现量。同时意识起时，初与想数相应，亦得成其现

---

① 　此段内容据报载次日，即1921年1月26日《时事新报》"学灯"刊发"更正"一栏内容补入。

量。乃至亲证自心，亦必与想相应，而犹属于现量。太炎先生谓本欲言自心非"意·想"所能到，误作"意识"，遂启争端。窃谓如于原文改易二字：尤不可通，即以文句言，既曰自心亦非意想所能到。是以实验为难，逆其辞意，不将谓意想所能到者。乃易实验耶？此但自相铧锯耳，安足深辨？至于受之一心数，意谓领纳顺违，俱非境相，其实有苦乐不苦不乐之分，此正与今日心理学上之感情相当。谓为感觉直觉，已属大非。更谓欲证心体，必恃此位，尤为无据。心体之言，当目真如，藏识不过从相用立名，故依摄论家言，可以无漏种子。对治净尽，既有消长，明知非体（自来研求佛学者，于此辨别不清，混言体用，遂多隔膜。此在西方先哲，亦所不免，有如马鸣之著起信。初以体目真如，后复有真如无用互相薰习之说，实为语病，要言其实，流转还灭，都属用边。藏识无垢，无关本体，唯识家究用至于其极立种子义，亦但谓生自果之功能，其义仍就用立。此实其最精之处也。）故言心体，只有真如，亲证真如，唯根本智，此亦必与五遍行心数相应。特以分别二执既亡，故得冥证，非独恃受位而可至也。太炎先生谓凡诸辩论，必先之以自证。窃谓亦不尽尔，自证之先。必有正解，乃为切实。（即如辩论佛理，既未入道。一切境界何从亲证，此但有依据，佛说而已。）否则即谓由自证来，亦但成其为外道邪见耳。

其三：四谛之苦，并指有情世间及器世间而言，杂集论文，可为明证。某前书当厌有情世间，亦但言观此众生身为不净，为无常，为众苦所集。不起伏欣求而已，非谓直厌弃一切众生不顾也。（原书末曾附注数语，即明此语。）

佛教各宗，唯识法相。义理最晦奥难言，自宋以来，解者中绝，几及千载。晚近信者渐众，然其大较犹未全明，矧论细末，故立说者不可更以依稀仿佛之谈。转相淆惑，某于太炎先生之说，不厌反复辨析，亦惟此旨。（后略）

吕澂译钞《集量论释略钞注》，成都佛学社 1934 年初版，封面及正文首页。

这一次，章太炎没有再予答复，或是说再未能应战。

◎ 楔子二：一诗一文，惜别美术圈

时为 1921 年 9 月 1 日，上海《时事新报》"学灯"副刊之上，在版面下端极不起眼的位置上，刊发了一首吕澂的诗，竟然还是自由体的现代诗。且看诗文如下：

别

吕澂

这已是过去的怀慕，

过去的幻影；

Muse 的 Grace，

Arts 的光明。

⊙

她也许要个赤诚的使徒，

有些轻微的回响，

我愿将躯壳永供她的驱策，

洗净了心永久印上她的心灵。

但我一些幼稚的思想，

薄弱的温情，

空自低唱着赞歌，

再得不着她的倾听。

⊙

我躯壳已遭爱火燃烧了，

心灵已被失望破碎了，

恨没便烧剩灰烬，

碎成微星。

剩着这病的身心，

再也难耐那深深苦闷，

只有悄悄地离了开去，

别寻孤寂的人生。

一〇.八.二五.在丹阳。

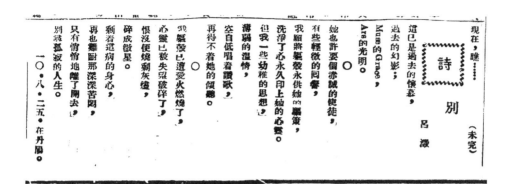

吕澂《别》诗一首，原载《时事新报》，1921年9月1日。

通过诗末落款可知，这首诗写于1921年8月25日，当时吕澂身在故乡丹阳，今江苏镇江市所辖的丹阳县。按照通行的吕氏生平之介绍，吕澂自1918年受欧阳渐之邀，协助筹建直至建成支那内学院，似乎一直在南京工作。这期间，缘何返乡，尚无从确考。

这首自由体的现代诗，乍一看，仿似青年恋爱期间的情诗一般，似乎是在表述与恋人依依惜别之意。可细察之下，"Muse的Grace"之句，意指美神缪斯的优雅；"Arts的光明"之句，更是确指艺术；这样的诗句，应当皆与其曾投身的艺术事业，乃至倾力倡举的美术革命有关。至于诗中"赤诚的使徒"云云，似更可见其人当年倾心于美术领域的赤诚之一斑。

一个多月之后，时为1921年10月10日，《时事新报》的"双十增刊"第四张，以并头版一个整版＋次版近半个版面的超大篇幅，隆重推出了吕澂的一篇"雄文"，题为《美术发展的途径》。此文明确提出了宗教和美术的关联，对其之前倡举的美术生活与美化社会之构想，有了进一步的解析与论证，可谓其投身美术教育生涯以来的一篇总结之作。当然，也正因为是总结，此文也标示着某种"了结"，就此标志着其人即将辞别美术圈，转投佛学界，更是一篇道别与惜别之作。从这个意义上反观一个多月之前，吕澂在故乡丹阳所做的那一首《别》诗，其寓意已然明了。

因为这一年是民国十年（1921），这每年一度的辛亥革命纪念日10月10日之"双十节"，遂被时人称之为"三十节"。"三十节前十日"，即1921年9月30日这一天，吕澂写下了《美术发展的途径》一文，并在文末附记跋文曰：

我现在是依据一种自信，专究非宗教的佛教，非哲学的佛学。但我心里忘

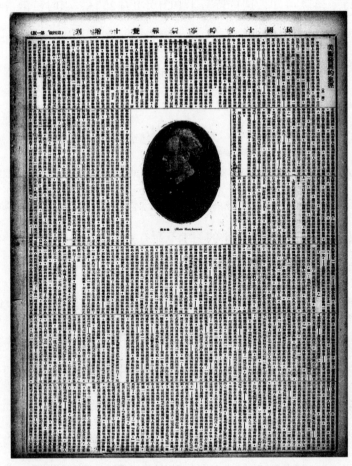

吕澂《美术发展的途径》，原载《时事新报》，1921年10月10日。

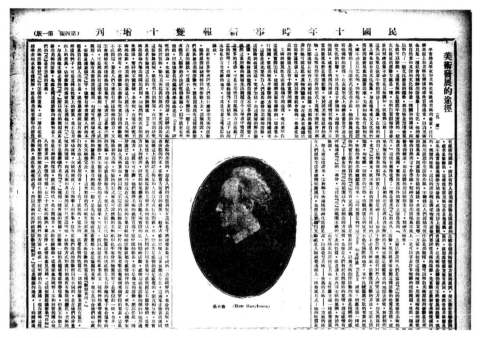

吕澂《美术发展的途径》，头版版面局部，原载《时事新报》，1921 年 10 月 10 日。

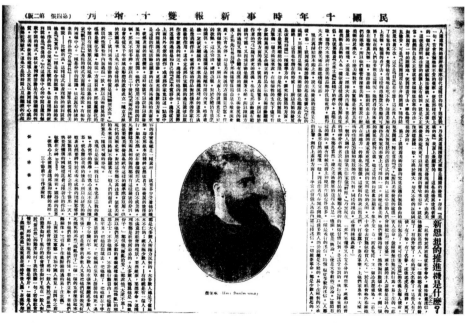

吕澂《美术发展的途径》，次版版面局部，原载《时事新报》，1921 年 10 月 10 日。

不掉人的怀慕，便也难忘美术的怀慕。所以在研究的余暇里，依然要将对于美术未成熟的理解，零零碎碎写点出来，就当可纪念的"三十节"那一天。我要用灿烂的国徽衬托着这种初生的作品，敬献在女神Athens的座前。愿得神的恩惠，使我心上永被照着她那温和沉静的光明。

◎ 白龙马，蹄朝西

话说欧阳渐的门下，曾有四位高徒。最早的还是在1914年，来金陵刻经处购买佛经时偶遇的少年吕澂，这是其首先认可，并力邀其加入内学院的第一高徒。在内学院筹建期间，即将开讲之际，又一下子钻出三位高徒。时为1920—1921年间，梁漱溟（1893—1988）先后引荐了三位弟子求学，即熊十力（1884—1968）、王恩洋（1897—1964）与朱谦之（1899—1972）。

因与其师杨仁山佛学立场一致，欧阳渐自始至终倾心于佛教法相宗与唯识学的研究，并一直致力于重整、传播、阐扬自唐代玄奘法师以来的唯识学传统。回到古印度去，向印度原始佛教求取真经；恢复印度原始佛教的正宗地位，为中国佛教正本清源，是其师门信仰与信念所在。如果把欧阳渐比作中国历史上的第二位"唐僧"的话，这四大弟子原本正好可以配置为如同《西游记》里一般的护法团队。

当然，与欧阳渐推心置腹深谈之后，对佛学知难而退，中途退学搞西洋哲学研究的朱谦之，算是最快，也是最早离开这个护法团队的，在此可以忽略不提。王恩洋秉承师学，矢志弘学，后来在内学院长期任教，研习与著述方面皆十分勤奋，可以算作是笃志勉力的沙僧。而熊十力因在学术上背弃师门宗旨，从学两年即赴北大讲授其自创的新唯识学，大力革新佛学义理为其哲学体系所用，倒颇有点天不怕，地不怕的孙悟空形象了。欧阳渐曾致信痛责其非，但那样的紧箍咒似乎已经天遥地远，鞭长莫及。直到欧阳师父逝世之际，只有白龙马吕澂则继承师志，与熊十力展开长达十数封的书信论战，几欲将紧箍咒一念到底，收伏"妖猴"于如来座下。

白龙马与孙悟空的个性差异，透过《西游记》中的故事情节也可略知一二。诚如熊十力并非矢志西天的佛教徒，也非渴求真经的佛学者，其观念体系本就如孙悟空一样，佛道儒仙皆可为我所用，但并不为我所专，哪里有花果山，哪里有水帘洞，便是人生真乐园。严格说来，熊十力自始至终都不是一个有完整宗教信仰的理论家与哲学家。

《西游记》中忍辱负重，不畏艰辛险阻，始终为唐僧座驾，终至西天驮载真经归来，修成"八部天龙"之佛前护法正果的白龙马形象，则非常契合吕澂在自内学院建立以来的中国佛学革命史上之形象。秉承师门宗旨，吕氏一生以研究、讲授、阐扬法相宗、唯识学理论为己任，始终不渝地倡导与推动由欧阳渐开创的佛学革命理念，并极尽所能致力于将佛学革命与佛教革命实践相结合。

佛学革命者与哲学革命者虽路径不同，但"革命"精神是一致的。从这个角度上讲，吕氏的特立独行并不亚于同门的悟空熊十力。而单纯从宗教理论的专业性而言，还有过之而无不及。据说，后来的吕、熊论战，从佛学理论上发力的吕氏，令熊氏几无招架之力，后来熊氏将论战书信作为附录发表于语体文版《新唯识论》时，也因此又做了大量的删改和掩饰。看来，修成"八部天龙"金身的白龙马，齐天大圣纵然神通广大，也未必一定能有胜算。

或许，很多事情阴差阳错，白龙马未必就是天生驮经的材料，孙悟空也未必就是一定能大闹天宫的泼猴。当年熊十力之所以能到北大宣讲其"异说"，使新唯识论声名远播于那个时代的知识界，也只是一次阴差阳错的机缘使然。

原来，梁漱溟曾推荐至内学院系统研究佛学的三名弟子，包括熊十力在内，本来并不是其后来想延聘至北大专门讲授唯识学的人选。梁氏最中意的第一人选，曾是吕澂。六十年后，梁氏仍然对当时的情形记忆犹新，为之忆述道：

我入北大开讲印度哲学始于一九一七年，后来增讲佛家唯识之学，写出《唯识述义》第一第二两小册。因顾虑自己有无知妄谈之处，未敢续出第三册。夙仰内学院擅讲法相唯识之学，征得蔡校长同意，我特赴内学院要延聘一位讲师北来。初意在聘请吕秋逸（澂）君，惜欧阳先生以吕为他最得力助手而不肯放。此时熊先生住内学院约计首尾有三年（一九二〇—一九二二年），度必饫

欧阳渐（中坐者）与弟子王恩洋（右三）等在南京内学院合影，摄于 1923 年。

闻此学，我遂改计邀熊先生来北大主讲唯识。

岂知我设想者完全错了！错在我对熊先生缺乏认识。我自己小心谨慎，唯恐讲错了古人学问，乃去聘请内行专家；不料想熊先生是才气横溢的豪杰，虽从学于内学院而思想却不因袭之。一到北大讲课就标出新唯识论来，不守故常，恰恰大反乎我的本意。事情到此地步，我束手无计。[①]

如果当年不是因欧阳渐的惜才不舍，梁氏将聘得吕澂赴北大讲授唯识学，而不是那个后来闹腾得地覆天翻的熊十力。果真如此的话，则很难想象，熊十力的新唯识学何时才得见天日，而吕氏的"正宗"唯识学一旦在北大讲坛上传播开来，唯识学在当时的国内知识界与公共文化界中，又将产生怎样的影响力？这些假设，都将是后来者无法想象与解答的。

当然，历史没有如果。事实与史实，即是后人所见到的那般——熊氏的新唯识论横空出世，梁氏始料未及而手足无措；对此，欧阳师门包括吕澂在内则深感痛惜，以熊氏理论为歪理邪说而群起攻之。

作为内学院仅次于欧阳渐的人物之一，白龙马吕澂秉承师门宗旨，始终对以"有"为宗的法相宗推崇备至，认为这源自唐玄奘自印度取得的真经而阐发的佛教教义才是至纯至高的佛学理论。其他宗派的理论要么与此相似，要么与此相悖，无论如何都终归失之毫厘，谬之千里，无法与法相宗理论相提并论。

中国传统佛教没能在唐代之后延续法相宗理论体系，而偏离"有"宗、奢谈"空"宗，自行发展出一套既不符合法相宗也并不真正契合"空"宗宗旨的

---

① 详参：《忆熊十力先生》，梁漱溟撰，台北明文书局，1989年12月初版。

"相似佛学"理论。这一理论，是完全偏离了"正宗"的妄谈，是自以为是却不能自圆其说的伪佛学。在此基础之上，除了校勘、注释大量源自印度佛教的原典与相关著述之外，与其他各宗派理论的比较研究与辨伪，即是吕氏的常年工作之一。

当然，面对熊十力自创理论体系，将佛学尤其是唯识学与西洋哲学、儒学混杂在一起，形成所谓的新唯识论哲学体系，则更难以让欧阳师门予以容忍与理解。

时为1932年10月，熊十力竟然将其在北大的讲义汇集成书，交由浙江省立图书馆出版印行《新唯识论》（文言文本）。两个月之后，同年12月，内学院年刊《内学》第六辑，迅即刊发了刘定权的《破新唯识论》一文，对熊氏学说展开批判，欧阳渐亲自为之作序。1933年1月，太虚也参与到对熊氏学说的论战之中，并于《海潮音》杂志第十四卷第一期发表《略评新唯识论》一文。仅仅过了一个月，同年2月，熊氏不甘示弱，撰成《破破新唯识论》，由北大出版部印行，针锋相对于昔日的内学院师友。同年秋，周叔迦的《新唯识三论判》一书，由北平直隶书局出版，对《新唯识论》《破新唯识论》《破破新唯识论》皆提出批评。可见，当年为了这么一个孙悟空，僧人、居士、学者们均乱作一锅粥。当然，熊氏的金箍棒虽则令各方乱了阵脚，但还是显然遭到了各方不同程度的抵抗与反击，熊氏本人渐陷于腹背受敌的困局之中了。

此时，由吕澂亲自出面，与熊十力展开一场关于新唯识学的论辩，本属责无旁贷，预料中事。可能是多少有些念及同门情谊，也可能是研学诸务烦琐而自顾不暇，吕、熊论战直到《新唯识论》出版后十年方才上演。欧阳渐的逝世，成为这场论战的导火索。

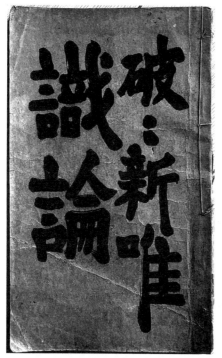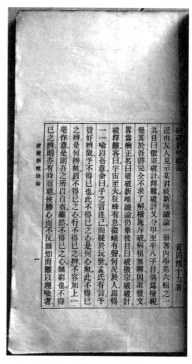

熊十力《破破新唯识论》，北大出版部 1933 年 2 月印行，封面及正文首页。

1943年2月，欧阳渐病逝于当时因抗战内迁至重庆江津的支那内学院。吕澂将讣闻函告熊十力，请其撰文悼念。孰料熊氏竟以"传师之日浅，又思想不能为佛家"为由拒绝，同时还附呈一通熊氏寄予梁漱溟的论欧阳信稿，信中批评欧阳之学，虽"愿力"广大，惜其"原本有宗，从闻熏入手"。

此信中，熊氏还一针见血地提到，欧阳一生鄙视宋明大德，其实宋明诸儒的"鞭辟近里切着己"，这"无资外铄"的思想立场，正是欧阳所短，需要向之学习的。熊氏还本此立场，指出欧阳谈禅，"不必真得力于禅"；欧阳学识以"闻熏"入手，故内里有"我执"与"近名"等许多"夹染"；胸怀不够"廓然空旷"，有"霸气"，为文"总有故作姿势痕迹，不是自然浪漫之致也"。末了，熊氏还称赞自己的《新唯识论》，融通儒佛，自成体系，是"东方哲学思想之结晶"；与欧阳的学术修养相比，就如同明代大儒陈白沙（1428—1500）之于其师吴康斋，亦即认定自己已然是"青出于蓝，更胜于蓝"了。

时为1943年3月10日，熊十力寄出了这样一封彻底与师门划清界限，且对刚刚病逝的先师肆意批评，多有指摘的信件。无论如何，这样的不近情理之措辞与沾沾自喜的姿态，都是令人难以接受，无法忍受的，更何况当时的收信者正是同门师兄吕澂。

针对熊氏的理论挑衅，吕澂于1943年4月2日复信，信中一针见血地指出，熊氏理论的基础是杂糅各家学说，根本谈不上是正宗佛学。不仅如此，此举还完全违背了师门宗旨。此后长达四个月的书信论争，内容完全围绕佛学理论、佛教义理展开，其专业程度之高，恐怕代表了当时居士佛学界的巅峰对决。

在信函交驰的刀光剑影中，吕澂有一个观点贯穿始终，即熊十力用来批判师门学说的立论依据本身就有问题。他认为，熊氏理论体系的根本问题在于："与中土一切伪经、伪论同一鼻孔出气，安得据以衡量佛法？"甚至继而还为熊氏的"伪书"理论理清了脉络，为之十分明确地列举道："中土伪书，从《起信》，而《占察》，而《金刚三昧》，而《圆觉》，而《楞严》一脉相传。"

在这一伪书清单及谱系里，最后一本伪书竟然是《楞严经》！

据此"伪书"清单可以推知，或者说不妨这样理解，在吕澂眼中，熊十力理论体系的最高境界，也无非就是照搬了《楞严经》的种种说法，这就注定其佛学修为之水准，至高只能达到"中土伪书"的顶端水准而已。可无论多么顶端，始终为"伪"，始终不是"正宗"，仍只能是外道邪说而已。

吕、熊论战，终以熊氏的顾左右而言他而草草收场。这场论战，除了维护师门尊严，捍卫师门宗旨之外，吕澂的中、印佛教义理孰正孰偏，孰主孰次的主题，始终占据论战内容之核心。与其说，这是吕、熊的观念分歧之争，不如说是当时居士佛学正统观念与汉传佛教传统理念的正面冲突之一斑。

时至1944年6月，倾力在四川内江创办东方文教院，投身于西南

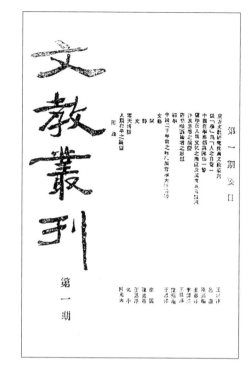

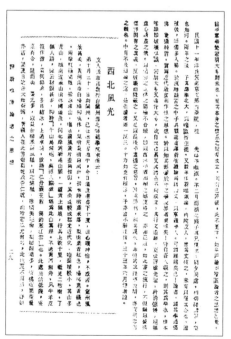

王恩洋《评新唯识论者之思想》，原载《文教丛刊》创刊号，1945年3月；刊物封面、正文首页及末页。

内地继续研修与弘传佛学，欧阳渐的另一高徒王恩洋，复又撰成《评新唯识论者之思想》，加入到了维护师门名誉，批评熊氏理论的行列中来。

1945年3月，此文刊发在了王氏本人创办的《文教丛刊》创刊号之上，以整整三十个页面的巨硕篇幅，洋洋洒洒，娓娓道来，对熊氏理论体系展开了宏微兼具，斧辟针刺般的纠缪与批驳。此文因是一次性全文公开发表，比之吕、熊二人的书信往来论战，仅就文本内容、理据条陈的完整呈现方面而言，更显充分与系统。

文末有一段类似于总结，又近乎跋文的记述，或可为这一场熊氏与欧阳门下诸弟子多番论战的乱局，做一评断与了结。其文如此：

民国十一年，洋负笈南京支那内学院，从先师学唯识。不二月，而湖北熊子真兄复来，朝夕同处，相切磋讲习，乐也如何。两年之后，子真讲学北大，以唯识授生徒。又数年作《新唯识论》，内院友人，曾为文破之，未有以服其心也。国难后，师会面多入蜀。于流离艰苦中，子真顾能重译《新唯识论》为语体文，以享颐学人，可谓难能矣已！论者，谓其学通儒佛，兼摄科哲，实为近代最富创作性之思想，于以知其影响于今之学说界者至伟矣！特自吾人观之，则其为学也，根本唯识即破坏唯识，密朋大易又违背大易，欲自取体系又其体系不够成立。其行文造辞，更复抨击先圣，矜夸怅慢，绝无虚心请益之情。以儒佛之道律之固极不合理，即以西洋学者治学之态度格之，亦非正道。如此书之流行，不但无以发扬儒佛固有之真义，反破坏而障蔽之，又足以长后学虚怅之恶习。因为评判，纠其误失。非但为真理学说辩，亦友朋忠告之义也。中有不及细论之处，是在读者举一反三。十力如更有辩答，予亦当不辞往复。三十三年六月评者识。

应当说，这段四百字的文末之语，既不乏曾经同门之谊的温情忆述，亦不乏鞭辟入里、洞察毫末的深刻评判。那一句"根本唯识即破坏唯识，密朋大易又违背大易，欲自取体系又其体系不够成立"的评价，几乎就成了欧阳门下对熊氏理论的一纸终审判决书；至于"其行文造辞，更复抨击先圣，矜夸�慢，绝无虚心请益之情"的道德修养及操守之评判，更是将熊氏其人其学术纳入到了"歪理邪说"的层面，因为"以儒佛之道律之固极不合理，即以西洋学者治学之态度格之，亦非正道"。

如此观之，虽然熊氏本人并无任何宗派的佛教信仰，更谈不上能代表中国传统佛教僧众的立场，可其引以为理论体系基础的所谓正统佛学观念与传统佛教理念，及其由此而来，变造而成的新唯识学外壳，却可视为法相唯识学勃兴背景下的公共知识界滥用学术，败坏学风之一例。

须知，当时欧阳师门一系所深恶痛绝的，本即是国内传统佛教界对印度佛学的无知与扭曲，更何况师门不幸，竟还生出熊氏这种"挂羊头卖狗肉"的行径，这且罢了，还要在恩师亡故之际借题发挥，炫技门前，即刻遭到吕澂、王恩洋等欧阳弟子群体的迎头痛击，实在是事出必然。尽管吕、王等人或致信或发文的种种示意，均未能令熊氏幡然悔悟、痛改前非，可由吕、王等人忍无可忍，终于抛开师门情面，亲自出面予以回应与反击，施以"破破破新唯识论"之举，也算是替欧阳师门再一次正名立说了。

另一方面，概观吕、熊论战之后的四十年间，对"中土伪书"一脉的批判与证伪，也成为吕澂佛学研究生涯的重要组成部分。纵观吕氏一生行止，师从欧阳所得"真经"精义之弘扬，与"伪经"义理之考辨，乃是理解吕氏佛学观念的两大核心。当然，这一理解，历来聚讼纷纭，争议颇剧，尤其是当其所撰《楞严百伪》发表之时。

◎ 从"楞严伪经考"到《楞严百伪》

据吴宓1952年9月的日记披露，当年支那内学院结束三十年运营，正式停办之际，吕澂曾将欧阳先师的墓地改葬。虽然没有明确提及改葬的方式及步骤，但有一点是可以肯定的，即没有按照中国传统佛教徒的方式入葬。因为在吴宓建议为欧阳先生请得佛像及僧服随葬时，遭到了吕澂的拒绝，日记中写道："澂谓甚可不必，盖澂属佛学而非佛教，故惟以研究为职志云。"①

大约也正是在这一年，1952年前后，吕氏所撰的《楞严百伪》完稿。这篇在国内佛教界引发论争的论文，其核心内容乃是从流传于中国佛教界及知识界已经达一千余年的《楞严经》里，筛选出一百〇一条"伪经"铁证，来证实《楞严经》只是一部唐代的中国人自撰的"伪经"，根本就不是源自印度佛教的"真经"。

之所以说《楞严百伪》的完稿时间，大约为1952年前后，是因为虚云老和尚的一句提示语。1953年，近代四大名僧之一的虚云（1840—1959）老和尚，在这一年已经一百一十四岁了。一直在为信众们解说所谓佛教"末法时代"的种种征兆与后果的老和尚，突然提到："法灭时先从《楞严经》灭起，其次就是《般舟三昧经》，例如欧阳竟无居士，用他的知见，作'楞严百伪'

---

① 详参：《吴宓日记续编》，三联书店，2006年，第一册第416—417页。

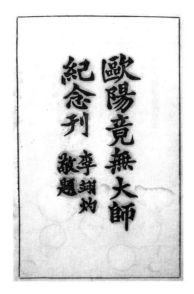

《欧阳竟无大师纪念刊》，封面、扉页题签、遗像及遗墨。

说，来反对楞严说。"

　　按照虚云的说法推析，楞严百伪之说可能源于欧阳渐，后由吕澂承袭再造，终成一家之说。那么，至少在1953年之前，虚云就是听到或读到过楞严百伪之说的。无论如何，楞严百伪之说并非以吕澂的完稿或成书，才始得传播。应当说，"楞严伪经考"作为一种表达着基本学术立场的研究课题，可能本来就是欧阳师门一系的必修课。

为先师改葬与《楞严百伪》完稿发生在同一年，这一年又恰恰是支那内学院停办之年，无论是时间点上的巧合，还是将其归于冥冥中的注定，其中深长意味，很是耐人寻味。

当时，吕氏自谓"属佛学而非佛教"的自说自话背后，可能隐藏着一个深刻的学术观念，即中土佛学、佛经、佛教乃至其弘传的"佛法"皆"伪"，这一切"伪"虽源自印度佛教，但却掺入了太多自编自演，自作自受的成分。在吕氏看来，中土根本就没有真佛学、真佛经、真佛教、真佛法。之所以专事佛学而非佛教，并非是其没有佛教信仰，只不过是在中国传统佛教里已无"真教"可皈，无"真经"可依罢了。

正如当年为熊十力的思想脉络开出的"病根"谱系一般，"中土伪书，从《起信》，而《占察》，而《金刚三昧》，而《圆觉》，而《楞严》一脉相传"；在吕澂眼中，这些"中土伪书"，其学术体系一脉相承，都是取法印度佛教的"相似佛学"。经过一脉承袭与相对完善，至《楞严经》成书时达到最高成就。《楞严经》虽是"伪书"，因其经过多年发展与完善，与"正宗"佛经的相似度也已趋于最高程度。

相似佛学的提法，最早见于吕澂于1943年所撰《禅学述原》一文。由欧阳渐大力倡导，继由吕澂及印顺法师全面展开的对相似佛学（印顺法师有"变质佛法"的提法，与相似佛学概念同）的批判，成为二十世纪中国佛学史上最为引人瞩目的事件。

吕澂坚持认为，所谓"内学"的精神是传承并贯彻佛法与其他宗教思想

吕澂编著《印度佛教史略》，商务印书馆 1925 年 10 月初版，封面及编著者自叙。

吕澂编著《印度佛教史略》插图
之一：北印度出土之释迦世尊像。

吕澂编著《印度佛教史略》插图之
一：大乘分布地图。

"不共"的独胜之处——如果佛教失去了这些独胜之处,那么佛教的信仰品质也就不能保证。任何试图模糊佛教与其他"相似佛法"的界限之企图,都必然导致佛教宗旨与理论的"矮化",就像历史上的汉传佛教之"民俗化"与"本地化"一般,把佛教逐渐变作了世俗文化的点缀和附庸,悄然摧折了佛法拯救世道人心的津梁。

吕氏的批判精神,还更多地表现在追溯佛法本源上。其人考订佛典,是由华译本而上溯藏文译本与巴利文本,乃至最接近原典之梵本,皆是欲求接近佛陀之圣言量,而后假圣言量作为改革佛教的思想泉源,因此"复古"背后的目的实亦涵摄了创新再造的成分。这种治学精神的本质是在"布道"——那是判断教义之真伪正邪的根本,非为争学术之高低,更非关宗派之争,而是关乎切实人心的真实信仰。

总之,吕氏佛学思想直接导致,或者说在相当程度上影响了二十世纪国内佛学界"正本清源,回归佛陀"的"批判佛教"思潮。在支那内学院运行的三十年间,各式各样的论著、论述及与之相关的考证、论争的确也层出不穷。作为批判佛教的重要内容之一,对近似佛法的考辨证伪当然首当其冲——"楞严伪经考"自然是首选课题之一。

"楞严伪经考"的核心观点,即《楞严经》为唐代中土人士自撰,并非源自印度佛教,更非大乘佛教经典。一言以蔽之,《楞严经》是"伪书",更是"伪经",绝非"真经"。其实,关于《楞严经》真伪问题,自其唐代问世以来,就一直没有停止过争论。

《楞严经》也称《首楞严经》《大佛顶经》,全称《大佛顶如来密因修证了义诸菩萨万行首楞严经》,经文十卷,其初始刻印标记为:

大唐神龙元年（705）中天竺沙门般剌密帝译于广州制止道场（今广州光孝寺），菩萨戒弟子前正谏大夫同中书门下平章事清河房融笔授，乌苌国沙门弥伽释迦译语，罗浮山南楼寺沙门怀迪证译。

此经在中土初传之时，即有人怀疑其真伪，唐释普寂《首楞严经略疏》中就提到"此经传译以来，信伪相半"。日本僧人普照入唐，将此书带回日本，也引起了日本佛教界的怀疑。日僧玄睿《大乘三论大义钞》中记载，724至748年间，日本天皇召集三论、法相二宗的法师来鉴定此书，一时争论不休。宝龟年间（770—782），日本又派遣德清法师至中国鉴定此书真伪，德清之师法详居士认为此书是唐代宰相房融伪造。

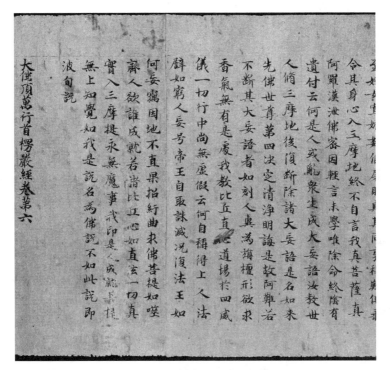

敦煌唐代写经《大佛顶万行首楞严经卷第六》，为目前已知年代最早的《楞严经》抄本。

　　事实上，在中国唐宋时期，《楞严经》并没有引起佛教界的重视，为其作注释及科判的著名佛教大师，也并不多见。举世瞩目的敦煌遗书出土之时，保存完好的大量唐代佛教写经之中，《楞严经》的抄卷少之又少，亦可见唐代佛教对其接受程度之低。

　　唐代之后，对《楞严经》的质疑之风仍未停息。宋代朱熹就怀疑此经是房融假造，明代姚广孝也曾经引用朱熹之语以示质疑。近代百年来，梁启超首先发难，考证其伪经性质，认为《楞严经》是窃取道教术语及中国传统思想而写作的。此外，何格恩、周叔迦、罗香林、杨白衣、刘果宗、保贤等学者，也从不同角度认定此书确系伪作。

　　"楞严伪经考"作为一个跨越千年的超级学术项目，其立论、证论、结论诸过程中，都体现着国内知识界与宗教界的话语权博弈。至《楞严百伪》问世，这种千年境遇仍然未有丝毫改变——传统佛教、佛学界对之骂声不绝，笑声不断，可谓笑骂总是由人。骂声出自中国传统佛教徒，笑声出自中国传统佛学者，对于这些学佛者或是佛学者而言，《楞严百伪》都没有获得任何的认可，也没有因之引发任何的思索。在中国传统佛教的思想立场之上，《楞严百伪》的出现无异于离经叛道，欺师灭祖，虽然实在是狂妄无理，绝无可恕，可又实在不值一驳，不值一提。

　　无可否认，《楞严经》出现与流传千年以来，受质疑的程度与受欢迎程度，也始终呈正比增长。自唐代问世以来，此经在宋代已经成为禅宗话头之一，《楞严经》的经文、解义、旨趣开始被佛门内外屡屡引用。至明代时，则几成儒释道三教必读书目之一。对于《楞严经》经文本身的理解与证悟，明末高僧憨山德清（1546—1623）、紫柏真可（1543—1603）、云栖袾宏（1535—1615）

等都有详尽阐论及注释。儒家谈禅自王阳明发端以来，《楞严经》更是几乎成了"口头禅"；焦竑、李贽、袁宏道、袁小修、袁宗道、张岱等名士诗文中也是屡屡关涉，频频化用。甚至于就道家内丹学而言，还将《楞严经》纳入丹学修炼范畴，成为可以与吐纳运气等道家修炼活动相匹配的秘典。

在明代时，《楞严经》的流行程度，已经让质疑者日渐稀少。真伪本身已经并不重要了，高僧云栖袾宏曾就《楞严》为唐宰相房融所作"的观点表达己见：

有见《楞严》不独义深，亦复文妙，遂疑是丞相房融所作。夫译经馆，番汉僧及词臣居士等，不下数十百人，而后一部之经始成，融不过润色其文，非专主其义也。设融自出己意，创为是经，则融固天中天、圣中圣矣！而考诸唐史，融之才智，尚非柳韩元白之比，何其作《楞严》也？乃超孔孟老庄之先耶？嗟乎！千生百劫，得遇如是至精至微，至玄至极之典，不死心信受，而生此下劣乖僻之疑，可悲也夫！可悲也夫！

可见，至晚明以来，中国佛教界对于这部经典的基本态度是将真伪问题"悬搁"起来，在"死心信受"的前提下，着力于发挥此经之旨趣，使之成为唐宋以后佛门依止的主要经典之一。

顺势而为，与时俱进的《楞严经》，一度成为一部中国佛教僧众之中流行度颇高的佛经，它不但打破了净土宗、密宗、禅宗、华严宗等诸多佛教宗派的理论限制，而且成为普通修行佛法，研究佛学的居士、学者、士大夫们的流行读物。除了佛教内部的各类讲疏之外，佛门之外的各界人士均有读经心得相关著述问世。

　　这部浸淫着太多中国特色的《楞严经》，在佛教界内外流传千年之久，至今依然深受推崇。可想而知，任何一个敢于指证其为"伪经"的人，无疑都是吃力不讨好，简直是讨打的角色。要批判、驳斥乃至推翻《楞严百伪》，需要的根本不是什么精深的佛学理论，甚至都不需要太过繁琐的史料、史学论证，只要始终在中国传统佛教教义上去披寻一二，打倒这样的"低级错误"似乎不费吹灰之力。吕氏的一百〇一条证伪，都是站在印度佛学立场上对中国特色的挑战，想想看，中国人的唾沫星子岂止一百〇一？

　　搁在中国传统佛教与佛学的园囿里，《楞严百伪》如同一个硕大无比的"伪命题"，成为一个人人可予轻易攻击的靶子，或一个人人可予讥嘲的笑料。曾经看到也有佛教徒或佛学者，站出来义正词严地摆出批判架势，对吕氏观点的攻击主要集中于三个方面，一是既然都自称没有佛教信仰，所谈"破佛"之论自然都属邪说；二是中国佛教两千年间所酝酿出来的中国佛学，其正确性竟然会在两千年后一笔勾销，作论者不是狂徒即是妄人；三是既然以印度佛教为正宗，中国佛教为伪宗，为什么印度佛教自生自灭，中国佛教却能发扬光大，有什么理由对本土宗教指手画脚？以这样的思想立场，无论从哪个论点上对《楞严百伪》做出随意批评，吕氏本人对此似乎都是全无招架之力的。以至于有的学者为之感慨地说，为什么吕氏一生佛学修为精深，却偏偏要在《楞严经》考证上，明知故犯这样的"低级错误"？

　　不妨换位思考一下，笔者曾经就颇爱读《楞严经》，更将明末狂禅名士李贽的诗句"十卷《楞严》万古心"引为知音绝调。初次看到《楞严百伪》一文时，也颇觉意外；纯属佛教门外汉、佛学槛外人的笔者，也曾有过一破"妄论"之意。曾经找到一条宋释惠洪《林间录》中的记载，以为完全可以推翻吕氏的"唐人伪撰"之说。书中记载曰：

天台宗讲徒曰：昔智者大师闻西竺异比丘言："龙胜菩萨尝于灌顶部诵出大佛顶首楞严经十卷，流在五天，皆诸经所未闻之义，唯心法之大旨。五天世主保护秘严，不妄传授。"智者闻之，日夜西向礼拜，愿早至此土，续佛寿命，然竟不及见。

智者大师即智颢（538—597），是陈、隋之际的著名佛教领袖和佛学思想家，中国天台宗开宗祖师。这一则智者大师听闻的传说，至少也说明了《楞严经》早在隋代之前，就曾经出现于中国。这样一来，"唐人伪撰"说不攻自破。

此条记载虽属传说，可宋释惠洪（1070—1128）其生活年代距唐译《楞严经》不过三百年，比之一千二百年后的吕氏所能看到的古典文献，恐怕要见得更多，也更接近于史实。基于此，就可以从史实上破解《楞严百伪》一文的立

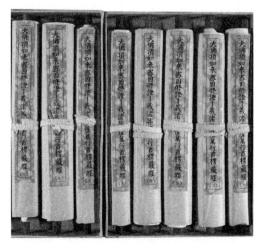

宋代赵城金藏《大佛顶如来密因修证了义诸菩萨万行
首楞严经》，为目前已知年代最早的《楞严经》刻印本。

宋代赵城金藏《大佛顶如来密因修证了义诸菩萨万行首楞严经》卷首。

论前提了。

　　然而，还有一百条证伪又怎么去破解？因为并非所有的证伪条目，都是从史实出发去立论的。解析、推论、综合、比较等，多种学术研究手法贯穿一气的《楞严百伪》，如果真是"低级错误"，也一定是技术含量颇高的"低级错误"。

　　面对这样的专业高度，也终于有学者呼吁过，如果真从维护《楞严经》正统地位的角度出发，破解《楞严百伪》的方法应是一条一条地去反证，而不是开口即否。还有学者从命题论证角度给过一个警示，只要《楞严百伪》中有一条不能推翻，那么《楞严经》就必伪无疑。面对这样切实存在的学术方法论上的问题，恐怕并非骂一句、笑一声那么简单了罢。

　　其实，换位思考之后，平心而论，问题就可以初露端倪。惋惜吕氏犯"低级错误"者，既然都能轻易下此结论，发此感慨，吕氏本人难道就会想不到这"楞严伪经考"的千夫所指之下场吗？既然以吕氏的学识、智识、见识完全可以预料这样的下场，又为什么仍然敢于冒天下之大不韪，抛出一个这样绝无后路可退，绝无台阶可下的命题？

　　以吕氏佛学研究资历而言，其通晓英、日、梵、藏、巴利等多种文字的语言能力而言，其学术应用工具之多与研究领域之广，在我国佛学界，恐一时无人堪与比拟。单单从其著述成书的门类罗列一二，就可以十分明了，吕氏绝不可能是那种会犯"低级错误"的无知之辈：

（1）译介类：《佛学研究法》《印度佛教史略》《佛典泛论》

（2）印度佛学类：《印度佛学源流略讲》

（3）中国佛学类：《中国佛学源流略讲》

（4）西藏佛学类：《西藏佛学原论》

（5）因明、声明类：《因明纲要》《因明入正理论讲解》《声明略》

（6）目录学类：《新编汉文大藏经目录》

约略瞄一眼这些著述品类，即可知中、印、藏佛学理论的基本脉络，吕澂不但了如指掌，而且融通精深；在法相宗、唯识学、因明学方面的深究细察，更非一般学者可望其项背。这样一位巨擘名师，却故意要在1952年支那内学院关门停业，其佛学研究生涯前途未卜之际，故意犯下撰发《楞严百伪》这样一个严重的"低级错误"，只是为了自娱自乐或哗众取宠吗？头脑稍微正常一点的人，都应该知道，不会是这么"低级"的原因罢。

早在吕、熊论战的1943年4月12日，吕氏信中有一句话颇为深切感人，他将自己数十年为学的经验心得，做了一番扪心自问式的回顾，信中这样道来：

平生际遇，虽无壮阔波澜，而学苑榛芜，独开蹊径，甘苦实备尝之。……刻苦数十年，锲此不舍者，果无深契于性命，而徒寻章摘句之自娱乎？弟切实所得处，殆兄所未及知。

　　其实，这句话也可以奉送给十年后对《楞严百伪》的不屑与不齿者，之所以会有这样的"低级错误"由这样的巨擘来犯，是因为这样的"错误"本身并不低级，这样的"错误"本质上是两千年来中国佛教自身的变迁所造成的。当然，这是吕氏理论立场的基点，承认或站在这一立场基点之上的人，本来就不会是中国传统佛教或佛学界之同道中人。

　　何妨套用一句世人皆知的禅诗，句末只需改动一字，即可以之抒写吕澂佛学研究生涯——"安得世间双全法，不负如来不负经"。既不违背佛陀的本意，又不背离佛经的原意，吕氏一生都在寻找这样的"双全法"。

　　或者说，当年曾投身于美术革命的青年，继而转投佛学领域，矢志"专究非宗教的佛教，非哲学的佛学"，这样的佛教与佛学如何各自成就，又如何两相成全？吕氏从青年至暮年，一生皆在追寻与探求这样的双全法。当然，至于究竟能否双全，可否双全，那又是另外一回事了。

　　毋庸多言，"回到印度去"绝不仅仅是一句口号式的标榜，而是吕澂一生持守的"真经"信念之体现——译介各类源自印度原始佛教的"真经"及相关著述，是其埋首书斋七十年的坚守所在。在中国消解相似佛法的种种弊端，返本归真，弘传自唐玄奘以来的法相宗与唯识学正法，也正是其敢于走出书斋，以各种"低级错误"的方式，包括从事"楞严伪经考"之研究并撰发《楞严百伪》之结论，以及声明自己没有中国佛教信仰等方式予以实践的信念所在。

　　《楞严经》究竟是不是伪经？于中国现代佛教而言，无论是伪命题，还是真命题，都具有命题之外的深远意义。诚如康有为的"新学伪经考"、钱玄同的"疑古"、顾颉刚的"古史辨"、陈独秀的"文学革命论"、胡适的"中国文艺复兴"、钱穆的"庄子早于老子论"等，诸多当时看似"低级错误"的观念或理论一样，吕澂的"楞严伪经考"，不仅仅体现着"双全法"的理想主义之苛刻，还可以从更深远、更开阔、更宏观的层面上，反思国人的宗教信仰、人生哲学、历史理念等诸多交织在一起的根本问题。

诚如《楞严百伪》问世之前二十年，同门师弟熊十力的《新唯识论》同样

1961 年，吕澂受原中国科学院哲学社会科学部委托，在南京开办一个为期五年的佛学班，此为当时师生合影（前排右立者为吕澂），辑自《中国佛教协会五十年》，2003 年 9 月初版。

独标异帜，得来传统佛学界包括欧阳师门的骂声一片。在欧阳渐死后的吕、熊论战中，吕氏虽然痛斥熊氏思想体系的驳杂不纯，依傍"伪经"妄作新说等诸多学术硬伤，但并不以这样的"低级错误"，就完全否定熊氏理论革新的开创之功。在吕、熊论战中，吕澂强调"能所异位，功行全殊"的同时，也明确指出双全法理想的两个实现途径，"一则革新，一则返本"。在这两个预设的实践途径中，相当于还是间接指认了熊氏确有革新之力，只不过这样的革新因是依傍"伪经"而成，遂成了"伪革新"罢了。

如果说熊十力以大破大立的革新方式，是希望跳出佛学之外另建中国哲学体系；那么，吕澂无疑是以正本清源的返溯方式，力图在中国传统佛教之外，另辟一个中国佛学体系。无论是似孙悟空般横扫千军的熊十力，还是如白龙马般隐忍耐劳的吕澂，都如此这般以"低级错误"的方式，给了中国哲学、佛学一次华丽转身的机遇，虽然这些机遇都转瞬即逝，甚至终沦为话柄笑料。

这样的景况，真真令人慨叹："安得世间双全法，不负如来不负经。"除了那高唱清歌禅音，隐迹而去的梵僧，获得了世人的赞叹与褒扬之外，吕澂回归印度原始佛教之旅的心路骊歌，又有几人曾予默契同情，曾予静穆倾听过呢？